DIE ILLUSTRIERTE ENZYKLOPÄDIE DER AROMAÖLE

Pflanzen wie Majoran werden seit Jahrhunderten wegen ihrer medizinischen Qualitäten geschätzt.

DIE ILLUSTRIERTE ENZYKLOPÄDIE DER AROMAÖLE

Das umfassende Standardwerk der heilenden Öle und Pflanzen

Aus dem Englischen
von Karl Friedrich Hörner

JULIA LAWLESS

Scherz

Die Originalausgabe erschien als
«An Element Book» unter dem Titel
«The Illustrated Encyclopedia of Essential Oils.
The Complete Guide to the Use of Oils in
Aromatherapy and Herbalism»
bei Element Books, Shaftesbury, Dorset,
Großbritannien 1995

Wichtiger Hinweis

Die Informationen dieses Buches können ärztlichen Rat nicht ersetzen. Bitte konsultieren Sie bei ernsthaften gesundheitlichen Problemen in jedem Fall einen Arzt.

Erste Auflage 1996

Gedruckt und gebunden in Großbritannien bei Butler & Tanner Ltd

Danksagung

Mein Interesse für ätherische Öle und Pflanzenheilkräuter stammt von der mütterlichen Seite meiner Familie, die aus Finnland kam. Einfache Hausmittel waren dort noch lange populär, als sie in England schon weitgehend aus der Mode waren. Meine finnische Großmutter gab ihr umfangreiches Wissen über Kräuter und wildwachsende Pflanzen an meine Mutter weiter. «Großmutters wichtigstes Kraut», erzählte sie mir, «war Petersilie. Sie bündelte sie im Herbst zusammen mit Dill, Majoran, Hopfen und anderen und hängte sie an einer langen Schnur, die quer über den Küchenherd gespannt war, zum Trocknen auf.» Ich kann mich noch gut des starken und schweren Geruchs entsinnen, den diese Kräuter über dem warmen Herd verströmten.

Später, als Biochemikerin, beschäftigte sich meine Mutter mit der Erforschung ätherischer Öle und Pflanzen und weckte in mir die Begeisterung für Kräuter und die Verwendung natürlicher Heilmittel. Ohne ihren Einfluß wäre dieses Buch sicherlich nie geschrieben worden.

Auch andere haben Zeit und Energie geopfert, um zu diesem Buch beizutragen. Ich möchte mich herzlich bedanken bei Barbara Austin vom Herbal Treatment Centre, Cheltenham, für ihre Kritik und kreativen Vorschläge hinsichtlich der Verwandtschaft zwischen Aromatherapie und Pflanzenheilkunde; bei John Black und Roger Dyer für ihre wertvollen Kenntnisse und sorgfältigen Korrekturen, wo es um die Herstellung und chemische Zusammensetzung ätherischer Öle ging; bei Jill Harvey und John Hughes von der Gloucestershire County Library für ihre Hilfe, die frühen Kräuterbücher in der Hartland-Sammlung durchzusehen; sowie bei Merilyn King vom Coney Hill Hospital, Gloucester, für ihre gewissenhafte Arbeit hinsichtlich der medizinischen Terminologie und Anwendung.

Ich möchte auch allen meinen Freunden danken, die mich unterstützt haben, besonders meinem Vater, der mir eine große Hilfe war; ebenso Judith Allan für ihre Lektoratsarbeit; Cara Denman für ihre Anleitungen; Jill Purce für ihre Hilfe bei den Vorbereitungsarbeiten; nicht zuletzt meinem Mann Alec für seine Unterstützung und unserer Tochter Natasha für ihre Geduld mit mir.

Mein Dank geht auch an die British Library, den Chelsea Physic Garden, die Royal Horticultural Society und die hiesige Minchinhamptom Library in Gloucestershire. Ich hoffe, daß dieses Buch unser heutiges allgemeines Wissen über aromatische Pflanzen und ätherische Öle etwas vertieft und dazu beiträgt, die Kluft zwischen ihren verschiedenen Anwendungsbereichen zu überwinden.

Inhalt

Ringelblume

frischer Jasmin

frischer Dill

frische Poleiminze

Vorwort

Ergänzende Heilmethoden zur Schulmedizin und die Anwendung natürlich gewonnener Erzeugnisse wie ätherische Öle haben in den vergangenen zwei Jahrzehnten zunehmendes Interesse gefunden – eine Entwicklung, die sich seit dem Erscheinen meiner «Encyclopedia of Essential Oils» im Jahr 1992 weltweit fortgesetzt hat.

Die Aromatherapie, die früher in der ärztlichen Behandlung nur einen Platz am Rande einnahm, wird inzwischen so allgemein akzeptiert, daß man sie auch in Krankenhäusern immer häufiger anbietet. Die Hersteller von Arzneimitteln, Kosmetika und Parfüms erkennen immer mehr den Wert der ätherischen Öle zur qualitativen Verbesserung ihrer Produkte. Seit der Wiederentdeckung der wohltätigen Wirkung und des einzigartigen ästhetischen Genusses, den diese Öle bieten, werden sie auch im Hausgebrauch vermehrt verwendet.

Die moderne Forschung zur chemischen und medizinischen Anwendung bestimmter ätherischer Öle hat zur Bestätigung und Klärung ihrer Heilmöglichkeiten beigetragen. Aufgrund exakter Analysen und ihrer beeindruckenden Ergebnisse ist zum Beispiel die Nachfrage nach Teebaumöl gerade in den letzten Jahren enorm gestiegen; in Australien wurde es sogar als das «Antiseptikum der Zukunft» gepriesen. Solche Untersuchungen haben auf die wohltätige Wirkung von ätherischen Ölen aufmerksam gemacht und auf die Notwendigkeit, hier weiterzuforschen. Es hat sich gezeigt, daß sowohl Anbaumethoden, Klima, Standort, botanische Spezies als auch die Gewinnung und Handhabung der Extrakte einen wesentlichen Einfluß auf die chemische Zusammensetzung des Endprodukts haben, da sich alle diese Faktoren auf Duft, Reinheit und den therapeutischen Wert auswirken.

Die hier vorliegende verbesserte und reich bebilderte Ausgabe von «The Encyclopedia of Essential Oils» enthält informative und schöne botanische Abbildungen. Die Aufnahmen der Öle zeigen eine geradezu verblüffende Farbenvielfalt. Mit dem neuen Layout erhielt jedes Öl eine eigene Seite, und der Text wurde durch Informationen ergänzt, die 1992, als das Buch zum ersten Mal in England erschien, noch nicht verfügbar waren. Damit wird das Buch seinem ursprünglichen Ziel gerecht, einen vollständigen, genauen und auf den neuesten Stand gebrachten Überblick über die ätherischen Öle zu bieten. Der Erfolg wurde uns 1993 durch das einstimmige Votum des Aromatherapy Training Councils bestätigt, das «The Encyclopedia of Essential Oils» als Lehrbuch für die Ausbildung in Aromatherapie in Großbritannien empfahl.

Ich hoffe, daß diese neue «Illustrierte Enzyklopädie der Aromaöle» allen Lesern – auch den Spezialisten unter ihnen – neue Erkenntnisse über ätherische Öle vermittelt und dazu beiträgt, das Interesse an den ungeheuren Schätzen zu mehren, die aromatische Pflanzen für uns bereithalten.

Julia Lawless

Anleitung zur Benutzung dieses Buches

Die «Illustrierte Enzyklopädie der Aromaöle» besteht aus drei Teilen:

Teil I: eine allgemeine Einführung in die Welt der aromatischen Pflanzen mit der Darstellung ihrer Rolle in der Geschichte von den Riten der alten Völker bis zur heutigen Anwendung in Aromatherapie, Kräuterheilkunde und Parfümindustrie.

Teil II: Hinweise zur Behandlung allgemeiner Beschwerden mit Hilfe der Aromatherapie.

Teil III: ein systematischer Überblick über 165 ätherische Öle in alphabetischer Reihenfolge der lateinischen Namen der Pflanzen, aus denen sie gewonnen werden.

Das Buch kann benutzt werden

1. als Nachschlagewerk für aromatische Pflanzen und Öle,
2. als Handbuch zur Selbsthilfe für die Heilung und Gesundheitsförderung mit Aromaölen,
3. als Lehrbuch und interessante Lektüre über ätherische Öle.

Allgemeine Beschwerden siehe unter den entsprechenden Körperteilen

Teil I: Einführung in die Welt der Aromaöle

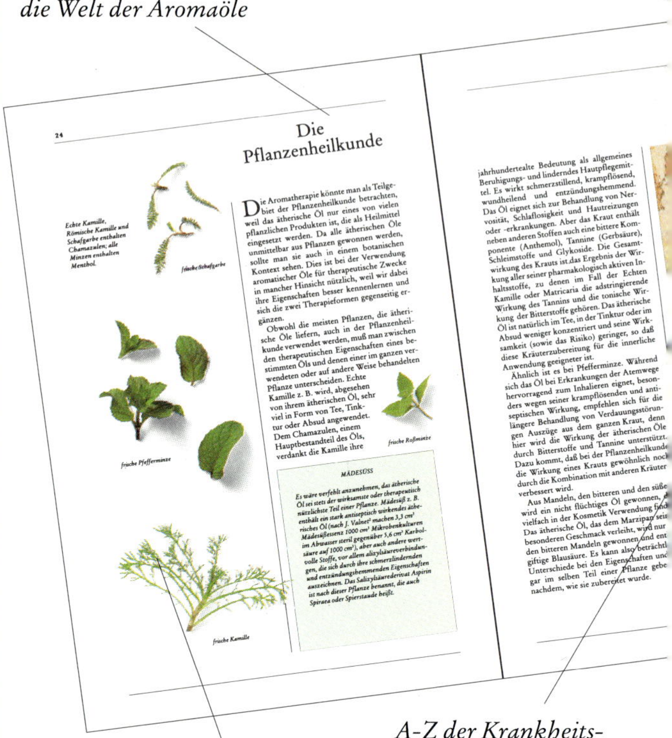

A-Z der Krankheitssymptome

Pflanzen, die ätherische Öle enthalten und auch in der Pflanzenheilkunde verwendet werden

Den **Namen einer Pflanze oder eines Öls** finden Sie im botanischen Verzeichnis am Ende des Buches unter

1. allgemein gültiger Name: z. B. Pfefferminze
2. lateinische oder botanische Bezeichnung: Menta piperita
3. Volksname: Katzenkraut

Andere Varietäten wie Poleiminze (Mentha piperita) sind in der «Botanischen Klassifizierung» aufgeführt unter ihrem Familiennamen «Lamiaceae» (Labiatae), Lippenblütler zusammen mit verwandten Arten wie Lavendel, Wirbeldost, Patschuli und Salbei.

Zur **Selbsthilfe mit Aromatherapie** schlagen Sie am besten Teil II auf, wo Sie Hinweise zur Behandlung allgemeiner Beschwerden unter bestimmten Rubriken finden wie Hautpflege; Kreislauf, Muskeln und Gelenke; Atemwege; Verdauungstrakt; Urogenitaltrakt und Hormonsystem; Immunsystem und Nervensystem.

Wenn Sie zum Beispiel eine Verkrampfung im Nacken haben, sollten Sie unter «Kreislauf, Muskeln und Gelenke» nachschlagen, wo Sie das Stichwort «Muskelkrampf und -steifheit» finden. Unter den aufgeführten ätherischen Ölen sind die besonders geeigneten und/oder die am leichtesten erhältlichen kursiv gedruckt – in diesem Fall Lavendel, Majoran, Nelkenpfeffer, Rosmarin und Schwarzer Pfeffer.

Welches Öl Sie verwenden, hängt davon ab, was zur Hand ist und wie Sie die Eignung des Öls anhand der Angaben in Teil III des Buchs bewerten. **Besondere Aufmerksamkeit gilt hier der Verträglichkeit und Nebenwirkungen des Öls.** Entscheiden Sie sich aufgrund Ihrer Bewertung für Lavendel, Majoran und etwas Schwarzen Pfeffer, ergibt dies eine ausgezeichnete Mischung. Einige Grundregeln für das Mischen von Ölen finden Sie in Kapi-

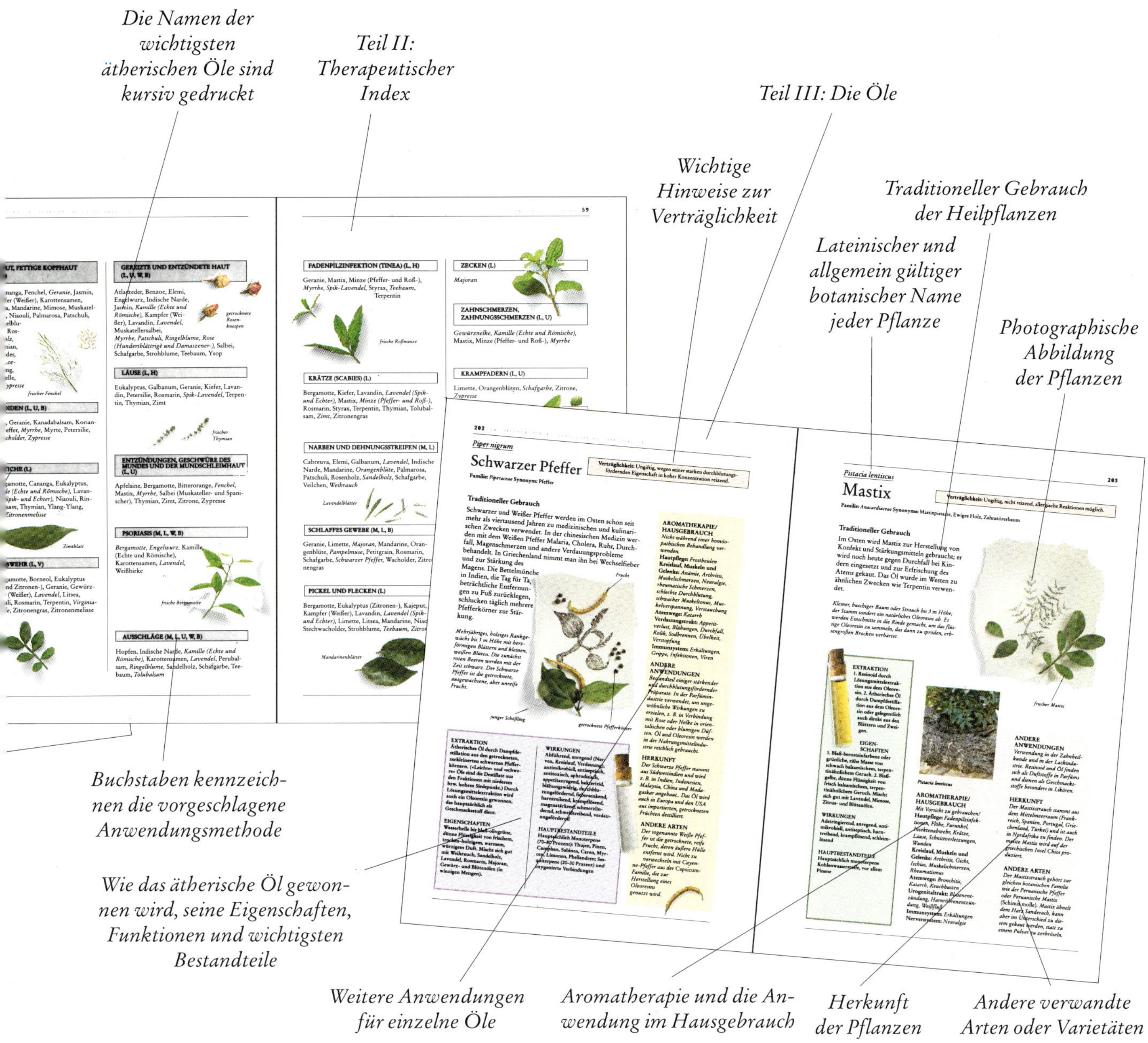

tel 5 Kreatives Mischen von Aromaölen. Die Anwendungsart ist durch die Buchstaben M für Massage, B für Bäder usw. gekennzeichnet. Anleitungen zur Zubereitung eines Massageöls finden Sie in Kapitel 4 Ätherische Öle im Hausgebrauch. Hinweise, wie ätherische Öle in besonderen Fällen wirken können, liefert Kapitel 3 Der Körper – Funktionen und Anwendungen ätherischer Öle.

Als **Lehr- und Sachbuch** zeigt die «Illustrierte Enzyklopädie der Aromaöle» die Geschichte der Aromastoffe und -öle. Sie beschreibt die verschiedenen Arten der aromatischen Materialien, unterschiedliche Methoden zur Gewinnung der Extrakte und führt die Herkunftsgebiete der Heilpflanzen an. Sie enthält Informationen über die chemische Zusammensetzung und die Heilwirkung von Ölen und Pflanzen sowie Hinweise zur Vermeidung von Risiken. Die jeder Pflanze zugeschriebenen «Funktionen» beziehen sich auf die Eigenschaften der gesamten Pflanze, auf einzelne ihrer Teile oder auf das ätherische Öl. Schwierige technische Termini werden am Schluß in einem Glossar erklärt.

Da die therapeutischen Hinweise vor allem für den medizinischen Laien gedacht sind, beschränkt sich der Teil über die Anwendung ätherischer Öle für eine Aromatherapie auf die Behandlung allgemeiner Beschwerden.

Achtung: Hinweise auf die traditionelle, volkstümliche Anwendung der Pflanzen sowie auf ihre Wirkungen sollen nur als Hintergrundinformation dienen und nicht als Anleitung für eine Behandlung in Eigenregie.

Aromatische Öle sind in den unterschiedlichsten Pflanzenteilen enthalten.

Teil I
Einführung in die Welt der aromatischen Pflanzen

1. HISTORISCHE WURZELN

Die Welt der Pflanzen

Wenn wir eine Orange schälen, durch einen Rosengarten spazieren oder einen Lavendelzweig zwischen den Fingern reiben, werden wir uns des besonderen Dufts dieser Pflanzen bewußt. Aber was genau riechen wir dabei? Allgemein ausgedrückt sind es die ätherischen Öle, die Gewürzen und Kräutern ihren besonderen Geruch und Geschmack verleihen, Blumen und Früchten ihren ganz eigenen Duft. Das ätherische Öl in der Orangenschale ist leicht zu identifizieren, denn es ist dort so reichlich vorhanden, daß es schon beim Schälen herausspritzt.

Aber nicht alle Pflanzen enthalten ätherische oder flüchtige Öle in solcher Fülle. Der Gehalt an Duftstoffen in der Rosenblüte ist so gering, daß für 300 g Rosenöl eine Tonne Blütenblätter nötig sind. Warum manche Pflanzen ätherische Öle enthalten und andere nicht, weiß man noch nicht genau. Die aromatische Eigenschaft der Öle spielt eine Rolle beim Anlocken oder Abwehren bestimmter Insekten und anderer Tiere. Die Öle sind Ausscheidungsprodukte des pflanzlichen Stoffwechsels und dienen den Pflanzen vermutlich als Schutz gegen Krankheiten. Sie können in allen Pflanzenteilen vorkommen: in Samen, Rinde, Wurzeln, Blättern, Blüten, Holz, Balsam und Harz. Der Bitterorangenbaum liefert Orangenöl aus der Fruchtschale, Petitgrain aus den Blättern und Zweigen und Neroli-Öl aus den Blüten. Der Nelkenbaum produziert verschiedene ätherische Öle aus Knospen, Stengeln und Blättern, während die Kiefer unterschiedliche Öle in Nadeln, Holz und Harz bildet. Die Gewinnung und Anwendung natürlich gewonnener Aromastoffe haben sich im Lauf der Zeit weiter und weiter entwickelt, aber ihre Ursprünge reichen bis in die frühesten Zivilisationen zurück.

Alte Zivilisationen

Aromatische Pflanzen und Öle wurden seit Jahrtausenden als Räucherwerk, Kosmetika und zu medizinischen und kulinarischen Zwecken verwendet. Der rituelle Gebrauch war ein wesentliches Element bei den meisten frühen Kulturen, wobei sich religiöse Bedeutung und therapeutische Wirkung untrennbar verbanden. Diese Praxis hat sich bis heute erhalten, wenn zum Beispiel die Tibeter zur Reinigung ihrer Tempel Wacholderzweige verbrennen oder während der katholischen Messe das Weihrauchfaß angezündet wird.

In den alten Zivilisationen waren Düfte Ausdruck der animistischen und kosmischen Vorstellungen. Man entsprach damit vor allem den Anforderungen eines Kults. Die ursprünglich mit Anrufungen des Göttlichen verbundenen Düfte, die bei Ausräucherungen, Trankopfern und rituellen Waschungen entstanden, entwickelten sich mit der Zeit zu Elementen der Therapie.

Die vedische Literatur Indiens aus der Zeit um 2000 v. Chr. nennt über 700 Duftspender, darunter Zimt, Narde, Ingwer, Myrrhe, Koriander und Sandelholz. Im Indogermanischen steht «atar» für Rauch, Wind, Geruch und Essenz, und in der Art, wie in der «Rigveda» ihre Verwendung für liturgische und therapeutische Zwecke beschrieben wird, spiegelt sich eine spirituelle und philosophische Anschauung wider. Danach ist die Menschheit ein Teil der Natur und der Gebrauch von Kräutern und Gewürzen eine heilige Aufgabe: «Ihr Einfältigen, die es euch schon so lange gibt und schon bevor die Götter geboren wurden, ich will, daß ihr eure siebenhundert Geheimnisse versteht! … Kommt, ihr weisen Pflanzen, heilt diesen Patienten für mich.» Aus dieser Pflanzenkenntnis entwickelte sich die traditionelle indische oder ayurvedische Heilkunde, die bis auf den heutigen Tag ungebrochen überliefert ist.

Keramikduftlampe aus Syrien, 13. Jahrhundert v. Chr.

Altägyptische Alabastervase zur Aufbewahrung von Salben

Auch die Chinesen pflegen ergänzend zur Akupunktur eine alte Kräutertradition; die frühesten, bis über 2000 v. Chr. zurückreichenden Aufzeichnungen finden sich in «Des Gelben Kaisers Buch über Innere Medizin». Unter den dort genannten Heilmitteln werden Aromatika aufgeführt wie Opium und Ingwer, die, abgesehen von ihrer therapeutischen Verwendung, seit frühester Zeit auch bei religiösen Feiern eine Rolle spielten. Borneokampfer wird auch im heutigen China für rituelle Zwecke verwendet.

Am berühmtesten auf diesem Gebiet sind jedoch die alten ägyptischen Kulturen. Papyri aus der Herrschaftszeit des Cheops um 2800 v. Chr. berichten von zahlreichen Heilkräutern; andere aus der Zeit um 2000 v. Chr. von «feinen Ölen und erlesenen Parfüms und vom Weihrauch in den Tempeln, der jeden Gott erfreut». Gummiharze und Öle z. B. von Zeder und Myrrhe dienten zur Mumifizierung, und die Ägypter waren Experten in Sachen Kosmetik und berühmt für ihre Kräuterpräparate und Salben.

Ägyptische Bankettszene im 15. Jahrhundert v. Chr. Die Frauen tragen Salbkegel auf dem Kopf, die in der Wärme schmolzen und Haar und Körper in Wohlgeruch hüllten.

Schätze aus dem Osten

Natürliche Wohlgerüche und Parfüme gehörten zu den frühesten und teuersten Handelsgütern der alten Welt. Beim Auszug der Juden aus Ägypten um 1240 v. Chr. nahmen sie viele kostbare Harze und Öle mit sowie das Wissen um ihre Verwendung. Auf ihrem Weg ins Gelobte Land soll Moses von Gott das Rezept für ein besonderes Salböl erhalten haben, das unter anderem aus Myrrhe, Zimt, Kalmus, Kassiarinde und Olivenöl bestand. Mit diesem heiligen Öl wurden Aaron und seine Söhne zu Priestern gesalbt – ein Brauch, der sich von Generation zu Generation fortsetzte. Die Könige aus dem Morgenland beschenkten das Jesuskind mit Weihrauch und Myrrhe.

Im Osten waren Aromastoffe und Düfte hochgeschätzt. Sie wurden bei Riten verwendet und den Göttern dargebracht. Dieses Gemälde von Albrecht Dürer zeigt die Anbetung der Könige, die dem Jesusknaben als Geschenke Gold, Weihrauch und Myrrhe bringen.

Phönikische Kaufleute exportierten ihre duftenden Öle und Harze auf die arabische Halbinsel und später in den gesamten Mittelmeerraum, besonders nach Griechenland und Rom. Sie machten den Westen mit den Schätzen des Orients bekannt, mit Kampfer aus China, Zimt aus Indien, Gummiharzen und Rosen aus Arabien. Ihre Handelsrouten hielten sie streng geheim.

Besonders die Griechen lernten viel von den Ägyptern. Herodot und Demokrates besuchten Ägypten im 5. Jahrhundert v. Chr. und gaben später weiter, was sie über Parfümherstellung und Behandlung mit natürlichen Düften gelernt hatten. Herodot berichtete als erster über das Destillierverfahren von Terpentin. Dioskorides Pedanius machte in seiner fünfbändigen «De materia medica» ausführliche Angaben über die von Griechen und Römern verwendeten Pflanzen und aromatischen Mittel.

Zimternte in Indien für den Export nach Europa

Hippokrates, der um 460 v. Chr. in Griechenland geborene «Vater der Medizin», verschrieb wohlriechendes Räucherwerk und warme Umschläge. Aus der griechischen medizinischen Praxis stammt die Bezeichnung «iatralypte» für den Arzt, der mit Hilfe aromatischer Umschläge heilte. Ein berühmtes griechisches Präparat aus Myrrhe, Zimt und Kassiarinde wurde nach seinem Erfinder Megallus «megaleion» genannt. Es konnte wie das ägyptische «kyphi» sowohl als Parfüm als auch als Heilmittel bei Hautentzündungen und Fleischwunden angewendet werden.

Hippokrates, der wahrscheinlich berühmteste Arzt, verordnete duftendes Räucherwerk und warme parfümierte Umschläge als Teil der medizinischen Behandlung.

Die Römer gingen mit Parfüms noch verschwenderischer um als die Griechen. Sie verwendeten sie in Form von Cremeparfüms, «ladysmata», als duftende Öle, «stymmata», und in Puderform, «diapasmata», für Haar, Körper, Kleidung, Betten sowie als Massageöl nach dem Bad. Viele römische Ärzte flohen während des Niedergangs des Römischen Reichs nach Konstantinopel. Die medizinischen Werke von Galen, Hippokrates und Dioskorides, die sie dorthin mitnahmen, wurden ins Persische, Arabische und in andere Sprachen übersetzt. Nach dem Ende des Byzantinischen Reichs ging ihr Wissen an die arabische Welt über, während in Europa das sogenannte finstere Mittelalter begann.

Die Römer verwendeten wie die Griechen duftende Öle bei Zeremonien und Ritualen, waren jedoch besonders verschwenderisch mit Bade- und Massageölen sowie mit Duftölen für Haar und Körper.

Alchimie

Zwischen dem 7. und 13. Jahrhundert brachten die Araber zahlreiche große Wissenschaftler hervor, darunter auch den hochbegabten Arzt und Gelehrten Avicenna (980–1037 n. Chr.). Er schrieb über hundert Bücher, von denen er eines ausschließlich der Rose widmete, der im Islam am höchsten verehrten Blume. Seine Entdeckungen führten unter anderem auch zu einem Durchbruch in der Kunst des Destillierens. Dr. Paolo Rovesti entdeckte jedoch 1975 im Museum von Taxila, im pakistanischen Industal, einen perfekt erhaltenen Destillierapparat aus Terrakotta. Die dort ebenfalls ausgestellten Parfümbehälter aus der Zeit um 3000 v. Chr. bestätigten, daß der Apparat für die Herstellung aromatischer Öle verwendet wurde.

Das beliebte Rosenwasser und andere exotische Essenzen sowie die Destilliermethode gelangten zur Zeit der Kreuzzüge in den Westen. Im 13. Jahrhundert wurden die «Wohlgerüche Arabiens» in ganz Europa gerühmt. Im Mittelalter bestreute man die Fußböden mit aromatischen Kräutern und steckte sich Kräutersträußchen an zum Schutz gegen die Pest und andere ansteckende Krankheiten. Allmählich begannen die Europäer, denen die Gummiharz liefernden Bäume des Orients

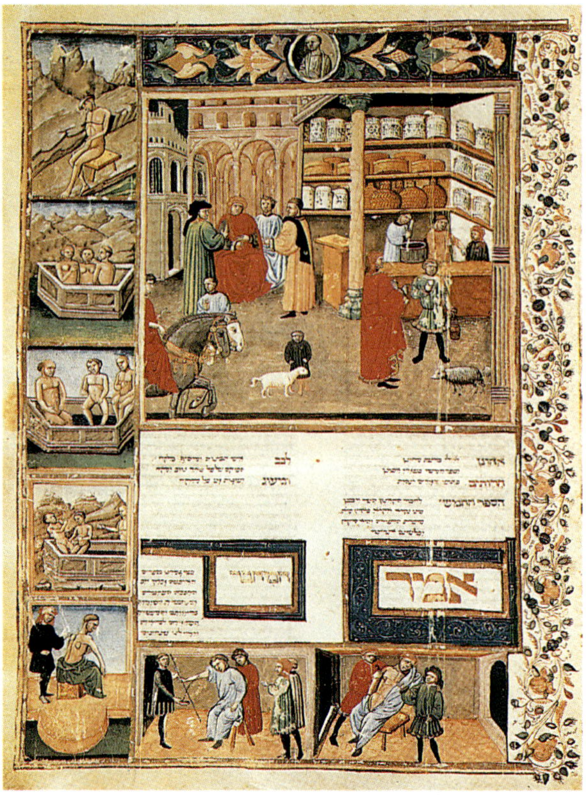

Eine hebräische Ausgabe aus dem 15. Jahrhundert von Avicennas «Kanon der Medizin» zeigt eine Apotheke und einige typische medizinische Behandlungen aus jener Zeit.

Ein Meister der Alchimie bei der Arbeit

Archäologische Funde aus dem Industal lassen vermuten, daß dort seit über 4000 Jahren aromatische Öle hergestellt wurden.

«Die Alchimie war die Brücke für die reiche Symbolik der alten Welt – der Araber, Griechen und Gnostiker – in unsere Ära, die hier jedoch aus ihren vergeistigten Höhen in einen Schmelztiegel fiel und nun anhand der ständig wachsenden Erkenntnisse in der Chemie überprüft wurde.»[1]

Ätherische Öle lassen sich mit der geläuterten menschlichen Psyche oder der «Quintessenz» der Alchimisten vergleichen.

fehlten, mit ihren einheimischen Kräutern wie Lavendel, Salbei und Rosmarin zu experimentieren. Im 16. Jahrhundert waren Lavendelwasser und «chymische» – ätherische – Öle beim Apotheker erhältlich. Nach der Erfindung des Buchdrucks mit beweglichen Lettern wurden zwischen 1470 und 1670 zahlreiche Kräuterbücher veröffentlicht wie das «Greet Herball» aus dem Jahr 1526, einige mit Illustrationen der Kolben und Destilliergefäße, die zur Gewinnung der flüchtigen Öle verwendet wurden.

Immer wieder wurde die Destillierkunst in der Alchimie angewandt, um unter anderem unedle Metalle in Gold zu verwandeln. In erster Linie war das Destillieren jedoch eine religiöse Suche, bei der die einzelnen Stufen des Vorgangs mit denen einer inneren seelischen Umwandlung gleichgesetzt wurden. Man glaubte, die wahre Natur des Menschen ließe sich durch Läuterung ebenso herausdestillieren wie eine reine Essenz aus einer aromatischen Pflanze.

Dieser Holzstich aus H. Brunschwigs «Buch der wahren Kunst zu destillieren» zeigt die Instrumente und Pflanzen, die von einem Alchimisten verwendet werden. Hirsch und Quelle sind Symbole für die Alchimie.

Auf diesem Bild aus dem 18. Jahrhundert von Joseph Wright sieht man eine genaue Darstellung der Geräte eines Alchimisten.

Ein Kaufmann des 15. Jahrhunderts verkauft Thymian.

Die wissenschaftliche Revolution

Die ganze Renaissance hindurch füllten aromatische Stoffe die Arzneimittellisten, weil Gewürze und Kräuter viele Jahrhunderte lang der hauptsächliche Schutz gegen Epidemien waren. Die medizinischen Eigenschaften von immer mehr neuen ätherischen Ölen wurden analysiert und ihre Anwendungsmöglichkeiten erfaßt. Dazu zählten sowohl gut eingeführte Aromatika wie Zeder, Zimt, Weihrauch, Wacholder, Rose, Rosmarin, Lavendel und Salbei als auch Essenzen von Beifuß, Kajeput, Kerbel, Orangenblüte, Baldrian und Kiefer.

Die Parfümherstellung und die Kunst des Destillierens fanden das Interesse prominenter Persönlichkeiten jener Zeit. In den nordeuropäischen Ländern und besonders im französischen Grasse entstanden florierende Betriebe. Gegen Ende des 17. Jahrhunderts entwickelte sich die Parfümherstellung zu einem gesonderten Handwerk, während die Aromaöle die Domäne der Apotheker wurden.

Die Chemie verdrängte die Alchimie. Damit ging das Interesse an der Wechselbeziehung zwischen Materie und Geist verloren, und man ging dazu über, Spekulationen mit logischen Schlußfolgerungen zu bekämpfen. Dank der wissenschaftlichen Revolution konnten Chemiker des frühen 19. Jahrhunderts zum ersten Mal verschiedene Bestandteile der Öle bestimmen und ihnen besondere Namen geben wie Geraniol, Citronellol und Cineol. So lesen wir z. B. im «Pharmazeutischen Jahrbuch und Jahresbericht der Britischen Pharmazeutischen Gesellschaft» von 1907:

«Eine Pinie unbestimmter botanischer Herkunft ergab ein weißes ätherisches Öl mit Terpentingeruch... Es wurde eine kleine Menge Pinen festgestellt; seine anderen Bestandteile konnten jedoch nicht identifiziert werden. Dieses Öl ist interessant, da es das erste Beispiel für ein ätherisches Öl darstellt, das aus der Familie der Uricacaea stammt.»

Ironischerweise legte diese engagierte Forschung den Grund für die Entwicklung der entsprechenden synthetischen Öle und der modernen pharmazeutischen Industrie. Kräutermedizin und aromatische Heilmittel verloren als Behandlungsmethode ihre Glaubwürdigkeit, als sie aus den Händen des einzelnen in die der Fachleute übergingen. Um die Mitte des 20. Jahrhunderts wurden ätherische Öle fast nur noch für Parfüms, Kosmetika und Nahrungsmittel verwendet.

Geschäftsraum eines approbierten Apothekers. Viele Jahrhunderte lang analysierten und notierten die europäischen Apotheker die medizinischen Eigenschaften neuer ätherischer Öle.

Dieser Holzstich aus dem 16. Jahrhundert zeigt Parfümhersteller. Ende des 17. Jahrhunderts wurde die Parfümherstellung ein eigenes Handwerk, und man unterschied zwischen Parfüms und aromatischen Mitteln, für die der Apotheker zuständig war.

2. AROMATHERAPIE UND PFLANZENHEILKUNDE

Die Entstehung der Aromatherapie

René-Maurice Gattefossé, ein französischer Chemiker und Parfümeur, der im Betrieb seiner Familie, in dem Parfüms hergestellt wurden, tätig war, prägte 1928 den Ausdruck «Aromatherapie». Ihn faszinierten die therapeutischen Möglichkeiten der Öle, nachdem er durch Zufall entdeckt hatte, daß Lavendel eine schwere Verbrennung an seiner Hand rasch und glatt heilen ließ. Er stellte außerdem fest, daß viele ätherische Öle in ihrer Gesamtheit wirksamer waren als ihr synthetischer Ersatz oder ihre isolierten Wirkstoffe. Cuthbert Hall hatte bereits 1904 darauf hingewiesen, daß die antiseptische Wirkung von Eukalyptusöl in seiner natürlichen Form stärker ist als der daraus isolierte wichtigste Wirkstoff Eukalyptol oder Cineol.

Der französische Arzt und Wissenschaftler Dr. Jean Valnet verwendete ätherische Öle als Teil eines besonderen Behandlungsprogramms bei körperlichen und psychischen Störungen und veröffentlichte seine Ergebnisse 1964 als «Aroma-Therapie».

Dr. Jean Valnet hat mit seiner Arbeit gezeigt, daß es die Kluft zwischen dem traditionellen natürlichen und dem modernen analytischen Heilungsweg nicht geben muß.

Der französische Chemiker René-Maurice Gattefossé widmete einen großen Teil seines Lebens dem Studium der Aromatherapie.

MARGUERITE MAURY

Marguerite Maury (1895–1968) gründete die ersten Aromatherapie-Kliniken in Frankreich, England und der Schweiz und wurde 1962 und 1967 für ihre Arbeiten über ätherische Öle und Kosmetik mit internationalen Preisen ausgezeichnet. Sie untersuchte die verjüngenden Eigenschaften von ätherischen Ölen. Ihre Forschungsergebnisse wurden 1964 unter dem englischen Titel «The Secret of Life and Youth» veröffentlicht.

Marguerite Maury wandte seine Forschungsergebnisse auf ihre Schönheitstherapie an. Ihr Ziel war es, ihren Kundinnen neue Frische zu geben mit einer «ganz auf die Persönlichkeit und eventuelle Gesundheitsprobleme abgestimmten Aromazusammenstellung». Seitdem gelten parfümierte Essenzen, richtig ausgewählt, nicht nur als etwas Ästhetisches, sondern auch als medizinische Wirkstoffe.

Der Ausdruck «Aromatherapie» ist in gewisser Weise irreführend, weil man annehmen könnte, es handle sich um eine Form der Behandlung, die ausschließlich über den Geruchssinn und Gefühle funktioniert. Das ist nicht der Fall, denn jedes ätherische Öl hat außer seinem Geruch eine individuelle Kombination von Bestandteilen, die auf direkte Weise auf die Chemie des Körpers einwirken, was zur Folge hat, daß bestimmte Organe oder physiologische Systeme darauf reagieren. Reiben wir z. B. eine Knoblauchzehe auf die Fußsohlen, dringt das flüchtige Öl durch die Haut in die Blutbahn, und etwas später riecht unser Atem nach Knoblauch. Jedes ätherische Öl braucht eine gewisse Zeit, bis es durch die Haut aufgenommen wird.

Ätherische Öle wirken auf dreierlei Weise auf den menschlichen Körper: pharmakologisch, physiologisch und psychisch. Bei der pharmakologischen Wirkung finden chemische Veränderungen statt, wenn das Öl in die Blutbahn gelangt und Hormone, Enzyme usw. darauf reagieren. Bei der physiologischen Wirkungsweise beeinflußt das Öl den Organismus, es beruhigt z. B. oder regt an. Der psychologische Effekt tritt ein, wenn eine Essenz eingeatmet wird und der Duft eine individuelle Reaktion hervorruft. Bei der ersten und zweiten Wirkungsweise hat die Aromatherapie vieles mit der Tradition der Kräutermedizin oder Phytotherapie gemeinsam – mit anderen Worten: Nicht nur das Aroma ist wichtig, sondern auch die chemische Wechselwirkung zwischen den Ölen und dem Körper sowie die dadurch hervorgerufenen physikalischen Veränderungen.

TERPENTINÖL: *20 Minuten*

EUKALYPTUS- UND THYMIANÖL: *20–40 Minuten*

ANIS-, BERGAMOTTE- U. ZITRONENÖL: *40–60 Minuten*

ZITRONELLEN-, KIEFERN-, LAVENDEL- UND GERANIENÖL: *60–80 Minuten*

KORIANDER-, RAUTEN- UND PFEFFERMINZÖL: *100–120 Minuten*

WIE DURCH DIE LUFT AUFGENOMMENE MOLEKÜLE VON AROMAÖLEN AUF DEN ORGANISMUS EINWIRKEN

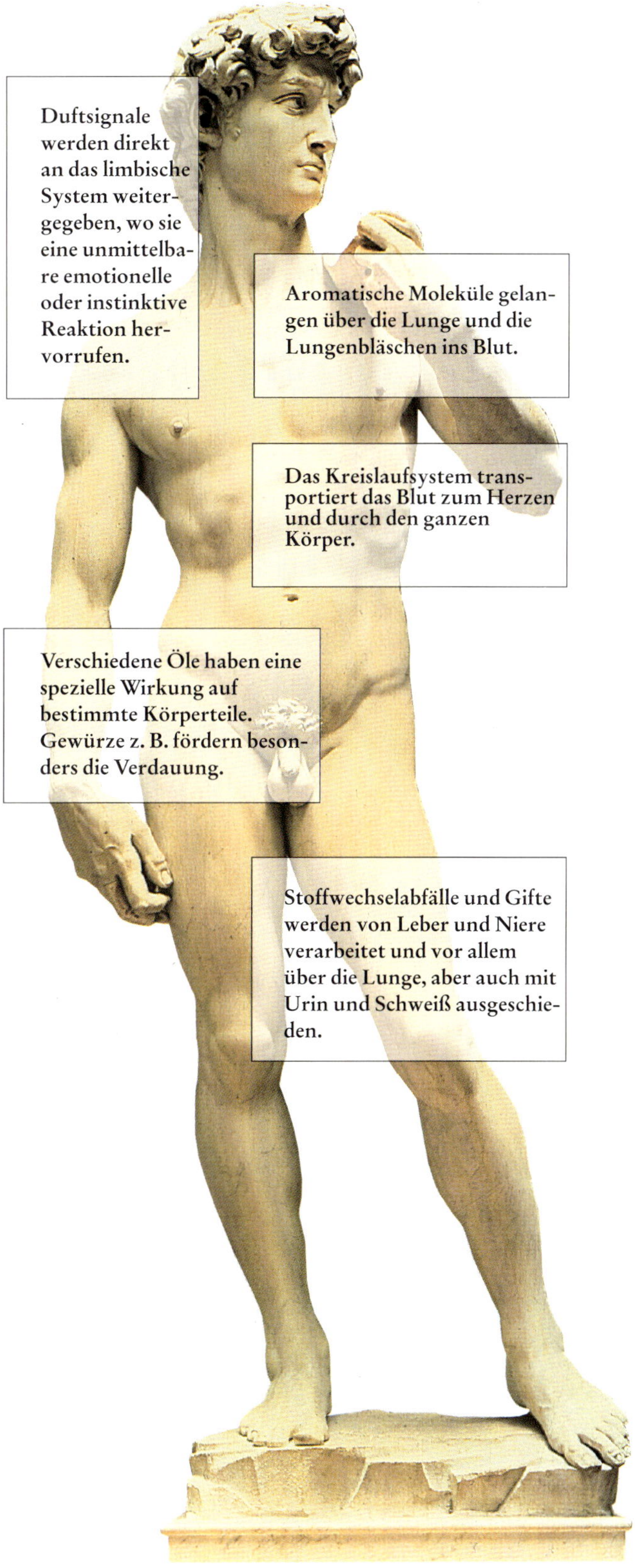

Die Pflanzenheilkunde

Echte Kamille, Römische Kamille und Schafgarbe enthalten Chamazulen; alle Minzen enthalten Menthol.

frische Schafgarbe

frische Pfefferminze

frische Kamille

Die Aromatherapie könnte man als Teilgebiet der Pflanzenheilkunde betrachten, weil das ätherische Öl nur eines von vielen pflanzlichen Produkten ist, die als Heilmittel eingesetzt werden. Da alle ätherischen Öle unmittelbar aus Pflanzen gewonnen werden, sollte man sie auch in einem botanischen Kontext sehen. Dies ist bei der Verwendung aromatischer Öle für therapeutische Zwecke in mancher Hinsicht nützlich, weil wir dabei ihre Eigenschaften besser kennenlernen und sich die zwei Therapieformen gegenseitig ergänzen.

Obwohl die meisten Pflanzen, die ätherische Öle liefern, auch in der Pflanzenheilkunde verwendet werden, muß man zwischen den therapeutischen Eigenschaften eines bestimmten Öls und denen einer im ganzen verwendeten oder auf andere Weise behandelten Pflanze unterscheiden. Echte Kamille z. B. wird, abgesehen von ihrem ätherischen Öl, sehr viel in Form von Tee, Tinktur oder Absud angewendet. Dem Chamazulen, einem Hauptbestandteil des Öls, verdankt die Kamille ihre

frische Roßminze

MÄDESÜSS

Es wäre verfehlt anzunehmen, das ätherische Öl sei stets der wirksamste oder therapeutisch nützlichste Teil einer Pflanze. Mädesüß z. B. enthält ein stark antiseptisch wirkendes ätherisches Öl (nach J. Valnet[2] machen 3,3 cm^3 Mädesüßessenz 1000 cm^3 Mikrobenkulturen im Abwasser steril gegenüber 5,6 cm^3 Karbolsäure auf 1000 cm^3), aber auch andere wertvolle Stoffe, vor allem alizylsäureverbindungen, die sich durch ihre schmerzlindernden und entzündungshemmenden Eigenschaften auszeichnen. Das Salizylsäurederivat Aspirin ist nach dieser Pflanze benannt, die auch Spiraea oder Spierstaude heißt.

jahrhundertealte Bedeutung als allgemeines Beruhigungs- und linderndes Hautpflegemittel. Es wirkt schmerzstillend, krampflösend, wundheilend und entzündungshemmend. Das Öl eignet sich zur Behandlung von Nervosität, Schlaflosigkeit und Hautreizungen oder -erkrankungen. Aber das Kraut enthält neben anderen Stoffen auch eine bittere Komponente (Anthemol), Tannine (Gerbsäure), Schleimstoffe und Glykoside. Die Gesamtwirkung des Krauts ist das Ergebnis der Wirkung aller seiner pharmakologisch aktiven Inhaltsstoffe, zu denen im Fall der Echten Kamille oder Matricaria die adstringierende Wirkung des Tannins und die tonische Wirkung der Bitterstoffe gehören. Das ätherische Öl ist natürlich im Tee, in der Tinktur oder im Absud weniger konzentriert und seine Wirksamkeit (sowie das Risiko) geringer, so daß diese Kräuterzubereitung für die innerliche Anwendung geeigneter ist.

Ähnlich ist es bei Pfefferminze. Während sich das Öl bei Erkrankungen der Atemwege hervorragend zum Inhalieren eignet, besonders wegen seiner krampflösenden und antiseptischen Wirkung, empfehlen sich für die längere Behandlung von Verdauungsstörungen Auszüge aus dem ganzen Kraut, denn hier wird die Wirkung der ätherischen Öle durch Bitterstoffe und Tannine unterstützt. Dazu kommt, daß bei der Pflanzenheilkunde die Wirkung eines Krauts gewöhnlich noch durch die Kombination mit anderen Kräutern verbessert wird.

Aus Mandeln, den bitteren und den süßen, wird ein nicht flüchtiges Öl gewonnen, das vielfach in der Kosmetik Verwendung findet. Das ätherische Öl, das dem Marzipan seinen besonderen Geschmack verleiht, wird nur aus den bitteren Mandeln gewonnen und enthält giftige Blausäure. Es kann also beträchtliche Unterschiede bei den Eigenschaften und sogar im selben Teil einer Pflanze geben, je nachdem, wie sie zubereitet wurde.

Auf dieser Miniaturhandschrift aus dem 13. Jahrhundert verwenden die Geburtshelferinnen Koriandersamen, um die Entbindung zu beschleunigen. Die Zeichnung darüber zeigt weitere Verwendungen des Krauts.

frische Roßminze

Therapeutische Leitlinien

In Übereinstimmung mit dem heutigen «Praxiskodex» der Aromatherapie gilt als allgemeine Regel, daß ätherische Öle am besten nur äußerlich und verdünnt als Heilmittel angewendet werden. Aufgrund ihrer hohen Konzentration können sie in unverdünnter Form Haut, Schleimhäute und Magenwände reizen oder schädigen. Diese Regel scheint sogar auf gewisse Weise von der Natur angelegt zu sein, da sich ätherische Öle mit Trägerölen und Salben für die äußerliche Anwendung gut mischen und dann durch die Haut oder beim Verdampfen über die Atemwege vom Körper aufgenommen werden. Beim Einatmen können sie Stimmung und Gefühle beeinflussen und gleichzeitig physiologische Veränderungen hervorrufen.

Kräuter dagegen geben viele ihrer Eigenschaften an Wasser und Alkohol ab und sind deshalb für die innerliche Anwendung geeignet. Da ihnen jedoch das konzentrierte aromatische Element fehlt, haben sie nicht die gleichen subtilen Wirkungen auf das Gemüt.

Bei den hier skizzierten Richtlinien gibt es natürlich auch Ausnahmen. Wegerich z. B. ist äußerlich angewendet ein ausgezeichnetes Kraut zur Wundbehandlung, obwohl er keine ätherischen Öle enthält. Tatsache ist auch, daß wir täglich viele aromatische Öle als Geschmackszutaten in Nahrungsmitteln und Getränken, wenn auch nur in winzigen Mengen, zu uns nehmen. Pfefferminzöl wird z. B. in vielen alkoholischen und alkoholfreien Getränken verwendet sowie bei Konfekt und wohlschmeckender Fertigkost; die höchste durchschnittliche Menge liegt bei 0,104 Prozent. Die Öle der Minzen, einschließlich der von Roßminze und Ackerminze, werden von der pharmazeutischen und kosmetischen Industrie ausgiebig für Produkte wie Zahnpasta und Mittel gegen Husten und Erkältung sowie als Duftkomponenten in Seifen, Cremes, Lotionen, Toilettenwässern und Parfüms verwendet. Außerdem dient Ackerminze häufig als Ausgangsmaterial für die Herstellung von Menthol, das in der Arzneimittelindustrie gebraucht wird.

Wie man sieht, gibt es für die Verwendung von ätherischen Ölen ein weites Feld. Auf der einen Seite teilen sie die ganzheitlichen Eigenschaften natürlicher Pflanzenheilmittel, auch wenn einige Pflanzenheilkundige ätherische Öle auf fast die gleiche Stufe stellen wie synthetische Arzneimittel, da sie ein «Teil» des Ganzen und nicht das vollständige Kraut sind; auf der anderen Seite spielen sie eine wichtige Rolle in der pharmazeutischen Industrie, entweder als Ganzes oder in Form isolierter Bestandteile wie Phenol oder Menthol.

Ziel dieses Buches ist es nicht, natürliche Heilmittel auf Kosten des wissenschaftlichen Fortschritts zu glorifizieren (einige sind in der Tat hochtoxisch) oder umgekehrt die Prinzipien unserer Medizin hochzuhalten. Es will über die Öle und ihre vielseitigen Eigenschaften informieren.

SÄUGLINGE UND KINDER

Für Säuglinge und Kleinkinder die Lösung um mindestens die Hälfte der angegebenen Menge verdünnen. Bei Säuglingen keine möglicherweise toxischen und reizenden Öle verwenden.

Säuglinge von 0–12 Monaten: Für Massage oder Bad nur 1 Tropfen Lavendel-, Rosen- oder Kamilleöl (Echte oder Römische) in 1 TL Trägeröl verdünnt verwenden.

Kleinkinder von 1–5 Jahren: Für Massage oder Bad nur 2–3 Tropfen der sicheren, nicht toxischen und nicht reizenden Öle in 1 TL Trägeröl verdünnt verwenden.

Kinder von 6–12 Jahren: wie für Erwachsene, aber in der halben angegebenen Konzentration.

Kinder über 12 Jahre: wie für Erwachsene angegeben.

HINWEISE ZUM SCHUTZ VOR RISIKEN

Im allgemeinen können die im Handel erhältlichen ätherischen Öle risikolos für die Aromatherapie oder Haushaltszwecke verwendet werden. Aufgrund ihrer hohen Konzentration und Wirkkraft sind jedoch folgende Vorsichtsmaßnahmen geboten:

Um **Risiken zu vermeiden,** informieren Sie sich über die Anwendungsart eines Öls, vor allem, bevor Sie ein neues Öl verwenden (siehe die Angaben in Teil III).

Keine innerliche Anwendung von ätherischen Ölen! Diese Regel entspricht den Sicherheitsrichtlinien, die von der International Federation of Aromatherapy empfohlen werden. Ätherische Öle vermischen sich nicht mit Wasser und können in unverdünntem Zustand die Schleimhaut des Darmtrakts beschädigen. Zusätzlich sind einige ätherische Öle toxisch, wenn sie innerlich angewendet werden.

Aufbewahrt werden die Öle in dunklen Flaschen abseits von Helligkeit und Wärme und unerreichbar für Kinder und Haustiere.

WICHTIGE HINWEISE AUF RISIKEN UND GEFAHREN

GEFÄHRLICHE ÖLE

Einige ätherische Öle können, besonders in unerfahrenen Händen, Schaden anrichten, da sie in hoher Konzentration giftig sind oder schwere Hautreizungen verursachen. Folgende Öle sind unter diesen Umständen zu meiden: Alant, Amerikanisches Wintergrün, Arnika, Beifuß, Bergkiefer, Bittermandel, Bohnenkraut, Boldo, Bucco, Cassie, Costus, Fenchel (bitter), Ginster, Heiligengarbe, Jaborandi, Kalmus, Kampfer (braun und gelb), Kerbel, Meerrettich, Oregano, Poleiminze, Raute, Rehzunge, Sadebaum, Salbei, Sassafras, Senf, Steinklee, Thuja, Thymian (rot), Tonka, Wermut, Wurmkraut, Wurmsamen, Zimt (Rinde). Diese Öle sollten therapeutisch nicht angewendet werden.

BEDENKLICHE ÖLE

Ätherische Öle, die unverträglich sein können und deshalb nur verdünnt und höchstens über einen Zeitraum von 14 Tagen angewendet werden sollen, sind: Ajowan, Anis, Baldrian, Basilikum (Exotischer), Cascarilla, Cassie, Estragon, Eukalyptus, Gewürznelke, Hopfen, Kampfer (weiß), Koriander, Kurkuma, Lorbeer, Muskat, Nachthyazinthe, Petersilie, Schwarzer Pfeffer, Spanischer Salbei, Sternanis, Tagetes, Terpentin, Thymian (weiß), Virginia-Zeder, Wacholder, Westindischer Lorbeer, Wirbeldost, Ysop, Zimt (Blatt).

ANWENDUNG PUR

Im allgemeinen sollten ätherische Öle nur mit einem Trägeröl oder einer Creme verdünnt aufgetragen werden. Es gibt Ausnahmen wie das reine Lavendelöl (z. B. bei Schnittwunden, Pickeln, Verbrennungen usw.) und Teebaumöl. Bestimmte nicht-reizende ätherische Öle können rein aufgetragen werden als Parfüm, z. B. Ylang-Ylang oder Sandelholz (siehe Verträglichkeit in Teil III). Stets zuerst eine Einreibprobe vornehmen und nicht in Augennähe bringen.

EINREIBPROBE

Bevor Sie ein neues Öl pur auftragen, auch wenn es als Parfüm dienen soll, geben Sie einen Tropfen auf die Innenseite des Handgelenks und bedecken die Stelle mit einem Pflaster. Stellt sich nach einer guten Stunde eine Reizung oder Rötung ein, waschen Sie die Stelle mit kaltem Wasser. Für den weiteren Gebrauch verdünnt anwenden oder das Öl ganz weglassen. In der Regel sollen ätherische Öle jedoch nicht pur verwendet werden.

HAUTREIZUNG

Öle, die besonders in hoher Konzentration die Haut reizen können, sind: Ackerminze, Ajowan, Anis, Basilikum, Borneol, Eukalyptus, Gewürznelke, Ingwer, Kajeput, Kiefer, Knoblauch, Kümmel, Kurkuma, Nelkenpfeffer, Petersilie, Pfefferminze, Schwarzer Pfeffer, Sumpfkiefer, Thymian, Virginia-Zeder, Zimt (Blatt), Zitrone. Diese Öle sollten entgegen der allgemeinen Empfehlung um das Doppelte verdünnt werden. Mischen Sie sie stets zuerst mit einem Basisöl, einer Creme oder einem Gel, bevor Sie es auftragen, und nehmen Sie höchstens drei Tropfen für ein Bad.

SENSIBILISIERUNG

Manche Öle verursachen Reizungen nur bei Menschen mit sehr empfindlicher Haut oder verursachen allergische Reaktionen; dazu zählen selbst so gebräuchliche Öle wie Teebaum- und Jasminöl. Bei empfindlicher Haut sollte stets vor der Verwendung eines neuen Öls eine Verträglichkeitsprobe gemacht werden. Öle, die eine Sensibilisierung hervorrufen können, sind: Baldrian, Basilikum, Benzoe, Cananga, Hopfen, Ingwer, Jasmin, Kamille (Römische und Echte), Kiefer, Knoblauch, Kurkuma, Litsea, Liebstöckel, Lorbeer, Mastix, Minze, Orange, Perubalsam, Schafgarbe, Styrax, Sumpfkiefer, Teebaum, Thymian (weiß), Tolubalsam, Vanille, Veilchen, Virginia-Zeder, Ylang-Ylang, Zitrone, Zitronengras, Zitronenmelisse, Zitronenverbene.

PHOTOTOXIZITÄT

Einige Öle sind phototoxisch, d. h. sie verursachen auf der Haut eine Verfärbung, wenn diese dem direkten Sonnenlicht ausgesetzt wird. Folgende Öle sind, ob verdünnt oder pur, nicht für Hautpartien geeignet, die der Sonne ausgesetzt werden: Bergamotte (ausgenommen der bergaptenfreie Typ), Engelwurz, Ingwer, Kreuzkümmel, Limette, Liebstöckel, Mandarine, Orange, Verbena, Zitrone.

SCHWANGERSCHAFT

Verwenden Sie während der Schwangerschaft nur die Hälfte der angegebenen Ölmengen wegen der Empfindlichkeit des heranwachsenden Kindes. Möglicherweise toxische oder emmenagoge (d. h. die Gebärmuttermuskeln stimulierende) Öle nicht anwenden. Die folgenden Öle sollten ganz gemieden werden: Ajowan, Anis, Basilikum, Engelwurz, Estragon, Fenchel (süß), Gewürznelke, Kreuzkümmel, Liebstöckel, Lorbeer, Majoran, Muskat, Muskatellersalbei, Myrrhe, Petersilie, Schlangenwurz, Selleriesamen, Spanischer Salbei, Sternanis und Thymian (weiß), Wacholder, Wirbeldost, Ysop, Zeder (alle Arten), Zimt, Zistrose, Zitronengras. Während der ersten vier Schwangerschaftsmonate sollten Pfefferminz-, Rosen- und Rosmarinöl nicht verwendet werden.

HOHER BLUTDRUCK

Folgende Öle sind bei erhöhtem Blutdruck zu meiden: Rosmarin, Salbei, Ysop (alle Arten) und Thymian.

EPILEPSIE

Bei Epilepsie sind die folgenden Öle aufgrund ihrer starken Wirkung auf das Nervensystem nicht anzuwenden: Fenchel (süß), Rosmarin und Salbei (alle Arten), Ysop.

DIABETES

Bei Diabetes ist Engelwurzöl zu meiden.

HOMÖOPATHIE

Folgende Öle vertragen sich nicht mit einer homöopathischen Behandlung: Eukalyptus und Pfefferminze, Kampfer, Schwarzer Pfeffer.

3. DER KÖRPER – FUNKTIONEN UND ANWENDUNGEN ÄTHERISCHER ÖLE

Wie ätherische Öle wirken

Das therapeutische Potential der ätherischen Öle sowie anderer pflanzlicher Heilmittel ist bei weitem noch nicht ausgeschöpft. Obwohl zahlreiche Heilkräuter seit der Antike verwendet werden und zum Teil die biologisch wirksamen Bestandteile liefern, die die Grundlage für die meisten unserer modernen Arzneimittel bilden (wie Chinin und Kokain), so ist doch noch sehr viel über ihre genaue Pharmakologie zu lernen. Dies gilt besonders für die ätherischen Öle, die aufgrund ihrer besonderen Natur eine so konzentrierte und doch vielseitige Zusammensetzung haben. Dazu kommt, daß nur ein kleiner Teil der Weltflora auf pharmakologisch wirksame Bestandteile hin untersucht wurde und mit dem zunehmenden Aussterben der Arten die Gefahr wächst, daß viele wichtige pflanzliche Quellen für immer verlorengehen.

Die moderne Forschung hat die traditionell gebräuchliche Anwendung bestimmter Pflanzen weitgehend bestätigt; nur die Terminologie hat sich geändert. Ein Kraut wie Basilikum, von dem es früher hieß, es biete «Schutz gegen Unheil», sei «gut für das Herz» und ein «Sorgenbrecher», wird im modernen Sprachgebrauch als antidepressiv und ausgezeichnetes prophylaktisches Nerventonikum beschrieben. Ein ätherisches Öl kann wie ein Kräuterheilmittel ein breites Wirkungsfeld haben. Das Kraut oder Öl ein und derselben Pflanze (z. B. der Zitronenmelisse) regt bestimmte Organe des Körpers an, während es andere beruhigt oder entspannt. Ein allgemeiner Überblick über die Organe des menschlichen Körpers hilft uns vielleicht, die Wirkungsweisen von ätherischen Ölen und ihre besonderen Wirkungsbereiche besser zu verstehen.

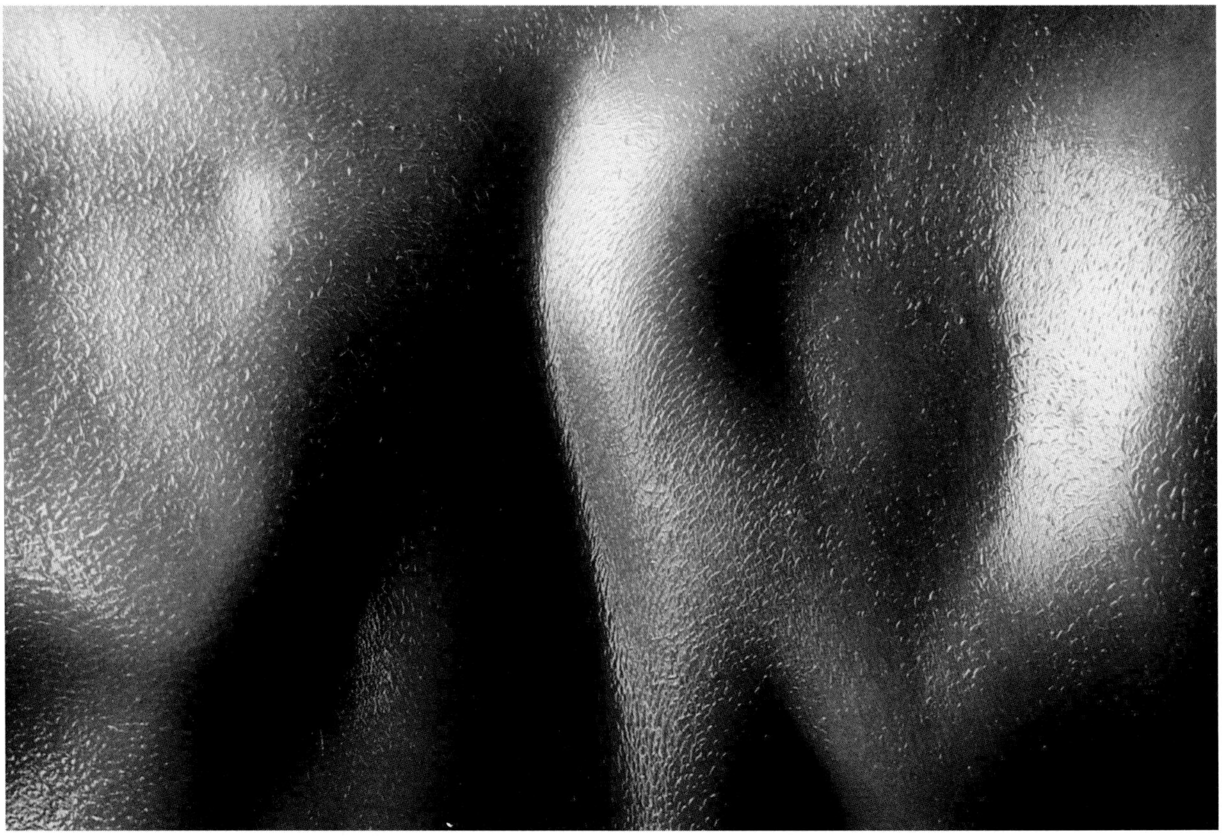

Ein ätherisches Öl kann unterschiedliche Wirkungen auf die verschiedenen Teile unseres Körpers ausüben, indem es bestimmte Organe anregt und andere entspannt.

Die Haut

Hautprobleme sind oft das äußere Anzeichen für ein tieferliegendes Übel wie die Zunahme giftiger Stoffe im Blut, Hormonstörungen, nervliche und emotionale Belastungen. Auf diesem Gebiet ist die Vielseitigkeit der ätherischen Öle besonders wertvoll, weil sie solche Beschwerden auf mehreren Ebenen bekämpfen können. Da sie in Öl und Alkohol löslich sind und ihren Duft an Wasser abgeben, eignen sie sich ideal als Zutat für Kosmetika und die allgemeine Hautpflege sowie für die Behandlung besonderer Krankheiten.

In diesem Zusammenhang sind die folgenden Eigenschaften einiger ätherischer Öle besonders nützlich:

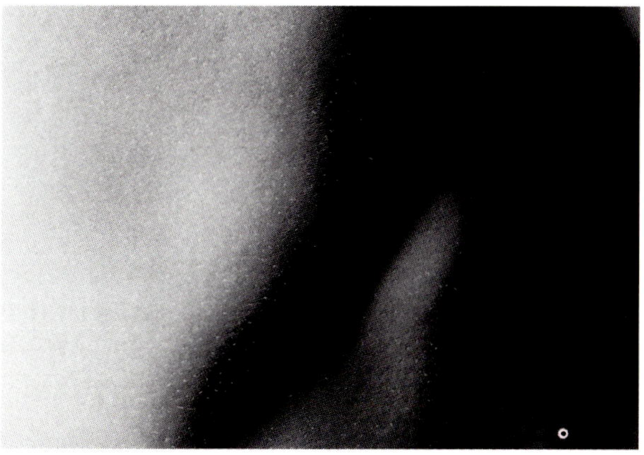

Ätherische Öle können zur Hautpflege und zur Behandlung von Verletzungen verwendet werden.

Atlaszedern-Zapfen

Spik-Lavendel

ANTISEPTISCH
Bei Schnittwunden, Insektenstichen, Pickeln usw.: z. B. Thymian, Salbei, Eukalyptus, Teebaum, Gewürznelke, Lavendel, Zitrone.
ENTZÜNDUNGSHEMMEND
Bei Ekzemen, entzündeten Wunden, Schwellungen, Blutergüssen usw.: z. B. Echte und Römische Kamille, Lavendel, Schafgarbe.
PILZABTÖTEND
Bei Schweißfüßen, Candida, Fadenpilzinfektion usw.: z. B. Lavendel, Teebaum, Myrrhe, Patschuli und Majoran.
WUNDHEILEND UND NARBENGLÄTTEND
Bei Verbrennungen, Schnittwunden, Narben, Schwangerschaftsstreifen usw.: z. B. Lavendel, Kamille, Rose, Neroli, Weihrauch und Geranie.
DESODORIEREND
Bei starkem Schwitzen, Wundreinigung usw.: z. B. Bergamotte, Lavendel, Thymian, Wacholder, Zypresse, Salbei, Zitronengras.
INSEKTENABWEHREND UND PARASITENABTÖTEND
Bei Läusen, Flöhen, Krätze, Zecken, Mücken, Ameisen, Motten usw.: Spik-Lavendel, Knoblauch, Geranie, Zitronengras, Eukalyptus, Gewürznelke, Kampfer, Atlaszeder.

Thymian

frische Geranienblätter

Spanischer Salbei

frischer Majoran

Kreislauf, Muskeln und Gelenke

Ätherische Öle werden leicht durch die Haut und die Schleimhäute in den Blutkreislauf aufgenommen. Hautrötende oder wärmende Öle bewirken nicht nur eine bessere örtliche Durchblutung, sondern beeinflussen auch die inneren Organe. Sie brennen etwas auf der Haut, erwärmen sie und können durch ihre schmerzstillende oder betäubende Wirkung erhebliche Erleichterung bringen. Solche Öle können eine örtliche Entzündung beruhigen, indem sie im Körper besondere gefäßerweiternde Stoffe freisetzen, so daß das Blut rascher fließen kann und die Schwellung zurückgeht. Einige Öle wie Ysop haben eine ausgleichende oder regulierende Wirkung auf den gesamten Kreislauf; sie senken den Blutdruck, wenn er zu hoch ist, oder erhöhen ihn, wenn er zu niedrig ist.

In den Blutkreislauf aufgenommen, können ätherische Öle außerordentlich wohltuend wirken.

frische Pfefferminze

frische Zypresse

Zitronenblatt

BLUTDRUCKSENKEND
Bei hohem Blutdruck, Herzklopfen, Streß usw.: z. B. Majoran, Ylang-Ylang, Lavendel, Zitrone.
BLUTDRUCKSTEIGERND
Bei schlechter Durchblutung, Frostbeulen, Lustlosigkeit usw.: z. B. Rosmarin, Lavendel, Eukalyptus, Pfefferminze, Thymian.
DURCHBLUTUNGSFÖRDERND
Bei Rheumatismus in den Gelenken, Muskelsteifheit, Ischias, Hexenschuß usw.: z. B. Schwarzer Pfeffer, Wacholder, Rosmarin, Kampfer, Majoran.
REINIGEND ODER ANTITOXISCH
Bei Arthritis, Gicht, Blutstauung, Hautausschlägen usw.: z. B. Wacholder, Zitrone, Fenchel, Liebstöckel.
LYMPHANREGEND
Bei Zellulitis, Korpulenz, schlechter Flüssigkeitsausscheidung usw.: z. B. Grapefruit, Limette, Fenchel, Zitrone, Mandarine, Weißbirke.
KREISLAUFSTÄRKEND UND ADSTRINGIEREND
Bei Schwellungen, Entzündungen, Krampfadern usw.: z. B. Zypresse, Schafgarbe, Zitrone.

frischer Wacholder

frisches Liebstöckel

frischer Fenchel

Die Atemwege

Bei Infektionserkrankungen der Atemwege – Nase, Hals, Lunge – sind ätherische Öle ungemein hilfreich. Inhaliert kommen ihre Eigenschaften besonders zum Tragen, denn obwohl der größte Teil, nachdem er in die Bronchien gelangt ist, durch die Lunge wieder direkt ausgeatmet wird, bewirken sie eine vermehrte Schleimabsonderung (eine Schutzreaktion), die bei vielen Atemwegserkrankungen die Heilung fördert. Eingeatmet gelangen sie sogar schneller in den Blutkreislauf als geschluckt. Überdies werden die meisten ätherischen Öle, die der Magen absorbiert, ebenfalls über die Lunge ausgeschieden und nur ein kleiner Teil mit dem Urin.

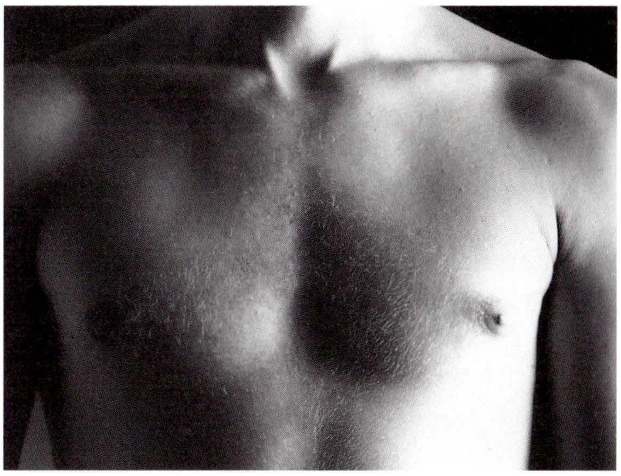

Die Inhalation von ätherischen Ölen ist eine wirksame Behandlung bei Erkrankungen von Nase, Hals und Lunge.

Eukalyptus-rinde

SCHLEIMLÖSEND
Bei Katarrh, Nebenhöhlenentzündung, Husten, Bronchitis usw.: z. B. Eukalyptus, Kiefer, Thymian, Myrrhe, Sandelholz, Fenchel.
KRAMPFLÖSEND
Bei Kolik, Asthma, trockenem Husten, Keuchhusten usw.: z. B. Ysop, Zypresse, Atlaszeder, Bergamotte, Kamille, Kajeput.
LINDERND
Bei Erkältungen, Schüttelfrost, Blutstauung usw.: z. B. Benzoe, Weihrauch, Tolubalsam, Perubalsam, Myrrhe.
ANTISEPTISCH
Bei Grippe, Erkältungen, Halsschmerzen, Mandelentzündung, Zahnfleischentzündungen usw.: z. B. Thymian, Salbei, Eukalyptus, Ysop, Kiefer, Kajeput, Teebaum, Borneol.

frischer Salbei

frischer Ysop

Blätter des Tolubalsam-Baumes

Kiefernzapfen

Der Verdauungstrakt

Obwohl es sich nicht empfiehlt, ätherische Öle oral einzunehmen, können sie äußerlich angewendet bestimmte Veränderungen im Verdauungsvorgang bewirken. Doch hier sind ihre Möglichkeiten im Vergleich zur Pflanzenheilkunde beschränkt. Der stehen viele Heilmittel für eine Reihe von Magen-, Gallen- und Leberbeschwerden zur Verfügung, z. B. Löwenzahn, Echter Eibisch, Kamille und Mädesüß, die zum großen Teil so wirksam sind dank einer Kombination von aromatischen Inhaltsstoffen und Bitterstoffen, Gerbstoffen und Pflanzenschleim, die den ätherischen Ölen fehlen.

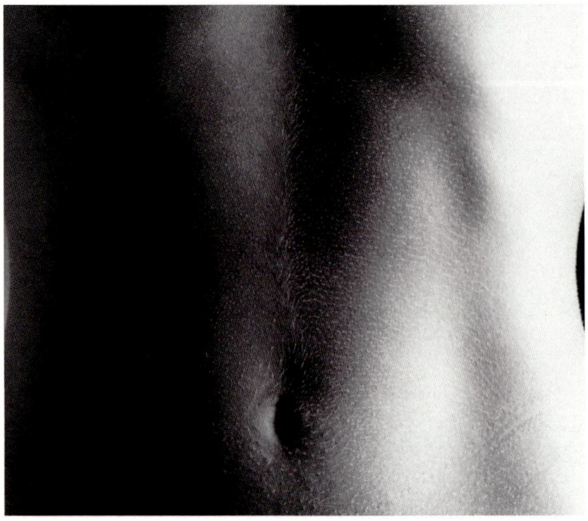

Ätherische Öle können äußerlich angewendet werden bei Magenbeschwerden und Verdauungsstörungen.

frisches Basilikum

KRAMPFLÖSEND	Bei Krämpfen, Schmerzen, Verdauungsstörung usw.: z. B. Kamille, Kümmel, Fenchel, Orange, Pfefferminze, Melisse, Anis, Zimt.
BLÄHUNGSWIDRIG UND VERDAUUNGSFÖRDERND	Bei Blähungen, Luftschlucken, Übelkeit usw.: z. B. Engelwurz, Basilikum, Fenchel, Kamille, Pfefferminze, Mandarine.
GALLENTREIBEND	Zur Beschleunigung des Abflusses der Gallenflüssigkeit und Anregung der Gallenblase: z. B. Kümmel, Lavendel, Pfefferminze und Borneol.
LEBERSTÄRKEND	Bei Leberstauung, Gelbsucht usw.: z. B. Zitrone, Limette, Rosmarin, Pfefferminze.
APPETITANREGEND	Bei Appetitlosigkeit, Magersucht usw.: z. B. Anis, Engelwurz, Orange, Ingwer, Knoblauch.

Knoblauch

frische Pfefferminze

Apfelsinenblätter und Apfelsinenschale

frischer Rosmarin

Urogenitaltrakt und Hormonsystem

Die Fortpflanzungsorgane können durch die äußerliche Anwendung ätherischer Öle ebenso beeinflußt werden wie durch hormonelle Veränderungen. Einige ätherische Öle wie Rose und Jasmin haben eine stärkende Wirkung auf die Fortpflanzungsorgane und dienen zur Bekämpfung besonderer Beschwerden wie Menstruationsprobleme, Infektionen im Genitalbereich und sexuelle Probleme. Andere Öle enthalten Pflanzenhormone, deren Wirkung derjenigen bestimmter menschlicher Hormone ähnlich sein kann. Öle von Hopfen, Salbei und Fenchel enthalten eine Form des Östrogens, das den Menstruationszyklus, die Milchbildung und sekundäre Geschlechtsmerkmale beeinflußt.

Andere ätherische Öle beeinflussen bekanntlich die Hormonausschüttung weiterer Drüsen, z. B. der Schilddrüse (deren Hormone Wachstum und Stoffwechsel regeln), des Nebennierenmarks (Reaktion auf Streß) und der Nebennierenrinde (u. a. Einwirkung auf Ausschüttung von Geschlechtshormonen).

Bei Nieren, Blase und Harnwegen sind nach neuesten Forschungserkenntnissen «harntreibende Wirkungen von ätherischen Ölen praktisch nicht vorhanden».[3]

frische Bergamotte

Rosenblütenblätter

Fenchelblätter und -samen

KRAMPFLÖSEND	Bei Menstruationsschmerzen, Wehenschmerzen usw.: z. B. Majoran, Kamille, Muskatellersalbei, Jasmin, Lavendel.
MENSTRUATIONSFÖRDERND	Bei schwacher Periode, Ausbleiben der Periode usw.: z. B. Kamille, Fenchel, Ysop, Wacholder, Majoran, Pfefferminze.
GEBÄRMUTTERSTÄRKEND UND REGULIEREND	Bei Schwangerschaft, zu starker Monatsblutung, prämenstruellem Syndrom usw.: z. B. Muskatellersalbei, Jasmin, Rose, Myrrhe, Weihrauch, Melisse.
ANTISEPTISCH UND BAKTERIENABTÖTEND	Bei Weißfluß, Scheidenpruritis, Pilzinfektion usw.: z. B. Bergamotte, Kamille, Myrrhe, Rose, Teebaum.
MILCHTREIBEND	Zur Steigerung der Milchbildung: z. B. Fenchel, Jasmin, Anis, Zitronengras (Salbei, Minze und Petersilie wirken verringernd).
APHRODISISCH	Bei Impotenz und Frigidität usw.: z. B. Schwarzer Pfeffer, Kardamom, Muskatellersalbei, Neroli, Jasmin, Rose, Sandelholz, Patschuli, Ylang-Ylang.
ANAPHRODISIEREND	Zur Hemmung des Geschlechtstriebs: z. B. Majoran, Kampfer.
NEBENNIEREN ANREGEND	Bei Angst, streßbedingten Zuständen usw.: z. B. Basilikum, Geranie, Rosmarin, Borneol, Salbei, Kiefer, Bohnenkraut.
ANTISEPTISCH FÜR BLASE UND HARNRÖHRE	Bei Blasenentzündung, Harnröhrenentzündung usw.: z. B. Bergamotte, Kamille, Teebaum, Sandelholz.

frischer Jasmin

frischer Majoran

Schwarze Pfefferkörner

frischer Salbei

Das Immunsystem

Praktisch alle ätherischen Öle haben bakterienabtötende Eigenschaften und können durch die Förderung der Erzeugung weißer Blutkörperchen dazu beitragen, Infektionskrankheiten zu verhindern und zu behandeln. Diese Eigenschaften machten die aromatischen Kräuter und Öle so wertvoll bei der Bekämpfung von Infektionskrankheiten wie Malaria und Typhus in den Tropen und der Pestepidemien im Mittelalter. Menschen, die regelmäßig ätherische Öle verwenden, haben meistens eine hohe Widerstandskraft gegenüber Krankheiten, erkälten sich nicht so oft wie andere und erholen sich schneller.

BAKTERIEN- UND VIRENABTÖTEND (PROPHYLAKTISCH)
Zum Schutz gegen Erkältungen, Grippe usw.: z. B. Teebaum, Kajeput, Niaouli, Basilikum, Lavendel, Eukalyptus, Bergamotte, Kampfer, Gewürznelken, Rosmarin.
FIEBERSENKEND
z. B. Engelwurz, Basilikum, Pfefferminze, Thymian, Salbei, Zitrone, Eukalyptus, Teebaum.
SCHWEISSTREIBEND UND BLUTREINIGEND
Zur Anregung der Schweißbildung, zum Ausscheiden von Giftstoffen usw.: z. B. Rosmarin, Thymian, Ysop, Kamille.

Engelwurz, in Scheiben geschnitten

frischer Ysop

frisches Basilikum

frisches Niaouli

Das Nervensystem

In vielen Ölen entsprechen die wissenschaftlich erforschten Eigenschaften denen, die ihnen traditionell beigemessen wurden. Dazu zählen Kamille, Bergamotte, Sandelholz, Lavendel und Majoran, die eine beruhigende Wirkung auf das Zentralnervensystem haben. Jasmin, Pfefferminze, Basilikum, Nelken und Ylang-Ylang wirken stimulierend. Anders als bisher angenommen hat sich Neroli als stimulierend erwiesen und Zitrone als beruhigend. Einige Öle sind als «adaptogen» bekannt, d. h. sie haben eine ausgleichende oder normalisierende Wirkung auf die Körperorgane: Geranie und Rosenholz sind je nach Situation und Person entweder beruhigend oder stimulierend.

Worte wie «entspannend» und «hebend» beziehen sich oft mehr auf die Duftbeschreibung und Gefühlsreaktion als auf die physiologische Wirkung – obwohl beide zusammenhängen. Folglich können Öle wie Bergamotte, Melisse und Zitrone für das Nervensystem beruhigend, aber für den «Geist» belebend sein. Öle wie Jasmin, Ylang-Ylang und Neroli können nervenanregend sein und trotzdem auf einer subtileren Gefühlsebene beruhigen und entspannen.

BERUHIGEND
Bei nervöser Anspannung, Streß, Schlaflosigkeit usw.: z. B. Kamille, Bergamotte, Sandelholz, Lavendel, Majoran, Melisse, Hopfen, Baldrian, Zitrone.
ANREGEND
Zur Rekonvaleszenz, allgemeinen Stärkung, bei nervlicher Erschöpfung usw.: z. B. Basilikum, Jasmin, Pfefferminze, Ylang-Ylang, Neroli, Engelwurz, Rosmarin.
NERVENSTÄRKEND
Zur Stärkung des Nervensystems insgesamt: z. B. Kamille, Muskatellersalbei, Wacholder, Lavendel, Majoran, Rosmarin.

Lavendelblätter

Das Gemüt

Über die Wirkung ätherischer Öle auf das Gemüt wird viel diskutiert, aber konkret weiß man darüber nur wenig. Zweifellos wurden die Öle schon immer wegen ihrer Wirkung auf Gefühle und Stimmungen verwendet. Aus diesem Grund dienten sie als Räucherwerk für religiöse und rituelle Zwecke. Man weiß, daß zwei Riechnervenstränge direkt ins limbische System führen (der Teil des Großhirns, der auch «gefühlsmäßige» Reaktionen, z. B. das Sexualverhalten, beeinflußt); das bedeutet, daß Gerüche eine sofortige und starke Reaktion hervorrufen können, die sich rational nicht erklären läßt.

Forscher haben zwei Reaktionsmuster auf Gerüche festgestellt, die sie als «fest verdrahtete» und «lose verdrahtete» Reaktion bezeichneten: erstere ist angeboren und rein instinktiv, die zweite erlernt oder später erworben.

Aber in welchem Maß hängt die Wirkung eines Öls von seiner chemischen Zusammensetzung ab? Wieviel bewirken Glaube oder Assoziation? Wenn man sich mit den psychologischen oder emotionalen Reaktionen auf den Geruch von Ölen beschäftigt, wird eine Beantwortung dieser Frage recht schwierig. Es ist sicherlich wichtig, das Temperament eines Menschen in einem gewissen Rahmen zu berücksichtigen und nicht eine bestimmte Reaktion vorauszusetzen:

Auf der Psychology of Perfumery Conference 1991 war man sich einig, daß «pharmakologische Wirkungen von Person zu Person sehr ähnlich sein können, psychologische Wirkungen jedoch mit Sicherheit unterschiedlich sind». Wie sich zeigte, hängt die Wirkung eines Dufts auf den Menschen von mehreren Faktoren ab, unter anderem

1. Wie der Duft aufgetragen wurde
2. Wieviel verwendet wurde
3. Von den Umständen, unter denen er verwendet wurde
4. Der Person, bei der er angewendet wurde (Alter, Geschlecht, Persönlichkeitstyp)
5. Der Stimmung zu Beginn des Experiments
6. Von früheren Assoziationen, die es vielleicht zu dem Duft gab
7. Von der Unfähigkeit, bestimmte Düfte zu riechen.

«Wir müssen deshalb nach Duftstoffen suchen, die eine gewisse Neigung haben, sich mit dem Menschen, den wir behandeln wollen, zu verbinden, die seine Mängel ausgleichen und seine Fähigkeiten zum Blühen bringen. Bei der Suche nach diesem Heilmittel gelangen wir zum individuellen Arzneimittel, das in allen Punkten der Identität des Individuums entspricht.»[4]

Wenn wir uns die individuellen Bedürfnisse der Menschen vor Augen halten, zeigt sich die vielseitige Verwendbarkeit der ätherischen Öle. Die Rose liefert ein gutes Beispiel: Sie steht für Schönheit und Liebe, ist von symbolischer Bedeutung in Kunst und Religion, hat aber auch eine lange Tradition in der Heilkunst, wo sie zur Behandlung von Hautproblemen, zur Regulierung des Menstruationszyklus, zur besseren Durchblutung sowie als blutreinigendes und herzstärkendes Mittel Verwendung fand. Mit dem Duft der Rose nehmen wir alle diese Assoziationen auf, Geist und Körper werden gleichzeitig beeinflußt, und die Wirkung gestaltet letztlich die persönliche Erfahrung.

Der allgemeine Trend des modernen Denkens ist ausgesprochen dualistisch; psychische und somatische Ereignisse werden so behandelt, als seien sie voneinander unabhängig. Der Versuch, Geist und Körper zu trennen, führt nirgendwohin. «Geist und Materie», so sagt David Hoffmann, «sind ineinandergreifende Projektionen einer höheren Wirklichkeit, die weder stofflich noch bewußt ist.»[5]

getrocknete Rosenknospen

4. ÄTHERISCHE ÖLE IM HAUSGEBRAUCH

Die verschiedenen Anwendungsmethoden

Ätherische Öle können einfach und wirksam auf vielerlei Weise zu Hause verwendet werden: als Parfüms und um Kräuterpotpourris aufzufrischen, für Bäder und die individuelle Schönheitspflege, zur ersten Hilfe bei kleineren Verletzungen und zur Vorbeugung und Erleichterung vieler allgemeiner Beschwerden wie Kopfschmerzen, Erkältungen, Menstruationsschmerzen und schmerzenden Muskeln (siehe Therapeutischer Index, Seite 55). Sie sollten stets kühl und luftdicht in dunklen Flaschen aufbewahrt werden, da sie lichtempfindlich sind, und nicht für Kinder erreichbar sein.

Eine Aromatherapie-Massage der Schultern hilft zur Entspannung.

Welche Öle Sie wann einsetzen können, finden Sie im Hauptteil des Buches. Auf den folgenden Seiten wird beschrieben, wie Sie Öle anwenden können.

Einige Tropfen ätherisches Öl auf getrocknete Blütenblätter und Samenkapseln ergeben ein duftendes Potpourri.

Massage
Diese Methode wird von professionellen Aromatherapeuten bevorzugt, die gewöhnlich eine Ganzkörpermassage vornehmen. Man wählt ätherische Öle, die zu der Verfassung und dem Temperament des Patienten passen, und mischt sie mit einem Basisöl wie süßem Mandel- oder Traubenkernöl.

Der Anteil des ätherischen Öls in einer Mischung sollte zwischen 1 und 3 Prozent liegen, je nach Art der Erkrankung. Rheuma oder Verdauungsstörung erfordern eine stärkere Konzentration als die Behandlung von gefühlsmäßigen oder nervösen Zuständen. Zwanzig Tropfen ätherisches Öl entsprechen ungefähr einem Milliliter (1/4 TL), so daß man für eine Mischung die folgenden Mengen verwenden kann:

ÄTHERISCHES ÖL	BASISÖL
20 bis 60 Tropfen	*100 ml*
7 bis 25 Tropfen	*25 ml*
3 bis 5 Tropfen	*5 ml*

WARNUNG

Ätherische Öle sollten im Hausgebrauch nicht zur Behandlung ernsthafter medizinischer oder psychischer Probleme verwendet werden.

Massage ist entspannend und unterstützend, nicht zuletzt dank der auf der Berührung beruhenden stillschweigenden Kommunikation, aber sie bewirkt auch, daß die Öle gut durch die Haut aufgenommen werden und in den Blutkreislauf gelangen. Wohltuend für das Allgemeinbefinden sind Eigenmassagen an verschiedenen Körperpartien, besonders an Füßen und Händen. Als nützlich erweist sich auch das Einreiben der schmerzenverursachenden Körperteile. Pfefferminzöl in einem Basisöl verdünnt kann im Uhrzeigersinn auf den Bauch gerieben z. B. bei einer Verdauungsstörung helfen; Majoran bei Hals- und Schulterverspannung.

Hautöle und Lotionen

Sie werden ähnlich wie ein Massageöl zubereitet, nur für das Basisöl sollten nahrhaftere Öle verwendet werden wie Jojoba-, Avocado- oder Aprikosenkernöl. Der Schwerpunkt liegt hier auf der Hautpflege und der Behandlung besonderer Probleme. Häufig genügt eine leicht kreisende oder klopfende Bewegung der Finger zum Einreiben in die Haut. Wichtig ist, daß die Haut nicht verzogen wird, besonders an den zarten Hals- und Augenpartien. Rose und Neroli sind gut für trockene oder reifere Gesichtshaut; Bergamotte und Zitrone können zur Bekämpfung von Akne und fettiger Haut beitragen.

SCHRITT-FÜR-SCHRITT-MASSAGE

1. Effleurage
(Streichen)
Das beruhigende und wohltuende Streichen ist die nützlichste Art der Aromatherapie-Massage. Hände und Öl sollen vor Beginn der Massage unbedingt etwas warm sein. Das Öl wird mit langsamen rhythmischen Streichbewegungen eingerieben, wobei die Hände in Kontakt mit dem Körper bleiben. Ausgezeichnet für große Partien wie den Rücken, aber auch für zarte Bereiche einschließlich Gesicht.

2. Petrissage
(Kneten)
Diese Technik eignet sich besonders für steife oder verspannte Muskelpartien wie Schultern oder Nacken. Sie wird gewöhnlich mit beiden Händen und festen, aber sanften knetenden Bewegungen ausgeführt, wobei die Haut mit den darunterliegenden Gewebeschichten gedrückt und gewalkt wird. Lockert verspannte Muskeln, regt die Durchblutung an und hilft auch zum Abbau von fettem und fibrösem Gewebe.

3. Friction
(Kreisen)
Die wärmende und anregende Friction ist besonders wohltuend für Bereiche, die kalt, taub und schlecht durchblutet sind. Man reibt in kräftigen Kreisbewegungen mit den Handflächen, so daß sich die Hautoberfläche mit dem Druck der Hand bewegt.
Leichte kreisförmige Bewegungen (im Uhrzeigersinn) mit sanftem Druck ausgeführt können auch zur Erleichterung bei Verdauungsstörung angewendet werden.

Einige Tropfen ätherischen Öls kann man auch in eine milde Creme oder Lotion mischen oder einer Gesichtsmaske beigeben, die Hafermehl, Honig oder Kleie mit zu Mus zerquetschten Früchten enthalten kann. Manchmal, wie bei Gesichtsherpes, Fieberbläschen auf den Lippen und Schweißfüßen, verwendet man besser eine Lotion auf Alkoholbasis. Sie läßt sich aus 6 Tropfen ätherischem Öl auf 5 ml (1 TL) Weingeist oder Wodka herstellen. Diese Mischung in einen Liter abgekochtes und abgekühltes Wasser gegeben und zur Behandlung offener Wunden oder wunder Stellen, z. B. bei Windpocken oder Genitalherpes, verwenden.

Heiße und kalte Kompressen
Dies ist eine sehr wirksame Anwendung ätherischer Öle, um Schmerzen zu lindern und Entzündungen einzudämmen. Für eine heiße Kompresse füllt man eine Schüssel mit sehr

Parfüms und Kosmetika wurden seit alters her verwendet, um die Erscheinung vorteilhaft zur Geltung zu bringen.

VERSCHIEDENE HAUTTYPEN

1. Fettige Haut
Fettige Haut neigt zu verstopften Poren, so daß sich oft Pickel und Mitesser bilden. Hygiene ist wichtig, aber man sollte darauf achten, den natürlichen pH-Wert der Haut nicht zu beeinträchtigen. Angebracht sind adstringierende und antiseptische ätherische Öle wie Teebaum, Bergamotte oder Geranie. Das Basisöl sollte leicht sein, damit die Essenzen gut absorbiert werden – Aprikosenkern, Pfirsichkern oder Jojoba sind ideal.

2. Trockene Haut
Sie wird leichter faltig als fettige Haut, besonders wenn sie der Sonne zu stark ausgesetzt wird oder durch den Aufenthalt in zentralbeheizten Räumen. Man muß ihr deshalb regelmäßig und gründlich Feuchtigkeit zuführen. Trockene Haut ist häufig empfindlich, so daß milde Essenzen wie Sandelholz, Kamille und Rose angebracht sind. Nahrhafte Basisöle wie Haselnuß-, Avocado- und Nachtkerzenöl sind wertvolle Feuchtigkeitsspender.

3. Reife Haut
Altern ist unvermeidlich, aber ätherische Öle können den Prozeß etwas verlangsamen. Die regelmäßige Gesichtspflege mit Ölen, die das Zellwachstum anregen, ist wichtig. Zu diesen Ölen zählen Lavendel, Neroli und Weihrauch. Basisöle mit reichem Vitamin-E-Anteil, vor allem Borretsch- und Weizenkeimöl, sind besonders nützlich für die Förderung der Zellerneuerung. Hagebuttensamenöl ist ebenfalls geeignet.

«Wusch mit Ambrosia erst sich rein von aller Befleckung Ihre reizende Haut und salbte sich dann mit dem starken, Süßen ambrosischen Öl, dem duftenden, ihr zum Gebrauche...»
HOMER, ILIAS, 14. Gesang, Vers 170

heißem Wasser und gibt 4–5 Tropfen ätherisches Öl dazu. Ein Baumwolltuch wird darin eingetaucht, ausgewrungen und auf die betroffene Stelle gelegt, bis sich die Kompresse auf Körpertemperatur abgekühlt hat. Dann wird der Vorgang wiederholt. Heiße Kompressen sind besonders nützlich bei Rückenschmerzen, Rheuma und Arthritis, Abszessen, Ohren- und Zahnschmerzen.

Kalte Kompressen macht man auf ähnliche Weise, nur mit eiskaltem Wasser. Sie sind nützlich bei Kopfschmerzen (Kompresse auf Stirn oder Nacken), Verstauchungen, Zerrungen, Schwellungen und bei Entzündungen.

Haarpflege
Ein paar Tropfen ätherisches Öl in das Wasser der letzten Haarspülung oder direkt in ein mildes Shampoo verschönt das Haar. Für ein alkoholisches Haarwasser gibt man 5 ml (1 TL) ätherisches Öl auf 100 ml Wodka; pflegt das Haar und hilft gegen Läuse und Flöhe. Ein ausgezeichnetes Mittel für eine Haarkur, die sich für jeden Haartyp eignet, ergibt eine Mischung von ungefähr 3 Prozent (oder 60 Tropfen) ätherischen Öls auf ein nahrhaftes Basisöl wie Olivenöl mit Jojobaoder süßem Mandelöl. Die Mischung wird in die Kopfhaut einmassiert, dann wickelt man das Haar eine oder zwei Stunden lang in warme Handtücher. Öle wie Rosmarin, Westindischer Lorbeer und Kamille tragen zur Kräftigung des Haars und zur Anregung des Haarwuchses bei. Lavendel kann gegen Läuse und Flöhe verwendet werden, Bergamotte und Teebaum gegen Schuppen.

Blütenwässer
Toiletten- oder Blütenwässer lassen sich herstellen, indem man ungefähr 20–30 Tropfen ätherisches Öl in eine 100-ml-Flasche mit Quellwasser oder entionisiertem Wasser gibt, das Ganze einige Tage im Dunkeln stehen läßt und durch einen Kaffeefilter gießt. Ätherische Öle lösen sich nicht in Wasser, geben aber ihren Duft sowie ihre Eigenschaften an Wasser ab. Diese Methode kann sehr hilfreich sein zur Vorbeugung und Behandlung von Hautproblemen wie Akne, Dermatitis und Ekzeme sowie zur Erfrischung und Reinigung der Gesichtshaut. Geeignet sind fast alle Öle; zu den traditionell verwendeten gehören Rose, Orangenblüte, Lavendel und Petitgrain. Man kann auch gemischte Blütenwässer zubereiten.

Das aus Rosenblütenblättern gewonnene Öl ergibt ein angenehmes Blütenwasser oder eine Badeessenz.

Bäder

Geben Sie 5 bis 10 Tropfen ätherisches Öl in die volle Badewanne und genießen Sie die Wohltat eines aromatischen Bades. Bäder mit aromatischen Essenzen waren ein traditionell beliebtes und sinnliches Vergnügen, besonders bei den Römern. Sie wurden aber auch zur Behandlung vieler Beschwerden wie Hautreizungen, Muskelschmerzen, Rheuma und Arthritis angewendet. Eine Essenz wie Ylang-Ylang kann zum allgemeinen Wohlbefinden als Badezusatz verwendet werden; Kamille oder Lavendel helfen bei streßbedingten Zuständen wie Angst oder Schlaflosigkeit; Rosmarin oder Kiefer lindern Gliederschmerzen. Achten Sie darauf, keine Öle zu verwenden, die möglicherweise hautreizend sind.

Duftlampen

Mit einer Duftlampe oder einem Aromaverdunster läßt sich ein Raum auf angenehme Weise mit Wohlgeruch erfüllen. Man kann auch ein paar Tropfen Öl in eine kleine Schale geben, die man auf den Heizkörper stellt. Durch die Wahl besonderer Öle lassen sich verschiedene Atmosphären schaffen: Weihrauch und Zedernholz wurden traditionell in rituellem Kontext zur Schaffung einer friedvollen und entspannten Stimmung verwendet. Verdunstete Öle wie Zitronell- oder Zitronengrasöl eignen sich gut, um Insekten fernzuhalten oder die Luft von unerwünschten Gerüchen wie Zigarettenrauch zu befreien.

Früher wurden die Blätter von Wacholder und Rosmarin verbrannt, um Epidemien zu bekämpfen. Diese Öle helfen, die Umgebung

«Das Bad» von Alfred George Stevens.
Die Verwendung ätherischer Öle als Badezusätze ist ein alter und beliebter Brauch.

möglichst keimfrei zu halten, und verringern die Ansteckung mit Schnupfen oder Grippe. Ein Öl wie Myrte oder Eukalyptus kann sich im Schlafzimmer günstig auf Atemprobleme oder Husten auswirken. Eukalyptus nicht bei Kindern unter 3 Jahren verwenden. Man kann auch einen Tropfen auf das Kopfkissen geben oder für den Gebrauch bei Tag auf das Taschentuch (nicht bei Kindern).

Sorgen Sie dafür, daß die Duftlampe an einem sicheren Platz steht und unerreichbar ist für Kinder und Haustiere.

Ein Aromaverdunster mit einem Banddocht verdampft das Öl und verteilt den Duft im Raum.

Spülungen

Spülungen können bei der Behandlung allgemeiner Infektionen der Genitalien und Harnröhre wie Pilzinfektion, Blasenentzündung oder Juckreiz angewendet werden. Bei Candida oder Soor geben Sie 5 bis 10 Tropfen Teebaumöl in einen Liter warmes Wasser und schütteln das Ganze kräftig. Diese Mixtur kann entweder im Sitzbad, Bidet oder mittels einer Klistierspritze angewendet werden, die man in Apotheken beziehen kann. Bestimmte Öle wie Lavendel und Zypresse unterstützen auch den Heilvorgang nach einer Entbindung.

Anwendung in unverdünnter Form

Im allgemeinen sollen ätherische Öle nicht unverdünnt auf der Haut angewendet werden. Es gibt jedoch einige Ausnahmen. Lavendel z. B. kann unverdünnt angewendet werden bei Verbrennungen, Schnittwunden und Insektenstichen; Teebaum bei Pickeln; Zitrone bei Warzen. Ätherische Öle wie Sandelholz, Jasmin oder Rose können u. U. als Parfüm pur auf die Haut getupft werden. Vorsicht bei Ölen, z. B. Bergamotte, die phototoxisch sind, also Hautverfärbungen bei Sonnenbestrahlung auslösen. Auch hautreizende Öle wie Roter Thymian oder hautsensibilisierende Öle wie Zimtrinde sollten mit Vorsicht und niemals unverdünnt gebraucht werden.

Auch die Erfindung eines individuellen Dufts aus verschiedenen Ölen kann sehr interessant sein. Siehe Kapitel 5.

Einige Öle können auch zur Parfümierung von Wäsche und Kleidern oder zur Auffrischung von Potpourris verwendet werden.

Innerliche Anwendung

Ätherische Öle sollten aufgrund ihrer starken Konzentration (und der hohen Toxizität von einigen) nicht eingenommen werden. Auch die International Federation of Aromatherapists rät von dieser Anwendungsmethode ab. Da die ätherischen Öle jedoch gut durch die Haut aufgenommen werden, können sie durch äußerliche Anwendung auch auf innere Organe einwirken.

Bei Arthritis z. B., die auf eine Häufung von Toxinen in den Gelenken hinweist, können die diätetischen Maßnahmen zur Behandlung durch die äußerliche Anwendung von Ölen wie Wacholder und Weißbirke deutlich unterstützt werden.

DAMPFINHALATION

Diese Methode eignet sich besonders bei Infektionen von Nebenhöhlen, Hals und Bronchien. Geben Sie ungefähr 5 Tropfen eines Öls wie Pfefferminze oder Thymian in eine Schüssel mit heißem Wasser, legen Sie ein Handtuch über Kopf und Schüssel und atmen Sie 5–10 Minuten den Dampf ein. Auch in einem dampfend heißen Vollbad kann man eine gewisse Menge ätherischer Öle inhalieren, aber weniger konzentriert.

Öle wie Zitrone oder Teebaum helfen zudem, Porenverstopfung im Gesicht zu beseitigen, und klären den Teint.

«Der Parfümmacher» (Ausschnitt)
von Rudolf Ernst, 1854–1920

5. KREATIVES MISCHEN VON AROMAÖLEN

Therapeutische Eigenschaften und Wohlgerüche

Ätherische Öle werden vor allem aus zwei Gründen gemischt: um medizinische Wirkungen zu erzielen oder ein Parfüm zu kreieren. Bei der Verwendung reiner ätherischer Öle sind dies keine unterschiedlichen Kategorien, sondern eher die Enden einer Skala. Auf der einen Seite haben wir es mit der therapeutischen Wirkung auf einen rein körperlichen Zustand wie Rückenschmerzen zu tun – auf der anderen mit einer emotionalen oder ästhetischen Reaktion auf einen besonderen Duft. Natürlich hat der Mensch, den ein Hexenschuß plagt, auch eine psychische oder emotionale Disposition. Sie wird auf subtilere Weise auf eine besondere Ölmischung reagieren. Ähnlich hat ein auf die Persönlichkeit abgestimmter Duft eine allgemein heilsame Wirkung auf den ganzen Menschen.

Deshalb lohnt es sich immer, den Duft zu berücksichtigen, auch wenn wir Öle nur wegen ihrer medizinischen Eigenschaften mischen. Ein Heilmittel, das für den Patienten angenehm riecht, ist wohltuender. Einige Düfte können völlig unvereinbar sein; eine überwiegend blumige Duftmischung wäre z. B. für die meisten Männer unannehmbar. Die Wahl der Öle und ihre Kombination ist stark persönlich bedingt, aber es gibt einige nützliche Regeln, die man beachten sollte.

Beim Mischen von Ölen sind sowohl richtige Mengenverhältnisse als auch individuelle Duftvorlieben wichtig.

Richtige Mischungsverhältnisse

Für therapeutische Zwecke werden ätherische Öle gewöhnlich verdünnt, bevor man sie auf die Haut aufträgt. Für ein Massage- oder Körperöl sollten die ätherischen Öle zuerst mit einem leichten Basisöl wie Traubenkern- oder süßes Mandelöl gemischt werden (siehe auch Kapitel 4 – Ätherische Öle im Hausgebrauch). Als Basisöle eignen sich auch Sonnenblumen-, Haselnuß-, Färberdistel-, Erdnuß-, Soja- oder Maisöl. Mineralöle sollten nicht verwendet werden. Auch die nahrhafteren und generell dickflüssigeren Öle wie Jojoba-, Avocado-, Pfirsichkern-, Aprikosenkern-, Borretsch- und Nachtkerzen-, Ringelblumen- oder Johanniskrautöl, die an sich schon pflegende und heilende Wirkung haben, können Sie als Basisöle einsetzen. Fügt man der Mischung etwas Weizenkeimöl hinzu (ungefähr 10 Prozent), hält sie sich länger.

Der Anteil an ätherischem Öl in einer Mischung sollte normalerweise 1 bis 3 Prozent betragen, je nach Art der Erkrankung. In der Regel erfordern körperliche Erkrankungen eine stärkere Konzentration als die mehr emotional oder nervlich bedingten Zustände. Einige Öle wie die hochwertigen Blütenöle von Rose und Jasmin haben einen durchdringenderen Geruch als die meisten anderen Essenzen, so daß man nur sehr wenig benötigt, um eine starke Wirkung zu erzielen oder den Charakter einer ganzen Mischung zu beeinflussen.

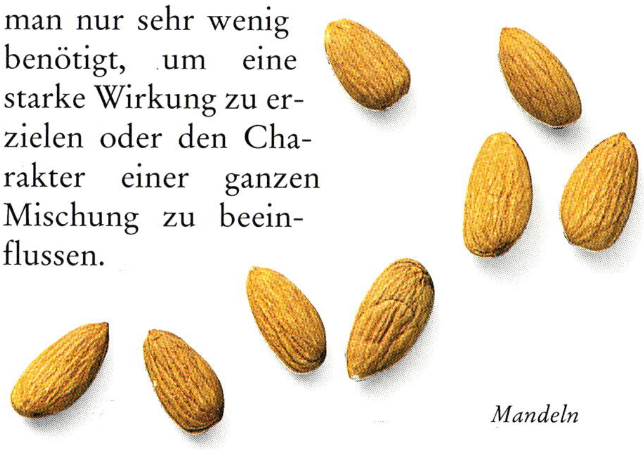

Mandeln

Zusammenwirken verschiedener Öle

Auch die Anteile von ätherischem Öl in einer Mischung sind für die Gesamtwirkung wichtig (viele Aromatherapie-Bücher enthalten genaue Rezepte für besondere Erkrankungen). Einige Öle steigern gegenseitig ihre Wirkung, so daß das Gesamtergebnis größer ist als die Summe der einzelnen Teile: z. B. wird die entzündungshemmende Wirkung von Kamille in einer Mischung mit Lavendel verstärkt. Wirken die gemischten Öle harmonisch zusammen, nennt man dies eine «Synergie». Um eine gute Synergie zu erreichen, müssen Sie nicht nur das zu behandelnde Symptom beachten, sondern auch die zugrundeliegende Ursache der Erkrankung, die biologische Umgebung sowie die sich daraus ergebenden psychologischen oder emotionalen Faktoren.

Zu diesem Schluß gelangte auch Madame Maury, indem sie ihren Patientinnen ein IP (Individual Prescription, ein individuelles Rezept) verschrieb, bei dem die gemischten Essenzen nicht nur ihren körperlichen Bedürfnissen entsprachen, sondern auch ihrer Lebenslage und ihrem Temperament.

Im allgemeinen passen Öle derselben botanischen Familie gut zusammen. Das gilt auch für Öle mit gemeinsamen Inhaltsstoffen wie die Kampferöle, die einen guten Anteil an Cineol enthalten; dazu gehören alle Myrtengewächse (Eukalyptus, Teebaum, Kajeput, Echte Myrte usw.), aber auch viele Kräuter wie Spik-Lavendel, Rosmarin und Spanischer Salbei. Die meisten Blumendüfte ergänzen sich gut, ebenso Hölzer, aromatische Harze, Zitrusöle und Gewürze. Rosenholz und Linaloe passen gut zusammen, obwohl sie unterschiedlichen botanischen Familien angehören, weil beide einen hohen Anteil an Linalol und Linalylazetat enthalten.

Einige Öle wie Rose, Jasmin, Eichenmoos und Lavendel scheinen fast jede Mischung zu verbessern und finden sich (hauptsächlich in verfälschter Form) in den meisten handelsüblichen Parfüms: «Kein Parfüm ohne Rose.»

Manche Öle beeinträchtigen sich in einer Kombination. Es kommt darauf an, den «Charakter» eines ätherischen Öls kennenzulernen und der Intuition zu vertrauen.

EIN EINFACHER RATGEBER ZUM MISCHEN

Jedes ätherische Öl harmoniert mit Ölen seiner eigenen Pflanzenfamilie oder Gruppe oder denen einer benachbarten Gruppe, z. B. Zitrus- und Blumenöle oder Öle von Gewürzen und Hölzern.

GRUPPE A: HÖLZER
z. B. Zedernholz und Kiefer

GRUPPE B: KRÄUTER
z. B. Rosmarin und Muskatellersalbei

GRUPPE C: ZITRUSFRÜCHTE
z. B. Bergamotte und Zitrone

GRUPPE D: BLUMEN
z. B. Geranie und Rose

GRUPPE E: HARZE
z. B. Galbanum und Weihrauch

GRUPPE F: GEWÜRZE
z. B. Ingwer und Schwarzer Pfeffer

Duftende Harmonie

Im 19. Jahrhundert begann der Franzose Piesse, Düfte entsprechend den Noten einer Tonleiter zu klassifizieren. Er übertrug die musikalische Harmonie auf das Reich der Düfte, wo die Kombination von Düften perfekt abgestimmte Akkorde oder Harmonien ergeben sollte.

Das puristische Wunschziel von Piesse hat man längst aufgegeben, aber die Unterteilung in Kopfnote, Herznote und Basisnote gibt es bei den Düften noch heute.

Die Kopfnote hat eine frische, leichte Qualität, die aufgrund der raschen Verdunstung sofort wahrgenommen wird.

Die Herznote ist das «Herz» des Dufts und stellt gewöhnlich den größten Anteil der Mischung dar. Sie kommt einige Zeit nach dem ersten Eindruck zur Geltung.

Die Basisnote ist ein kräftiger, schwerer Duft, der sich langsam entwickelt und am längsten anhält. Er dient auch als Fixativ, damit sich die leichteren Öle nicht zu schnell verflüchtigen.

Ylang-Ylang gilt für sich als ein gut ausgewogenes Parfümöl. Man könnte sagen, es verfügt über eine sehr kräftige, süße, blumige Kopfnote, eine cremig-satte Herznote und eine weiche, blumige, leicht würzige Basisnote.

Der Einfachheit halber wird auch jedes ätherische Öl auf diese Weise nach seinem vorherrschenden Charakter klassifiziert – obwohl es hier viele verschiedene Meinungen gibt.

DAS ERBE VON PIESSE

Die folgende Liste gibt eine allgemeine Vorstellung vom vorherrschenden Charakter bestimmter Öle.

KOPFNOTEN
z. B. Eukalyptus, Zitrone, Basilikum

HERZNOTEN
z. B. Geranie, Lavendel, Majoran

BASISNOTEN
z. B. Patschuli, Jasmin, Myrrhe

Ein gut ausgewogenes Parfüm sollte Elemente aus jeder dieser verschiedenen Kategorien enthalten, wobei die jeweiligen Mengen entscheiden, ob es ein schwerer, mehr orientalischer oder ein leichter blumiger Duft wird. Obwohl diese Theorie hauptsächlich für die Parfümherstellung gilt, kann man sie auch auf die Aromatherapie und die auf einzelne Persönlichkeiten bezogenen Heilmittel anwenden.

Persönliche Parfüms

Die Zusammenstellung eines Parfüms oder eines individuellen Dufts ist vergleichbar mit dem Malen eines Bildes oder der Zubereitung einer Mahlzeit: Farben oder Aromen müssen ausgewogen sein. Ein Parfüm sollte einen Mittelpunkt haben, mit dem sich andere Düfte verbinden. Wollen wir z. B. einen orientalischen Duft oder eine die Stimmung hebende Mischung kreieren, dann spielen Holz- oder Moschusöle und Balsame eine zentrale Rolle. Das exotische Parfüm «Shalimar» von Guerlain enthält überwiegend solche Öle wie Perubalsam, Benzoe, Weihrauch, Vanille, Patschuli, Rose, Jasmin, Iriswurzel und Vetiver sowie Rosenholz, Zitrone, Bergamotte und Mandarine.

Der Gesamtcharakter eines Parfüms profitiert auch von der Kombination von Gegensätzen, die einem sonst vielleicht «flachen» Duft Persönlichkeit verleihen können. Ein blumiger Duft mit einem Hauch Würze von Gewürznelken oder Zimt kann den Duft vertiefen und interessant machen, aber den genauen Anteil solcher Beigaben herauszufinden, ist eine heikle Sache.

Ein erfahrener Parfümeur kann an die 30 000 verschiedene Düfte identifizieren, aber für den Anfang genügt es, sich mit ein paar allgemein bekannten Ölen vertraut zu machen. Verwendet man zunächst höchstens drei oder

«Shalimar» von Guerlain enthält eine Kombination von Holz- und Balsamölen.

Zu Hause gemischte Parfüms müssen nicht kompliziert sein: Rose und Benzoe (Basisnoten), Rosenholz (Herznote) und Bergamotte (Kopfnote) ergeben eine angenehme Kombination mit einer hebenden, wärmenden Qualität. Rosenholzöl eignet sich gut zum Abrunden und als Brücke zwischen Zitrus- und Blumenduft oder Holz-Balsamnoten.

vier Öle für eine Mischung, kann man mit ihren individuellen Düften und Eigenschaften in Fühlung bleiben und dann allmählich ein persönliches Duftvokabular entwickeln.

Die meisten handelsüblichen Parfüms sind in Alkohol verdünnte Lösungen. Ein typisches Eau de Cologne enthält nicht mehr als 3–5 Prozent aromatische Stoffe, die meistens synthetisch sind. Selbsthergestellte Parfüms sollten Sie am besten in einem Basisöl, z. B. Jojoba, lösen. Verwenden Sie auf 10 ml 15–25 Tropfen Aromaöle und lassen Sie sie mehrere Wochen stehen, damit sie zusammenwachsen.

Ausprobieren ist jedoch die einzige Möglichkeit, um wirklich herauszufinden, was zusammenpaßt. Die einzigartige Qualität ätherischer Öle besteht außer in ihren vielfältigen therapeutischen Möglichkeiten in einem weiten Spektrum von Düften mit endlosen Kombinationsmöglichkeiten. John Steele schrieb:

«Kreatives Mischen ist ein ästhetischer alchimistischer Vorgang, bei dem man lernt, ‹durch die Nase zu hören›. Hören bedeutet, aufnahmefähig, leer zu sein. Jeder Tropfen verändert die Orchestrierung der Riechvibratonen, das ‹Lied der Mischung›. Eine Mischung entsteht nicht auf einmal; sie entwickelt sich, sie wächst organisch und interagiert nicht nur mit den ätherischen Ölen, sondern auch mit dem Mischer.»[6]

*«Die Parfümmacher» von Albert Sorkau –
ein idealisiertes Portrait der Parfümindustrie
zu Beginn des 20. Jahrhunderts*

Vorkommen

Über dreißig Pflanzenfamilien mit rund neunzig Arten produzieren die meisten ätherischen Öle. Der Großteil der Gewürze (Nelkenpfeffer, Kardamom, Muskat, Ingwer, Gewürznelken usw.) stammt aus tropischen Ländern. Die Mehrheit der Kräuter gedeiht in gemäßigtem Klima (Lorbeer, Kreuzkümmel, Dill, Majoran, Fenchel, Lavendel, Rosmarin, Thymian usw.). Dieselbe Spezies kann, in einer anderen Region angebaut und unter anderen Bedingungen heranwachsend, Öle mit sehr unterschiedlichen Eigenschaften hervorbringen, die man «Chemotypen» nennt.

Thymian (Thymus vulgaris) z. B. produziert mehrere Chemotypen je nach seinen Wachstumsbedingungen und dem vorherrschenden Bestandteil, vor allem die Citral- oder Linalol-Typen, die Thujanol-Typen und den Thymol- oder Carvacrol-Typ. Es ist deshalb wichtig, nicht nur den botanischen Namen der Pflanze zu kennen, aus der ein Öl gewonnen wurde, sondern auch den Ort ihres Ursprungs und die wichtigsten Bestandteile.

Um die Qualität eines bestimmten Öls zu bestimmen und seine Reinheit zu prüfen, sollte man vor allem die besondere Mischung der Bestandteile feststellen und einen Blick auf seine chemische Eigenschaft werfen.

Ein Kräutergarten mit einem Kamilleweg. Die meisten Kräuter wachsen in gemäßigtem Klima, während die meisten Gewürze aus tropischen Ländern stammen.

Chemische Eigenschaften

Im allgemeinen bestehen ätherische Öle aus chemischen Zusammensetzungen, deren Bausteine Wasserstoff, Kohlenstoff und Sauerstoff sind. Diese lassen sich in zwei Gruppen unterteilen: in die Kohlenwasserstoffe, die sich fast ausschließlich aus Terpenen zusammensetzen (Monoterpene, Sesquiterpene und Diterpene), und in die mit Sauerstoff verbundenen Zusammensetzungen, hauptsächlich Ester, Aldehyde, Ketone, Alkohole, Phenole und Oxide; manchmal sind auch Säuren, Lactone, Schwefel und Stickstoff vorhanden.

Kiefernschößling

ALDEHYDE

Citral, Citronellal und Neural sind wichtige Aldehyde, die vor allem in Ölen mit Zitronenduft vorkommen wie Zitronenmelisse, Zitronengras, Zitronelle, Zitronenverbene, nach Zitrone riechendem Eukalyptus usw. Aldehyde haben generell eine beruhigende Wirkung. Bei Citral wurden besondere antiseptische Eigenschaften festgestellt. Weitere Aldehyde sind Benzaldehyd, Zimtaldehyd, Cuminaldehyd und Perillaldehyd.

frische Poleiminze

PHENOLE

Sie haben gewöhnlich eine bakterizide und stark stimulierende Wirkung, können aber hautreizend sein. Zu den üblichen Phenolen gehören Eugenol (in Gewürznelken und Westindischem Lorbeer gefunden), Thymol (in Thymian), Carvacrol (in Oregano und Bohnenkraut); weitere Phenole sind Methyleugenol, Methylchavicol, Anethol, Safrol, Myristicin und Apiol.

frisches Bohnenkraut

Pampelmusenschale, Blatt und junge Frucht

TERPENE

Zu den gewöhnlichen Kohlenwasserstoffterpenen gehören Limonen (antiviral, in 90 Prozent der Zitrusöle) und Pinen (antiseptisch, in hohen Anteilen in Kiefern- und Terpentinölen); ebenso Camphen, Cadinen, Carophyllen, Cedren, Dipenten, Phellandren, Terpinen, Sabinen und Myrcen u. a. Einige Sesquiterpene wie Chamazulen und Farnesol (beide in Kamillenöl) sind besonders interessant aufgrund ihrer hervorragenden entzündungshemmenden und bakteriziden Eigenschaften.

ESTER

Sie sind wahrscheinlich die verbreitetste Gruppe, die in ätherischen Ölen gefunden wurde; dazu gehören Linalylazetat (gefunden in Bergamotte, Muskatellersalbei und Lavendel) und Geranylazetat (im Majoran). Sie sind typisch für eine pilztötende und beruhigende Wirkung und haben oft ein fruchtiges Aroma. Andere Ester sind Bornylazetat, Eugenylazetat und Lavendulylazetat.

Spik-Lavendel

KETONE

Einige der allgemein bekanntesten giftigen Bestandteile sind u. a. Ketone wie Thujon, gefunden in Beifuß, Wurmkraut, Salbei und Wermut; sowie Pulegon, gefunden in Poleiminze und Bucco – aber das bedeutet nicht, daß alle Ketone gefährlich sind. Ungiftige Ketone sind u. a. Jasmon (in Jasmin gefunden) und Fenchon (in Fenchelöl gefunden). Sie gelten allgemein als verdauungsfördernd und schleimlösend, und so findet man sie oft in Pflanzen wie Ysop und Salbei, die bei Erkrankungen der oberen Atemwege angewendet werden. Weitere Ketone sind Kampfer, Carvon, Methon, Methylnonylketon und Pinocamphon.

ALKOHOLE

Sie sind eine der nützlichsten Bestandteilsgruppen mit guten antiseptischen und antiviralen Eigenschaften und aufbauender Qualität; im allgemeinen sind sie ungiftig. Einige der bekanntesten Terpenalkohole sind Linalol (gefunden in Rosenholz, Linaloe und Lavendel), Citronellol (gefunden in Rose, Zitrone, Eukalyptus und Geranie) und Geraniol (in Palmarosa); sowie u. a. Borneol, Methol, Nerol, Terpineol, Farnesol, Vetiverol, Benzylalkohol, Cedrol.

OXIDE

Das bei weitem wichtigste Oxid ist Cineol (oder Eukalyptol), das praktisch eine Klasse für sich darstellt. Es hat schleimlösende Wirkung und ist bekannt als wichtigster Faktor von Eukalyptusöl. Es wird auch in vielen anderen Ölen gefunden, besonders in kampferhaltigen wie Rosmarin, Lorbeer, Teebaum und Kajeput. Andere Oxide sind Linaloloxid, in Ysop (Kriechender), Ascaridol, Bisabololoxid und Bisabolonoxid.

frische Lorbeerblätter

frischer Rosmarin

Methoden zur Gewinnung ätherischer Öle

Die Bezeichnung «ätherische Öle» wird ziemlich allgemein auf alle aus natürlichen Quellen gewonnenen aromatischen Erzeugnisse oder Extrakte angewendet. Doch genau zutreffend ist sie nicht, denn viele Duftprodukte – obwohl sie von der Parfümindustrie verwendet werden – bestehen nur teilweise aus ätherischen Ölen und werden mit Hilfe verschiedener Methoden gewonnen.

Zum Beispiel sollten die Bezeichnungen Concrète, Absolue und Resinoid dazu dienen, einen Produkttyp zu beschreiben, der eine Mischung aus flüchtigen und nichtflüchtigen Bestandteilen enthält wie Wachs oder Harz. Im Handel wird das Absolue der Hundertblättrigen Rose oft nur als Rosen-«Öl» bezeichnet; und das nach Vanille duftende Benzoe wird häufig für ein ätherisches Öl gehalten, obwohl es eigentlich ein «Resinoid» oder «Harz-Absolue» ist.

Es ist jedoch immer das ätherische Öl, das einem Produkt seine aromatische Eigenschaft verleiht.

Einige Pflanzenbestandteile, besonders Blüten, sind verderblich und sollten so bald wie möglich nach der Ernte verarbeitet werden; andere, wie Samen und Wurzeln, werden bis zur Verarbeitung entweder gelagert oder weitertransportiert, oft nach Europa oder Amerika. Die Gewinnungsmethode hängt von der Eigenschaft des verwendeten Materials ab und vom Typ des gewünschten aromatischen Produkts.

AROMATISCHE STOFFE NATÜRLICHEN URSPRUNGS

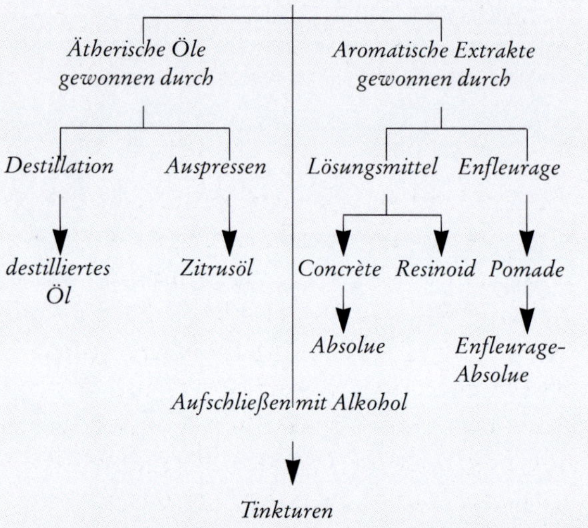

Diese Darstellung zeigt die verschiedenen Arten, wie ätherische Öle bzw. Essenzen gewonnen werden können.

WASSERDAMPFDESTILLATION

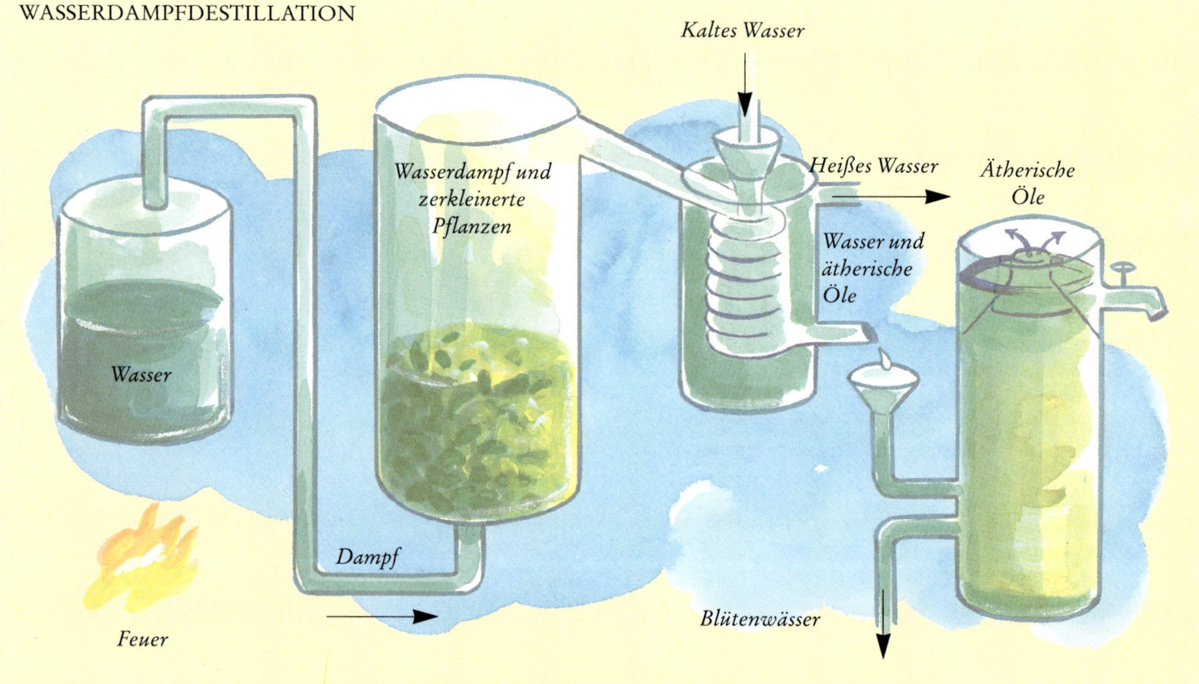

Wasserdampfdestillation, wie sie heute praktiziert wird

Concrètes werden vor allem aus Rinden, Blättern, Kräutern, Wurzeln und Blüten gewonnen.

Ätherische Öle

Die wichtigsten Methoden, ätherisches Öl aus Pflanzen zu gewinnen, sind Auspressen und Dampf-, Wasser- bzw. Trockendestillation. Die meisten Öle wie von Lavendel, Sandelholz und Zimt werden durch Dampfdestillation gewonnen. Bei diesem Verfahren werden nur die flüchtigen und wasserunlöslichen Teile einer Pflanze isoliert – viele andere (oft wertvolle) Bestandteile wie Gerb-, Schleim- und Bitterstoffe gehen dem ätherischen Öl dabei verloren. Manchmal wird dieses Öl noch einmal destilliert oder rektifiziert, um die nicht-flüchtigen Stoffe auszusondern. Einige ätherische Öle werden bei verschiedenen Temperaturen redestilliert, um bestimmte Bestandteile zu erhalten und andere nicht auszuschließen – so bei Kampfer, der in eine weiße, gelbe und braune Fraktion zerlegt wird. Ätherische Öle sind gewöhnlich flüssig, aber sie können auch fest (Schwertlilie) oder halbfest (Rose) sein je nach Temperatur. Sie lösen sich in reinem Alkohol, in Fetten und Ölen, aber nicht in Wasser, und verdunsten, wenn sie der Luft ausgesetzt werden, ohne einen Fettfleck zu hinterlassen, im Gegensatz zu sogenannten gebundenen Pflanzenölen (wie Olivenöl).

Concrètes

Concrètes werden fast ausschließlich aus pflanzlichen Rohstoffen wie Rinden, Blüten, Blättern, Kräutern oder Wurzeln gewonnen. Die ätherischen Öle werden mit Kohlenwasserstoff-Lösungsmitteln entzogen statt durch Destillation oder Auspressen. Dieses Verfahren ist nötig, wenn das ätherische Öl durch heißes Wasser oder Dampf beeinträchtigt würde wie im Fall von Jasmin; und es liefert einen besonders feinen Duft. Einige Pflanzen wie Lavendel und Muskatellersalbei werden entweder dampfdestilliert, um das ätherische Öl zu gewinnen, oder zur Herstellung eines Concrète mit einem Lösungsmittel behandelt. Der Rückstand nach Verdunstung des Lösungsmittels ist gewöhnlich fester und von wächserner, nicht-kristalliner Beschaffenheit.

Dieser Apparat mit einem Zwischenboden wurde zum Destillieren von Pflanzen wie Pfefferminze und Lavendel verwendet.

Bei einem der traditionellen Verfahren zur Ölgewinnung wurden die Pflanzen gepreßt.

Die meisten Concrètes enthalten ungefähr 50 Prozent pflanzliche Wachse und 50 Prozent flüchtige Öle wie Jasmin. In seltenen Fällen, wie bei Ylang-Ylang, ist das Concrète flüssig und enthält ungefähr 80 Prozent Essenz und 20 Prozent Wachs. Der Vorteil der Concrètes besteht darin, daß sie stabiler und konzentrierter sind als reine ätherische Öle.

Resinoide

Resinoide werden aus natürlichen Harzen mittels einer Kohlenwasserstofflösung gewonnen, z. B. Petroleum oder Hexane. Im Gegensatz zu den Concrètes, die aus frisch geernteten Rohstoffen gewonnen werden, verwendet man für die Resinoide totes organisches Material. Typische harzige Materialien sind Balsame (Perubalsam oder Benzoe), Harze (Mastix und Styrax), Harzöle (Copaibabalsam und Terpentin) und Gummiharze (Weihrauch und Myrrhe). Resinoide können zähflüssig, halbfest oder fest sein, sind aber gewöhnlich von homogener, nicht-kristalliner Beschaffenheit. Manchmal wird die alkohollösliche Fraktion eines Resinoids als Absolue bezeichnet.

Einige harzhaltige Rohstoffe wie Weihrauch und Myrrhe werden entweder zur Herstellung eines ätherischen Öls dampfdestilliert, oder man gewinnt mit Alkohol direkt aus dem Gummiharz ein Harzabsolue. Benzoe dagegen ist nicht genügend flüchtig, um durch Destillation ein ätherisches Öl zu liefern. Flüssiges Benzoe ist häufig ein in einer geeigneten Lösung oder einem weichmachenden Verdünnungsmittel gelöstes Benzoeresinoid.

Resinoide werden wie Concrètes bei der Parfümherstellung als Fixative verwendet, um die Duftwirkung zu verlängern.

Absolues

Ein Absolue wird aus dem Concrète in einem zweiten Lösungsverfahren mit reinem Alkohol (Äthanol) gewonnen, in dem sich das unerwünschte Wachs nur wenig löst. Ein Absolue wird gewöhnlich mehrmals mit Alkohol behandelt, trotzdem bleibt wie z. B. bei Orangenblütenabsolue ein kleiner Wachsrückstand. Bei der Molekulardestillation erhält man Absolues ohne einen Rest nicht-flüchtigen Materials. Dieses Verfahren, bei dem der Alkohol durch Verdampfung zurückgewonnen wird, erfordert am Schluß einen leichten Unterdruck. Einige Absolues enthalten trotzdem noch Spuren von Äthylalkohol, ungefähr 2 Prozent oder weniger, und sind deshalb nicht für die therapeutische Arbeit zu empfehlen.

Absolues sind gewöhnlich hoch konzentrierte, zähe Flüssigkeiten, können aber manchmal auch fest oder halbfest sein (Muskatellersalbei-Absolue). In den letzten Jahren hat man versucht, ätherische Öle und aromatische Stoffe mit flüssigem Kohlendioxid zu gewinnen. Die mit diesem Verfahren hergestellten Öle sind von ausgezeichneter Duftqualität und völlig frei von Lösungsresten oder nicht-flüchtigem Material.

frisches Veilchen

Pomaden

Echte Pomaden wurden durch Enfleurage gewonnen, ein Verfahren, das heute so gut wie nicht mehr angewendet wird.

Früher war dies die wichtigste Methode zur Gewinnung von Aromastoffen aus Blüten, die auch nach dem Ernten noch lange ihren Duft behielten. Als sogenanntes Chassis wurde eine Glasplatte mit einer besonderen geruchlosen Fettschicht überzogen. Die frisch geschnittenen Blüten – Jasmin oder Nachthyazinthe – legte man einzeln in das Fett, das ihre flüchtigen Öle aufnahm. Die Blüten wurden die ganze Ernte hindurch immer wieder durch neue ersetzt. Um das reine Absolue oder Parfüm zu erhalten, wurde das duftgesättigte Fett, die Pomade, mit Alkohol behandelt.

Enfleurage war ein Verfahren zur Gewinnung aromatischer Stoffe aus Schnittblumen.

Natürlich gegenüber «naturidentisch»

Viele Parfüms oder Öle, die man früher z. B. aus Nelken, Gardenien und Flieder gewann, werden heute fast ausschließlich synthetisch hergestellt. In der pharmazeutischen Industrie nennt man diese chemisch zusammengestellten Produkte «naturidentisch». Parfüm- und Geschmacksstoffindustrie brauchen bei ihren Erzeugnissen gleichbleibende Qualität – eine Forderung, die natürlich vorkommende Substanzen aufgrund jahreszeitlicher Bedingungen nicht erfüllen können. Die sogenannten naturidentischen Produkte und die natürlich vorkommenden ätherischen Öle sind jedoch von völlig unterschiedlichem Charakter. Das läßt sich auch an den Preisen erkennen. Die synthetischen Typen sind wesentlich billiger herzustellen als die echten.

frischer Jasmin

Viele aromatische Öle wie Lavendel oder Geranie enthalten eine relativ kleine Zahl von Hauptbestandteilen, mehrere Nebenbestandteile und eine große Zahl Spurenelemente. Eine so komplexe Kombination aus all diesen Bestandteilen einschließlich der Spurenelemente nachzukonstruieren ist praktisch unmöglich. Die meisten naturidentischen Öle sind angeblich zu ungefähr 96 Prozent rein oder exakt, doch es sind die restlichen 4 Prozent, unter die auch die Spurenelemente fallen, die häufig den eigentlichen Duft ausmachen. Dies ist bei Galbanumöl der Fall, dessen Pyrazine mit einem Anteil von weniger als 0,1 Prozent für den kräftigen frischen Duft des Öls sorgen.

Auch der therapeutische Wert eines echten ätherischen Öls beruht auf der besonderen Kombination seiner Bestandteile, einschließlich der Spurenelemente. In der Rose kommen z. B. 300 verschiedene Bestandteile vor, von denen einige noch nicht einmal identifiziert sind; deshalb ist synthetisches Rosenöl auch so wenig überzeugend. Naturidentische Öle können therapeutisch nicht als Ersatz für die natürlich vorkommenden aromatischen Stoffe verwendet werden, weil ihnen nicht nur das subtile Gleichgewicht in ihrer Zusammensetzung fehlt, sondern auch die vitale «Lebenskraft» der Öle natürlichen Ursprungs.

Galbanum-Blätter und Galbanum-Blüten

Sassafras

Atlaszedern-Zapfen

Litsea

Galbanum

Ringelblume

Pampelmuse

Sassafras-Samen

Beifuß

Knoblauch

Ätherische Öle sind zur Behandlung vieler Erkrankungen geeignet.

Teil II
Therapeutischer Index

Ätherische Öle sind zur Behandlung vieler Erkrankungen geeignet. Vorsicht gilt bei Ölen, die Reizungen oder allergische Reaktionen auslösen können, sowie bei jenen, die die Lichtempfindlichkeit der Haut erhöhen, z. B. Bergamotte, Zitrone und Orange. Vor Anwendung eines bestimmten Öls sollten die Angaben über die Verträglichkeit des einzelnen Öls sowie die allgemeinen therapeutischen Leitlinien auf Seite 26–27 nachgelesen werden. Viele der aufgeführten Erkrankungen können von einer Kombination von Aromatherapie mit anderen Behandlungsweisen profitieren, z. B. diätetischen Maßnahmen, Bewegungsübungen, pflanzlichen Medikamenten.

Die in den Kapiteln «Ätherische Öle im Hausgebrauch» (Seite 36–41) und «Kreatives Mischen von Aromaölen» (Seite 43–46) empfohlenen Anwendungsmethoden werden in Teil II folgendermaßen abgekürzt:

B	Bad	M	Massage
D	Dusche	U	Umschlag
H	Haarpflege	V	Verdampfung
I	Inhalation	W	Blüten-Wasser
L	Hautöl/Lotion		

Auf den nachfolgenden Seiten werden häufige Erkrankungen oder Symptome nach verschiedenen Teilen oder Organen des Körpers gruppiert: Hautpflege; Kreislauf, Muskeln und Gelenke; Atemwege; Verdauungstrakt; Urogenitaltrakt und Hormonsystem; Immunsystem; Nervensystem.

Wenn Sie beispielsweise lange am Schreibtisch gearbeitet haben und Ihr Nacken jetzt schmerzhaft verspannt ist, können Sie im Abschnitt «Kreislauf, Muskeln und Gelenke» nachschlagen und werden dort den Eintrag «Muskelkrampf und -steifheit» finden. Von den dort aufgeführten ätherischen Ölen sind die *kursiv* gesetzten die nützlichsten und/oder am leichtesten verfügbaren.

Die Entscheidung, welches Öl Sie verwenden, hängt davon ab, was Sie zur Hand haben. Außerdem sollten Sie noch die Eignung des Öls in Teil III nachlesen. Die Öle sind dort in alphabetischer Reihenfolge nach den botanischen (lateinischen) Namen der Pflanzen, aus denen sie gewonnen werden, geordnet. Im Register, am Ende des Buches, finden Sie sowohl die volkstümlichen als auch die botanischen Pflanzennamen. Der Haupteintrag jedes Öls ist durch fettgedruckte Seitenzahlen hervorgehoben.

Eine alphabetische Ordnung innerhalb Teil II ist leider aus technischen Gründen nicht möglich.

Hautpflege

AKNE (M, L, W, B, I)

Bergamotte, Cananga, Galbanum, *Geranie,* Gewürznelkenknospe, *Kamille (Echte und Römische),* Kampfer (Weißer), Lavandin, *Lavendel (Spik- und Echter),* Limette, Linaloe, Litsea, Mandarine, Minze (Pfeffer- und Roß-), Myrte, Niaouli, *Palmarosa,* Pampelmuse, Patschuli, Petitgrain, Rosenholz, *Rosmarin,* Salbei (Muskateller- und Spanischer), Sandelholz, Schafgarbe, Strohblume, *Teebaum,* Thymian, Veilchen, Vetiver, Wacholder, Ylang-Ylang, Zedernholz (Atlas-, Texas-, Virginia-), *Zitrone,* Zitronengras

frische Bergamotte

ALLERGIEN (M, L, W, B, I)

Indische Narde, *Kamille (Echte und Römische), Lavendel (Echter), Melisse,* Strohblume

FUSSPILZ (L)

Eukalyptus, Gewürznelke, *Lavendel (Echter und Spik-), Myrrhe,* Patschuli, *Teebaum,* Zitrone, Zitronengras

frischer Spik-Lavendel

HAARPFLEGE UND HAARAUSFALL (L, H)

Kamille (Echte und Römische), Pampelmuse, Patschuli, *Rosmarin,* Salbei (Muskateller- und Spanischer), *Schafgarbe,* Wacholder, Weißbirke, *Westindischer Lorbeer,* Ylang-Ylang, Zedernholz (Atlas-, Texas-, Virginia-)

ABSZESSE, BLASEN UND FURUNKEL (L, U, B)

Bergamotte, Eukalyptus, Galbanum, *Kamille (Echte und Römische),* Lavandin, *Lavendel (Spik- und Echter),* Mastix, Muskatellersalbei, Niaouli, Strohblume, *Teebaum,* Terpentin, Thymian, Zitrone

BLAUE FLECKEN (L, U)

Arnika (Salbe), Borneol, *Fenchel,* Geranie, Gewürznelkenknospe, *Lavendel,* Majoran, Thymian, *Ysop*

Zitronenblatt

VERBRENNUNGEN (U)

Eukalyptus, Geranie, Gewürznelke, Kamille (Echte und Römische), Kanadabalsam, Lavandin, *Lavendel (Spik- und Echter)* (unverdünnt), Niaouli, Ringelblume, Schafgarbe, Strohblume, Teebaum

Ringelblume

RISSIGE HAUT (L, W, B)

Benzoe, Myrrhe, Patschuli, Perubalsam, Sandelholz, *Tolubalsam*

FROSTBEULEN (L)

Kamille (Echte und Römische), Limette, *Majoran, Schwarzer Pfeffer, Zitrone*

Limette (Blätter und Schale)

LIPPENHERPES (L)

Bergamotte, Eukalyptus, Teebaum, Zitrone

GESCHWOLLENE, MATTE HAUT (M,H,W,B,I)

Apfelsine, Bitterorange, *Engelwurz*, Fenchel, *Geranie*, Lavandin, *Lavendel (Spik- und Echter),* Limette, Mandarine, Minze (Pfeffer- und Roß-), Myrte, Niaouli, Palmarosa, *Pampelmuse,* Rose (Hundertblättrige und Damaszener-), Rosenholz, *Rosmarin*, Ylang-Ylang, Zitrone

Rosenblätter

SCHNITTE, WUNDE STELLEN (L, U)

Benzoe, Borneol, Cabreuva, Elemi, Eukalyptus (auch Zitronen- und Pfefferminz-), Galbanum, Geranie, Gewürznelke, *Kamille (Echte und Römische),* Kanadabalsam, Kiefer, Lavandin, *Lavendel (Spik- und Echter)*, Limette, Linaloe, Mastix, Myrrhe, Niaouli, *Ringelblume, Schafgarbe,* Spanischer Salbei, Stechwacholder, Strohblume, Styrax, *Teebaum*, Terpentin, Thymian, Vetiver, Ysop, Zitrone

frische Schafgarbe

SCHUPPEN (L, H)

Eukalyptus, Patschuli, *Rosmarin*, Salbei (Muskateller- und Lavendel-), *Spik-Lavendel*, Stechwacholder, *Teebaum*, *Westindischer Lorbeer*, Zedernholz (Atlas-, Texas-, Virginia-), Zitrone

frischer Stechwacholder

DERMATITIS (M, L, U, W, B)

Cananga, Geranie, Hopfen, *Kamille (Echte und Römische),* Karottensamen, *Lavendel*, Linaloe, Litsea, Minze (Pfeffer- und Roß-), *Palmarosa*, Patschuli, Rosmarin, Salbei (Muskateller- und Lavendel-), Stechwacholder, *Strohblume,* Thymian, Wacholder, Weißbirke, Ysop, Zedernholz (Atlas-, Texas-, Virginia-)

frische Virginia-Zeder

TROCKENE, EMPFINDLICHE HAUT (M, L, W, B)

Cassie, *Jasmin, Kamille (Echte und Römische),* Lavandin, Lavendel (Spik- und Echter), Perubalsam, Rosenholz, *Sandelholz*, Tolubalsam, Veilchen, Weihrauch

frisches Veilchen

EKZEM (M, L, W, B)

Bergamotte, Geranie, *Kamille (Echte und Römische),* Karottensamen, Lavandin, *Lavendel (Spik- und Echter),* Lavendelsalbei, Myrrhe, *Patschuli,* Perubalsam, Ringelblume, *Rose (Hundertblättrige und Damaszener-),* Rosmarin, Schafgarbe, Stechwacholder, *Strohblume*, Thymian, Tolubalsam, Veilchen, Wacholder, Weißbirke, Ysop, Zedernholz (Atlas-, Texas-, Virginia-), Zitronenmelisse

frisches Patschuli

ÜBERMÄSSIGE SCHWEISSBILDUNG (L, B)

Kiefer, Litsea, Petitgrain, Spanischer Salbei, Zitronelle, Zitronengras, *Zypresse*

frische Zypresse

FETTIGE HAUT, FETTIGE KOPFHAUT (M, L, H, W, B)

Bergamotte, Cananga, Fenchel, *Geranie,* Jasmin, Kajeput, Kampfer (Weißer), Karottensamen, *Lavendel,* Litsea, Mandarine, Mimose, Muskatellersalbei, Myrte, Niaouli, Palmarosa, Patschuli, Petitgrain, Ringelblume, Rosenholz, Rosmarin, *Sandelholz, Teebaum,* Thymian, Vetiver, Wacholder, Westindischer Lorbeer, Ylang-Ylang, Zitrone, Zitronelle, Zitronengras, *Zypresse*

frischer Fenchel

HÄMORRHOIDEN (L, U, B)

Copaibabalsam, Geranie, Kanadabalsam, Koriander, Kubebenpfeffer, *Myrrhe,* Myrte, Petersilie, *Schafgarbe, Wacholder, Zypresse*

INSEKTENSTICHE (L)

Basilikum, Bergamotte, Cananga, Eukalyptus, Kajeput, *Kamille (Echte und Römische),* Lavandin, *Lavendel (Spik- und Echter),* Niaouli, Ringelblume, *Teebaum,* Thymian, Ylang-Ylang, Zimt, Zitrone, *Zitronenmelisse*

Zimtblatt

INSEKTENABWEHR (L, V)

Basilikum, Bergamotte, Borneol, Eukalyptus (Blaugummi- und Zitronen-), Geranie, Gewürznelke, Kampfer (Weißer), *Lavendel,* Litsea, Mastix, Patschuli, Rosmarin, Terpentin, *Virginia-Zeder, Zitronelle,* Zitronengras, Zitronenmelisse

frischer Mastix

GEREIZTE UND ENTZÜNDETE HAUT (L, U, W, B)

getrocknete Rosenknospen

Atlaszeder, Benzoe, Elemi, Engelwurz, Indische Narde, Jasmin, *Kamille (Echte und Römische),* Kampfer (Weißer), Lavandin, *Lavendel,* Muskatellersalbei, *Myrrhe, Patschuli, Ringelblume, Rose (Hundertblättrige und Damaszener-),* Salbei, Schafgarbe, Strohblume, Teebaum, Ysop

LÄUSE (L, H)

Eukalyptus, Galbanum, Geranie, Kiefer, Lavandin, Petersilie, Rosmarin, *Spik-Lavendel,* Terpentin, Thymian, Zimt

frischer Thymian

ENTZÜNDUNGEN, GESCHWÜRE DES MUNDES UND DER MUNDSCHLEIMHAUT (L, U)

Apfelsine, Bergamotte, Bitterorange, *Fenchel,* Mastix, *Myrrhe,* Salbei (Muskateller- und Spanischer), Thymian, Zimt, Zitrone, Zypresse

PSORIASIS (M, L, W, B)

Bergamotte, Engelwurz, Kamille (Echte und Römische), Karottensamen, *Lavendel,* Weißbirke

frische Bergamotte

AUSSCHLÄGE (M, L, U, W, B)

Hopfen, Indische Narde, *Kamille (Echte und Römische),* Karottensamen, *Lavendel,* Perubalsam, *Ringelblume,* Sandelholz, Schafgarbe, Teebaum, *Tolubalsam*

FADENPILZINFEKTION (TINEA) (L, H)

Geranie, Mastix, Minze (Pfeffer- und Roß-), *Myrrhe*, *Spik-Lavendel*, Styrax, *Teebaum*, Terpentin

frische Roßminze

KRÄTZE (SCABIES) (L)

Bergamotte, Kiefer, Lavandin, *Lavendel (Spik- und Echter)*, Mastix, *Minze (Pfeffer- und Roß-)*, Rosmarin, Styrax, Terpentin, Thymian, Tolubalsam, *Zimt*, Zitronengras

NARBEN UND DEHNUNGSSTREIFEN (M, L)

Cabreuva, Elemi, Galbanum, *Lavendel*, Indische Narde, Mandarine, *Orangenblüte*, Palmarosa, Patschuli, Rosenholz, *Sandelholz*, Schafgarbe, Veilchen, *Weihrauch*

Lavendelblätter

SCHLAFFES GEWEBE (M, L, B)

Geranie, Limette, *Majoran*, Mandarine, Orangenblüte, *Pampelmuse*, Petitgrain, Rosmarin, Schafgarbe, *Schwarzer Pfeffer*, Wacholder, Zitronengras

PICKEL UND FLECKEN (L)

Bergamotte, Eukalyptus (Zitronen-), Kajeput, Kampfer (Weißer), Lavandin, *Lavendel (Spik- und Echter)*, Limette, Litsea, Mandarine, Niaouli, Stechwacholder, Strohblume, *Teebaum*, *Zitrone*

Mandarinenblätter

ZECKEN (L)

Majoran

ZAHNSCHMERZEN, ZAHNUNGSSCHMERZEN (L, U)

Gewürznelke, *Kamille (Echte und Römische)*, Mastix, Minze (Pfeffer- und Roß-), *Myrrhe*

KRAMPFADERN (L, U)

Limette, Orangenblüten, *Schafgarbe*, Zitrone, *Zypresse*

WARZEN (L)

Tagetes, *Teebaum*

Limette (Blätter und Schale)

HORNHAUT (L)

Limette, *Tagetes*, *Teebaum*, Zimt, *Zitrone*

WUNDEN (L, U, B)

Bergamotte, Cabreuva, Elemi, *Eukalyptus (Blaugummi- und Zitronen-)*, Galbanum, Geranie, Gewürznelke, *Kamille (Echte und Römische)*, Kanadabalsam, Lavandin, *Lavendel (Spik- und Echter)*, Linaloe, Mastix, *Myrrhe*, Niaouli, Patschuli, Perubalsam, Ringelblume, Rosenholz, *Schafgarbe*, Strohblume, Styrax, *Teebaum*, Terpentin, Tolubalsam, Vetiver, Wacholder, Weihrauch, Ysop, Zypresse

FALTEN, REIFE HAUT (M, L, W, B)

Echter Lavendel, *Elemi*, Fenchel, *Galbanum*, Geranie, Indische Narde, Jasmin, Karottensamen, Mandarine, Mimose, Muskatellersalbei, Myrrhe, *Orangenblüte*, Palmarosa, Patschuli, *Rose (Hundertblättrige und Damaszener-)*, Rosenholz, Sandelholz, *Weihrauch*, Ylang-Ylang, Zistrose

Kreislauf, Muskeln und Gelenke

ANSAMMLUNG VON TOXINEN (M, L, B)

Engelwurz, Fenchel, Karottensamen, Koriander, Kreuzkümmel, Liebstöckel, *Pampelmuse*, Petersilie, Sellerie, *Wacholder, Weißbirke*

frischer Koriander

SCHMERZEN (M, U, B)

Anis, Basilikum, *Eukalyptus (Blaugummi- und Pfefferminz-),* Galbanum, Hemlocktanne, *Ingwer,* Kajeput, *Kamille (Echte und Römische),* Kampfer (Weißer), Kiefer (auch Sumpf-), *Koriander,* Kurkuma, Lavandin, *Lavendel (Spik- und Echter), Majoran,* Mastix, Minze (Pfeffer- und Roß-), Moschuskörner, Muskat, Niaouli, *Rosmarin, Salbei (Muskateller- und Spanischer), Schwarzer Pfeffer,* Sternanis, Strohblume, Terpentin, Thymian, Vetiver, Weißtanne, Westindischer Lorbeer, Wirbeldost, Zitronengras

Schwarzer Pfeffer

ARTHRITIS (M, L, U, B)

Benzoe, Engelwurz, *Eukalyptus (Blaugummi- und Pfefferminz-),* Guajakholz, *Ingwer,* Kajeput, *Kamille (Echte und Römische),* Kampfer (Weißer), Karottensamen, Kiefer (auch Sumpf-), Koriander, Kurkuma, *Majoran,* Mastix, Muskat, Myrrhe, Nelkenpfeffer, Petersilie, *Rosmarin,* Schafgarbe, *Schwarzer Pfeffer,* Sellerie, Spanischer Salbei, Terpentin, Thymian, Vetiver, Wacholder, Weißbirke, Weißtanne, Zedernholz (Atlas-, Texas-, Virginia-), Zitrone

frisches Terpentin

ZELLULITIS (M, L, B)

Fenchel, Geranie, Pampelmuse, Petersilie, Rosmarin, Thymian, *Wacholder, Weißbirke,* Zitrone, Zypresse

frischer Wacholder

SCHWÄCHE, SCHWACHER MUSKELTONUS (M, L, B)

Borneol, Ingwer, Kiefer (auch Sumpf-), *Majoran,* Moschuskörner, Nelkenpfeffer, *Pampelmuse, Rosmarin, Schwarzer Pfeffer,* Spanischer Salbei

Moschuskörner

ÖDEME (M, B)

Apfelsine, Bitterorange, *Engelwurz, Fenchel,* Geranie, *Karottensamen, Liebstöckel,* Mandarine, *Pampelmuse,* Rosmarin, Spanischer Salbei, Wacholder, *Weißbirke,* Zypresse

GICHT (M, L, B)

Basilikum, *Benzoe, Engelwurz,* Guajakholz, *Karottensamen,* Kiefer (auch Sumpf-), Koriander, Liebstöckel, Mastix, *Rosmarin,* Sellerie, Terpentin, Thymian, *Wacholder*

frisches Liebstöckel

BLUTHOCHDRUCK (M, B, V)

Cananga, Lavendel, *Knoblauch, Majoran,* Muskatellersalbei, *Schafgarbe, Ylang-Ylang,* Zitrone, Zitronenmelisse

frische Zitronenmelisse

MUSKELKRAMPF UND -STEIFHEIT (M, U, B)

Jasmin, Kiefer (auch Sumpf-), Koriander, Lavandin, *Lavendel (Spik- und Echter), Majoran,* Moschuskörner, *Nelkenpfeffer,* Pampelmuse, *Rosmarin, Schwarzer Pfeffer,* Thymian, Vetiver, Zypresse

frischer Jasmin

KORPULENZ (M, B)

Apfelsine, Bitterorange, *Fenchel,* Mandarine, Wacholder, *Weißbirke,* Zitrone

Apfelsine (Blätter und Schale)

HERZKLOPFEN (M)

Apfelsine, Bitterorange, Orangenblüte, Rose (Hundertblättrige und Damaszener-), *Ylang-Ylang*

SCHLECHTE DURCHBLUTUNG, NIEDERER BLUTDRUCK (M, B)

Benzoe, Borneol, *Eukalyptus,* Galbanum, Geranie, Hemlocktanne, *Ingwer,* Kiefer (auch Sumpf-), *Koriander,* Kreuzkümmel, Liebstöckel, Moschuskörner, Muskat, Niaouli, Orangenblüte, Perubalsam, Rose (Hundertblättrige und Damaszener-), *Rosmarin, Schwarzer Pfeffer, Spanischer Salbei,* Thymian, Veilchen, Weißbirke, Westindischer Lorbeer, Zimt, Zitrone, Zitronengras, Zypresse

Hemlocktannen-Schößling

RHEUMATISMUS (M, U, B)

Anis, Basilikum, Benzoe, Borneol, Engelwurz, *Eukalyptus (Blaugummi- und Pfefferminz-),* Fenchel, Galbanum, Gewürznelke, Hemlocktanne, Ingwer, Kajeput, *Kamille (Echte und Römische),* Kampfer (Weißer), Karottensamen, *Kiefer (auch Sumpf-),* Koriander, Kurkuma, Lavandin, *Lavendel (Spik- und Echter),* Liebstöckel, *Majoran,* Mastix, Muskat, Nelkenpfeffer, Niaouli, Perubalsam, Petersilie, *Rosmarin,* Schafgarbe, Schwarzer Pfeffer, Sellerie, Spanischer Salbei, Sternanis, Strohblume, Terpentin, Thymian, Veilchen, Vetiver, *Wacholder, Weißbirke,* Weißtanne, Westindischer Lorbeer, Wirbeldost, Zedernholz (Atlas-, Texas-, Virginia-), Zimt, Zitrone, *Zypresse*

frisches Perubalsam

VERSTAUCHUNGEN, ZERRUNGEN (U)

Borneol, Eukalyptus (Blaugummi- und Pfefferminz-), Gewürznelke, Ingwer, Jasmin, *Kamille (Echte und Römische),* Kampfer (Weißer), Kiefer (auch Sumpf-), Kurkuma, Lavandin, *Lavendel (Spik- und Echter), Majoran,* Rosmarin, Schwarzer Pfeffer, Strohblume, Thymian, Vetiver, Westindischer Lorbeer

getrocknete Rosenknospen

Atemwege

ASTHMA (M, V, I)

Alant, Benzoe, Costus, *Eukalyptus (Blaugummi- und Pfefferminz-),* Galbanum, Gewürznelke, Hemlocktanne, Hopfen, Kajeput, Kanadabalsam, Kiefer (auch Sumpf-), Lavandin, *Lavendel (Spik- und Echter),* Limette, Majoran, *Minze (Pfeffer- und Roß-),* Myrrhe, Myrte, Niaouli, Perubalsam, Rose (Hundertblättrige und Damaszener-), Rosmarin, *Salbei (Muskateller- und Spanischer),* Stinkasant, Strohblume, Teebaum, Thymian, *Weihrauch,* Ysop, Zitrone, Zitronenmelisse, Zypresse

frischer Majoran

BRONCHITIS (M, V, I)

Alant, Anis, Apfelsine, Basilikum, *Benzoe,* Bitterorange, *Borneol,* Cascarillarinde, Copaibabalsam, Costus, Elemi, Engelwurz, *Eukalyptus (Blaugummi- und Pfefferminz-),* Galbanum, Gewürznelkenknospe, Hemlocktanne, Kajeput, Kampfer (Weißer), *Kanadabalsam,* Kiefer (auch Sumpf-), Kubebenpfeffer, Kümmel, Lavandin, Lavendel (Spik- und Echter), *Majoran,* Mastix, Minze (Pfeffer- und Roß-), *Myrrhe, Myrte,* Niaouli, Perubalsam, Rosmarin, *Sandelholz,* Sternanis, Stinkasant, Strohblume, Styrax, Teebaum, Terpentin, Thymian, Tolubalsam, Veilchen, *Weihrauch,* Weißtanne, Ysop, Zederholz (Atlas-, Texas-, Virginia-), Zistrose, Zitrone, Zitronenmelisse, Zypresse

getrockneter Sternanis

KATARRH (M, V, I)

Alant, Elemi, *Eukalyptus (Blaugummi- und Pfefferminz-),* Galbanum, Ingwer, Jasmin, Kajeput, Kanadabalsam, *Kiefer (auch Sumpf-),* Kubebenpfeffer, Lavandin, *Lavendel (Spik- und Echter),* Limette, Mastix, *Minze (Pfeffer- und Roß-),* Myrrhe, Myrte, Niaouli, Sandelholz, Schwarzer Pfeffer, Styrax, *Teebaum,* Terpentin, *Thymian,* Tolubalsam, Veilchen, Weihrauch, Ysop, Zedernholz (Atlas-, Texas-, Virginia-), Zitrone

frischer Alant

SCHÜTTELFROST (M, B)

frischer Wirbeldost

Apfelsine, Benzoe, Bitterorange, Cabreuva, Copaibabalsam, *Ingwer,* Kampfer (Weißer), Pampelmuse, *Schwarzer Pfeffer,* Wirbeldost, *Zimt*

CHRONISCHER HUSTEN (M, V, I)

Alant, Costus, Elemi, Galbanum, Hopfen, Jasmin, *Kanadabalsam,* Kubebenpfeffer, Minze (Pfeffer- und Roß-), Myrrhe, *Myrte,* Sandelholz, Strohblume, Styrax, *Weihrauch, Ysop,* Zitronenmelisse, Zypresse

frische Galbanum-Blüten

HUSTEN (M, V, I)

Styrax

Anis, *Atlaszeder,* Basilikum, *Benzoe,* Borneol, Cabreuva, Cascarillarinde, *Copaibabalsam,* Engelwurz, *Eukalyptus (Blaugummi- und Pfefferminz-), Hemlocktanne,* Ingwer, Kajeput, Kampfer (Weißer), *Kiefer (auch Sumpf-),* Kümmel, *Majoran,* Myrrhe, Niaouli, *Perubalsam,* Rose (Hundertblättrige und Damas-zener-), Rosmarin, *Salbei (Muskateller- und Spanischer),* Schwarzer Pfeffer, Sternanis, Teebaum, Tolubalsam, Weißtanne, *Ysop,* Zistrose

KRUPP-HUSTEN (M, I)

Tolubalsam

Tolubalsam-Blätter

MUNDGERUCH (L)

Bergamotte, *Fenchel, Kardamom,* Lavandin, Lavendel (Spik- und Echter), Minze (Pfeffer- und Roß-), *Myrrhe*

OHRENSCHMERZEN (U)

Basilikum, *Kamille (Echte und Römische), Lavendel (Spik- und Echter)*

frische Pfefferminze

HEISERKEIT (I)

Benzoe, Jasmin, Kubebenpfeffer, Kümmel, Lavandin, *Lavendel (Spik- und Echter),* Myrrhe, Salbei (Muskateller- und Spanischer), *Sandelholz, Thymian, Tolubalsam,* Weihrauch, Zitroneneukalyptus

Spanischer Salbei

NEBENHÖHLENENTZÜNDUNG (I)

Basilikum, *Eukalyptus,* Ingwer, Kajeput, *Kiefer (auch Sumpf-),* Kubebenpfeffer, Niaouli, *Pfefferminze, Teebaum,* Weißtanne, Zistrose

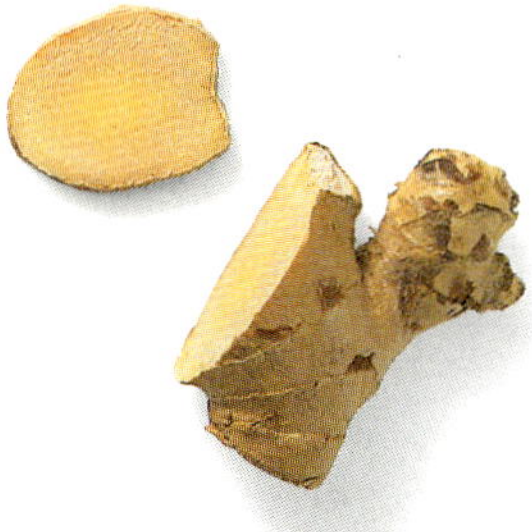

Ingwerwurzel

HALSSCHMERZEN, HALSINFEKTIONEN (V, I)

Bergamotte, Eukalyptus (Blaugummi- und Pfefferminz-), Geranie, Ingwer, Kajeput, Kanadabalsam, Kiefer (auch Sumpf-), Lavandin, Lavendel (Spik- und Echter), Myrrhe, Myrte, Niaouli, *Salbei (Muskateller- und Spanischer),* Sandelholz, Teebaum, *Thymian,* Veilchen, *Ysop*

Kiefer

MANDELENTZÜNDUNG (I)

Bergamotte, Geranie, Lorbeer, Myrte, Salbei (Muskateller- und Spanischer), *Thymian,* Ysop

frischer Thymian

KEUCHHUSTEN (M, I)

Echter Lavendel, Mastix, *Niaouli,* Rosmarin, Salbei (Muskateller- und Spanischer), Stinkasant, Strohblume, *Teebaum,* Terpentin, Ysop

Echter Lavendel

Verdauungstrakt

KOLIK (M)

Anis, Dill, Fenchel, Gewürznelke, Ingwer, *Kamille (Echte und Römische)*, Kardamom, Karottensamen, Koriander, Kreuzkümmel, Kümmel, Lavandin, *Lavendel (Spik- und Echter), Majoran, Minze (Pfeffer- und Roß-)*, Muskatellersalbei, Orangenblüte, Petersilie, Rosmarin, Schwarzer Pfeffer, Sternanis, Wirbeldost, Ysop, Zitronenmelisse

Spik-Lavendel

VERSTOPFUNG, TRÄGE VERDAUUNG (M, B)

frischer Estragon

Apfelsine, Bitterorange, Estragon, Fenchel, Kubebenpfeffer, Kurkuma, Liebstöckel, Majoran, Muskat, Palmarosa, Schafgarbe, *Schwarzer Pfeffer*, Zimt

KRAMPF, MAGENKRAMPF (M, U)

Anis, Costus, Estragon, Galbanum, *Ingwer*, Kardamom, Koriander, Kreuzkümmel, Kümmel, Lavandin, *Lavendel (Spik- und Echter)*, Liebstöckel, Minze (Pfeffer- und Roß-), *Muskatellersalbei, Nelkenpfeffer*, Orangenblüte, Schafgarbe, Schwarzer Pfeffer, Sternanis, Zimt, Zitronenverbene

frische Schafgarbe

BAUCHSCHMERZEN (M)

Dill, Fenchel, Kardamom, Petersilie

frische Petersilie

SODBRENNEN (M)

Kardamom, Schwarzer Pfeffer

MAGENVERSTIMMUNG, BLÄHUNGEN (M)

Anis, Apfelsine, Baldrian, Basilikum, *Bitterorange*, Cascarillarinde, Costus, Dill, Engelwurz, Estragon, *Fenchel*, Galbanum, Gewürznelke, Hopfen, Ingwer, *Kamille (Echte und Römische), Kardamom*, Karottensamen, Koriander, Kreuzkümmel, Kubebenpfeffer, *Kümmel*, Lavandin, *Lavendel (Spik- und Echter)*, Liebstöckel, Linde, Litsea, Lorbeer, *Majoran*, Mandarine, *Minze (Pfeffer- und Roß-)*, Muskat, Muskatellersalbei, Myrrhe, *Nelkenpfeffer*, Orangenblüte, Petersilie, Petitgrain, Rosmarin, Schafgarbe, Schwarzer Pfeffer, Sellerie, *Sternanis*, Thymian, Wirbeldost, Ysop, Zimt, Zitronengras, Zitronenmelisse, Zitronenverbene

frische Litsea

LEBERSTAUUNG (M)

frische Zitronenverbene

Karottensamen, Kurkuma, Linde, Rose (Hundertblättrige und Damaszener-), *Rosmarin*, Sellerie, Spanischer Salbei, Strohblume, Zitronenverbene

APPETITLOSIGKEIT (M)

Bergamotte, Ingwer, Kardamom, Kümmel, Lorbeer, Myrrhe, Schwarzer Pfeffer

ÜBELKEIT, ERBRECHEN (M, V)

Basilikum, Cascarillarinde, *Fenchel*, Gewürznelke, Ingwer, *Kamille (Echte und Römische)*, Kardamom, Koriander, Lavandin, *Lavendel (Spik- und Echter), Minze (Pfeffer- und Roß-)*, Muskat, Nelkenpfeffer, Rose (Hundertblättrige und Damaszener-), Rosenholz, Sandelholz, Schwarzer Pfeffer, Zitronenmelisse

Nelkenpfeffer-Blätter

Urogenitaltrakt und Hormonsystem

AUSBLEIBENDE ODER SCHWACHE PERIODE (M, B)

Basilikum, Dill, Estragon, Fenchel, Hopfen, Karottensamen, Liebstöckel, Lorbeer, *Majoran, Myrrhe,* Petersilie, Rose (Hundertblättrige oder Damaszener-), *Salbei (Muskateller und Spanischer),* Schafgarbe, Sellerie, Wacholder, Ysop, Zimt

frischer Dill

BLASENENTZÜNDUNG (U, B, D)

Bergamotte, Copaibabalsam, Eukalyptus, *Kamille (Echte und Römische),* Kanadabalsam, Kiefer, Kubebenpfeffer, Lavandin, *Lavendel (Spik- und Echter),* Liebstöckel, Mastix, Niaouli, Petersilie, Sandelholz, Schafgarbe, Sellerie, Teebaum, Terpentin, Thymian, Wacholder, Weihrauch, Zedernholz (Atlas-, Texas-, Virginia-)

Eukalyptusrinde

SCHMERZHAFTE MENSTRUATION (M, U, B)

Basilikum, Estragon, Hopfen, Jasmin, *Kamille (Echte und Römische),* Karottensamen, Lavandin, *Lavendel (Spik- und Echter),* Liebstöckel, *Majoran,* Rose (Hundertblättrige und Damaszener-), Rosmarin, *Salbei (Muskateller- und Spanischer),* Schafgarbe, Wacholder, Weihrauch, Zitronenmelisse, Zypresse

FRIGIDITÄT (M, L, B, V)

Cassie, *Hundertblättrige Rose,* Jasmin, Muskat, Muskatellersalbei, *Orangenblüte, Patschuli,* Petersilie, Rosenholz, Sandelholz, Schwarzer Pfeffer, *Ylang-Ylang,* Zimt

WEHEN (M, U, B)

Jasmin, Lavendel, Muskat, Muskatellersalbei, Petersilie, *Rose (Hundertblättrige und Damaszener-),* Zimt

MILCHMANGEL BEI STILLENDEN (M)

Dill, *Fenchel,* Hopfen, Sellerie

WEISSFLUSS (B, D)

Bergamotte, Eukalyptus, Kubebenpfeffer, Lavandin, *Lavendel (Spik- und Echter),* Majoran, Mastix, Muskatellersalbei, *Myrrhe,* Rosmarin, *Sandelholz,* Teebaum, Terpentin, Weihrauch, Ysop, Zedernholz (Atlas-, Texas-, Virginia-), Zimt

WECHSELJAHRESBESCHWERDEN (M, B, V)

Fenchel, *Geranie,* Jasmin, *Rose (Hundertblättrige und Damaszener-),* Zypresse

frische Zypresse

VERLÄNGERTE REGELBLUTUNG (M, B)

Kamille (Echte und Römische), *Rose (Hundertblättrige und Damaszener-), Zypresse*

PRÄMENSTRUELLES SYNDROM (M, B, V)

Estragon, Geranie, *Kamille (Echte und Römische),* Karottensamen, Lavendel, Majoran, Orangenblüte

frischer Lavendel

JUCKREIZ (D)

Atlaszeder, *Bergamotte, Lavendel, Myrrhe, Teebaum,* Wacholder

frischer Wacholder

SEXUELLE ÜBERAKTIVITÄT (M, B)

Hopfen, *Majoran*

frischer Majoran

PILZINFEKTION, CANDIDOSIS (B, D)

Bergamotte, Geranie, Myrrhe, *Teebaum*

HARNRÖHRENENTZÜNDUNG (B, D)

Bergamotte, Kubebenpfeffer, Mastix, *Teebaum*

Immunsystem

WINDPOCKEN (U, L, B)

Bergamotte, Eukalyptus (Blaugummi- und Pfefferminz-), Kamille (Echte und Römische), *Lavendel, Teebaum*

frische Bergamotte

ERKÄLTUNG, GRIPPE (M, B, V, I)

Anis, Apfelsine, Basilikum, Bergamotte, Bitterorange, *Borneol*, Cabreuva, Copaibabalsam, Engelwurz, *Eukalyptus (Blaugummi- und Pfefferminz-),* Gewürznelke, Hemlocktanne, Ingwer, Kajeput, Kampfer (Weißer), *Kiefer (auch Sumpf-)*, Koriander, Kümmel, Limette, Lorbeer, Majoran, Mastix, Minze (Pfeffer- und Roß-), Myrte, *Niaouli*, Pampelmuse, Perubalsam, Rosenholz, Rosmarin, Schafgarbe, *Spanischer Salbei*, Sternanis, Strohblume, *Teebaum*, Terpentin, *Thymian*, Wacholder, Weihrauch, Weißtanne, Westindischer Lorbeer, Zimt, Zitrone, Zitronelle

Hemlocktanne

FIEBER (U, B)

Basilikum, Bergamotte, Borneol, *Eukalyptus (Blaugummi- und Pfefferminz-),* Hemlocktanne, Ingwer, Kampfer (Weißer), Limette, *Minze (Pfeffer- und Roß-),* Myrte, Niaouli, Rosenholz, *Rosmarin, Schafgarbe*, Spanischer Salbei, Strohblume, *Teebaum*, Thymian, Wacholder, Weißtanne, Zitrone, Zitronengras

frisches Niaouli

MASERN (L, B, I, V)

Bergamotte, *Eukalyptus,* Lavendel (Spik- und Echter), *Teebaum*

Nervensystem

ANGST (M, B, V)

Basilikum, Bergamotte, Cananga, Hemlocktanne, *Jasmin, Lavendel*, Mimose, Moschuskörner, Orangenblüte, Styrax, Wacholder, *Weihrauch, Ylang-Ylang*, Ysop, *Zitronenmelisse,* Zitronenverbene

Styrax

DEPRESSION (M, B, V)

Basilikum, *Bergamotte*, Cassie, Hemlocktanne, *Jasmin*, Kanadabalsam, *Lavendel*, Moschuskörner, Muskatellersalbei, Nelkenpfeffer, *Orangenblüten*, Pampelmuse, *Rose (Hundertblättrige und Damaszener-), Sandelholz,* Strohblume, Vetiver, *Ylang-Ylang*, Zitronenmelisse

getrocknete Rosenknospen

KOPFSCHMERZEN (M, U, V)

Eukalyptus (Blaugummi- und Pfefferminz-), Hopfen, *Kamille (Echte und Römische),* Kreuzkümmel, Lavandin, *Lavendel (Spik- und Echter),* Linde, Majoran, *Minze (Pfeffer- und Roß-),* Pampelmuse, Rose (Hundertblättrige und Damaszener-), Rosenholz, Rosmarin, Salbei (Muskateller- und Spanischer), Thymian, Veilchen, Zitronelle, Zitronengras

frisches Veilchen

SCHLAFLOSIGKEIT (M, B, V)

Baldrian, Basilikum, *Hopfen, Kamille (Echte und Römische), Lavendel, Linde*, Majoran, Mandarine, *Orangenblüten*, Petitgrain, Rose (Hundertblättrige und Damaszener-), Sandelholz, Schafgarbe, Thymian, Veilchen, Vetiver, Wirbeldost, Ylang-Ylang, *Zitronenmelisse,* Zitronenverbene

MIGRÄNE (U)

Baldrian, Basilikum, Engelwurz, Kamille (Echte und Römische), Koriander, *Lavendel*, Linde, Majoran, Minze (Pfeffer- und Roß-), Muskatellersalbei, Schafgarbe, Zitronelle, Zitronenmelisse

Echter Lavendel

NERVÖSE ERSCHÖPFUNG (M, B, V)

Basilikum, Borneol, Cassie, Costus, Elemi, *Engelwurz*, Eukalyptus (Blaugummi- und Pfefferminz-), Hyazinthe, Ingwer, *Jasmin*, Kardamom, Kiefer, Koriander, Kreuzkümmel, Lavandin, *Minze (Pfeffer- und Roß-),* Muskat, Nelkenpfeffer, Palmarosa, Pampelmuse, Patschuli, Petitgrain, *Rosmarin, Salbei (Muskateller- und Spanischer),* Spik-Lavendel, Stinkasant, Strohblume, Thymian, Veilchen, *Vetiver*, Ylang-Ylang, Ysop, Zimt, Zitronelle, Zitronengras

Strohblumenblätter

NERVÖSE ANSPANNUNG, STRESS (M, B, V)

Apfelsine, Baldrian, Basilikum, *Benzoe*, *Bergamotte*, Bitterorange, Borneol, Cananga, Cassie, Copaibabalsam, Costus, Elemi, Engelwurz, Galbanum, Geranie, Hemlocktanne, *Hopfen*, Hyazinthe, *Jasmin, Kamille (Echte und Römische),* Kanadabalsam, Kardamom, Kiefer, *Lavendel*, Linaloe, *Linde, Majoran*, Mandarine, Mimose, Minze (Pfeffer- und Roß-), Moschuskörner, *Muskatellersalbei*, Nelkenpfeffer, *Orangenblüten*, Palmarosa, *Patschuli*, Perubalsam, Petitgrain, *Rose (Hundertblättrige und Damaszener-),* Rosenholz, Rosmarin, *Sandelholz*, Schafgarbe, Stinkasant, Strohblume, Thymian, Veilchen, *Vetiver*, Wacholder, *Weihrauch*, Wirbeldost, *Ylang-Ylang*, Ysop, *Zedernholz (Atlas-, Texas-, Virginia-)*, Zimt, Zitronengras, *Zitronenmelisse*, Zitronenverbene, Zypresse

Lindenblätter

NEURALGIE/ISCHIAS (M, B)

Borneol, Eukalyptus (Blaugummi- und Pfefferminz-), Geranie, Hopfen, *Kamille (Echte und Römische),* Kiefer (auch Sumpf-), Koriander, *Majoran*, Mastix, Minze (Pfeffer- und Roß-), Muskat, Nelkenpfeffer, *Rosmarin*, Sellerie, *Spik-Lavendel,* Strohblume, Terpentin, Westindischer Lorbeer, Zitronelle

frische Roßminze

SCHOCK (M, B, V)

Lavandin, Lavendel (Spik- und Echter), *Orangenblüten, Zitronenmelisse*

Orangenblätter und Orangenschale

SCHWINDEL (V, I)

Lavandin, *Lavendel (Spik- und Echter), Minze (Pfeffer- und Roß-),* Veilchen, Zitronenmelisse

frische Lorbeerblätter

Zypressenschößlinge

getrockneter Sternanis

Aromaöle werden aus Pflanzen gewonnen, die überall auf der Welt wachsen.

Blaugummi-Eukalyptus

Kanadabalsam

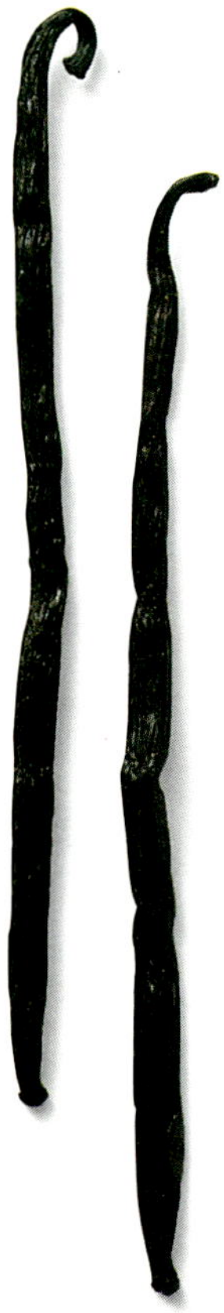

Vanilleschoten

Teil III
Aromaöle

Teil III bietet einen systematischen Überblick über 165 ätherische Öle, die in alphabetischer Reihenfolge nach dem lateinischen Namen der Pflanzen, aus denen sie gewonnen werden, geordnet sind. Alle hier behandelten Öle sind im Handel erhältlich, manche von ihnen sind allerdings nur wenig bekannt oder werden selten verlangt. Etliche Öle wurden zwar als für den therapeutischen Gebrauch ungeeignet erachtet, gleichwohl aber in diesen Teil aufgenommen. Dies geschah aus zwei Gründen: zum einen, um einen umfassenden Überblick über alle handelsüblichen Öle zu bieten, und zum anderen, um den Leser über die möglichen Gefahren solcher Öle zu informieren.

Aromatische Pflanzen sind überall auf der Welt zu finden, und die Produktion ätherischer Öle bildet eine internationale Industrie, in der der «Aromatherapiemarkt» nur einen kleinen, aber rasch wachsenden Anteil ausmacht. Jedes Jahr werden weitere Informationen über die genaue Zusammensetzung einzelner ätherischer Öle veröffentlicht, und die Anbaugebiete jeder Pflanze sind von Saison zu Saison aufgrund politischer, klimatischer oder wirtschaftlicher Einflüsse Veränderungen und Entwicklungen unterworfen. Die Nachfrage nach Teebaumöl beispielsweise hat erst in jüngeren Jahren zur Anlage neuer Anbaugebiete in Kalifornien geführt. Informationen, die keinen Schwankungen unterliegen, sind die allgemeinen Beschreibungen der Pflanzen und die Angaben über ihre Verwendung. Zur detaillierten Information über jede Essenz gehören ferner die botanische Klassifizierung, Extraktionsmethoden, charakteristische Geruchs- und Farbeigenschaften, Hauptbestandteile und Angaben über die Verträglichkeit sowie die kommerzielle und hausmedizinische Verwendung.

Abelmoschus moschatus

Moschuskörner

Verträglichkeit: ungiftig, nicht reizend

Familie: Malvaceae **Synonyme:** *Hibiscus abelmoschus,* Ägyptische Alzee

Traditioneller Gebrauch

Allgemein verwendet als Stimulans und zur Linderung von Magenverstimmungen, Krämpfen und nervösen Verdauungsstörungen, in der chinesischen Medizin zur Behandlung von Kopfschmerzen. In Ägypten wurden die Samen bei Mundgeruch gekaut und bei Juckreiz in einer Milchemulsion verwendet. Die Araber gaben Moschuskörner in den Kaffee. Im Osten als Gewürz weit verbreitet.

Immergrüner Strauch, etwa 1,50 m hoch, mit großen, einzelnen, gelben Blüten, die im Kelchzentrum purpurn gefärbt sind. Die fünfeckigen Samenkapseln enthalten graubraune, nierenförmige Samen, die nach Moschus duften.

nierenförmige Moschuskörner

EXTRAKTION
Ätherisches Öl durch Wasserdampfdestillation der Samen. Flüssiges Moschuskörneröl sollte vor Gebrauch einige Monate reifen. Durch Lösungsmittelextraktion werden auch Concrète und Absolue hergestellt.

EIGENSCHAFTEN
Eine blasse, gelblich-rote Flüssigkeit mit starkem, süßlich-animalischem Duft, lange anhaltend. Mischt sich gut mit Rose, Neroli, Sandelholz, Muskatellersalbei, Zypresse, Patschuli, orientalischen und «raffinierten» Basisölen.

WIRKUNGEN
Anregend, aphrodisisch, blähungswidrig, krampflösend, magenstärkend, nervenstärkend

HAUPTBESTANDTEILE
Ambrettolid, Ambrettolsäure, Palmitinsäure und Farnesol

AROMATHERAPIE/ HAUSGEBRAUCH
Kreislauf, Muskeln und Gelenke: *Durchblutungsstörungen, Erschöpfung, Krampf, Muskelschmerzen*
Nerven: *Angst, Depression, streßbedingte Beschwerden*

ANDERE ANWENDUNGEN
In der Kosmetik- und Parfümindustrie gebraucht für orientalische Düfte, zur Nachahmung von und als Ersatz für echten Moschus; zur Aromatisierung von alkoholischen und anderen Getränken sowie einigen Nahrungsmitteln (bes. Konfekt).

HERKUNFT
In Indien heimisch, weit verbreitet in den tropischen Ländern (u. a. Indonesien, Afrika, Ägypten, China, Madagaskar und Westindien). Destillation des Öls gewöhnlich in Europa und den USA.

Abelmoschus moschatus

ANDERE ARTEN
Hibiscus esculentus wird vor allem in Istanbul gezüchtet und gilt als reizmildernd. Eine weitere Art wächst auf Martinique; ihre Samen haben einen etwas feineren Duft.

Abies alba

Weißtanne

Verträglichkeit: ungiftig, nicht reizend (außer in hoher Konzentration)

Familie: *Pinaceae* **Synonyme:** *Abies pectinata,* Edeltanne, Silbertanne, Schwarzwaldtanne

Traditioneller Gebrauch

Wegen ihrer medizinischen Eigenschaften und des angenehmen Duftes in Europa sehr geschätzt. Hauptsächlich eingesetzt bei Beschwerden der Atemwege, Fieber, Muskel- und Rheumaschmerzen.

Relativ kleiner Nadelbaum, regelmäßige Kegelform, silbrigweiße Rinde, hauptsächlich als Bauholz und Christbaum genutzt.

Weißtannenzapfen

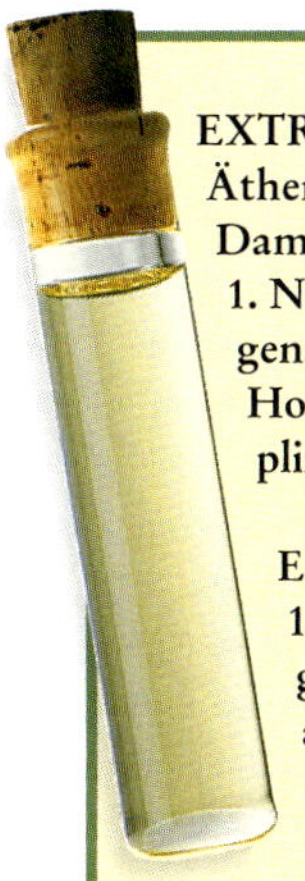

EXTRAKTION
Ätherisches Öl durch Dampfdestillation aus 1. Nadeln und jungen Zweigen, 2. Tannenzapfen und Holzstückchen (Templinöl)

EIGENSCHAFTEN
1. Farblose oder blaßgelbe Flüssigkeit von angenehmem, kräftigem, süßlich-balsamischem Duft. 2. Ähnlich wie das Nadelöl, aber orangenähnlicher Duft. Mischt sich gut mit Galbanum, Zistrose, Lavendel, Rosmarin, Zitrone, Kiefer und Majoran.

WIRKUNGEN
Anregend, antiseptisch (Lungen), desodorierend, hustenreizlindernd, schleimlösend, schmerzlindernd, stärkend

HAUPTBESTANDTEILE
1. Santen, Pinen, Limonen, Bornylazetat, Lauraldehyd u. a. 2. Pinen, Limonen, Borneol, Bornylazetat u. a.

Abies alba

AROMATHERAPIE/ HAUSGEBRAUCH
Kreislauf, Muskeln und Gelenke: *Arthritis, Muskelschmerzen, Rheumatismus*
Atemwege: *Bronchitis, Husten, Nebenhöhlenkatarrh*
Immunsystem: *Erkältung, Fieber, Grippe*

ANDERE ANWENDUNGEN
Bestandteil einiger Husten-, Erkältungs- und Rheumamittel. Duftstoff in Deodorants, Raumsprays, Desinfektionsmitteln, Badezusätzen, Seifen und Parfüms.

HERKUNFT
Heimisch in den Bergregionen Nordeuropas; aufgeforstet hauptsächlich in der Schweiz, Polen, Deutschland, Frankreich, Österreich und dem früheren Jugoslawien.

ANDERE ARTEN
*Öle aus der Destillation von Zweigen und Nadeln anderer Nadelbäume – Abies, Larix, Picea, Pinus und Tsuga – werden oft als Tannennadelöl bezeichnet; deshalb ist es wichtig, den genauen botanischen Namen zu kennen. Es gibt viele Angehörige der Abies-Familie, darunter die Kanadische Balsamtanne (*A. balsamea*) und die Sibirische Tanne (*A. sibirica*), die das in Europa und den USA wegen seines feinen Duftes beliebteste Öl liefert. Ferner das japanische Tannennadelöl aus der* A. mayriana *oder der* A. sachalinensis. *Siehe auch unter Fichte und Kiefer.*

Abies balsamea

Kanadabalsam

Verträglichkeit: ungiftig, nicht reizend

Familie: *Pinaceae* **Synonyme:** *Abies balsamifera,* Balsamtanne, Balsamfichte, Balsambaum, Amerikanische Silbertanne, Gileadbalsam-Tanne, Kanada-Terpentin (Öl)

Traditioneller Gebrauch

Das Oleoresin wird von den Indianern zu rituellen Zwecken gebraucht sowie zur äußerlichen Behandlung von Verbrennungen, Schürfungen, Schnittwunden und zur Linderung von Schmerzen in Herz und Brustkorb. Innerlich angewendet gegen Husten.

Ein bis 20 m hoher, immergrüner Baum mit spitz zulaufendem Stamm und Ästen, die dem Baum den Umriß eines Tannenzapfens geben. An Stamm und Zweigen bilden sich Harztropfen (sog. Balsam) aus speziellen Blasen unter der Rinde.

getrockneter Kanadabalsam

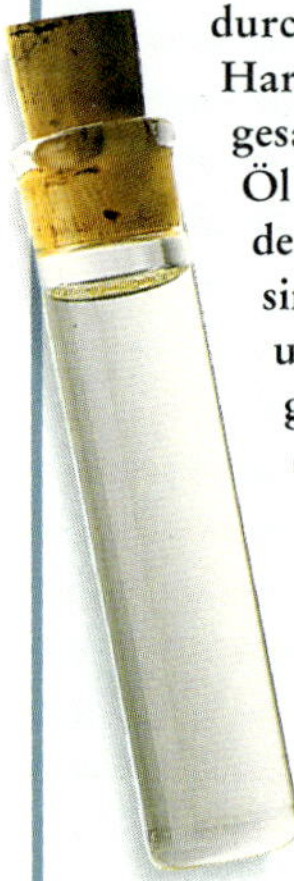

EXTRAKTION
1. Das Oleoresin wird durch Punktieren der Harzblasen in der Rinde gesammelt. 2. Ätherisches Öl wird durch Dampfdestillation des Oleoresins gewonnen, bekannt unter den Bezeichnungen Kanadabalsam oder Kanadaterpentin. (Durch Dampfdestillation der Nadeln wird ebenfalls ein ätherisches Öl gewonnen, bekannt als Tannennadelöl.)

EIGENSCHAFTEN
1. Das Oleoresin ist eine dicke, blaßgelbe oder grüne, honigähnliche Masse, die zu einem kristallklaren Lack von frischem, süßlich-balsamischem, fast fruchtigem Geruch trocknet.
2. Eine farblose, flüchtige Flüssigkeit von süßem, sanft-balsamischem, kiefernähnlichem Duft. Mischt sich gut mit Kiefer, Zedernholz, Zypresse, Sandelholz, Wacholder, Benzoe und anderen Balsamen.

WIRKUNGEN
Abführend, adstringierend, antiseptisch (Urogenitaltrakt, Lungen), beruhigend (Nerven), harntreibend, hustenreizlindernd, narbenbildungsfördernd, schleimlösend, stärkend, wundheilend

HAUPTBESTANDTEILE
Besteht fast ganz aus Monoterpenen, Pinen, Phellandren, Estern und Alkoholen.

AROMATHERAPIE/ HAUSGEBRAUCH
Hautpflege: *Hämorrhoiden, Schnittwunden, Verbrennungen, Wunden*
Atemwege: *Asthma, Bronchitis, chronischer Husten, Katarrh, rauher Hals*
Urogenitaltrakt: *Blasenentzündung, Infektionen*
Nervensystem: *Depression, nervöse Spannung, streßbedingte Beschwerden. Gilt als besänftigend, beruhigend, aufbauend, erdend und öffnend. In großen Mengen wirkt es abführend und kann Übelkeit verursachen.*

ANDERE ANWENDUNGEN
Das Öl aus dem Oleoresin wird in bestimmten Salben und Cremes als Antiseptikum und zur Behandlung von Hämorrhoiden verwendet. In der Zahnheilkunde Bestandteil von Mitteln zur Versiegelung von Zahnwurzelkanälen. Auch als fixierender oder Duftstoff in Seifen, Kosmetika, Parfüms und Reinigungsmitteln. Geringer Gebrauch auch in Nahrungsmitteln und Getränken. Das Oleoresin wird als Trägerstoff in der Mikroskopie und als Bindemittel in der Glasindustrie verwendet.

HERKUNFT
Heimisch in Nordamerika, besonders in Quebec, Nova Scotia und in Maine.

ANDERE ARTEN
Auch die Hemlocktanne (Tsuga canadensis) *sondert ein Harz ab, das als Kanadabalsam verkauft wird. Auch die Nadeln vieler anderer Baumarten enthalten Öle, siehe auch unter Silbertanne. Anmerkung: Nicht zu verwechseln mit dem echten Gileadbalsam* (Commiphora opabalsamum)!

Acacia dealbata

Silberakazie

Verträglichkeit: ungiftig, nicht reizend

Familie: Mimosaceae **Synonyme:** *Acacia decurrens var. dealbata,* Mimose, Echte Akazie, Australische Akazie

Traditioneller Gebrauch

Die Rinde der Silberakazie – auch Mimose genannt – hat einen lederähnlichen Geruch und herben Geschmack. Sie enthält bis zu 42 Prozent Tannine (Gallussäure) und wird in der Gerberei viel verwendet. In der Heilkunde wird sie – ähnlich wie die Eichenrinde – gegen Durchfall und adstringierend als Gurgelmittel und Salbe eingesetzt.
Der Extrakt des schwarzen Katechu *(Acacia catechu)* wird im Britischen Pflanzenarzneibuch als spezifisches Heilmittel gegen chronischen Durchfall mit Dickdarmkatarrh aufgeführt.

Ein attraktiver, kleiner Baum bis 12 m Höhe; gräulich-braune Rinde mit unregelmäßigen Längsfurchen; gefiederte Blätter und Büschel kugelförmiger, duftender, gelber Blüten.

frisches Silberakazienblatt

EXTRAKTION
Concrète und Absolue durch Lösungsmittelextraktion aus den Blüten und Zweigspitzen

EIGENSCHAFTEN
1. Concrète: eine harte, wachsähnliche, gelbe Masse mit einem süßlich-holzigen, blumigen Duft. 2. Absolue: eine bernsteinfarbene, zähe Flüssigkeit mit einem leicht holzig-blumigen Duft. Mischt sich gut mit Lavandin, Lavendel, Ylang-Ylang, Veilchen, Styrax, Zitronelle, Perubalsam, Cassie, Blüten- und Gewürzölen.

WIRKUNGEN
Adstringierend, antiseptisch

HAUPTBESTANDTEILE
Überwiegend Kohlenwasserstoffe; Palmitinsäurealdehyd, Önanthinsäure, Anissäure, Essigsäure und Phenole

AROMATHERAPIE/ HAUSGEBRAUCH
Hautpflege: *fettige, empfindliche Haut, allgemeine Hautpflege*
Nervensystem: *Angst, nervöse Spannung, Streß, Überempfindlichkeit*

ANDERE ANWENDUNGEN
Wegen seiner guten fixierenden Eigenschaften Bestandteil vieler Seifen. Auch in hochwertigen Parfüms, besonders in blumigen und orientalischen Düften.

HERKUNFT
Heimisch in Australien, eingeführt in Nord- und Zentralafrika. Kam Anfang des 19. Jahrhunderts als Zierpflanze nach Europa, inzwischen auch wildwachsend. Concrète und Absolue werden vor allem in Südfrankreich und Italien hergestellt.

ANDERE ARTEN
Es gibt viele Akazienarten, zum Beispiel die sehr ähnliche ostafrikanische (A. arabica), *die Mimose aus dem Blumengeschäft* (A. floribunda) *und die brasilianische Mimose* (Mimosa humilis), *welche bei Knöchelschwellungen verwendet wird. Eng verwandt mit Cassie.*

Acacia dealbata

Acacia farnesiana

Cassie

Verträglichkeit: keine Angaben

Familie: Mimosaceae **Synonyme:** *Cassia ancienne*, Süßakazie, Huisache, Popinac, Opopanax

Traditioneller Gebrauch

In Indien wird ein «Cassie-Attar» zu Parfüm verarbeitet. Die frischen Blüten dienen als Badezusatz bei trockener Haut oder werden als Infusion eingenommen. In Venezuela wird die Wurzel zur Behandlung von Magenkrebs verwendet, in China bei primärchronischer Polyarthritis und Lungentuberkulose. Viele verschiedene Acacia-Arten werden in der Pflanzenheilkunde verwendet, vornehmlich die Senegal-Akazie, deren vom Stamm abgesondertes sog. Gummi arabicum hauptsächlich zur Reizmilderung eingesetzt wird.

Ein dorniger, bis zu 10 m hoher, reich verzweigter Strauch von sehr feiner, mimosenähnlicher Erscheinung. Flaumige, duftende, gelbe Blüten.

getrocknete Cassie-Blüten

EXTRAKTION
Absolue durch Lösungsmittelextraktion der Blüten

EIGENSCHAFTEN
Dunkelgelbe bis braune, dicke Flüssigkeit. Warmer, blumig-würziger Duft mit stark balsamischem Unterton. Mischt sich gut mit Bergamotte, Costus, Mimose, Weihrauch, Ylang-Ylang, Schwertlilie und Veilchen.

WIRKUNGEN
Antirheumatisch, antiseptisch, aphrodisisch, balsamisch, insektizid, krampflösend

HAUPTBESTANDTEILE
Das Absolue enthält etwa 25 Prozent flüchtige Bestandteile, vor allem Benzylalkohol, Methylsalizylat, Farnesol, Geraniol, Linalol u. a.

AROMATHERAPIE/ HAUSGEBRAUCH
Mit Vorsicht gebrauchen!
Hautpflege: *trockene, empfindliche Haut; Parfüm*
Nervensystem: *Depression, Frigidität, nervöse Erschöpfung und streßbedingte Beschwerden*

ANDERE ANWENDUNGEN
Bestandteil hochwertiger Parfüms, besonders des orientalischen Typs. Geschmacksstoff in vielen Nahrungsmitteln und Getränken.

HERKUNFT
Vermutlich in Westindien heimisch, heute weit verbreitet in warmen bis tropischen Regionen der Erde, vor allem in Südfrankreich und Ägypten, im Libanon, in Marokko, Algerien und Indien.

ANDERE ARTEN
Mehr als 400 Acacia-*Arten sind bekannt. Die Cassie ist eng verwandt mit der Silberakazie* (A. dealbata) *und der Römischen Cassie* (A. cavenia), *aus denen ebenfalls ätherische Öle gewonnen werden. Nicht zu verwechseln mit Opopanax oder Bisabol-Myrrhe* (Commiphora erythraea) *oder mit Zimt-Cassia* (Cinnamomum cassia)!

Acacia farnesiana

Achillea millefolium

Schafgarbe

Verträglichkeit: ungiftig, nicht reizend, allergische Reaktionen möglich

Familie: *Asteraceae (Compositeae)* **Synonyme:** Gemeine Schafgarbe, Achilleskraut, Tausendblättchen, Katzkraut, Blutstillkraut

Traditioneller Gebrauch

Uraltes Pflanzenheilmittel für ein breites Spektrum von Beschwerden, darunter Fieber, Atemwegsinfektionen, Verdauungsprobleme, nervöse Spannung, äußerlich bei Wunden, Ausschlägen und Schürfungen. Der Gebrauch als Wundheilkraut soll auf Achilles zurückgehen, der es bei Verwundungen durch Eisenwaffen auflegte.
In China wird die Schafgarbe vor allem bei Menstruationsbeschwerden und Hämorrhoiden gebraucht, in Norwegen auch bei Rheumatismus. Die Stengel werden im chinesischen I Ging traditionell zur Weissagung verwendet. Im Britischen Pflanzenarzneibuch als spezifisches Heilmittel bei thrombotischen Beschwerden und Bluthochdruck genannt.

Mehrjährige Pflanze mit aufrechtem Stengel (bis 1 m hoch), feingefiederte Blätter, zahlreiche zartrosa bis weiße, dichtstehende Korbblütchen.

frische Schafgarbe

EXTRAKTION
Ätherisches Öl durch Dampfdestillation aus dem getrockneten Kraut

EIGENSCHAFTEN
Dunkelblaue oder olivgrüne Flüssigkeit mit frischem, süßlich-grasigem, leicht kampferähnlichem Geruch. Mischt sich gut mit Zedernholz, Kiefer, Kamille, Baldrian, Vetiver und Eichenmoos.

WIRKUNGEN
Adstringierend, antirheumatisch, antiseptisch, blähungswidrig, blutdrucksenkend, blutstillend, entzündungshemmend, fiebersenkend, krampflösend, magenstärkend, narbenbildungsfördernd, schleimlösend, schweißtreibend, verdauungsfördernd, stärkend

HAUPTBESTANDTEILE
Azulen (bis 51 Prozent), Pinene, Caryophyllen, Borneol, Terpineol, Cineol, Bornylazetat, Kampfer, Sabinen, Thujon u. a. Gewichtsanteile schwanken je nach Herkunft.

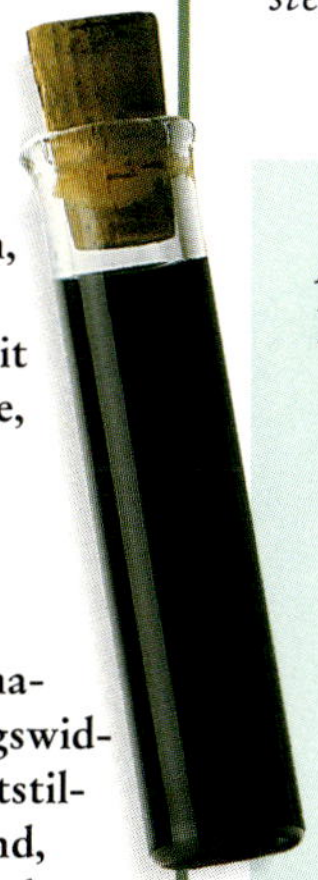

AROMATHERAPIE/ HAUSGEBRAUCH
Hautpflege: *Akne, Ausschläge, Ekzeme, Entzündungen, Haarspülung (fördert Haarwuchs), Krampfadern, Narben, Schnittwunden, steigert Hauttonus, Verbrennungen, Wunden*
Kreislauf, Muskeln und Gelenke: *Arteriosklerose, Bluthochdruck, primärchronische Polyarthritis, Thrombose*
Verdauungstrakt: *Blähungen, Hämorrhoiden, Krämpfe, Magenverstimmung, Verstopfung*
Urogenitaltrakt: *ausbleibende oder schmerzhafte Menstruation, Blasenentzündung und andere Infektionen*
Immunsystem: *Erkältungen, Fieber, Grippe*
Nervensystem: *Bluthochdruck, Schlaflosigkeit, streßbedingte Beschwerden*

ANDERE ANWENDUNGEN
Begrenzte Verwendung in arzneilichen Badezusätzen gegen Hautleiden, in Parfüms und Aftershaves. Auch als Geschmacksstoff in Wermut und Magenbitter.

HERKUNFT
Heimisch in Europa und Asien, eingeführt nach Nordamerika; fast überall in den gemäßigten Klimazonen anzutreffen. Destillation hauptsächlich in Deutschland, Ungarn, Frankreich und im früheren Jugoslawien, auch in den USA und in Afrika.

ANDERE ARTEN
Sehr zahlreiche Verwandtschaft, darunter Ligurische Schafgarbe (A. ligustica) *und Moschusschafgarbe* (A. moschata) *mit cineolhaltigem Öl.*

Acorus calamus var. angustatus

Kalmus

Verträglichkeit: Oral toxisch. Kalmusöl soll karzinogen wirken.

Familie: *Araceae* **Synonyme:** *Calamus aromaticus,* Ackerwurz, Magenwurz, Deutscher Zitwer, Deutscher Ingwer

Traditioneller Gebrauch

Als aromatisches Anregungs- und Stärkungsmittel bei Fieber, nervösen Beschwerden, Schwindel, Kopfschmerzen, Ruhr wurde Kalmus sehr geschätzt. Das Britische Pflanzenarzneibuch nennt ihn als Mittel bei «akuten und chronischen Verdauungsstörungen, Gastritis, Darmkolik, Appetitlosigkeit und Magengeschwür». In der Türkei und besonders in Indien, wo er als Volksheilmittel gilt, wird Kalmus als kandierter Wurzelstock verkauft und soll gut gegen Verdauungsstörungen, Bronchitis und Husten sein.

Schilfähnliche Wasserpflanze mit bis zu 1 m hohen, schwertförmigen Blättern und kleinen, grünlichgelben Blüten. Wächst am Ufer von Seen und Flüssen. Der waagerechte, bis 1 m lange Wurzelstock wächst im Schlamm und treibt fleischige Wurzeln nach unten. Alle Teile der Pflanze sind aromatisch.

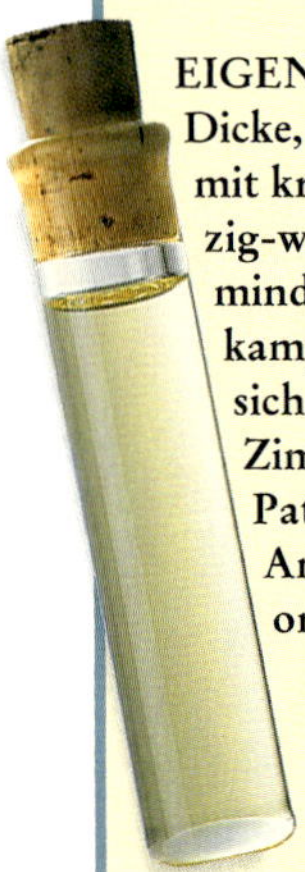

EXTRAKTION
Ätherisches Öl durch Dampfdestillation des Wurzelstocks (manchmal auch der Blätter)

EIGENSCHAFTEN
Dicke, blaßgelbe Flüssigkeit mit kräftigem, warmem, holzig-würzigem Duft; Öle minderer Qualität riechen kampferähnlich. Mischt sich gut mit Cananga, Zimt, Zistrose, Weihrauch, Patschuli, Zedernholz, Amyris, Gewürz- und orientalischen Basisölen.

WIRKUNGEN
Anregend, antiseptisch, bakterizid, blähungswidrig, blutdrucksenkend, insektizid, krampflösend, magenstärkend, schleimlösend, schweißtreibend, stärkend, wurmabtreibend

HAUPTBESTANDTEILE
Beta-Asaron (Menge abhängig von der Herkunft: Das indische Öl enthält bis zu 80 Prozent, das russische Öl höchstens 6 Prozent), auch Kalamen, Kalamol, Kalamenen, Eugenol und Shyobunone.

AROMATHERAPIE/ HAUSGEBRAUCH
Sollte weder innerlich noch äußerlich angewendet werden.

ANDERE ANWENDUNGEN
Viel gebraucht in Kosmetika und Parfüms, in holzig-orientalisch-ledrigen Düften und als Geruchsstoff für Haarpuder und Zahnpulver. Kalmus und seine Derivate (Öle, Extrakte) dürfen nicht in Nahrungsmitteln verwendet werden.

HERKUNFT
Heimisch in Indien; das Öl wird hauptsächlich in Indien und Rußland, in geringerem Maße auch in Europa (außer Spanien), Sibirien, China, dem früheren Jugoslawien und Polen hergestellt. (Polnische und jugoslawische Öle haben einen gleichmäßig anhaltenden Duft.)

ANDERE ARTEN
Nicht zu verwechseln mit der Schwertlilie (Falscher Kalmus), die ihm äußerlich ähnelt; botanisch sind sie nicht verwandt. Es gibt noch einige andere Arten mit aromatischen Eigenschaften, vor allem im Osten, zum Beispiel Calamus odoratus, *der in Indien als Medizin und Parfüm gebraucht wird.*

Acorus calamus var. angustatus

Agothosma betulina

Bucco

Verträglichkeit: Schwangere nicht verwenden.

Familie: *Rutaceae* **Synonyme:** *Barosma betulina*, Kurzer Bucco, Berg-Bucco

Traditioneller Gebrauch

Die Blätter werden lokal wegen ihrer antiseptischen Eigenschaft und zur Abwehr von Insekten verwendet. In der westlichen Pflanzenheilkunde bei Infektionen der Urogenitalorgane (Blasen-, Harnröhren-, Prostataentzündung), als Infusion zur Behandlung von Blasenentzündungen.

Kleiner Strauch mit einfachen, gewellten Blättern von etwa 1–2 cm Länge. Andere, viel kleinere Blätter sind hellgrün und haben einen fein gezahnten Rand. Dünne Stiele mit fünfblättrigen, weißen Blüten. Die ganze Pflanze riecht stark aromatisch, ähnlich Schwarzen Johannisbeeren.

frische und getrocknete Buccoblätter

EXTRAKTION
Ätherisches Öl durch Dampfdestillation aus den getrockneten Blättern

EIGENSCHAFTEN
Dunkles, gelblichbraunes Öl mit durchdringendem Minze-Kampfer-Geruch

WIRKUNGEN
Anregend, antiseptisch (besonders Harnwege), blähungswidrig, harntreibend, insektizid, schweißtreibend, stärkend

HAUPTBESTANDTEILE
Diosphenol (25–40 Prozent), Limonen, Methon u. a. Bucco gilt nicht als giftig; da jedoch das Öl der *B. betulina* reichlich Diophenole und das Öl der *B. crenulata* viel Pulegon enthält, ist bei beiden Vorsicht angebracht.

AROMATHERAPIE/ HAUSGEBRAUCH
Entfällt.

ANDERE ANWENDUNGEN
Tinktur, Extrakt und Oleoresin werden für den Arzneigebrauch hergestellt. Begrenzte Verwendung auch als Geschmacksstoff «Schwarze Johannisbeere» und als Duftstoff beispielsweise in Parfüms und Chypre-Basisölen.

HERKUNFT
Heimisch am Kap der Guten Hoffnung (Südafrika), inzwischen überall in Südafrika wildwachsend. Die getrockneten Blätter werden in die Niederlande, nach Großbritannien und in die USA exportiert.

ANDERE ARTEN
Es gibt zwei Hauptarten von Buccos: Der «runde» oder «kurze» Bucco stammt von A. betulina, *der «lange» Bucco von* A. crenulata. *Der «runde» Bucco enthält flüchtigeres Öl als der «lange» Bucco, und auch die Zusammensetzung ist sehr unterschiedlich. Sowohl aus wildwachsendem wie aus kultiviertem Bucco wird ätherisches Öl extrahiert. In Südafrika gibt es mehr als zwölf sog. Barosma-Arten; die «echten» Buccos sind* B. crenulata *(enthält viel giftiges Pulegon),* B. serratifolia *und* B. betulina.

Allium cepa

Zwiebel

Verträglichkeit: Derzeit liegen keine Angaben vor. Vermutlich wie Knoblauch, d. h. allgemein ungiftig, nicht reizend.

Familie: *Liliaceae*

Traditioneller Gebrauch

Die Zwiebel hat von alters her den Ruf eines guten Heilmittels und wurde schon von Galen und Hippokrates gepriesen. Sie enthält viel Vitamin A, B und C und teilt viele Eigenschaften des Knoblauchs, mit dem sie eng verwandt ist. Rohe Zwiebel hilft, Erkältungen und Infektionen fernzuhalten, kräftigt die Knochen und fördert eine gute Blutzufuhr zu allen Geweben. Sie wirkt blutreinigend und verhilft damit – auch durch ihren Schwefelgehalt – zu einer reinen, gesunden Haut.

Die Zwiebel ist bekannt für ihre ausgleichende Wirkung auf das Drüsensystem und ihre Hilfe bei Gewichtsproblemen; sie steigert den Lymphfluß und wirkt damit oft gegen Ödeme und Schwellungen. Schon lange gilt sie als einfaches Hausmittel gegen viele Beschwerden.

Zwei- oder mehrjährige Pflanze bis zu 1,20 m Höhe mit hohlen Blättern, blütentragendem Stamm und kugeliger, fleischiger Zwiebel.

EXTRAKTION
Ätherisches Öl durch Dampfdestillation der Zwiebel. In geringen Mengen wird auch Oleoresin zum Gebrauch als Geschmacksstoff gewonnen.

EIGENSCHAFTEN
Blaßgelbe oder bräunlichgelbe, dünne Flüssigkeit mit starkem, unangenehmem, schwefligem Geruch, der Tränen hervorruft.

WIRKUNGEN
Antimikrobiell, antirheumatisch, antiseptisch, antisklerotisch, antiviral, bakterizid, blähungswidrig, blutdrucksenkend, blutreinigend, blutzuckersenkend, cholesterinsenkend, fungizid, harntreibend, krampflösend, magenstärkend, schleimlösend, stärkend, verdauungsfördernd, wurmabtreibend.

HAUPTBESTANDTEILE
Hauptsächlich Dipropyldisulfid, auch Methylpropyldisulfid, Dipropyltrisulfid, Methylpropyltrisulfid, Allylpropyldisulfid u. a.

AROMATHERAPIE/ HAUSGEBRAUCH
Entfällt wegen des unangenehmen Geruchs.

ANDERE ANWENDUNGEN
In einigen Präparaten gegen Erkältungen, Husten usw. Das Öl findet in vielen Nahrungsmitteln reichliche Verwendung, besonders in Fleischzubereitungen, pikanten Speisen, Salatsoßen sowie in alkoholischen und anderen Getränken.

HERKUNFT
Die in Westasien und Nahost heimische Zwiebel wird überall auf der Welt angebaut, hauptsächlich zum Gebrauch in der Küche. Das ätherische Öl wird v. a. in Frankreich, Deutschland und Ägypten aus der roten Zwiebel gewonnen.

Allium cepa

ANDERE ARTEN
Zahlreiche Zwiebelarten wurden gezüchtet, darunter die spanische oder silberschalige Zwiebel, die Tripolis- und die rote Zwiebel.

Allium sativum

Knoblauch

Verträglichkeit: Allgemein ungiftig und nicht reizend, obwohl gelegentlich von Magenreizungen berichtet wird.

Familie: *Liliaceae*

Traditioneller Gebrauch

Seit Jahrtausenden wird der Knoblauch wegen seiner medizinischen Eigenschaften genutzt: bei Infektionen der Atem- und Harnwege, Verdauungsstörungen und Parasitenbefall, bei Hautausschlägen, Herzerkrankungen, Bluthochdruck und Arteriosklerose, aber auch bei Seuchen und Fieber. Im Ersten Weltkrieg gebrauchte man Knoblauch zur Vorbeugung gegen Wundbrand und Sepsis. Im Osten wird er sehr geschätzt, in China z. B. als Mittel gegen Durchfall, Ruhr, Tuberkulose, Diphtherie, Hepatitis, Trichophytie, Typhus, Trachom u. a. Im Britischen Pflanzenarzneibuch wird der Knoblauch als spezifisches Heilmittel gegen chronische Bronchitis genannt. Seine heilwirkenden Eigenschaften wurden durch moderne experimentelle und klinische Forschungen bestätigt.

Ein stark riechendes, mehrjähriges Kraut bis 1,20 m Höhe mit langen, flachen, festen Blättern und weißlichem, blütentragendem Stengel. Die Zwiebel besteht aus mehreren Zehen, die von einer gemeinsamen, dünnen, weißen Haut zusammengehalten werden.

EXTRAKTION
Ätherisches Öl durch Dampfdestillation der frisch zerdrückten Zwiebel

EIGENSCHAFTEN
Farblose bis blaßgelbe, dünne Flüssigkeit von starkem, unangenehmem, bekanntem Knoblauchgeruch

WIRKUNGEN
Amöbenvernichtend, antibiotisch, antimikrobiell, antiseptisch, antitoxisch, antitumorös, antiviral, bakterizid, blähungswidrig, blutdrucksenkend, blutreinigend, blutzuckersenkend, cholesterinsenkend, fiebersenkend, fördert weiße Blutkörperchen, fungizid, galletreibend, harntreibend, insektizid, larventötend, magenstärkend, schleimlösend, schweißtreibend, wurmabtreibend

HAUPTBESTANDTEILE
Allicin, Allylpropyldisulfid, Diallyldisulfid, Diallyltrisulfid, Zitral, Geraniol, Linalol, Phellandren u. a.

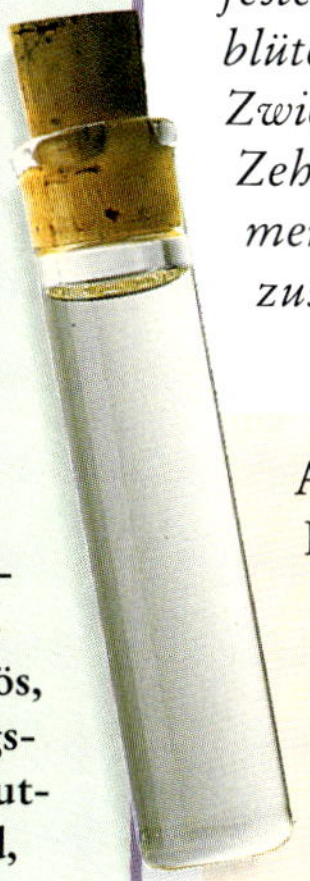

AROMATHERAPIE/ HAUSGEBRAUCH

Aufgrund seines durchdringenden Geruchs wird das Öl nur selten äußerlich angewandt. In Kapseln kann es jedoch eingenommen werden bei Infektionen der Atemwege, des Magen-Darm-Trakts und der Harnwege (Blasenentzündung), bei Herz- und Kreislaufbeschwerden und zur Bekämpfung infektiöser Krankheiten.

ANDERE ANWENDUNGEN

Das Öl ist in vielen Reformkostprodukten enthalten. Es soll den Blutdruck senken und Herzerkrankungen vorbeugen. Vielen, vor allem pikanten, Speisen wird es als Geschmacksstoff beigegeben.

HERKUNFT

Knoblauch soll aus dem Südwesten Sibiriens stammen und sich von dort aus nach Europa und Mittelasien ausgebreitet haben. Heute ist er auch in Nordamerika heimisch und wird weltweit angebaut. Zu den wichtigsten Produzenten von Knoblauchöl gehören Ägypten, Bulgarien, Frankreich, China, Deutschland und Japan.

ANDERE ARTEN

Eng verwandt mit dem wilden Knoblauch oder Bärlauch (A. ursinum). *Es gibt noch viele weitere, wildwachsende Arten mit ähnlichen, aber weniger stark ausgeprägten Eigenschaften.*

Aloysia triphylla

Zitronenverbene

Verträglichkeit: Kann allergische Reaktionen auslösen, Lichtschädigung aufgrund des hohen Zitralgehalts möglich.

Familie: *Verbenaceae* **Synonyme:** *Aloysia citriodora, Verbena triphylla, Lippia citriodora, Lippia triphylla,* Luisenkraut

Traditioneller Gebrauch

Die Anwendung der Zitronenverbene ähnelt derjenigen von Minze, Orangenblüte und Melisse. Sie ist besonders bei nervös bedingten Verdauungsbeschwerden angezeigt. Die getrockneten Blätter ergeben einen köstlichen Trunk und eine leicht beruhigende Hilfe bei Schlaflosigkeit.

Ein hübscher, mehrjähriger Strauch bis 5 m Höhe mit holzigem Stamm, sehr duftigen, feinen, blaßgrünen, lanzenförmigen Blättertrios und kleinen, blaßpurpurnen Blüten. Wächst häufig als Zierstrauch in Gärten.

frische Zitronenverbene

EXTRAKTION
Ätherisches Öl durch Dampfdestillation aus den frisch geernteten Blättern

EIGENSCHAFTEN
Eine blaßolive oder gelbe dünne Flüssigkeit mit einem süßen, frischen, zitronigen, fruchtig-blumigen Duft. Mischt sich gut mit Neroli, Palmarosa, Weihrauch, Tolubalsam, Elemi, Zitrone und anderen Zitrusölen.

WIRKUNGEN
Antiseptisch, beruhigend (Nerven), blähungswidrig, entgiftend, fiebersenkend, krampflösend, leber-/gallenanregend, magenstärkend, verdauungsfördernd

HAUPTBESTANDTEILE
Zitral (30–35 Prozent), Nerol, Geraniol u. a.

AROMATHERAPIE/ HAUSGEBRAUCH
Verdauungstrakt: *Krämpfe, Leberstauung, Magenverstimmung*
Nervensystem: *Angst, Schlaflosigkeit, nervöse Spannung und streßbedingte Beschwerden.*
Echtes Verbenenöl ist im Handel praktisch nicht erhältlich. Das meiste sog. Verbenenöl stammt entweder aus der Spanischen Verbene (ein minderwertiges Öl) oder einer Mischung aus Zitronengras, Zitrone, Zitronelle usw.

ANDERE ANWENDUNGEN
Gebrauch in Parfüms; «Eau de Verveine» ist in Frankreich, Europa und den USA beliebt.

HERKUNFT
In Chile und Argentinien heimisch, in der Mittelmeerregion (Frankreich, Tunesien, Algerien) sowie in Kenia und China angebaut und auch wildwachsend. Das Öl wird hauptsächlich in Südfrankreich und Nordafrika produziert.

ANDERE ARTEN
Botanisch mit der Oregano-Familie verwandt. Nicht zu verwechseln mit der sog. Spanischen Verbene oder dem (spanischen) Verbenenöl (aus Thymus hiemalis) *oder mit dem Eisenkraut* (Verbena officinalis).

Aloysia triphylla

Alpinia officinarum

Galgant

Verträglichkeit: Derzeit liegen keine Angaben vor.

Familie: *Zingiberaceae* **Synonyme:** *Radix galanga minoris, Languas officinarum,* Galanga, Chinesischer Ingwer, Ingwerwurzel, Kolikwurzel

Traditioneller Gebrauch

Als Gewürz (bes. in Currys) verwendet, in Indien auch als Bestandteil von Parfüms. Die Wurzel ist im Britischen Pflanzenarzneibuch als Mittel gegen Verdauungsstörungen, Blähungen, Koliken, Übelkeit und Erbrechen verzeichnet.

EXTRAKTION
Ätherisches Öl durch Dampfdestillation des Wurzelstocks. Durch Lösungsmittelextraktion wird auch ein Oleoresin gewonnen.

EIGENSCHAFTEN
Eine grünlichgelbe Flüssigkeit mit frischem, würzig-kampferähnlichem Geruch. Mischt sich gut mit Marokkanischer Kamille, Salbei, Zimt, Nelkenpfeffer, Lavandin, Kiefernnadel, Rosmarin, Patschuli, Myrte, Opopanax und Zitrusölen.

WIRKUNGEN
Anregend, antiseptisch, bakterizid, blähungswidrig, magenstärkend, schweißtreibend

HAUPTBESTANDTEILE
Pinen, Cineol, Eugenol, Sesquiterpene

AROMATHERAPIE/ HAUSGEBRAUCH
Hilft u. U. bei Verdauungsstörungen.

ANDERE ANWENDUNGEN
Verwendung als Geschmacksstoff, besonders in Würz- und Fleischerzeugnissen. Gelegentlich in der Parfümherstellung gebraucht.

HERKUNFT
In Südostchina heimisch. Angebaut in China, Indonesien, Thailand und Japan.

ANDERE ARTEN
Ähnliche Arten wachsen u. a. in Malaysia, Java und Indien. Eng verwandt mit dem Ingwer (Zingiber officinale) *und dem Großen Galgant* (Galanga officinalis). *Nicht zu verwechseln mit dem Kaempferia-Galgant (bekannt als Kentjoer), der in Malaysia zu medizinischen Zwecken und zum Würzen von Currys verwendet wird.*

Eine schilfähnliche Pflanze bis 1 m Höhe mit unregelmäßig verzweigten Wurzelstöcken, die außen rot oder braun, innen hellorange sind.

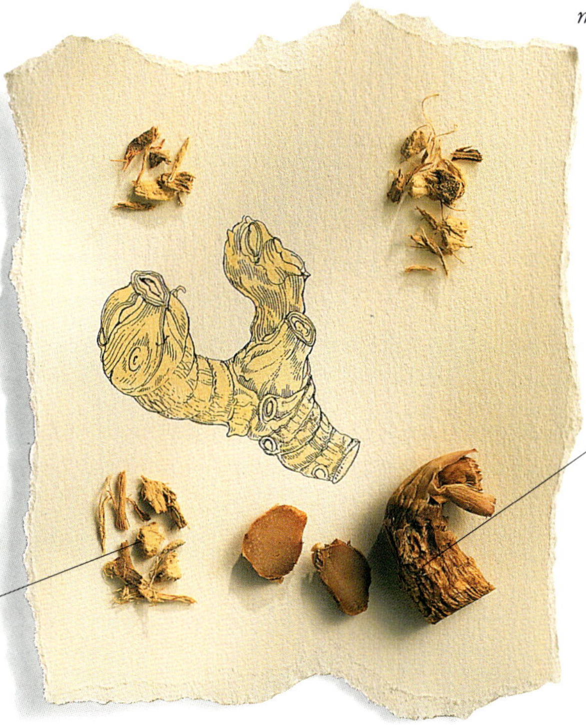

Galgantwurzel

getrockneter Galgant

Amyris balsamifera

Amyris

Verträglichkeit: ungiftig, nicht reizend

Familie: *Rutaceae* **Synonyme:** *Schimmelia oleifera*, Westindisches Sandelholz, Westindisches Rosenholz

Traditioneller Gebrauch

Der botanische Ursprung des Baumes lag im dunkeln, bis Kirkby und Holmes im Jahre 1886 bei der mikroskopischen Untersuchung der Blätter deutliche Unterschiede zwischen dieser Pflanze und dem echten Sandelholz feststellten. Angesichts dieser Entdeckung wurde der botanische Name der Amyris geändert von *Schimmelia oleifera* in *Amyris balsamifera.* Wegen seines hohen Ölgehalts nennen die Einheimischen es «Kerzenholz», denn es brennt wie eine Kerze. Fischer und Handelsreisende gebrauchten es als Fackel, und auch als Möbelholz ist es hervorragend geeignet.

Ein kleiner, buschiger Baum mit Sammelblättern und weißen Blüten, der auf der Insel Haiti in Dickichten wächst.

Amyris-Stücke

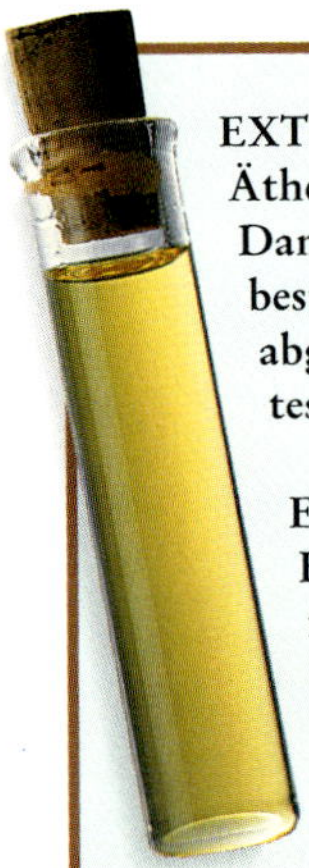

EXTRAKTION
Ätherisches Öl durch Dampfdestillation. Den besten Ertrag liefert gut abgelagertes, zerkleinertes Holz.

EIGENSCHAFTEN
Blaßgelbes, leicht zähflüssiges Öl mit modrigem, schwach holzigem Duft, der sich rasch verflüchtigt. Mischt sich gut mit Lavandin, Zitronelle, Eichenmoos, Sassafras, Zedernholz und anderen Holzölen.

WIRKUNGEN
Antiseptisch, balsamisch, beruhigend

HAUPTBESTANDTEILE
Caryophyllen, Cadinen und Cadinol

AROMATHERAPIE/ HAUSGEBRAUCH
Parfüm

ANDERE ANWENDUNGEN
Trotz des weniger anhaltenden Duftes als billiger Ersatz für ostindisches Sandelholz in Parfüms und Kosmetika, oft auch als Fixiermittel in Seifen verwendet. In begrenztem Umfang auch als Geschmacksstoff, besonders in Alkoholika.

HERKUNFT
Ursprünglich vor allem auf Haiti kultiviert, ist Amyris heute in den tropischen Gebieten rund um den Erdball anzutreffen, z. B. in Jamaica, Süd- und Mittelamerika. Aufgrund widriger klimatischer Verhältnisse auf Haiti ging die Ölproduktion im Laufe der Zeit zurück.

ANDERE ARTEN
Nicht zu verwechseln mit Ostindischem oder Mysore-Sandelholz (Santalum album), *mit dem es nicht verwandt ist.*

Anethum graveolens

Dill

Verträglichkeit: ungiftig, nicht reizend

Familie: *Apiaceae (Umbelliferae)* **Synonyme:** *Peucedanum graveolens, Fructus anethi,* Europäischer Dill, Amerikanischer Dill, Blähkraut, Gurkenkraut, Kapernkraut

Traditioneller Gebrauch

Seit frühester Zeit als Arzneikraut und Gewürz, besonders in Deutschland und Skandinavien zu Fisch und Gurken, Dillsamen als Brotgewürz. In West und Ost Hausmittel zur Linderung von Verdauungsstörungen, Blähungen, Koliken usw., besonders bei Kindern.

Ein- oder zweijährige Pflanze mit geradem biegsamem Stengel bis 1 m Höhe, gefiederte Blätter und Dolden gelblicher Blüten, später flache, kleine Früchte.

frischer Dill

AROMATHERAPIE/ HAUSGEBRAUCH

Verdauungstrakt: *Blähungen, Koliken, Magenverstimmungen, Verdauungsstörungen*

Urogenitaltrakt und Hormonsystem: *Periodenstörung, regt die Milchbildung an.*

ANDERE ANWENDUNGEN

Gebräuchlich in einigen Verdauungsmitteln. Das Öl aus dem Kraut wird als Duftstoff in Reinigungsmitteln, Kosmetika, Parfüms und vor allem Seifen verwendet. Beide Öle sind häufig Getränken sowie Nahrungsmitteln zugesetzt.

HERKUNFT

In der Mittel- und Schwarzmeer-Region heimisch; heute weltweit angebaut (Europa, Indien, China und USA). Dillsamenöl wird hauptsächlich in Europa hergestellt (Frankreich, Ungarn, Deutschland, Großbritannien, Spanien), Dillkrautöl in den USA.

Anethum graveolens

ANDERE ARTEN

Indischer oder Ostindischer Dill (A. sowa) *ist vor allem im Osten verbreitet, besonders in Indien und Japan. Das aus den Früchten gewonnene Öl hat eine andere chemische Zusammensetzung und enthält Dill-Apiol.*

EXTRAKTION

Ätherisches Öl durch Dampf- (auch Wasser-) Destillation aus
1. **Früchten oder Samen,**
2. **Kraut oder Blättern (frisch oder teilweise getrocknet)**

EIGENSCHAFTEN

1. Farblose bis blaßgelbe, dünne Flüssigkeit mit leichtem, frischem, warm-würzigem Geruch. 2. Farbloses oder blaßgelbes, dünnflüssiges Öl mit starkem, süßwürzigem Aroma. Gut mischbar mit Elemi, Minze, Kümmel, Muskat, Gewürz- und Zitrusölen.

WIRKUNGEN

Anregend, bakterizid, blähungswidrig, blutdrucksenkend, krampflösend, magenstärkend, menstruationsfördernd, milchtreibend, verdauungsfördernd

HAUPTBESTANDTEILE

1. Carvon (30–60 Prozent), Limonen, Phellandren, Eugenol, Pinen u. a.

2. Carvon (viel weniger), Limonen, Pinen usw. sowie Terpinen. Es gibt mehrere chemische Varianten des Dillöls; so ist z. B. Phellandren in englischem und spanischem, aber nicht in deutschem Dillöl enthalten.

Angelica archangelica

Engelwurz

Verträglichkeit: Die Öle aus Wurzeln und Samen sind ungiftig und nicht reizend. Das Wurzelöl (nicht das Samenöl) ist phototoxisch, vermutlich aufgrund seines höheren Bergapten-Gehalts. Während der Schwangerschaft und von Diabetikern zu meiden.

Familie: *Apiaceae (Umbelliferae)* **Synonyme:** *Angelica officinalis,* Brustwurz, Erzengelwurz, Brautwurz, Heiliggeistwurz, Gartenangelika, Zahnwurzel

Traditioneller Gebrauch

Seit der Antike wird diese Pflanze wegen ihrer heilsamen Eigenschaften gepriesen. Sie stärkt Herz, Kreislauf und Immunsystem. Seit Jahrhunderten wird sie gegen Bronchialleiden, Erkältungen, Husten, Magenverstimmungen, Blähungen und zur Appetitanregung gebraucht. Als Harnwegs-Antiseptikum ist sie eine gute Hilfe bei Blasenentzündung und wird auch bei rheumatischen Entzündungen verwendet. Die Chinesen unterscheiden und gebrauchen mindestens zehn Angelica-Arten, bes. zur Förderung der Fruchtbarkeit, zur Stärkung des Geistes und zur Behandlung von Frauenleiden; nur der Ruhm des Ginsengs übertrifft den der Engelwurz. Kandierte Engelwurzstiele sind in Frankreich und Spanien beliebt.

Mehrjährige Pflanze mit kräftiger, fleischiger Wurzel, aus der im Frühjahr ein robuster Schaft wächst, der über 2 m hoch werden kann. Starker, aromatischer Duft aus weißen Blütendolden.

EXTRAKTION
Ätherisches Öl durch Dampfdestillation aus 1. Wurzeln und Wurzelstock, 2. Früchten oder Samen. In geringen Mengen wird aus den Wurzeln auch ein Absolue gewonnen.

EIGENSCHAFTEN
1. Eine farblose oder blaßgelbe Flüssigkeit, die sich im Laufe der Zeit bräunlich verfärbt; starke, krautig-erdige Unternote.
2. Das Samenöl ist eine farblose Flüssigkeit mit einer frischeren, würzigen Obernote. Mischt sich gut mit Patschuli, Opopanax, Costus, Muskatellersalbei, Eichenmoos, Vetiver und mit Zitrusölen.

WIRKUNGEN
Anregend, blähungstreibend, blutreinigend, fiebersenkend, harntreibend, krampflösend, menstruationsfördernd, magenstärkend, nervenstärkend, schleimlösend, schweißtreibend, verdauungsfördernd. Soll auch bakterizide und fungizide Eigenschaften besitzen.

HAUPTBESTANDTEILE
Wurzel- und Samenöl enthalten Phellandren, Pinen, Limonen, Linalol und Borneol; reich an Kumarinen einschließlich Osthol, Angelizin, Bergapten und Imperatorin; enthält auch Pflanzensäuren.

Angelica archangelica

AROMATHERAPIE/ HAUSGEBRAUCH

Hautpflege: *Hautreizungen, gestaute Haut, Psoriasis*
Kreislauf, Muskeln und Gelenke: *Arthritis, Gewebswasser, Gicht, Rheumatismus, Toxinablagerungen*
Atemwege: *Bronchitis, Husten*
Verdauungstrakt: *Anämie, Appetitlosigkeit, Blähungen, Magenverstimmung*
Nervensystem: *Ermattung, Migräne, nervöse Spannung und streßbedingte Störungen*
Immunsystem: *Erkältungen*

ANDERE ANWENDUNGEN

Als Duftstoff in Seifen, Lotionen und Parfüms sehr geschätzt. Manchen Kosmetika wird Engelwurzöl wegen seiner lindernden Wirkung bei Hautleiden zugesetzt. Als Geschmacksstoff in vielen Nahrungsmitteln reichlich verwendet, auch in alkoholischen und andern Getränken, vor allem in Likören.

HERKUNFT

In Europa und Sibirien heimisch, angebaut hauptsächlich in Belgien, Ungarn und Deutschland.

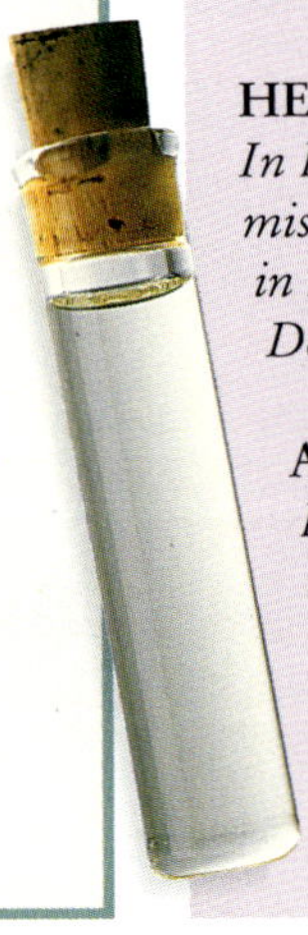

ANDERE ARTEN

Es gibt über dreißig verschiedene Angelika-Arten, doch Engelwurz wird medizinisch am meisten genutzt.

Aniba rosaeodora

Rosenholz

Verträglichkeit: ungiftig, nicht reizend

Familie: *Lauraceae* **Synonyme:** *Aniba rosaeodora var. amazonica*, Brasilianisches Rosenholz, Bois de Rose

Traditioneller Gebrauch

Zum Bauen, Schnitzen und in der Kunsttischlerei. Heutzutage wird das meiste Rosenholz nach Japan exportiert, wo Eßstäbchen daraus hergestellt werden.

EXTRAKTION
Ätherisches Öl durch Dampfdestillation der Holzspäne

EIGENSCHAFTEN
Farblose bis blaßgelbe Flüssigkeit mit einem sehr süßen, holzig-blumigen, leicht würzigen Duft. Mischt sich gut mit den meisten Ölen, besonders mit Zitrus-, Holz- und Blütenölen. Es verleiht einer Ölmischung Körper und rundet sie ab.

WIRKUNGEN
Anregend (Immunsystem), antidepressiv, antimikrobiell, antiseptisch, aphrodisisch, bakterizid, desodorierend, gewebserneuernd, krampflösend, leicht schmerzlindernd, zellanregend, stärkend

HAUPTBESTANDTEILE
Linalol (90–97 Prozent) in Cayenne-Rosenholz, etwas weniger (80–90 Prozent) im brasilianischen Öl. Ferner Cineol, Terpineol, Geraniol, Zitronellal, Limonen, Pinen u.a.

Mittelgroßer, tropischer, immergrüner Baum, Rinde und Holz rötlich, Blüten gelb. Weitgehend als Nutzholz gebraucht. Anmerkung: Dieser Baum gehört zu jenen Arten, die bei der Rodung der südamerikanischen Regenwälder im großen Stil gefällt werden; die fortgesetzte Produktion von Rosenholzöl ist also umweltschädlich.

Rosenholzspäne

AROMATHERAPIE/ HAUSGEBRAUCH
Hautpflege: *Akne, Dermatitis, Narben, Wunden, Falten. Allgemeine Hautpflege bei empfindlicher, trockener, fettiger oder Mischhaut.*
Immunsystem: *Erkältungen, Fieber, Husten, Infektionen, regt das Immunsystem an*
Nervensystem: *Frigidität, Kopfschmerzen, Übelkeit, nervöse Spannung und streßbedingte Beschwerden*

ANDERE ANWENDUNGEN
Früher reichlich als Quelle natürlichen Linalols genutzt, heute zunehmend durch die synthetische Form verdrängt. Azetyliertes Rosenholzöl ist Bestandteil vieler Seifen, Toilettenartikel, Kosmetika und Parfüms. Das Öl wird auch Nahrungsmitteln, alkoholischen und anderen Getränken zugesetzt.

HERKUNFT
In der Amazonasregion heimisch, Hauptanbaugebiete sind heute vorwiegend Brasilien und Peru.

ANDERE ARTEN
Es gibt mehrere Holzarten, die als Rosenholz bezeichnet werden; doch das ätherische Öl wird hauptsächlich aus Aniba rosaeodora *destilliert. In Französisch-Guayana stellt man das Cayenne-Rosenholzöl her* (Ocotea caudata), *das der peruanischen oder brasilianischen Art qualitativ überlegen ist.*

Anthriscus cerefolium

Kerbel

Verträglichkeit: toxische, Reiz- und u. U. krebserregende Wirkung

Familie: *Apiaceae (Umbelliferae)* **Synonyme:** *Anthriscus longirostris,* Gartenkerbel, Salatkerbel

Traditioneller Gebrauch

Der Name Kerbel kommt von dem griechischen Wort für «sich freuen», was durch den köstlichen Duft begründet sein dürfte. Die Blätter werden als Gewürz in Salaten, Suppen, Omeletten, Soßen und Brotteig verwendet. In der Volksheilkunde gilt Kerbeltee als Mittel, um das Blut und die Nerven zu stärken. Er soll auch bei schlechtem Gedächtnis und Niedergeschlagenheit helfen.

Der Saft aus dem frischen Kraut wird zur Behandlung von Hautleiden wie Ekzem, Abszeß und schlecht heilenden Wunden verwendet, auch bei Wassersucht, Arthritis, Gicht u. a.

Zartes einjähriges Kraut bis 30 cm Höhe, mit schlankem, weitverzweigten Stiel, leuchtendgrünen, fächerartigen Blättern, abgeflachten weißen Blütendolden und langen weichlichen Samen. Die ganze Pflanze riecht angenehm, wenn sie zerdrückt wird.

Kerbelzweigchen

EXTRAKTION
Ätherisches Öl durch Dampfdestillation der Samen oder Früchte

EIGENSCHAFTEN
Eine blaßgelbe Flüssigkeit mit süßkrautigem, anisähnlichem Geruch

WIRKUNGEN
Anregend (Stoffwechsel), antiseptisch, appetitanregend, blähungswidrig, blutreinigend, harntreibend, magenstärkend, narbenbildungsfördernd, nervenstärkend, schweißtreibend, verdauungsfördernd, wiederherstellend

HAUPTBESTANDTEILE
Hauptsächlich Methylchavicol, auch 1-Allyl-2,4-Dimethoxybenzen, Anethol u. a.

AROMATHERAPIE/ HAUSGEBRAUCH
Entfällt.

ANDERE ANWENDUNGEN
Viel gebraucht als Geschmacksstoff in der Nahrungsmittelindustrie, besonders für Fleischprodukte, aber auch in alkoholischen und anderen Getränken. Methylchavicol und Anethol haben toxische Wirkung, Methylchavicol soll krebserregend sein. Das ätherische Öl sollte man am besten nicht zu therapeutischen Zwecken verwenden.

HERKUNFT
In Europa und Asien heimisch, inzwischen auch in den USA, Australien und Neuseeland verbreitet. Wird besonders in Südeuropa und den USA viel angebaut.

ANDERE ARTEN
Eine Züchtung seines wilden Verwandten, des wilden Kerbels (A. sylvestris), *der ähnliche Eigenschaften und Anwendungen besitzt. Nicht zu verwechseln mit einem anderen Gartenkraut* (Myrrhis odorata), *das auch süßer Kerbel genannt wird.*

Anthriscus cerefolium

Apium graveolens

Sellerie

Verträglichkeit: Ungiftig, nicht reizend; während der Schwangerschaft meiden.

Familie: *Apiaceae (Umbelliferae)* **Synonyme:** Eppich, Suppenkraut, Geilwurz, Schoppenkraut

Traditioneller Gebrauch

Selleriesamen werden gemeinhin als Gewürz verwendet. Man nimmt sie bei Blasen- und Nierenleiden, Verdauungsstörungen und Menstruationsproblemen; die Blätter helfen bei Hautleiden. Sellerie steigert bekanntlich die Harnsäureausscheidung und ist deshalb nützlich bei Gicht, Neuralgien und primärchronischer Polyarthritis. Heilmittel für Leber-Galle-Störungen mit regenerierender Wirkung auf die Leber.

Selleriesamen

Zweijährige Pflanze, 30–60 cm hoch. Im ersten Jahr bilden sich aus der Wurzel einige Blätter, im zweiten entwickelt sich der hohe Blütenstengel, der stark verzweigt und innen hohl ist (Blätter glänzend, Blüten weiß).

EXTRAKTION
Ätherisches Öl durch Dampfdestillation aus den ganzen oder gemahlenen Samen. (In geringen Mengen werden auch ein Öl aus der ganzen Pflanze, ein Oleoresin und ein Extrakt hergestellt.)

EIGENSCHAFTEN
Ein blaßgelbes oder oranges Öl mit würzig-warmem, süßem, anhaltendem Geruch. Mischt sich gut mit Lavendel, Kiefer, Opopanax, Liebstöckel, Teebaum, Eichenmoos, Koriander und anderen Gewürzölen.

WIRKUNGEN
Anregend (Uterus), antirheumatisch, antiseptisch (Harnwege), appetitanregend, beruhigend (Nerven), blähungswidrig, blutreinigend, galletreibend, harntreibend, krampflösend, leberwirksam, magenstärkend, menstruationsfördernd, milchtreibend, nervenstärkend, oxidationshemmend, verdauungsfördernd

HAUPTBESTANDTEILE
Limonen (60 Prozent), Apiol, Selinen, Santalol, Sedanolid, Sedanolsäureanhydrid u. a.

AROMATHERAPIE/ HAUSGEBRAUCH

Kreislauf, Muskeln und Gelenke: *Arthritis, Gicht, Rheumatismus, Toxinablagerungen im Blut*
Verdauungstrakt: *Blähungen, Gelbsucht, Leberstauung, Magenverstimmung, Verdauungsstörung*
Urogenitaltrakt und Hormonsystem: *ausbleibende und schmerzhafte Periode, Anregung des Milchflusses, Blasenentzündung, Drüsenprobleme*
Nervensystem: *Ischias, Neuralgie*

ANDERE ANWENDUNGEN

Bestandteil anregender, beruhigender und blähungswidriger Präparate sowie als Geruchsstoff in Seifen, Reinigungsmitteln, Kosmetika und Parfüms. Oft verwendet als Geschmacksstoff in Nahrungsmitteln, besonders in Gewürzen sowie in alkoholischen und anderen Getränken.

HERKUNFT

In Südeuropa heimisch, als Gartengemüse weit verbreitet. Das Öl wird vor allem in Indien, den Niederlanden, in China, Ungarn und den USA hergestellt.

ANDERE ARTEN

Es gibt viele gezüchtete Arten, zum Beispiel die Selleriewurzel (A. graveolens var. rapaceum) *und das Salatgemüse* (A. graveolens var. dulce).

Armoracia rusticana

Meerrettich

Verträglichkeit: oral toxisch, hautreizend, schleimhautreizend

Familie: *Brassicaceae (Cruciferae)* **Synonyme:** *Cochlearia armoracia, Armoracia lapathifolia,* Bauernsenf, Kren, Pfefferwurzel, Waldrettich, Fleischkraut, Löffelkraut

Traditioneller Gebrauch

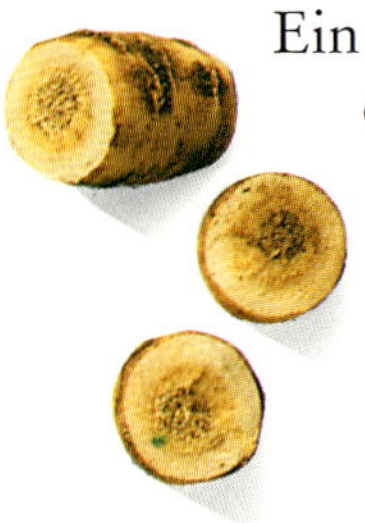

Ein extrem stimulierendes Kraut, das früher als Hausmedizin galt. In seiner Wirkung ähnelt es dem Senfsamen und bewährt sich bei Fieber, Verdauungsbeschwerden, Harnwegsinfektionen und als Kreislaufmittel. Gut bei Arthritis und Rheumatismus. Wird besonders in Mitteleuropa noch heute als Würze verwendet.

Mehrjährige, unbehaarte Pflanze mit langer, fleischiger Pfahlwurzel. Der 80–100 cm hohe Stengel verzweigt sich nach oben. Weiße Blüten.

EXTRAKTION
Ätherisches Öl durch Wasser- und Dampfdestillation aus zerkleinerten, wassergetränkten Wurzeln. (Ein Resinoid oder Concrète wird durch Lösungsmittelextraktion gewonnen.)

EIGENSCHAFTEN
Eine farblose oder blaßgelbe, dünne Flüssigkeit mit scharfem, kräftigem Geruch, der Tränen hervorruft.

WIRKUNGEN
Abführend (mild), anregend, antibiotisch, antiseptisch, blähungswidrig, harntreibend, schleimlösend, stark durchblutungsfördernd

HAUPTBESTANDTEILE
Allyl-Isothiocyanat (75 Prozent) und Phenyläthyl-Isothiocyanat (entsteht, wenn die Pflanze verletzt oder gequetscht wird).

Armoracia rusticana

AROMATHERAPIE/ HAUSGEBRAUCH
Entfällt. Dies ist eines der riskantesten ätherischen Öle überhaupt. Es sollte in der Therapie weder innerlich noch äußerlich angewandt werden.

ANDERE ANWENDUNGEN
In winzigen Mengen zum Würzen von Salat- und anderen Konserven.

HERKUNFT
Die Ursprünge sind unbekannt, doch vermutlich stammt der Meerrettich aus Osteuropa. Heute ist er in Rußland, Europa und Skandinavien verbreitet.

ANDERE ARTEN
Möglicherweise eine Zuchtform der in Ungarn heimischen Cochlearia macrocarpa.

Arnica montana

Arnika

Verträglichkeit: Das ätherische Öl ist hochgiftig und sollte niemals eingenommen oder unverdünnt auf Verletzungen gegeben werden. Arnikatinktur oder -salbe sind jedoch wertvolle Hausmittel.

Familie: *Asteraceae (Compositae)*
Synonyme: *Arnica fulgens, Arnica sororia,* Bergwohlverleih, Fallwurz, Wundkraut, Kraftrose, Blutblume

Traditioneller Gebrauch

Arnika regt bei äußerlicher Anwendung die periphere Durchblutung an und gilt als eines der besten Heilmittel bei Quetschungen oder Verstauchungen. Es lindert rheumatische Schmerzen und schmerzhafte oder entzündliche Hautleiden, solange die Haut nicht verletzt ist (blutet). Wegen seiner Giftigkeit sollte Arnika niemals eingenommen werden.

Arnica montana

EXTRAKTION
Ätherisches Öl durch Dampfdestillation aus 1. Blüten, 2. Wurzeln. Der Ertrag ätherischen Öls ist sehr gering. Ein Absolue, eine Tinktur und ein Resinoid werden ebenfalls hergestellt.

EIGENSCHAFTEN
1. Eine gelblichorange Flüssigkeit mit einem grünlichblauen Stich und einem starken, bitterwürzigen, an Rettich erinnernden Geruch. 2. Dunkelgelbes oder butterbraunes Öl, zähflüssiger als das Blütenöl, mit starkem, bitterem Geruch.

WIRKUNGEN
Anregend, entzündungshemmend, wundheilend

HAUPTBESTANDTEILE
Thymohydrochinon-Dimethyläther (ca. 80 Prozent), Phlorol-Isobutyrester (ca. 20 Prozent) und Spuren anderer Substanzen

AROMATHERAPIE/ HAUSGEBRAUCH
Entfällt.

ANDERE ANWENDUNGEN
Die Tinktur ist hauptsächlich in Arzneipräparaten für die Haut zu finden. Das Blütenöl wird gelegentlich in Parfüms krautähnlichen Charakters gegeben, dient aber auch als Geschmacksstoff bestimmter Liköre.

HERKUNFT
In Nord- und Mitteleuropa heimisch, aber auch wildwachsend in Rußland, Skandinavien und Nordindien. Ölproduktion hauptsächlich in Frankreich, Belgien und Deutschland.

ANDERE ARTEN
Die verwandte A. cordifolia *und andere Arnika-Arten werden in den USA unter der Bezeichnung Gebirgstabak (mountain tobacco) verwendet.*

Mehrjährige Pflanze mit querliegendem oder geradem Wurzelstock; die ovalen, lanzettförmigen Blätter liegen wie eine Rosette auf der Erde. Der einfache oder auch leicht verzweigte Stengel wird bis 60 cm hoch und trägt eine leuchtendgelbe Blüte. Die Pflanze ist sehr empfindlich und schwer zu kultivieren.

getrocknete Arnika-Blütenblätter

Artemisia absinthium

Wermut

Verträglichkeit: giftig, abtreibend

Familie: *Asteraceae (Compositae)* **Synonyme:** Absinth, Magenkraut, Bitterer Beifuß, Grabekraut, Gottvergeß

Traditioneller Gebrauch

Als aromatischer Magenbitter hilft Wermut bei Appetitlosigkeit, als Tonikum bei Verdauungsproblemen, als verdünnter Extrakt bei Leber- und Gallenstörungen. Er wird auch bei ausbleibender Menstruation, bei Fieber und als Wurmkur eingesetzt. Früher wurde er als Mittel gegen Epilepsie benutzt oder als Kraut in der Stube ausgelegt, um mit seinem Geruch Flöhe fernzuhalten.

Mehrjährige Pflanze mit bis zu 1,50 m hohem, hellem Stengel und silbriggrünen, gefiederten Blättern, die von weichen, seidigen Haaren bedeckt sind; blaßgelbe Blüten.

frischer Wermut

EXTRAKTION
Ätherisches Öl durch Dampfdestillation der Blätter und Blütenköpfe. (Gelegentlich wird auch ein Absolue durch Lösungsmittelextraktion hergestellt.)

EIGENSCHAFTEN
Ein dunkelgrünes oder bläuliches Öl mit würzigem, warmem, bitterem Geruch und einer scharfen, frischen Obernote. Das enthujonisierte Öl mischt sich gut mit Eichenmoos, Jasmin, Orangenblüte, Lavendel und Hyazinthe.

WIRKUNGEN
Anregend (Verdauung), desodorierend, einschläfernd, fiebersenkend, galletreibend, insektenabwehrend, menstruationsfördernd, stärkend, wurmabtreibend

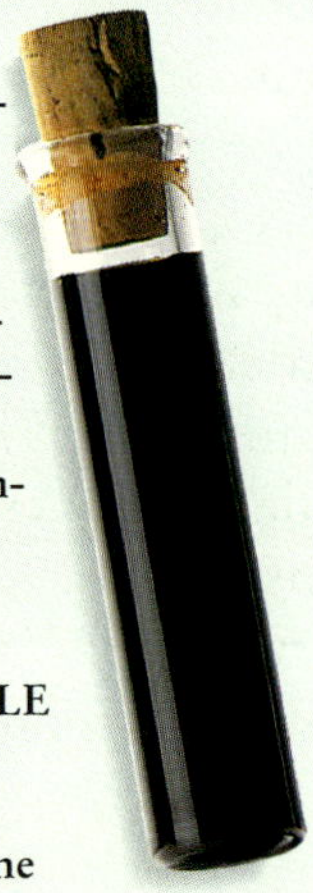

HAUPTBESTANDTEILE
Thujon (bis zu 71 Prozent), Azulene, Terpene

AROMATHERAPIE/ HAUSGEBRAUCH
Entfällt. Gewohnheitsmäßiger Gebrauch kann zu Ruhelosigkeit, Alpträumen, Zuckungen, Erbrechen und in extremen Fällen zu Gehirnschäden führen. Im Jahre 1915 wurde in Frankreich die Herstellung von Absinth aus Wermut verboten, weil das Getränk betäubende und suchtbildende Wirkungen zeigte.

ANDERE ANWENDUNGEN
Gelegentlich in erwärmenden Arzneipräparaten und als Duftkomponente in Toilettenartikeln, Kosmetika und Parfüms zu finden. In winzigen Mengen häufig gebraucht als Geschmacksstoff in Alkoholika und Wermutgetränken, seltener auch in nichtalkoholischen Getränken und einigen Nahrungsmitteln, besonders in Konfekt und Desserts.

HERKUNFT
Heimisch in Europa, Nordafrika und Westasien; verbreitet auch in Nordamerika. Viel angebaut in Mittel- und Südeuropa, Rußland, Nordafrika und den USA, wo das meiste Öl hergestellt wird.

ANDERE ARTEN
Es gibt viele weitere Artemisia-*Arten, zum Beispiel Davana und den Römischen Wermut. Siehe auch unter Beifuß* (A. vulgaris).

Artemisia dracunculus

Estragon

Verträglichkeit: Leicht giftig wegen des Estragolgehalts, nur mit Maßen verwenden. Möglicherweise krebserregend. Während der Schwangerschaft meiden.

Familie: *Asteraceae (Compositae)* **Synonyme:** Beifuß, Dragon, Schlangenkraut

Traditioneller Gebrauch

Die Blätter werden als Küchenkraut verwendet, besonders zu Geflügel, Fisch und zum Ansetzen von Estragon-Essig. Der Name soll vom uralten Brauch abgeleitet sein, Estragon als Gegenmittel nach Bissen von giftigen Tieren und wilden Hunden einzusetzen. Die Maharadschas in Indien schätzten den Heiltrank aus diesem Kraut, und in Persien nahm man es zur Appetitanregung. Die Blätter wurden früher auch bei unregelmäßiger Verdauung oder Menstruation verwendet, die Wurzel als Heilmittel gegen Zahnschmerzen.

frischer Estragon

Mehrjährige Pflanze mit weichen, schmalen Blättern, stark verästelter Stengel bis 1,20 m Höhe, Rispen kleiner, weißgrünlicher Blüten.

EXTRAKTION
Ätherisches Öl durch Dampfdestillation aus den Blättern

EIGENSCHAFTEN
Eine farblose oder blaßgelbe, dünne Flüssigkeit (die im Laufe der Zeit gelber wird) mit süßanisähnlichem, würzigem Duft. Mischt sich gut mit Zistrose, Galbanum, Lavendel, Eichenmoos, Vanille, Kiefer und Basilikum.

WIRKUNGEN
Anregend, antiseptisch, appetitanregend, blähungswidrig, harntreibend, krampflösend, magenstärkend, menstruationsfördernd, schlaffördernd, verdauungsfördernd, wurmabtreibend

HAUPTBESTANDTEILE
Estragol (bis 70 Prozent), Kapillen, Ozimen, Nerol, Phellandren, Thujon, Cineol u. a.

Artemisia dracunculus

AROMATHERAPIE/ HAUSGEBRAUCH
Verdauungstrakt: *Appetitlosigkeit, Blähungen, Darmkrämpfe, nervöse Magenverstimmung, Schluckauf, träge Verdauung*
Urogenitaltrakt: *Amenorrhö, Dysmenorrhö, Prämenstruelles Syndrom*

ANDERE ANWENDUNGEN
Verwendet als Duftstoff in Seifen, Reinigungsmitteln, Kosmetika und Parfüms. Als Geschmacksstoff in vielen Nahrungsmitteln, besonders in Würzen und Relishes, aber auch Getränken.

HERKUNFT
Heimisch in Europa, Südrußland und Westasien. Heute weltweit angebaut, besonders in Europa und den USA. Das Öl wird hauptsächlich in Frankreich, den Niederlanden, Ungarn und den USA hergestellt.

ANDERE ARTEN
Der sog. französische Estragon, als Gartenkraut verbreitet, ist ein steriler Abkömmling der wilden Art, eine kleinere Pflanze mit schärferem Geschmack als die russische Art.

Artemisia vulgaris

Beifuß

Verträglichkeit: Wegen des Thujons oral toxisch; Abtreibungsmittel

Familie: *Asteraceae (Compositae)* **Synonyme:** Edelraute, Gänsekraut, Besenkraut, Weiberkraut, Wilder Wermut, Johanniskraut

Traditioneller Gebrauch

In Europa wird das Kraut mit Aberglauben und Hexerei assoziiert und galt als Schutzzauber gegen Böses und Gefahr. Johannes der Täufer soll in der Wildnis einen Gürtel aus Beifußblättern getragen haben. Auch als «Weiberkraut» wurde der Beifuß geschätzt, zur Behandlung von schmerzhafter oder verspäteter Menstruation, bei Hysterie und Epilepsie. Ferner verwendete man ihn zur Abtreibung von Würmern, zur Fiebersenkung und als Verdauungsmittel. Im Osten wurde die weißwollige Unterseite der Blätter zur Moxibustion gebraucht, einem Verfahren, das oft in Verbindung mit Akupunktur zur Anwendung kommt. Dabei wird das zerdrückte, getrocknete Kraut über einem bestimmten Punkt des Körpers verbrannt, um einen Hitzereiz zu setzen. Moxa wurde auch in Europa zur Linderung von Gicht und Rheumatismus genutzt.

Mehrjährige, stark verzweigte Pflanze, deren gerade, rötliche Stengel bis 1,50 m hoch werden und dunkelgrüne, gefiederte Blätter mit weißwolliger Unterseite tragen; zahlreiche kleine rötlichbraune oder gelbe Blüten.

getrocknete Beifußblätter

Artemisia vulgaris

AROMATHERAPIE/ HAUSGEBRAUCH
Entfällt. Sollte therapeutisch weder innerlich noch äußerlich angewendet werden.

ANDERE ANWENDUNGEN
Als Duftstoff in Seifen und Parfüms. Wegen des hohen (giftigen) Thujongehalts als Geschmacksstoff nur begrenzt nutzbar.

VERBREITUNG
Der Beifuß soll aus Osteuropa und Westasien stammen; heute findet man ihn überall in den gemäßigten Zonen. Das Öl wird in Südfrankreich, Marokko, Deutschland, Ungarn, Indien, China und Japan hergestellt.

ANDERE ARTEN
Es gibt viele verschiedene Artemisia-Arten, darunter auch Wermut und Estragon. Es gibt auch mehrere Beifuß-Typen wie den Großen Beifuß (A. arborescens) *und den Chinesischen Beifuß* (A. moxa *und* A. sinensis), *die beide in Japan zur Moxaherstellung gebraucht werden und hauptsächlich Borneol enthalten.*

EXTRAKTION
Ätherisches Öl durch Dampfdestillation aus den Blättern und blühenden Zweigspitzen

EIGENSCHAFTEN
Eine farblose oder blaßgelbe Flüssigkeit mit einem starken, kampferähnlichen, bitter-süßen, krautigen Geruch. Mischt sich gut mit Eichenmoos, Patschuli, Rosmarin, Lavandin, Kiefer, Salbei, Muskatellersalbei und Zedernholz.

WIRKUNGEN
Anregend, appetitanregend, blähungswidrig, galletreibend, harntreibend, krampflösend, magenstärkend, menstruationsfördernd, nervenstärkend, schweißtreibend, wurmabtreibend

HAUPTBESTANDTEILE
Thujon, Cineol, Pinene, Dihydromatricaria-Ester u. a.

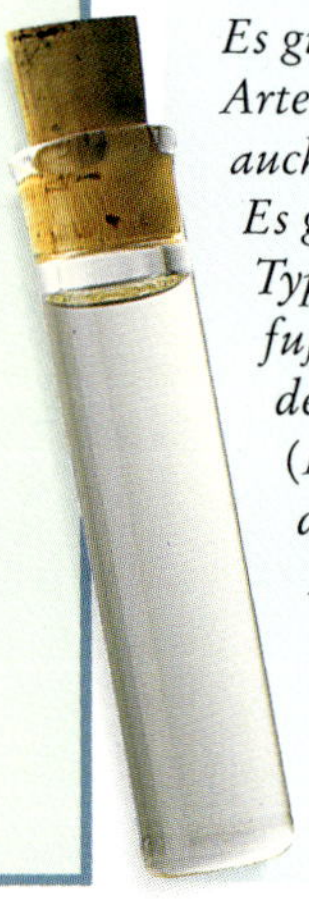

Asarum canadense

Schlangenwurz

Verträglichkeit: Nicht reizend. Während der Schwangerschaft meiden.

Familie: *Aristolochiaceae* **Synonyme:** Wilder Ingwer, Indianer-Ingwer

Traditioneller Gebrauch

Diese seit Jahrhunderten in der Volksmedizin genutzte Pflanze wird heute nur noch selten verordnet. Man nahm sie bei chronischen Beschwerden im Brustkorb, bei Wassersucht, Rheumatismus und schmerzhaften Krämpfen von Magen und Darm zu Hilfe. Sie galt als ein kostbares Stimulans in Fällen von Amenorrhö und Erkältungen. Der Name ist von ihrer Eigenschaft abgeleitet, dem Körper beim Abwehrkampf gegen Nesselsucht und Schlangenbisse zu helfen.

EXTRAKTION
Ätherisches Öl durch Dampfdestillation aus getrockneten Wurzelstöcken und zerkleinerten Wurzeln

EIGENSCHAFTEN
Eine bräunlichgelbe oder bernsteinfarbene Flüssigkeit mit warmem, holzig-würzigem, starkem, ingwerähnlichem Geruch. Mischt sich gut mit Bergamotte, Costus, Eichenmoos, Patschuli, Kiefernnadel, Muskatellersalbei, Mimose, Cassie und anderen Blütenölen.

WIRKUNGEN
Anregend, blähungswidrig, entzündungshemmend, fiebersenkend, harntreibend, krampflösend, magenstärkend, menstruationsfördernd, schleimlösend, schweißtreibend

HAUPTBESTANDTEILE
Pinen, Linalol, Borneol, Terpineol, Geraniol, Eugenol, Methyleugenol u. a.

Eine unauffällige, aber duftende kleine Pflanze von höchstens 35 cm Höhe mit behaartem Stengel, zwei glänzenden, nierenförmigen Blättern und einem waagerecht kriechenden Wurzelstock. Die einzelne, glockenförmige Blüte ist von bräunlichpurpurner Farbe, innen jedoch cremeweiß.

frische Schlangenwurz

AROMATHERAPIE/ HAUSGEBRAUCH
Kann wegen ihrer krampflösenden Eigenschaften gebraucht werden, z. B. bei Periodenschmerzen oder Magenverstimmung.

ANDERE ANWENDUNGEN
Gelegentlich in der Parfümindustrie verwendet, sonst hauptsächlich als Geschmacksstoff in Verbindung mit anderen Würzmitteln, besonders in Konfekt.

HERKUNFT
Heimisch in Nordamerika und Kanada. Das Öl wird in den USA produziert, hauptsächlich von wildwachsenden Pflanzen.

ANDERE ARTEN
*Nicht zu verwechseln mit «Schlangenkrautöl» aus der Virginischen Schlangenwurz (*Artistolochia serpentaria*), die zwar zur gleichen botanischen Familie gehört, aber Asaron enthält und als giftig gilt.*

Betula alba

Weißbirke

Verträglichkeit: ungiftig, nicht reizend

Familie: *Betulaceae* **Synonyme:** *Betula alba var. pubescens, Betula odorata, Betula pendula,* Hängebirke, Silberbirke, Sandbirke, Besenbaum, Maienbaum

Traditioneller Gebrauch

Birkenknospen waren früher ein Tonikum in Haarpflegepräparaten. Birkenteer wird in Europa gegen alle Arten chronischer Hautleiden wie Psoriasis, Ekzeme usw. eingesetzt. In Skandinavien dienen die jungen Birkenblätter und -ruten dazu, in der Sauna die Durchblutung anzuregen. Birkensaft wird als Stärkungsmittel getrunken. Knospen, Blätter und Rinde nimmt man bei rheumatischen und arthritischen Erkrankungen, besonders wenn die Nierenfunktionen einer Unterstützung bedürfen, ferner bei Ödemen, Harnwegsinfektionen und Steinbildung.

getrocknete Blätter

Baum von 15–20 m Höhe mit silbrigweißer Rinde, die sich stellenweise in Schuppen ablöst, und hellgrünen, ovalen Blättern. Die männlichen Kätzchen sind 2–5 cm, die weiblichen bis zu 15 cm lang.

EXTRAKTION
1. Ätherisches Öl durch Dampfdestillation aus den Blattknospen. 2. Roher Birkenteer wird durch langsame Verkohlungsdestillation der Rinde extrahiert; das Produkt wird dann dampfdestilliert und ergibt so ein rektifiziertes Birkenteeröl.

EIGENSCHAFTEN
1. Blaßgelbes, zähflüssiges Öl mit einem holzig-grünen, balsamischen Duft. Verfestigt sich bei niederen Temperaturen. 2. Der Teer ist eine fast schwarze, dicke, ölige Masse. Das rektifizierte Öl ist eine bräunlichgelbe, klare, ölige Flüssigkeit mit rauchigem, teerähnlichem Geruch wie «Russisches Leder». Mischt sich gut mit anderen Holz- und balsamischen Ölen.

WIRKUNGEN
Antiseptisch, entzündungshemmend, fiebersenkend, galletreibend, harntreibend, schweißtreibend, stärkend

HAUPTBESTANDTEILE
1. Hauptsächlich Betulenol und andere Sesquiterpene. 2. Im Teeröl: Phenol, Kresol, Xylenol, Guajakol, Kreosol, Pyrocatechol, Pyrobetulin (das den «Ledergeruch» bewirkt)

AROMATHERAPIE/ HAUSGEBRAUCH
Hautpflege: *Dermatitis, Ekzem, Haarpflege, matte oder gestaute Haut, Psoriasis usw.*
Kreislauf, Muskeln und Gelenke: *Arthritis, Korpulenz, mangelhafte Durchblutung, Muskelschmerzen, Ödeme, Rheumatismus, Toxinablagerungen, Zellulitis*

ANDERE ANWENDUNGEN
Birkenknospenöl findet sich hauptsächlich in Haarpflegemitteln und Shampoos und wegen seiner hautheilenden Wirkung auch in einigen Kosmetika. Der rohe Teer wird für Salben und Lotionen bei Hauterkrankungen verwendet, aber auch bei der Seifenherstellung und Lederverarbeitung; das rektifizierte Birkenteeröl ist Hauptbestandteil vieler Parfüms und Aftershaves mit «Ledercharakter».

HERKUNFT
Die Weißbirke ist auf der Nordhalbkugel heimisch und wächst in ganz Osteuropa, Rußland, Deutschland, Schweden, Finnland, dem Baltikum, Nordchina und Japan.

ANDERE ARTEN
Es existieren viele Zuchtformen der Birke. Die Papierbirke (B. papyrifera) *und die B.* verrucosa *dienen ebenfalls der Gewinnung von Birkenöl und/oder Birkenteer. Anmerkung: Nicht zu verwechseln mit dem Öl der Zuckerbirke* (B. lenta), *das möglicherweise giftig ist.*

Betula lenta

Zuckerbirke

Verträglichkeit: Methylsalizylat, der Hauptbestandteil, ist zwar nicht direkt giftig, konzentriert aber sehr schädlich.

Familie: *Betulaceae* **Synonyme:** *Betula capinefolia*, Kirschbirke, Mahagonibirke, Bergmahagoni

Traditioneller Gebrauch

Das Kambium (die Schicht direkt unter der Rinde) wird im Frühling in Streifen geschnitten (wie Fadennudeln) und gegessen. Ein Infus aus der Rinde dient als allgemeines Anregungsmittel und zur Steigerung der Schweißsekretion. Als Dekokt oder Sirup wird die Rinde als Stärkungsmittel bei Ruhr verwendet und soll bei Reizungen im Urogenitaltrakt nützlich sein. Ein Tee aus Wintergrün und Birkenrinde war bei den Indianern und den europäischen Siedlern gleichermaßen beliebt. In jüngerer Zeit nimmt die Nachfrage nach ähnlichen Geschmacksstoffen zu.

Ein anmutiger Baum, in jungen Jahren kegelförmig, der bis zu 25 m hoch wird. Die Blätter sind hellgrün, die Rinde ist rötlichbraun mit abgelösten Stellen.

Zuckerbirken-Zweigchen

Rinde

EXTRAKTION
Ätherisches Öl durch Dampfdestillation aus der in warmem Wasser gequollenen Rinde

EIGENSCHAFTEN
Farblose, blaßgelbe oder rötlich getönte Flüssigkeit mit intensivem, süß-holzigem, wintergrün-ähnlichem Duft

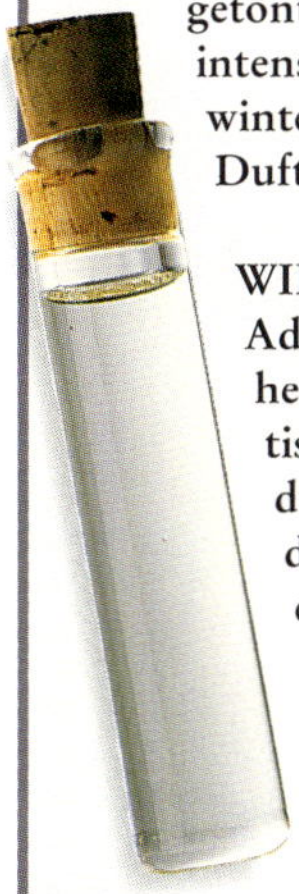

WIRKUNGEN
Adstringierend, antirheumatisch, antiseptisch, blutreinigend, durchblutungsfördernd, fiebersenkend, entzündungshemmend, harntreibend, schmerzlindernd, stärkend

HAUPTBESTANDTEILE
Fast ausschließlich Methylsalizylat (98 Prozent), das während des Quellvorgangs gebildet wird. Die Zusammensetzung ist fast identisch mit der des Wintergrünöls.

AROMATHERAPIE/ HAUSGEBRAUCH
Entfällt. Methylsalizylat kann durch die Haut aufgenommen werden und kann zu tödlichen Vergiftungen führen.

ANDERE ANWENDUNGEN
In begrenztem Maße als Gegenreizmittel in antiarthritischen und antineuralgischen Salben und schmerzstillenden Cremes. Geruchsstoff in Kosmetika und Parfüms; Geschmacksstoff, besonders in Limonade, Kaugummi, Zahnpasta usw. (gewöhnlich in sehr geringen Mengen enthalten).

HERKUNFT
Heimisch in Kanada und im Südosten der USA; das Öl wird vor allem in Pennsylvania produziert.

Betula lenta

ANDERE ARTEN
Es gibt zahlreiche Birkenarten auf den verschiedenen Kontinenten, z. B. die Schwarze Birke (B. nigra) *in Nordamerika und die europäischen Weißbirke* (B. alba), *aus der das zur Behandlung von Hautkrankheiten benötigte Birkenteeröl gewonnen wird.*

Boronia megastigma

Boronia

Verträglichkeit: unerschwinglich teuer und deshalb oft gefälscht

Familie: *Rutaceae* **Synonym:** Braune Boronia

Traditioneller Gebrauch

In viktorianischer Zeit hielt man diese Spezies wegen ihrer dunklen Blüten zur Friedhofsbepflanzung geeignet!

Ein immergrüner Strauch bis 2 m Höhe, der eine Fülle duftender Blüten in ungewöhnlicher Färbung trägt: Die Blütenblätter sind außen braun, innen gelb. Oft als Zierstrauch in Gärten anzutreffen.

getrocknete Blüten

EXTRAKTION
Concrète oder Absolue durch Enfleurage oder Petroleum-Äther-Extraktion aus den Blüten. Durch Dampfdestillation wird in geringen Mengen auch ein ätherisches Öl hergestellt.

EIGENSCHAFTEN
Das Concrète ist eine dunkelgrüne, butterähnliche Masse mit schön warmem, holzig-süßem Duft. Das Absolue ist eine grüne, zähe Flüssigkeit mit frischem, fruchtig-würzigem Duft und einer reichen, anhaltenden, blumigen Unternote. Mischt sich gut mit Muskatellersalbei, Sandelholz, Bergamotte, Veilchen, Strohblume, Costus, Mimose und anderen Blütenölen.

WIRKUNGEN
Aromatisch

HAUPT-BESTANDTEILE
Vor allem Jonon, daneben Eugenol, Triacontan, Phenole, Äthylalkohol, Äthylformat u. a.

Boronia megastigma

AROMATHERAPIE/ HAUSGEBRAUCH
Parfüm

ANDERE ANWENDUNGEN
Das Absolue ist Bestandteil hochwertiger Parfüms, besonders blumiger Düfte. Verwendung auch als Geschmacksstoff in sehr speziellen Fruchtprodukten.

HERKUNFT
Heimisch in Westaustralien, wildwachsend überall im Westen und Südwesten Australiens.

ANDERE ARTEN
Es gibt mehr als fünfzehn Boronia-Arten in Westaustralien; B. megastigma *ist eine der häufigsten und die einzige Art, die wegen ihres Dufts genutzt wird; die anderen Typen riechen nach Sarsaparilla, Zitronen oder Rosen! Boronia ist botanisch verwandt mit dem Zitronenbaum.*

Boswellia carteri

Weihrauch

Verträglichkeit: ungiftig, nicht reizend

Familie: *Burseraceae* **Synonym:** *Olibanum*

Traditioneller Gebrauch

Seit der Antike in Indien, China und im Westen in der katholischen Kirche als Räucherwerk verwendet. Im alten Ägypten wurde Weihrauch in der Schönheitspflege gebraucht. In Ost und West brauchte man ihn bei zahlreichen Krankheiten, z. B. Syphilis, Rheumatismus, Atem- und Harnwegsinfektionen, Hautkrankheiten sowie Verdauungs- und nervöse Störungen.

Harz

Ein hübscher kleiner Baum oder Strauch mit vielen gefiederten Blättern und weißen oder blaßrosa Blüten. An natürlichen Rissen oder künstlichen Einschnitten sondert er «Harztränen» ab.

AROMATHERAPIE/ HAUSGEBRAUCH

Hautpflege: *Falten, Narben, Schönheitsfehler, trockene und reife Haut, Wunden*
Atemwege: *Asthma, Bronchitis, Husten, Katarrh, Rachenentzündung*
Urogenitaltrakt: *Blasenentzündung, Dysmenorrhö, Weißfluß, Zwischenblutungen*
Immunsystem: *Erkältungen, Grippe*
Nervensystem: *Angst, nervöse Spannung und streßbedingte Beschwerden. Weihrauch verlangsamt und vertieft auch die Atmung, eine gute Voraussetzung für Gebet und Meditation.*

ANDERE ANWENDUNGEN

Harz und Öl werden als Fixiermittel und Duftstoffe in Seifen, Kosmetika, Parfüms (besonders in orientalischen und Männerdüften) verwendet, ferner in manchen Arzneien wie Einreibemitteln und Halspastillen. Reichlich genutzt zur Herstellung von Räucherwerk. In winzigen Mengen wird das Öl auch manchen Nahrungsmitteln (z. B. Fleischprodukten), alkoholischen und anderen Getränken zugesetzt.

HERKUNFT

Der im Gebiet um das Rote Meer heimische Weihrauch wächst in ganz Nordostafrika wild. Das Harz wird hauptsächlich in Somalia, Äthiopien, China und Südarabien gesammelt, dann in Europa und Indien destilliert.

ANDERE ARTEN

Andere Boswellia-Arten sondern ebenfalls Olibanum-Harz ab, zum Beispiel die indische B. serrata. *Die Zusammensetzung differiert je nach Art und Standort.*

EXTRAKTION

Ätherisches Öl durch Dampfdestillation der Harztropfen (etwa 3–10 Prozent Öl auf 60–70 Prozent Harz). Auch ein Absolue wird produziert, das hauptsächlich als Fixiermittel dient.

EIGENSCHAFTEN

Eine blaßgelbe oder grünliche, dünne Flüssigkeit mit frischer Obernote und einem warmen, reichen, süß-balsamischen Unterton. Mischt sich gut mit Sandelholz, Kiefer, Vetiver, Geranie, Lavendel, Mimose, Neroli, Orange, Bergamotte, Kampfer, Basilikum, Pfeffer, Zimt und anderen Gewürzölen. Beeinflußt die Süße von Zitrusölmischungen auf faszinierende Weise.

WIRKUNGEN

Adstringierend, antiseptisch, beruhigend, blähungswidrig, entzündungshemmend, harntreibend, menstruationsfördernd, narbenbildungsfördernd, schleimlösend, stärkend, uteruswirksam, verdauungsfördernd, wundheilend, zellschützend

HAUPTBESTANDTEILE

Hauptsächlich monoterpene Kohlenwasserstoffe, vor allem Pinen, Dipenten, Limonen, Thujon, Phellandren, Cymen, Myrcen, Terpinen, auch Oktylazetat, Oktanol, Incensol u. a.

Brassica nigra

Senf

Verträglichkeit: Bei Einwirkung über Mund oder Haut toxisch, hautreizend. Wird als eines der giftigsten ätherischen Öle betrachtet.

Familie: *Brassicaceae (Cruciferae)* **Synonyme:** *Sinapis nigra, Brassica sinapioides,* Schwarzer Senf

Traditioneller Gebrauch

Die Senfsamen sind wegen ihrer medizinischen Eigenschaften und als Würze sehr geschätzt. Im Osten wie im Westen wurden sie seit jeher verwendet, um die Verdauung zu unterstützen, den Appetit zu fördern sowie bei Erkältungen, Schüttelfrost, Husten, Frostbeulen, Rheumatismus, Arthritis, Hexenschuß und Schmerzen im allgemeinen.

EXTRAKTION
Ätherisches Öl durch Dampf- oder Wasserdestillation aus den in warmem Wasser gequollenen Senfkörnern

EIGENSCHAFTEN
Farblose oder blaßgelbe Flüssigkeit von scharfem, durchdringendem, beißendem Geruch

WIRKUNGEN
Anregend, antimikrobiell, antiseptisch, appetitanregend, Erbrechen verursachend, fiebersenkend, harntreibend, verursacht Blasen auf der Haut

HAUPTBESTANDTEILE
Allyl-Isothiocyanat (99 Prozent). Anmerkung: Senfkörner oder -pulver enthalten diese Substanz nicht; sie entsteht nur bei der Herstellung des ätherischen Öls durch die Berührung mit Wasser.

Einjährige Pflanze bis 3 m Höhe, mit lanzenförmigen Blättern und flachen, glatten Schoten, die etwa zehn dunkelbraune Samenkörner enthalten. Die Blüten sind hellgelb und erinnern an Kohlblüten.

Senfkörner

AROMATHERAPIE/ HAUSGEBRAUCH

Entfällt. Sollte therapeutisch weder innerlich noch äußerlich angewendet werden.

ANDERE ANWENDUNGEN

Bestandteil einiger durchblutungsfördernder, wärmender Einreibemittel. Reichlich verwendeter Rohstoff in Nahrungsmitteln, besonders in Pickles, Gewürzen und Saucen. Wenig gebraucht als Duftstoff – außer in Katzen- und Hundeabwehrmitteln.

HERKUNFT

Gebräuchlich in Südosteuropa, im südlichen Sibirien, Kleinasien und Nordafrika; inzwischen auch in Nord- und Südamerika. Wegen seiner Samen und des ätherischen Öls angebaut in England, den Niederlanden, Dänemark, Deutschland und Italien.

Brassica nigra

ANDERE ARTEN

Die russische Art wird Brauner Senf oder Sarepta genannt (B. juncea); *der Weiße Senf* (B. alba) *enthält keinerlei ätherisches Öl. Nahe verwandt ist auch der Raps* (B. napus) *und andere lokale Arten, die in Indien und China verwendet werden.*

Bulnesia sarmienti

Guajakholz

Verträglichkeit: ungiftig, nicht reizend

Familie: *Zygophyllaceae* **Synonyme:** Champaca-Holz (Öl), Palo Santo

Traditioneller Gebrauch

Das Holz wird viel für dekoratives Schnitzwerk gebraucht. Mit Guajakharz behandelte man Rheumatismus und Gicht. Im Britischen Pflanzenarzneibuch ist es noch als spezifisches Mittel gegen Rheumatismus und primärchronische Polyarthritis genannt. Valnet zählt es zu seinen «Elixieren» gegen Gicht, Geschlechtskrankheiten und für Mundspülungen.

Ein kleiner, wildwachsender, tropischer Baum bis 4 m Höhe mit hübschem Holz

Guajakholz-Sägemehl

EXTRAKTION
Ätherisches Öl durch Dampfdestillation aus dem zerkleinerten Holz oder Sägemehl

EIGENSCHAFTEN
Gelbe, bernsteinfarbene oder grünliche, weiche oder halbfeste Masse von angenehmem, teerosenähnlichem Duft, manchmal auch mit weniger angenehmem, rauchigem Unterton. Mischt sich gut mit Geranie, Neroli, Eichenmoos, Rose, Costus, Sandelholz, Amyris, Gewürz- und holzig-blumigen Basisölen.

WIRKUNGEN
Abführend, antirheumatisch, antiseptisch, entzündungshemmend, harntreibend, oxidationshemmend, schweißtreibend

HAUPT-BESTANDTEILE
Guajol (42–72 Prozent), Bulnesol, Bulnesen, Guajen, Patschulen, Guajoxid u. a.

AROMATHERAPIE/ HAUSGEBRAUCH
Kreislauf, Muskeln, Gelenke: *Arthritis, Gicht, primärchronische Polyarthritis*

ANDERE ANWENDUNGEN
Der Fluidextrakt und die Tinktur werden in der Medizin verwendet, hauptsächlich als Diagnose-Reagens bei Blutuntersuchungen. Als Fixiermittel und Duftstoff in Seifen, Kosmetika und Parfüms.

HERKUNFT
Heimisch in Südamerika, besonders in Paraguay und Argentinien. In Europa und den USA wird einiges Öl destilliert.

ANDERE ARTEN
Zu unterscheiden von Guajakgummi und Guajakharz (als Guajacum bekannt), die von verwandten Bäumen der Arten Guajacum officinale *und* G. sanctum *gewonnen werden. Doch dies sind recht ähnliche Erzeugnisse, und sie haben auch gemeinsame Eigenschaften.*

Bursera glabrifolia

Linaloe

Verträglichkeit: ungiftig, nicht reizend

Familie: *Burseraceae* **Synonyme:** *Bursera delpechiana,* Mexikanische Linaloe

Traditioneller Gebrauch

Das Öl aus den Samen ist in Indien unter der Bezeichnung «Indisches Lavendelöl» bekannt und wird von der Kosmetikindustrie im Bundesstaat Mysore hauptsächlich als Bestandteil von Parfüms und Seifen verwendet; außerhalb Indiens trifft man es kaum an. In Mexiko wird das Holzöl ähnlich wie Rosenholz verwendet, es hat auch eine ähnliche Zusammensetzung.

Ein großer, buschiger Tropenstrauch oder -baum mit glatter Rinde und fleischigen Früchten. Das Holz wird erst zur Destillation genutzt, wenn der Baum zwanzig bis dreißig Jahre alt ist. Das Öl ist zum Teil eine krankhafte Absonderung, die durch Aufschlitzen des Baumstamms herbeigeführt wird – was offenbar in der Vollmondnacht geschehen muß, damit der Baum überhaupt Öl abgibt!

Linaloe-Holzspäne

EXTRAKTION
Ätherisches Öl durch Dampfdestillation aus 1. dem Holz, 2. den Samen und Samenhülsen. Gelegentlich wird ätherisches Öl auch aus den Blättern und Zweigen gewonnen.

EIGENSCHAFTEN
1. Blaßgelbe Flüssigkeit mit süßholzigem, blumigem Duft, ähnlich dem von Rosenholz. Mischt sich gut mit Rose, Sandelholz, Zedernholz, Rosenholz, Weihrauch, blumigen und holzigen Düften. 2. Farblose Flüssigkeit mit terpenähnlichem Geruch, kräftiger als der des Holzöls.

WIRKUNGEN
Antiseptisch, bakterizid, desodorierend, entzündungshemmend, krampflösend, sanft stärkend

HAUPTBESTANDTEILE
1. Hauptsächlich Linalol, etwas Linalylazetat. 2. Hauptsächlich Linalylazetat, etwas Linalol.

AROMATHERAPIE/ HAUSGEBRAUCH
Hautpflege: *Akne, Dermatitis, Schnittverletzungen, Wunden, alle Hauttypen*
Nervensystem: *nervöse Spannung und streßbedingte Beschwerden*

ANDERE ANWENDUNGEN
Das Holzöl findet in Seifen, Toilettenartikeln und Parfüms Verwendung. Es wird auch zur Herstellung natürlichen Linalols gebraucht, obwohl dieses zunehmend durch synthetisches Linalol ersetzt wird.

HERKUNFT
Heimisch in Mittel- und Südamerika, besonders in Mexiko. Im Mittleren Osten findet man es vor allem in Indien (Mysore). Das Holzöl wird hauptsächlich in Mexiko hergestellt, das Samen- und Hülsenöl in Indien.

ANDERE ARTEN
Es gibt mehrere Arten, die alle als Linaloe bezeichnet werden. Das westindische Elemi (B. simaruba) *ist nahe verwandt, ebenso Myrrhe und Weihrauch.*

Calamintha officinalis

Wirbeldost

Verträglichkeit: Nicht reizend; konzentriert möglicherweise toxisch. Während der Schwangerschaft meiden.

Familie: *Lamiaceae (Labiatae)* **Synonyme:** *Calamintha clinopodium, Melissa calamintha,* Nepeta (Öl), Französischer Majoran (Öl), Wildes Basilikum (Öl), Katzenminze (Öl), Gemeine Kölme, Borsten-Bergminze

Traditioneller Gebrauch

Seit langer Zeit wird diese Pflanze als Heilmittel vorwiegend bei nervösen und Verdauungsbeschwerden verwendet, auch bei Periodenschmerzen, Erkältungen, Schüttelfrost und Krämpfen.

Eine buschige, mehrjährige Pflanze von bis zu 1 m Höhe mit quadratischem Stengelquerschnitt, weichen, ovalen, gezahnten Blättern von grünlichgrauer Unterseite und recht unauffälligen blaßpurpurnen Blüten. Die ganze Pflanze hat einen stark aromatischen Duft, den Katzen lieben.

frischer Wirbeldost

AROMATHERAPIE/ HAUSGEBRAUCH

Kreislauf, Muskeln und Gelenke: *Kältegefühl in den Gelenken, Muskelschmerzen, Rheumatismus, Schüttelfrost*
Verdauungstrakt: *Blähungen, Kolik, nervöse Verdauungsstörungen*
Nervensystem: *Schlaflosigkeit, nervöse Spannung und streßbedingte Beschwerden*

ANDERE ANWENDUNGEN

In den USA als Köder für Wildkatzen verwendet, gelegentlich in Parfüms

HERKUNFT

Die Pflanze ist in Europa und Teilen Asiens (Himalaja) heimisch, wächst inzwischen aber auch in ganz Nordamerika und Südafrika. Wegen ihres Öls wird sie im Mittelmeerraum, im früheren Jugoslawien, in Polen und den USA angebaut.

ANDERE ARTEN

Überall auf der Welt gibt es zahlreiche ähnliche Arten, z. B. den kleineren Wirbeldost (C. nepeta), *der einen stärkeren Geruch hat und oft anstelle des Wirbeldosts verwendet wird. Eng verwandt mit der Echten Katzenminze* (Nepeta cataria), *die ähnliche Eigenschaften aufweist. Nicht zu verwechseln mit dem Winter- und Sommerbohnenkraut* (Satureja montana *und* S. hortensis). *(Der chinesische Strauch* Actinidia polygama *enthält ebenfalls Metatabilazeton, das halluzinogene und narkotische Wirkungen entfaltet.)*

EXTRAKTION

Ätherisches Öl durch Dampfdestillation aus den blühenden Pflanzenspitzen

EIGENSCHAFTEN

Blaßgelbe Flüssigkeit mit krautig-holzigem, stechendem Geruch, der etwas an Poleiminze erinnert.

WIRKUNGEN

Adstringierend, antirheumatisch, beruhigend, betäubend (örtlich), blähungswidrig, fiebersenkend, krampflösend, menstruationsfördernd, schweißtreibend, stärkend

HAUPTBESTANDTEILE

Citral, Nerol, Citronellol, Limonen, Geraniol u. a. Der für Katzen attraktive Bestandteil ist Metatabilazeton (3–5 Prozent). Mengenverhältnisse je nach Ausgangsmaterial.

Calamintha officinalis

Calendula officinalis

Ringelblume

Verträglichkeit: ungiftig, nicht reizend

Familie: *Asteraceae (Compositae)* **Synonyme:** Ringelrose, Totenblume, Goldblume

Traditioneller Gebrauch

Diese Pflanze ist schon seit der Antike als Heilmittel in Gebrauch und soll «Herz und Gemüt trösten». Sie wurde eingesetzt bei Hautleiden, Menstruationsstörungen, Krampfadern, Hämorrhoiden, Bindehautentzündung und schlechter Sicht. Im Britischen Pflanzenarzneibuch sind die Ringelblumen als spezifisches Heilmittel bei vergrößerten oder entzündeten Lymphknoten, Talgzysten, Zwölffingerdarmgeschwüren und entzündlichen Hautläsionen aufgeführt.
Ein Aufguß mit dem Öl ist nützlich bei einem breiten Spektrum von Hautproblemen einschließlich wunder und rissiger Haut, Windeldermatitis, Hautschürfungen, Verletzungen, aufgesprungenen Brustwarzen, Krampfadern und Entzündungen.

Einjährige Pflanze bis 60 cm Höhe mit weichen, ovalen, hellgrünen Blättern und leuchtendorangen Blüten.

Ringelblumen-Blütenblätter

Ringelblume

EXTRAKTION
Absolue durch Lösungsmittelextraktion aus den Blüten. Das echte Ringelblumen-Absolue wird nur in kleinen Mengen gewonnen und ist sehr schwer erhältlich.

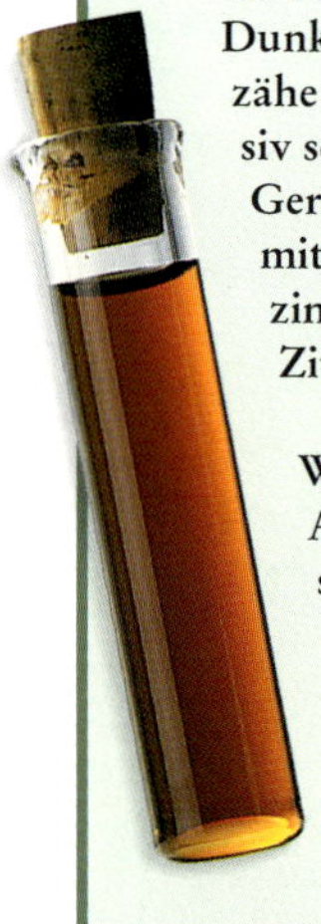

EIGENSCHAFTEN
Dunkle, grünlichbraune, zähe Flüssigkeit von intensiv scharfem, krautigem Geruch. Mischt sich gut mit Eichenmoos, Hyazinthe, Blüten- und Zitrusölen.

WIRKUNGEN
Adstringierend, antiseptisch, blutstillend, entzündungshemmend, fiebersenkend, fungizid, galletreibend, krampflösend, menstruationsfördernd, narbenbildungsfördernd, schweißtreibend, stärkend, wundheilend

HAUPTBESTANDTEILE
Das Absolue enthält Calendulin (ein gelbes Harz), Wachse und leichtflüchtiges Öl.

AROMATHERAPIE/ HAUSGEBRAUCH
Hautpflege: *Ausschläge, Ekzeme, Entzündungen, fettige Haut, Insektenstiche, Schnittverletzungen, Verbrennungen, Wunden. Ein Aufguß mit dem Öl ist sehr wirksam wegen seiner starken hautheilenden Eigenschaften.*

ANDERE ANWENDUNGEN
Verwendung in hochwertigen Parfüms

HERKUNFT
In Südeuropa und Ägypten heimisch, heute in allen gemäßigten Zonen anzutreffen. Das Absolue wird nur in Frankreich hergestellt.

Calendula officinalis

ANDERE ARTEN
Es gibt mehrere Ringelblumen-Arten, doch in der Medizin wird im allgemeinen Calendula officinalis *gebraucht. Nicht zu verwechseln der Mexikanischen* (Tagetes minuta) *oder der Afrikanischen Ringelblume* (T. recta), *deren Öl ebenfalls oft als «Calendula/Ringelblume» bezeichnet wird.*

Cananga odorata

Cananga

Verträglichkeit: ungiftig, nicht reizend

Familie: *Annonaceae* **Synonym:** *Cananga odorata var. macrophylla*

Traditioneller Gebrauch

Örtliche Anwendung bei Infektionskrankheiten, zum Beispiel Malaria. Die schönen Blüten werden bei Festen auch zu dekorativen Zwecken verwendet.

EXTRAKTION
Ätherisches Öl durch Wasserdestillation aus den Blüten

EIGENSCHAFTEN
Grünlichgelbe oder orange, zähe Flüssigkeit mit süßem, blumig-balsamischem, anhaltendem Duft. Mischt sich gut mit Kalmus, Birkenöl, Copaibabalsam, Zistrose, Neroli, Eichenmoos, Jasmin, Guajakholz und orientalischen Basisölen.

WIRKUNGEN
Antidepressiv, antiseptisch, aphrodisisch, beruhigend, blutdrucksenkend, nervenstärkend

HAUPTBESTANDTEILE
Caryophyllen, Benzylazetat, Benzylalkohol, Farnesol, Terpineol, Borneol, Geranylazetat, Safrol, Linalol, Limonen, Methylsalizylat und mehr als 100 weitere Komponenten

Ein bis zu 30 m hoher Tropenbaum, der das ganze Jahr über blüht. Er trägt große, duftende, zarte, gelbe Blüten, die von den Ylang-Ylang-Blüten praktisch nicht zu unterscheiden sind.

frisches Canangablatt

Cananga odorata

AROMATHERAPIE/ HAUSGEBRAUCH
Hautpflege: *Allgemeine Hautpflege, Duftstoff, Insektenstiche*
Nervensystem: *Angst, Niedergeschlagenheit, nervöse Spannung und streßbedingte Beschwerden*

ANDERE ANWENDUNGEN
Duftstoff in Seifen, Reinigungsmitteln, Kosmetika und Parfüms, besonders in Männerdüften. Begrenzt gebraucht als Duftstoff in einigen Nahrungsmitteln, alkoholischen und anderen Getränken.

HERKUNFT
Heimisch in den asiatischen Tropenländern, Java, Malaysia, den Philippinen und Molukken.

ANDERE ARTEN
Sehr eng mit dem Baum verwandt, aus dem das Ylang-Ylang-Öl gewonnen wird (C. odorata var. genuina). *Cananga wird in der Parfümindustrie als geringerwertiges Erzeugnis betrachtet. Da der Baum in unterschiedlichen Regionen wächst, ist das Öl von wechselnder Qualität, schwerer und weniger fein als Ylang-Ylang. Doch Cananga ist ein «vollständiges» Öl, während Ylang-Ylang in unterschiedliche Destillate verarbeitet wird.*

Cananga odorata var. genuina

Ylang-Ylang

Verträglichkeit: Ungiftig, nicht reizend. Mit Maßen zu gebrauchen, da der schwere Duft Kopfschmerzen oder Übelkeit auslösen kann.

Familie: *Annonaceae* **Synonym:** *Unona odorantissimum*

Traditioneller Gebrauch

In Indonesien streut man die Blüten auf das Bett Frischverheirateter. Auf den Molukken wird aus Ylang-Ylang- und Cucuma-Blüten eine Salbe zur Haut- und Haarpflege angefertigt, die auch bei Hautkrankheiten, zur Fiebervorbeugung und gegen Infektionen gebraucht wird.

getrocknete Ylang-Ylang-Rinde

Ein bis zu 20 m hoher Baum aus den Tropen mit großen, zarten, duftenden Blüten, die rosa, malvenfarbig oder gelb sein können. Die gelben Blüten sind für die Gewinnung ätherischen Öls am besten geeignet.

AROMATHERAPIE/ HAUSGEBRAUCH
Hautpflege: *Akne, gereizte und fettige Haut, Haarspülung, Haarwuchs, Insektenstiche, allgemeine Hautpflege*
Kreislauf, Muskeln und Gelenke: *Vermehrte Atmung, Bluthochdruck, erhöhter Puls, Herzklopfen*
Nervensystem: *Frigidität, Impotenz, Niedergeschlagenheit, Schlaflosigkeit, nervöse Spannung und streßbedingte Beschwerden.*

ANDERE ANWENDUNGEN
Reichlich gebraucht als Duftkomponente und Fixiermittel in Seifen, Kosmetika und Parfüms; Ylang-Ylang extra findet man eher in hochwertigen Parfüms, Ylang-Ylang 3 in Seifen, Reinigungsmitteln usw. Als Geschmacksstoff hauptsächlich in alkoholischen und anderen Getränken, Fruchtzubereitungen und Desserts.

HERKUNFT
In den Tropenländern Asiens, besonders in Indonesien und auf den Philippinen heimisch. Die größten Ölproduzenten sind Madagaskar, Réunion und die Komoren.

ANDERE ARTEN
Sehr eng verwandt mit Cananga (C. odorata var. macrophylla). *Das Öl aus Ylang-Ylang ist jedoch von feinerer Qualität und wird deshalb mehr in der Parfümindustrie verwendet.*

EXTRAKTION
Ätherisches Öl durch Wasser- oder Dampfdestillation aus den frisch gepflückten Blüten. Das erste Destillat (etwa 40 Prozent) wird «Ylang-Ylang extra» genannt, es ist von höchster Qualität. Drei weitere Destillate erhalten die Bezeichnung «Grad 1, 2 und 3». Es wird auch ein «vollständiges» Öl gewonnen, das praktisch «unfraktioniert» ist, jedoch manchmal auch aus einer Mischung aus Ylang-Ylang 1 und 2 besteht. (Durch Lösungsmittelextraktion werden auch ein Absolue und ein Concrète hergestellt, die einen besonders anhaltenden blumig-balsamischen Duft verströmen.)

EIGENSCHAFTEN
Ylang-Ylang extra ist eine blaßgelbe, ölige Flüssigkeit mit intensiv süßem, weichem, blumig-balsamischem, leicht würzigem Duft. Ylang-Ylang ist für sich ein faszinierendes Parfümöl, mischt sich aber auch gut mit Rosenholz, Jasmin, Vetiver, Opopanax, Bergamotte, Mimose, Cassie, Perubalsam, Rose, Nachthyazinthe, Costus u. a. Ylang-Ylang ist auch ein hervorragendes Fixiermittel. Den anderen Fraktionen fehlt die Tiefe und Intensität des Ylang-Ylang extra.

WIRKUNGEN
Anregend (Durchblutung), antidepressiv, antiseborrhoisch, antiseptisch, aphrodisisch, beruhigend (nervlich), blutdrucksenkend, euphorisierend, infektionshemmend, nervenstärkend, regulativ, stärkend

HAUPTBESTANDTEILE
Methylbenzoat, Methylsalizylat, Methylparakretol, Benzylazetat, Eugenol, Geraniol, Linalol und Terpene (Pinen, Cadinen u. a.)

Canarium luzonicum

Elemi

Verträglichkeit: ungiftig, nicht reizend

Familie: *Burseraceae* **Synonyme:** *Canarium commune,* Manila-Elemi, Elemi (Oleoresin)

Traditioneller Gebrauch

Das Oleoresin wird in seinem Ursprungsland zur Hautpflege, bei Beschwerden der Atemwege und als allgemeines Stimulans verwendet. Elemi gehörte zu den Aromastoffen, die die alten Ägypter zur Einbalsamierung gebrauchten.

Ein bis 30 m hoher tropischer Baum, der bei Verletzung ein Exsudat aus Harz und ätherischem Öl von beißendem Geruch absondert.

EXTRAKTION
Ätherisches Öl durch Dampfdestillation aus dem Harz. (In geringen Mengen werden auch ein Resinoid und ein Harz-Absolue hergestellt.)

EIGENSCHAFTEN
Farblose bis blaßgelbe Flüssigkeit von leichtem, frischem, balsamisch-würzigem, zitronenähnlichem Geruch. Mischt sich gut mit Myrrhe, Weihrauch, Zistrose, Rosmarin, Lavendel, Lavandin, Salbei, Zimt und anderen Gewürzölen.

WIRKUNGEN
Anregend, antiseptisch, balsamisch, magenstärkend, narbenbildungsfördernd, regulativ, schleimlösend, stärkend

HAUPTBESTANDTEILE
Das Harz enthält etwa 10–25 Prozent ätherisches Öl aus hauptsächlich Phellandren, Dipenten, Elemol, Elemicin, Terpineol, Carvon, Terpinolen u. a.

AROMATHERAPIE/ HAUSGEBRAUCH
Hautpflege: *alternde Haut, Entzündungen, infizierte Schnitt- und andere Verletzungen*
Atemwege: *Bronchitis, Katarrh, trockener Husten*
Nervensystem: *nervöse Erschöpfung und streßbedingte Beschwerden*

ANDERE ANWENDUNGEN
Resinoid und Öl werden in erster Linie als Fixiermittel verwendet, aber auch als Duftstoffe in Seifen, Reinigungsmitteln, Kosmetika und Parfüms. Gelegentlich auch als Geschmacksstoffe in Nahrungsmitteln, alkoholischen und anderen Getränken.

HERKUNFT
Heimisch auf den Philippinen und den Molukken, wo Elemi ebenfalls angebaut wird. Die Destillation des Öls findet im Ursprungsland statt.

ANDERE ARTEN
Es gibt mehrere weitere Canarium-Arten, die wildwachsend oder angebaut auf den Philippinen anzutreffen sind und ebenfalls eine Art Harz absondern. Elemi ist eng verwandt mit den Bäumen, die Myrrhe, Weihrauch und Opopanax abgeben.

Canarium luzonicum

Carphephorus odoratissimus

Rehzunge

Verträglichkeit: Kumarin ist u. U. toxisch und kann zu Leberschäden und Blutungen führen. Hautreizung und Phototoxizität möglich.

Familie: *Asteraceae (Compositae)* **Synonyme:** *Trilisa odoratissima, Liatris odoratissima, Frasera soeciosa,* Vanilleblatt, Wilde Vanille

Traditioneller Gebrauch

Die Wurzeln wurden wegen ihrer harntreibenden Wirkung gesammelt und lokal bei Halsschmerzen und Gonorrhö verwendet. Rehzunge galt auch als Stärkungsmittel bei Malaria. In der Volksmedizin zur Empfängnisverhütung und bei Sterilität von Frauen verwendet. *Liatris squarrosa* wurde zur Heilung von Klapperschlangenbissen gebraucht. *Liatris scariosa* wird auch bei Schlangenbissen eingesetzt.

Eine krautartige, mehrjährige Pflanze, erkennbar an ihrem nackten Fruchtboden und einer gefiederten Haarkrone, großen, fleischigen, dunkelgrünen Blättern, die wie eine Rosette am Boden liegen. Die frischen Blätter riechen kaum, doch getrocknet verbreiten sie einen vanilleähnlichen Geruch. Er ist vor allem auf das Kumarin zurückzuführen, das in Form kleiner Kristalle an den Blattoberflächen zu sehen ist.

getrocknete Rehzungen-Blätter

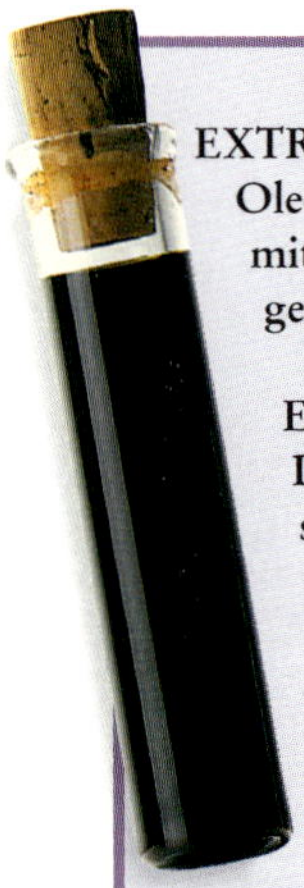

EXTRAKTION
Oleoresin durch Lösungsmittelextraktion aus den getrockneten Blättern

EIGENSCHAFTEN
Dunkelgrüne, zähe Flüssigkeit mit reichem, krautigem Geruch wie von frischgemähtem Gras. Mischt sich gut mit Eichenmoos, Zistrose, Lavandin, Weihrauch, Gewürznelke, Patschuli und orientalischen Düften.

WIRKUNGEN
Anregend, antiseptisch, fiebersenkend, harntreibend, reizmildernd, schweißtreibend, stärkend

HAUPTBESTANDTEILE
Hauptsächlich Kumarin (1,6 Prozent), ferner Dihydrokumarin und Terpene, Aldehyde und Ketone. Rehzunge besitzt eine sehr komplexe chemische Zusammensetzung aus mehr als 90 Einzelverbindungen.

AROMATHERAPIE/ HAUSGEBRAUCH

Entfällt.

ANDERE ANWENDUNGEN

Das Oleoresin wird als Fixiermittel und Duftstoff in Seifen, Reinigungsmitteln und Parfüms verwendet. Man gebraucht es als Geschmacksstoff in Tabak sowie zur Gewinnung von Kumarin. Mit Hilfe von Holzkohle wird aus Rehzunge auch ein entfärbter Extrakt gewonnen, der auf der Haut von Tieren und Menschen nicht reizt und nicht phototoxisch ist. Dieses Erzeugnis wird in der Parfümindustrie verwendet.

HERKUNFT

In der Savanne zwischen North Carolina und Florida (USA) wird das in den östlichen USA heimische Kraut gesammelt.

ANDERE ARTEN

Es gibt mehrere Arten in den USA heimischer Rehzungen, darunter die Präriekiefer (Liatris squarrosa) *und die Prachtfeder* (L. spicata). *Nicht zu verwechseln mit der Gemeinen Vanille* (Vanilla planifolia) *oder mit der europäischen Echten Hundszunge* (Cynoglossum officinale), *die alle in der Pflanzenheilkunde verwendet werden.*

Carum carvi

Kümmel

Verträglichkeit: Ungiftig; kann konzentriert Hautreizungen hervorrufen.

Familie: *Apiaceae (Umbelliferae)* **Synonyme:** *Apium carvi,* Wiesenkümmel, Kumach, Kimmich

Traditioneller Gebrauch

Reichlich als Küchengewürz verwendet, vor allem in Brot, Backwaren und Käse. Traditionelles Mittel bei Verdauungsstörungen, Darmkoliken, Periodenkrämpfen, schlechtem Appetit, Kehlkopfentzündung und Bronchitis. Kümmel fördert die Milchbildung und wird im Britischen Pflanzenarzneibuch als spezifisches Heilmittel gegen Blähungskoliken der Kinder genannt.

EXTRAKTION
Ätherisches Öl durch Dampfdestillation aus den getrockneten reifen Samen oder Früchten (Ertrag etwa 2–8 Prozent)

EIGENSCHAFTEN
Rohes Kümmelöl ist eine blasse, gelblichbraune Flüssigkeit von scharf-würzigem Geruch. Das destillierte Öl ist farblos bis blaßgelb und hat einen starken, warmen, süßlich-würzigen Geruch. Mischt sich gut mit Jasmin, Zimt, Cassia und anderen Gewürzölen, ist jedoch sehr dominierend.

WIRKUNGEN
Adstringierend, anregend, antihistaminisch, antimikrobiell, antiseptisch, appetitanregend, blähungswidrig, harntreibend, larventötend, magenstärkend, menstruationsfördernd, milchtreibend, schleimlösend, stärkend, wurmabtreibend

HAUPT-BESTANDTEILE
Hauptsächlich Carvon (50–60 Prozent) und Limonen (40 Prozent), daneben Carveol, Dihydrocarveol, Dihydrocarvon, Pinen, Phellandren u. a.

Kümmelsamen

Zweijährige Pflanze bis 75 cm Höhe mit vielverzweigtem Stengel, dreifach gefiederten Blättern und Dolden weißer Blüten. Große, fleischige Pfahlwurzel. Die kleinen Samen sind leicht gebogen und weisen fünf hellere Rillen auf.

AROMATHERAPIE/ HAUSGEBRAUCH
Atemwege: *Bronchitis, Husten, Kehlkopfentzündung*
Verdauungstrakt: *Blähungen, Kolik, Magenkrämpfe, nervöse Magenverstimmung, schlechter Appetit, Verdauungsstörungen.*
Immunsystem: *Erkältungen*

ANDERE ANWENDUNGEN
Verwendung in blähungswidrigen, magenwirksamen und abführenden Präparaten und als Geschmacksstoff in Medikamenten. Duftstoff in Zahnpasten, Mundspülungen, Kosmetika und Parfüms. Geschmacksstoff in den meisten wichtigen Nahrungsmittelkategorien, besonders in Würzmitteln.

HERKUNFT
Heimisch in Europa, Westasien und auch in Nordamerika.

ANDERE ARTEN
Es gibt mehrere Arten, die nach ihrem Ursprungsland unterschieden werden: der Englische, der Holländische und der Deutsche Kümmel stammen vom Russischen Kümmel ab und unterscheiden sich von der skandinavischen Art. Die in nördlichen Breiten wachsenden Pflanzen enthalten mehr Öl.

Carum carvi

Cedrus atlantica

Atlaszeder

Verträglichkeit: Ungiftig, nicht reizend. Während der Schwangerschaft meiden.

Familie: *Pinaceae* **Synonyme:** Afrikanische Zeder, Marokko-Zeder, Libanol (Öl)

Traditioneller Gebrauch

Das Holz der Libanonzeder war möglicherweise das erste, aus dem man ätherisches Öl destillierte. Dieses wurde bereits in der Antike von den Ägyptern beim Einbalsamieren sowie für Kosmetika und Parfüms gebraucht. Ihr Holz war als Baustoff beliebt; sein Geruch hielt Ameisen, Motten und andere schädliche Insekten fern; diese Eigenschaft teilt es mit dem Öl der Atlaszeder.
Im Osten wird das Öl traditionell bei Infektionen der Atem- und Harnwege, als Konservierungsmittel und als Räucherwerk verwendet. In Tibet dient es nach wie vor als Räucherwerk und in der traditionellen Heilkunde.

Kegelförmiger, immergrüner Baum von majestätischer Gestalt, bis 40 m Höhe. Das Holz ist hart und aufgrund seines hohen Gehalts an ätherischem Öl stark duftend.

EXTRAKTION
Ätherisches Öl durch Dampfdestillation aus dem Holz, aus Aststrünken und Sägemehl. In geringen Mengen werden auch ein Resinoid und ein Absolue gewonnen.

EIGENSCHAFTEN
Gelbes, orangefarbiges oder dunkel-bernsteinfarbenes, dickflüssiges Öl mit einer warmen, kampferähnlichen Obernote und einem süßen, anhaltenden, holzig-balsamischen Unterton. Mischt sich gut mit Rosenholz, Bergamotte, Boronia, Zypresse, Kalmus, Cassie, Costus, Jasmin, Wacholder, Neroli, Mimose, Zistrose, Weihrauch, Muskatellersalbei, Vetiver, Rosmarin, Ylang-Ylang, orientalischen und blumigen Basisölen.

WIRKUNGEN
Adstringierend, anregend (Durchblutung), antiseborrhoisch, antiseptisch, aphrodisisch, beruhigend (Nerven), fäulnishemmend, fungizid, harntreibend, schleimlösend, stärkend

HAUPT-BESTANDTEILE
Atlanton, Caryophyllen, Zedrol, Cadinen u. a.

AROMATHERAPIE/ HAUSGEBRAUCH
Hautpflege: *Akne, Dermatitis, Effloreszenzen, Ekzem, fettige Haut, Geschwüre, Haarausfall, Pilzinfektionen, Schuppen*
Kreislauf, Muskeln und Gelenke: *Arthritis, Rheumatismus*
Atemwege: *Bronchitis, Husten, Katarrh, Stauung*
Urogenitaltrakt: *Blasenentzündung, Juckreiz, Weißfluß*
Nervensystem: *nervöse Spannung und streßbedingte Beschwerden*

ANDERE ANWENDUNGEN
Duftstoff und Fixiermittel in Kosmetika und Haushaltserzeugnissen, Seifen, Reinigungsmitteln usw., aber auch in Parfüms, besonders in Männerdüften

HERKUNFT
Die Atlaszeder ist im algerischen Teil des Atlasgebirges zu Hause; das Öl wird hauptsächlich in Marokko gewonnen.

ANDERE ARTEN
Die Atlaszeder gilt als Abkömmling der berühmten Libanonzeder (C. libani), *die im Libanon und auf der Insel Zypern wild wächst. Sie ist botanisch eng verwandt mit der Himalajazeder* (C. deodera), *die ein sehr ähnliches ätherisches Öl liefert. (Anmerkung: Dieses Öl unterscheidet sich beträchtlich von dem der Texas- oder Virginia-Zeder.)*

Chamaemelum nobile

Römische Kamille

Verträglichkeit: Ungiftig, nicht reizend; kann Dermatitis hervorrufen.

Familie: *Asteraceae (Compositae)* **Synonyme:** *Anthemis nobilis,* Gartenkamille, Welsche Kamille

Traditioneller Gebrauch

Dieses Kraut hat seit über zweitausend Jahren in Europa, insbesondere in der Mittelmeerregion, einen Ruf als Heilpflanze und wird noch heute gern als solche verwendet. Die Ägypter und die Mauren gebrauchten Kamille, und bei den Sachsen zählte sie zu den neun heiligen Kräutern. Sie galt auch als «Pflanzenarzt», da sie die Gesundheit benachbarter Pflanzen stärkte.
Im Britischen Pflanzenarzneibuch werden als Indikationen Verdauungsstörungen, Übelkeit, Appetitlosigkeit, Schwangerschaftserbrechen, Periodenstörungen und besonders Blähungsdyspepsie in Verbindung mit seelischer Belastung genannt.

Mehrjährige Pflanze mit Wurzelstock, aus dem sehr kurze Luftstengel und bis zu 25 cm hohe Blütenstengel wachsen. Die Blätter sind gefiedert, die weißen Korbblüten erinnern an Gänseblümchen; sie sind größer als die der deutschen Kamille. Die ganze Pflanze hat einen apfelähnlichen Duft.

EXTRAKTION
Ätherisches Öl durch Dampfdestillation aus den Blütenköpfchen

EIGENSCHAFTEN
Blaßblaue Flüssigkeit (die im Laufe der Zeit gelb wird) mit einem warmen, süßen, fruchtig-krautigen Duft. Mischt sich gut mit Bergamotte, Muskatellersalbei, Eichenmoos, Jasmin, Zistrose, Neroli, Rose, Geranie und Lavendel.

WIRKUNGEN
Antianämisch, antineuralgisch, antiseptisch, bakterizid, beruhigend (Nerven), blähungswidrig, fiebersenkend, gallentreibend, krampflösend, leberwirksam, magenstärkend, menstruationsfördernd, narbenbildungsfördernd, schlaffördernd, schmerzlindernd, schweißtreibend, stärkend, verdauungsfördernd, wundheilend, wurmabtreibend

HAUPTBESTANDTEILE
Hauptsächlich Angelikasäure- und Tiglinsäure-Ester (etwa 85 Prozent), ferner Pinen, Farnesol, Nerolidol, Chamazulen, Pinacarvon, Cineol u. a.

AROMATHERAPIE/ HAUSGEBRAUCH
Hautpflege: *Akne, Allergien, Ausschläge, Dermatitis, Ekzeme, empfindliche Haut, Entzündungen, Frostbeulen, Furunkel, Haarpflege, Insektenstiche, Ohrenschmerzen, Schnittverletzungen, Verbrennungen, Wunden, Zahn- und Zahnungsschmerzen*
Kreislauf, Muskeln und Gelenke: *Arthritis, Gelenkentzündungen, Muskelschmerzen, Neuralgien, Rheumatismus, Verstauchungen*
Verdauungstrakt: *Koliken, Magenverstimmung, Übelkeit, Verdauungsstörungen*
Urogenitaltrakt: *Menstruationsstörungen, verlängerte Monatsblutung, Wechseljahresbeschwerden*
Nervensystem: *Kopfschmerzen, Migräne, nervöse Spannung, Schlaflosigkeit, streßbedingte Beschwerden*

ANDERE ANWENDUNGEN
Bestandteil antiseptischer Salben und blähungswidriger, krampflösender und stärkender Präparate. Reichlich gebraucht in Kosmetika, Seifen, Reinigungsmitteln und Parfüms. Als Geschmacksstoff in vielen Nahrungsmitteln, alkoholischen und anderen Getränken.

HERKUNFT
Heimisch in Süd- und Westeuropa, auch in Nordamerika verbreitet. Angebaut in England, Belgien, Ungarn, den USA, Italien und Frankreich.

ANDERE ARTEN
Es gibt viele Kamillenarten auf der ganzen Welt. Therapeutisch wichtig ist auch die Echte Kamille (Matricaria recutita).

Chenopodium ambrosioides var. anthelminticum

Wurmsamen

Verträglichkeit: ein sehr giftiges Öl

Familie: *Chenopodiaceae* **Synonyme:** *Chenopodium anthelminticum,* Jesuitentee, Mexikanischer Tee, Baltimore (Öl)

Traditioneller Gebrauch

Die Pflanze wird von den Indianern seit langer Zeit als wirksames Wurmabtreibungsmittel verwendet. Mehrere Indianerstämme im östlichen Teil der Vereinigten Staaten gebrauchen ein Dekokt des ganzen Krauts, um schmerzhafte Menstruation und andere Frauenleiden zu lindern. Die Pflanze wurde nicht nur genutzt, um Spulwürmer, Hakenwürmer und Zwergbandwürmer abzutreiben, sondern auch bei Asthma, Katarrh und anderen Beschwerden der Atemwege und zur Behandlung von Nervenkrankheiten. In China nimmt man es bei Gelenkrheumatismus. In höherer Konzentration verursacht es Schwindel und führt zu Erbrechen.

getrocknete Blätter

Ein haariges, rauhes, einjähriges Kraut, das an Wegrändern wächst. Der kräftige, gerade Stengel wird bis 1 m hoch, die Blätter sind länglich-lanzettförmig. Zahlreiche grünlich-gelbe Blüten.

EXTRAKTION
Ätherisches Öl durch Dampfdestillation aus der ganzen Pflanze, aus den Früchten oder Samen

EIGENSCHAFTEN
Farblose oder blaßgelbe Flüssigkeit mit süß-holzigem, kampferähnlichem, schwerem, Übelkeit erregendem Geruch

WIRKUNGEN
Antirheumatisch, blutdrucksenkend, krampflösend, schleimlösend, wurmabtreibend

HAUPTBESTANDTEILE
Ascaridol (60–80 Prozent), Cymen, Limonen, Terpinen, Myrcen

AROMATHERAPIE/ HAUSGEBRAUCH
Sollte therapeutisch weder innerlich noch äußerlich angewendet werden. Eines der giftigsten ätherischen Öle. Tödliche Vergiftungen selbst bei geringen Mengen des Öls. Die Giftwirkung ist kumulativer Art. Aufgrund des hohen Ascaridolgehalts kann das Öl explodieren, wenn es erhitzt wird oder mit Säuren in Berührung kommt.

ANDERE ANWENDUNGEN
Die wurmabtreibende Aktivität haben in pharmazeutischen Präparaten weitgehend synthetische Substanzen übernommen. Wurmsamen wird als Duftstoff in Seifen, Reinigungsmitteln, Kosmetika und Parfüms genutz#t. In Nahrungsmitteln darf er nicht mehr zum Einsatz kommen.

HERKUNFT
Die in Südamerika heimische Pflanze wird heute hauptsächlich in den USA kultiviert, aber auch in Indien, Ungarn und Rußland.

ANDERE ARTEN
Die «Mutterpflanze», C. ambrosioides, *wird ebenfalls zur Gewinnung von ätherischem Öl gebraucht, das ähnliche Eigenschaften besitzt. Es gibt viele Angehörige der*

Chenopodium ambrosioides var. anthelminticum

Chenopodium-*(Gänsefuß-) Familie, darunter der Gute Heinrich* (C. bonus-henricus), *eine europäische Art, deren Blätter wie Spinat zubereitet werden. Das sog. Russische Wurmsamen-Öl* (Artemisia cana) *unterscheidet sich deutlich vom amerikanischen, wird aber auch als Wurmabtreibungsmittel verwendet und ist äußerst giftig.*

Cinnamomum camphora

Kampfer

Verträglichkeit: Brauner und gelber Kampfer enthalten Safrol und sind deshalb giftig und krebserregend. Weißer Kampfer dagegen ist relativ ungiftig und nicht reizend. Nicht während einer homöopathischen Behandlung verwenden.

Familie: *Lauraceae* **Synonyme:** *Laurus camphora*, Echter Kampfer, Hon-Scho, Japanischer Kampfer, Formosa-Kampfer

Traditioneller Gebrauch

Kampfer ist seit langem als Mittel zur Vorbeugung gegen ansteckende Krankheiten bekannt und wurde als Schutz um den Hals getragen. Darüber hinaus nahm man Kampfer gegen Nerven- und Atemwegserkrankungen und bei Herzversagen. Roh ist er, vor allem in hohen Dosen, sehr giftig und deshalb nicht mehr im Britischen Pflanzenarzneibuch aufgeführt.

Ein bis 30 m hoher, immergrüner Baum, der Linde nicht unähnlich. Er hat viele Zweige mit Büscheln kleiner weißer Blüten, denen rote Beeren folgen. Das Holz reifer, über fünfzigjähriger Bäume gibt eine weiße, kristalline Substanz ab, den rohen Kampfer.

Kampferrinde *Kampferblatt*

EXTRAKTION
Der rohe Kampfer wird in kristalliner Form von den Bäumen gesammelt. Das ätherische Öl wird durch Dampfdestillation aus dem Holz, den Wurzelstümpfen und Zweigen gewonnen und dann im Vakuum rektifiziert und gefiltert. So erhält man drei Fraktionen, den weißen, den braunen und den gelben Kampfer.

EIGENSCHAFTEN
Weißer Kampfer ist die hellste (beim niedrigsten Siedepunkt gewonnene) Fraktion: eine farblose bis blaßgelbe Flüssigkeit mit scharfem, beißendem Kampfergeruch. Die zweite Fraktion wird brauner Kampfer genannt. Der gelbe Kampfer, eine blaugrüne oder gelbliche Flüssigkeit, ist am schwersten.

WIRKUNGEN
Anregend, antiseptisch, antiviral, bakterizid, durchblutungsfördernd, entzündungshemmend, Gegenmittel (bei Reizgiften), harntreibend, schleimlösend, wurmabtreibend

HAUPT-BESTANDTEILE
1. Weißer Kampfer enthält hauptsächlich Cineol, Pinen, Terpineol, Menthol, Thymol und kein Safrol. 2. Brauner Kampfer enthält bis zu 80 Prozent Safrol und etwas Terpineol. 3. Gelber Kampfer enthält hauptsächlich Safrol, Sesquiterpene und Sesquiterpenalkohole.

AROMATHERAPIE/ HAUSGEBRAUCH
Braunen und gelben Kampfer weder innerlich noch äußerlich verwenden. Weißer Kampfer kann mit Vorsicht angewendet werden:
Hautpflege: *Akne, Entzündung, fettige Haut, Mitesser; auch zur Insektenabwehr (Flöhe, Motten usw.)*
Kreislauf, Muskeln und Gelenke: *Arthritis, Muskelschmerzen, Rheumatismus, Verstauchungen usw.*
Atemwege: *Bronchitis, Husten, Schüttelfrost*
Immunsystem: *Erkältung, Fieber, Grippe, Infektionskrankheiten*

ANDERE ANWENDUNGEN
Weißer und brauner Kampfer werden als Ausgangsmaterial zur Isolierung in der Parfümindustrie gebräuchlicher Substanzen, wie Safrol und Cineol, verwendet. Weißer Kampfer dient als Lösungsmittel in der Farben- und Lackindustrie sowie zur Herstellung von Zellulose. Fraktionen des weißen Öls werden als Duftstoffe und zur Maskierung in Reinigungsmitteln, Seifen, Desinfektionsmitteln und Haushaltswaren eingesetzt.

HERKUNFT
Kampfer ist in Japan, Taiwan und China heimisch; in Indien, Sri Lanka, Ägypten, Madagaskar, Südeuropa und den USA wird er angepflanzt.

ANDERE ARTEN
Es gibt viele Kampferarten: der Hon-Scho-Kampfer liefert Hon-Blätter- und Hon-Holz-Öl, die chinesische Art Apopin-Öl, der japanische und taiwanesische Kampfer (bekannt als Hon-Scho- oder Echter Kampfer) zwei Chemotypen: Kampfer-Safrol (Japan) und Kampfer-Linalol (Taiwan). Sie alle sind zu unterscheiden vom Borneo-Kampfer oder Borneol, der einen anderen botanischen Ursprung hat.

Cinnamomum cassia

Zimt-Cassia

Verträglichkeit: bei Kontakt mit der Haut giftig, reizend, schleimhautreizend

Familie: *Lauraceae* **Synonyme:** *Cinnamomum aromaticum, Laurus cassia,* Chinesischer Zimt, Falscher Zimt

Traditioneller Gebrauch

Als Küchengewürz verbreitet. In der Heilkunde wird es weitgehend so verwendet wie der ceylonesische Zimt, ähnlich vor allem bei Verdauungsbeschwerden wie Blähungen, Kolik, Durchfall und Übelkeit, aber auch bei Erkältung, Rheumatismus und Erkrankungen des Urogenitaltrakts. In der chinesischen Medizin gilt Zimt-Cassia als Mittel der Wahl bei Gefäßstörungen. In den letzten Jahren wurden die Heilwirkungen und Eigenschaften der Zimt-Cassia eingehend untersucht. Das flüchtige Öl hat sich als blähungswidrig und antiseptisch erwiesen. Sein Hauptbestandteil, Zimtaldehyd, regt in kleinen Mengen das Zentralnervensystem an, während es in hohen Dosen als Beruhigungsmittel wirkt. Zimt-Cassia zeigte bei Experimenten in China auch vielversprechende Ergebnisse als Schutz vor Strahlungen.
Die pulverisierte Rinde ist im Britischen Pflanzenarzneibuch als spezifisches Heilmittel gegen Blähungsdyspepsie oder Koliken mit Übelkeit erwähnt.

EXTRAKTION
Ätherisches Öl 1. durch Dampfdestillation aus den Blättern, 2. durch Wasserdestillation aus Rinde, Blättern, Zweigen und Stielen.

EIGENSCHAFTEN
1. Das Blätteröl ist bräunlichgelb (das rektifizierte Öl blaßgelb) und riecht süß, holzig-würzig und anhaltend. 2. Das Rindenöl ist eine dunkelbraune Flüssigkeit von starkem, würzigwarmem, harzigem Geruch.

WIRKUNGEN
Adstringierend, antidiarrhoisch, antimikrobiell, blähungswidrig, erbrechenverhindernd, krampflösend

HAUPTBESTANDTEILE
Blätter- und Rindenöl enthalten hauptsächlich Zimtaldehyd (75–90 Prozent), ferner etwas Methylalkohol, Salizylaldehyd und Methylsalizylaldehyd.

Ein schlanker, immergrüner Baum bis 20 m Höhe mit ledrigen Blättern und kleinen, weißen Blüten. Gewöhnlich wird er gestutzt und als Strauch der kommerziellen Nutzung zugeführt. Die Früchte haben etwa die Größe kleiner Oliven. Die Rinde ist leicht von der des Zimtbaums zu unterscheiden (mit dem die Zimt-Cassia oft verwechselt wird): Sie ist dicker, dunkler und gröber, ihr Geruch ist stechender und nicht so süß.

getrocknete Zimt-Cassia-Stiele

AROMATHERAPIE/ HAUSGEBRAUCH
Entfällt. «Sollte niemals auf der Haut angewendet werden (eines der gefährlichsten Öle).»[7]

ANDERE ANWENDUNGEN
Wegen seiner bakteriziden Eigenschaften wird es in pharmazeutischen Präparaten verwendet, zum Beispiel in Mundspülungen und Zahnpasten sowie in stärkenden und blähungswidrigen Mitteln. Als Geschmacksstoff in vielen Nahrungsmitteln, auch in alkoholischen und anderen Getränken. In der Parfüm- und Kosmetikindustrie wegen seiner dunklen Farbe kaum gefragt.

HERKUNFT
Im Südwesten Chinas heimisch, auch in Vietnam und Indien (Cochin) zu finden.

ANDERE ARTEN
Nicht zu verwechseln mit der ceylonesischen Zimtrinde (C. ceylanicum), *die von einer Verwandten stammt. In verschiedenen Regionen gibt es noch einige weitere Arten, aus denen ätherisches Öl gewonnen wird. Auch nicht zu verwechseln mit Cassie (Acacia farnesiana)!*

Cinnamomum zeylanicum

Zimt

Verträglichkeit: 1. Das Blätteröl ist aufgrund seines Zimtaldehydanteils möglicherweise reizend. Eugenol reizt die Schleimhaut, deshalb nur mit Maßen verwenden. 2. Das Rindenöl ist ein Hautgift; es reizt Haut und Schleimhäute.

Familie: *Lauraceae* **Synonym:** *Cinnamomum verum, Laurus cinnamomum,* Echter Zimt, Seychellen-Zimt, Madagaskar-Zimt, Zimtrinde (Öl)

Traditioneller Gebrauch

Alle zwei Jahre wird die Rinde der jungen Schößlinge des Zimtbaumes gesammelt, geschält und in Form von Zimtstangen ihrer Verwendung in den Küchen zugeführt. Im Osten verwendet man den Zimt seit Tausenden von Jahren bei einer Vielzahl von Beschwerden als Heilmittel, z. B. bei Erkältung, Grippe, Verdauungs- und Menstruationsbeschwerden, Rheumatismus, Nierenleiden und als allgemeines Stimulans.

gemahlener Zimt

Zimtstangen

Der tropische, immergrüne, bis 15 m hohe Baum hat starke Äste mit dicker, schuppiger Rinde; die jungen Schößlinge sind grünlich-orange gesprenkelt. Die Blätter sind grün, glänzend und ledrig, die Blüten klein und weiß, die Beeren oval und bläulich-weiß. Wenn die Blätter verletzt oder zerdrückt werden, verströmen sie einen würzigen Duft.

EXTRAKTION
Ätherisches Öl durch Wasser- oder Dampfdestillation aus 1. den Blättern und Zweigen, 2. der getrockneten inneren Rinde

EIGENSCHAFTEN
1. Gelbe bis bräunliche Flüssigkeit mit warm-würzigem, etwas strengem Geruch. 2. Blaß- bis dunkelgelbe Flüssigkeit mit süßem, warm-würzigem, trockenem, anhaltendem Geruch. Mischt sich gut mit Weihrauch, Ylang-Ylang, Apfelsine, Mandarine, Benzoe, Perubalsam und orientalischen Ölmischungen.

WIRKUNGEN
Adstringierend, anregend (Kreislauf, Herz, Atmung), antidiarrhoisch, antimikrobiell, antiseptisch, aphrodisisch, appetitanregend, blähungswidrig, blutstillend, fäulnishemmend, krampflösend, kühlend, magenstärkend, menstruationsfördernd, parasitentötend, verdauungsfördernd, wurmabtreibend

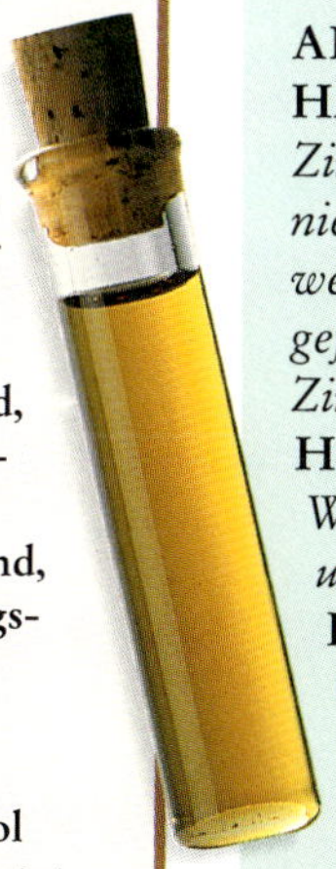

HAUPTBESTANDTEILE
1. Aus den Blättern: Eugenol (80–96 Prozent), Eugenolazetat, Zimtaldehyd (3 Prozent), Benzylbenzoat, Linalol, Safrol u. a. 2. Aus der Rinde: Zimtaldehyd (40–50 Prozent), Eugenol (4–10 Prozent), Benzaldehyd, Kuminaldehyd, Pinen, Cineol, Phellandren, Furfurol, Cymen, Linalol u. a.

AROMATHERAPIE/ HAUSGEBRAUCH
Zimtrindenöl: entfällt. «Sollte niemals auf der Haut angewendet werden (eines der gefährlichsten Öle).»[8]
Zimtblätteröl:
Hautpflege: *Krätze, Läuse, Warzen, Wespenstiche, Zahn- und Zahnfleischpflege*
Kreislauf, Muskeln und Gelenke: *schlechte Durchblutung, Rheumatismus*
Verdauungstrakt: *Appetitlosigkeit, Darminfektion, Dickdarmkatarrh, Durchfall, Krämpfe, Verdauungsstörungen*
Urogenitaltrakt: *Entbindung (wehenanregend), Frigidität, spärliche Perioden, Weißfluß, Zwischenblutungen*
Immunsystem: *Erkältungen, Grippe, Infektionskrankheiten, Schüttelfrost*
Nervensystem: *Schwächezustand, nervöse Erschöpfung und streßbedingte Beschwerden*

ANDERE ANWENDUNGEN
Sowohl Rinden- als auch Blätteröl werden wegen ihres Duftes und ihrer therapeutischen Eigenschaften in Nasensprays, Hustensirup und zahnmedizinischen Präparaten verwendet. Das Blätteröl wird auch in Seifen, Kosmetika und Parfüms gebraucht. Beide Öle spielen auch eine Rolle als Geschmacksstoffe in Nahrungsmitteln, alkoholischen und anderen Getränken.

HERKUNFT
Der Zimt ist auf Sri Lanka (Ceylon), Madagaskar, den Komoren, in Südindien, Burma und Indochina heimisch. Er wird auch in Indien, Jamaika und Afrika kultiviert.

ANDERE ARTEN
Der madagassische Zimt gilt als den verschiedenen anderen Arten überlegen, z. B. Saigon-Zimt (C. loureirii) *und Batavia-Zimt* (C. burmanii).

Cistus ladaniferus

Zistrose

Verträglichkeit: Im allgemeinen ungiftig, nicht reizend. Während der Schwangerschaft meiden.

Familie: *Cistaceae* **Synonyme:** Labdanum

Traditioneller Gebrauch

Die Zistrose liefert eine aromatische Substanz, die bereits in der Antike geschätzt war. Ihr Gummi wurde früher zur Behandlung von Katarrh, Durchfall und Ruhr verwendet, aber auch zur Förderung der Menstruation; äußerlich nahm man es als Pflaster und Auflage. Das Öl aus der nahe verwandten Frostwurz *(Helianthemum canadense)*, die auch unter dem Namen Cistus bekannt ist, soll u. a. bei skrofulösen Hauterkrankungen, bei Geschwüren und Tumoren einschließlich Krebs von Nutzen sein.

Ein kleiner, klebriger Strauch bis 3 m Höhe mit lanzettförmigen Blättern, deren Unterseite weiß und flauschig ist; die Blüten sind duftend und weiß. Zistrosen-Gummi, eine dunkelbraune, feste Masse, ist ein natürliches Oleoresin, das durch Kochen des Pflanzenmaterials in Wasser gewonnen wird.

AROMATHERAPIE/ HAUSGEBRAUCH

Hautpflege: *Falten, reife Haut*
Atemwege: *Bronchitis, Husten, Schnupfen*
Immunsystem: *Erkältungen*

ANDERE ANWENDUNGEN

Als Fixiermittel oder Duftstoff in Lotionen, Pudern, Seifen, Reinigungsmitteln und Parfüms, besonders in orientalischen Parfüms und Aftershaves. In vielen Nahrungsmitteln, besonders in Fleischprodukten, aber auch in alkoholischen und anderen Getränken verwendet.

HERKUNFT

In den gebirgigen Regionen rund um das Mittelmeer und im Nahen Osten heimisch. Heute überall ums Mittelmeer zu finden, besonders in Südfrankreich, Spanien, Portugal, Griechenland, Marokko, Zypern und im früheren Jugoslawien. Das Öl wird hauptsächlich in Spanien produziert.

ANDERE ARTEN

Zistrosen-Gummi wird auch aus anderen Cistus-Arten gewonnen, besonders von C. incanus *und anderen Unterarten.*

EXTRAKTION

1. Ein Harz- oder Resinoid-Concrète und -Absolue durch Lösungsmittelextraktion aus dem rohen Gummi. 2. Ein ätherisches Öl durch Dampfdestillation aus dem rohen Gummi, dem Absolue oder direkt aus den Blättern und Zweigen der Pflanze.

EIGENSCHAFTEN

1. Das Absolue ist eine halbfeste, grüne oder bernsteinfarbene Masse mit starkem, süßem, krautig-balsamischem Geruch. 2. Das Öl ist eine dunkelgelbe oder bernsteinfarbene zähe Flüssigkeit mit einem warmen, süßen, trocken-krautigen, moschusähnlichen Duft. Mischt sich gut mit Eichenmoos, Muskatellersalbei, Kiefer, Wacholder, Kalmus, Opopanax, Lavendel, Lavandin, Bergamotte, Zypresse, Vetiver, Sandelholz, Patschuli, Weihrauch, Marokkanischer Kamille und orientalischen Basisölen.

WIRKUNGEN

Adstringierend, antimikrobiell, antiseptisch, balsamisch, hustenreizlindernd, menstruationsfördernd, schleimlösend, stärkend

HAUPTBESTANDTEILE

Enthält mehr als 170 Pinene, darunter Camphen, Sabinen, Myrcen, Phellandren, Limonen, Cymen, Cineol, Borneol, Geraniol, Fenchon u. a. Die genaue Zusammensetzung ist von der Herkunft der Pflanze abhängig.

Cistus ladaniferus

Citrus aurantifolia

Limette

Verträglichkeit: Ungiftig, nicht reizend. Das aus der Schale gepreßte Öl ist phototoxisch, jedoch nicht das dampfdestillierte Öl aus der ganzen Frucht.

Familie: *Rutaceae* **Synonyme:** *Citrus medica var. acida, Citrus latifolia*

Traditioneller Gebrauch

Die Frucht wird oft statt Zitronen verwendet, mit denen sie viele Eigenschaften gemein hat. Hilft ähnlich wie diese bei Fieber, Infektionen, Halsschmerzen, Erkältungen usw. Früher wurde sie zusammen mit Pepsinglyzerin als Heilmittel bei Verdauungsstörungen genommen.

EXTRAKTION
Ätherisches Öl durch 1. Kaltpressung aus der Schale der unreifen Frucht; dieses ausgepreßte Öl wird in der Parfümindustrie bevorzugt; 2. Dampfdestillation der ganzen, reifen, zerkleinerten Frucht (einem Nebenprodukt aus der Saftindustrie).

EIGENSCHAFTEN
1. Blaßgelbe oder olivgrüne Flüssigkeit von frischem, süßem Zitronenschalenduft. 2. Wasserhelle oder blaßgelbe Flüssigkeit mit frischem, scharfem, zitrusfruchtigem Duft. Mischt sich gut mit Neroli, Zitronelle, Lavendel, Lavandin, Rosmarin, Muskatellersalbei und anderen Zitrusölen.

WIRKUNGEN
Antirheumatisch, antiseptisch, antiskorbutisch, antiviral, appetitanregend, bakterizid, fiebersenkend, stärkend, wiederherstellend

HAUPTBESTANDTEILE
Limonen, Pinene, Camphen, Sabinen, Citral, Cymen, Cineole, Linalol u. a. Das kaltgepreßte Schalenöl, nicht jedoch das Destillat aus der ganzen Frucht, enthält auch Kumarine.

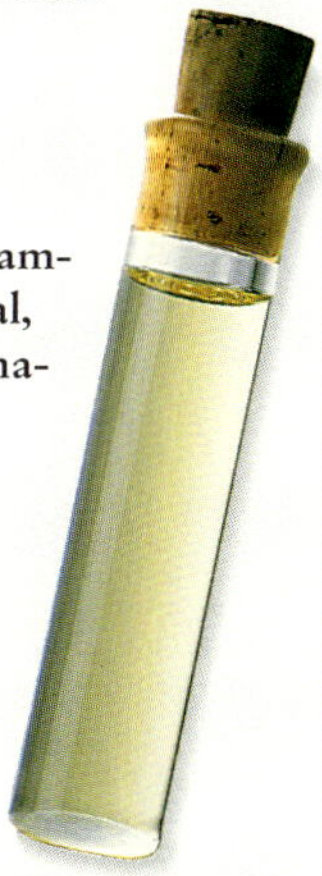

Ein kleiner, immergrüner, bis 4,5 m hoher Baum mit harten spitzen Stacheln, weichen, ovalen Blättern und kleinen, weißen Blüten. Die bittere Frucht ist von hellgrüner Farbe, etwa halb so groß wie eine Zitrone.

AROMATHERAPIE/ HAUSGEBRAUCH

Hautpflege: *Akne, Anämie, brüchige Nägel, fettige Haut, Frostbeulen, Furunkel, Herpes, Hornhaut, Insektenstiche, Krampfadern, Mitesser, Mundschleimhautgeschwüre, Schnittverletzungen, Warzen*
Kreislauf, Muskeln und Gelenke: *Arthritis, Bluthochdruck, Korpulenz, Nasenbluten, Rheumatismus, schlechte Durchblutung, Zellulitis*
Atemwege: *Asthma, Bronchitis, Halsinfektionen, Katarrh*
Verdauungstrakt: *Verdauungsstörungen*
Immunsystem: *Erkältungen, Fieber, Grippe, Infektionen*

ANDERE ANWENDUNGEN

Beide Öle, vor allem aber das aus der Schale kalt gepreßte, werden als Duftstoffe in Seifen, Reinigungsmitteln, Kosmetika und Parfüms benutzt. Das destillierte Öl, vor allem aber die terpenfreie Form, wird Nahrungsmitteln zugesetzt, besonders alkoholfreien Getränken, die so den Zitronen- und Limettengeschmack erhalten. Der Limettensaft wird zur Gewinnung von Zitronensäure gebraucht.

HERKUNFT

Die Limette stammt vermutlich aus Südasien, inzwischen ist sie in vielen tropischen und subtropischen Regionen verbreitet. Kultiviert wird sie heute vor allem im südlichen Florida, in Kuba, Mexiko und Italien.

ANDERE ARTEN

Es gibt mehrere Limetten-Arten, z. B. die Italienische Limette (C. limetta), *aus der ebenfalls ein Öl gewonnen wird, und die* C. hystrix, *die das gelegentlich gebrauchte Combava-Öl liefert.*

Citrus aurantium var. amara

Bitterorange

Verträglichkeit: Phototoxisch, ansonsten allgemein ungiftig, nicht reizend. Der chemische Bestandteil Limonen kann in Einzelfällen bei Hautkontakt zu einer Dermatitis führen.

Familie: *Rutaceae* **Synonyme:** *Citrus vulgaris, Citrus bigaradia,* Pomeranze

Traditioneller Gebrauch

«Apfelsinen und Zitronen stärken das Herz, sind gut zur Verflüssigung des Blutes und heilsam bei Herzklopfen, Gelbsucht, Blutungen, Sodbrennen usw. Sie sind ein sehr starkes Mittel gegen Skorbut, ob man sie innerlich oder äußerlich anwendet.»[9] Die getrockneten Schalen der Bitterorange werden zur allgemeinen Stärkung, gegen Blähungen und bei der Behandlung von Verdauungsstörungen verwendet.
Die chinesische Medizin setzt die getrocknete Bitterorange und gelegentlich ihre Schale bei der Behandlung von Gebärmutter- oder Aftervorfällen sowie bei Durchfall und Blut im Stuhl ein.

Ein immergrüner, bis 10 m hoher Baum, mit dunkelgrünen, glänzenden, ovalen Blättern mit hellerer Unterseite sowie mit langen, aber nicht sehr spitzen Stacheln. Die Rinde an Stamm und Ästen ist gräulich und glatt, die weißen Blüten duften stark. Die Früchte sind kleiner und dunkler als die Apfelsinen. Der Bitterorangenbaum ist bekannt für seine Widerstandskraft gegen Krankheiten, und so wird er oft als Pfropfstamm für andere Zitrusbäume, etwa die Apfelsine, benutzt.

Citrus aurantium var. amara

EXTRAKTION
Ätherisches Öl durch manuelle oder maschinelle Kaltpressung der äußeren Schale der fast reifen Frucht; ein terpenfreies Öl wird ebenfalls hergestellt. Die Blätter werden zur Gewinnung von Petitgrain-Öl verwendet, die Blüten für Neroli-Öl.

EIGENSCHAFTEN
Dunkel- oder bräunlichgelbe, dünne Flüssigkeit von frischem, trockenem, fast blumigem Geruch mit einem starken süßen Unterton

WIRKUNGEN
Adstringierend, antiseptisch, bakterizid, beruhigend (mild), blähungswidrig, entzündungshemmend, fungizid, galletreibend, magenstärkend

HAUPTBESTANDTEILE
Mehr als 90 Prozent Monoterpene: hauptsächlich Limonen, Myrcen, Camphen, Pinen, Ocimen, Cymen und kleine Mengen Alkohole, Aldehyde und Ketone

AROMATHERAPIE/ HAUSGEBRAUCH
Siehe Apfelsine

ANDERE ANWENDUNGEN
Gebraucht in einigen Magen-, Abführ- und Flatulenz-präparaten. Als Duftstoff in Seifen, Reinigungsmitteln, Kosmetika und Parfüms eingesetzt. Reichlich verwendet als Geschmacksstoff in Likören und alkoholfreien Getränken. Auch als Ausgangsmaterial zur Isolation von natürlichem Limonen genutzt.

HERKUNFT
Die Bitterorange ist im Fernen Osten (bes. in China) heimisch, hat sich aber mittlerweile auch an das Klima des Mittelmeerraumes angepaßt. Sie wächst reichlich in den USA in Israel und Südamerika. Das Öl wird hauptsächlich in Spanien, Guinea, Westindien, Italien, Brasilien und den USA gewonnen.

ANDERE ARTEN
Es gibt je nach Standort zahlreiche verschiedene Arten; die Öle aus Spanien und Guinea gelten als besonders gut.

Citrus aurantium var. amara

Orangenblüte

Verträglichkeit: ungiftig, nicht reizend, nicht phototoxisch

Familie: *Rutaceae* **Synonyme:** *Citrus vulgaris, Citrus bigaradia,* Neroli, Neroli bigarade

Traditioneller Gebrauch

Dieses Öl wurde nach der Prinzessin von Nerola (Italien) benannt, die es als Parfüm benutzte. Orangenblüten spielten in Volksbräuchen so manche Rolle; als Bestandteil des Brautstraußes dienten sie dazu, die nervöse Anspannung zu lockern, bevor das Paar sich zur Hochzeitsnacht zurückzog.

Immergrüner Baum bis 10 m Höhe mit glänzenden dunkelgrünen Blättern und duftenden weißen Blüte.

AROMATHERAPIE/ HAUSGEBRAUCH

Hautpflege: *Besenreiser, Schwangerschaftsstreifen, Falten, Narben, strafft den Teint*
Kreislauf, Muskeln und Gelenke: *Herzklopfen, schlechte Durchblutung*
Verdauungstrakt: *Blähungen, Durchfall (chronisch), Krämpfe, Verdauungsstörungen*
Nervensystem: *Angst, Niedergeschlagenheit, Prämenstruelles Syndrom, Schock, streßbedingte Beschwerden. «Ich finde, die mit Abstand wichtigste Indikation von Neroli sind Probleme emotionellen Ursprungs.»*[10]

ANDERE ANWENDUNGEN

Neroli-Öl und Orangenblütenwasser werden als Duftstoffe in pharmazeutischen Präparaten eingesetzt. Das Absolue wird viel in hochwertigen Parfüms gebraucht, aber auch als Fixiermittel. Das Öl wird häufig in Eau de Cologne und Eau de Toilette gemischt. In begrenztem Maße dient es auch als Geschmacksstoff in Nahrungsmitteln und Getränken.

HERKUNFT

Die Orange ist im Fernen Osten heimisch, hat sich aber auch dem Mittelmeerklima angepaßt. Das Öl wird in Italien, Tunesien, Marokko, Ägypten, den USA und besonders in Frankreich gewonnen.

ANDERE ARTEN

Die Apfelsine (C. aurantium var. dulcis) *dient ebenfalls der Gewinnung eines Absolue und eines Öls mit dem Namen Neroli Portugal oder Neroli Petalae; ihr Duft ist jedoch schwächer, ihre Qualität wird weniger geschätzt.*

EXTRAKTION

1. Concrète und Absolue werden durch Lösungsmittelextraktion aus den frisch gepflückten Blüten gewonnen. 2. Ein ätherisches Öl wird durch Dampfdestillation aus den frisch gepflückten Blüten gewonnen. Ein Orangenblütenwasser und ein Absolue gehen als Nebenprodukt aus dem Destillationsprozeß hervor.

EIGENSCHAFTEN

1. Das Absolue ist eine dunkelbraune oder orangefarbige, zähe Flüssigkeit mit einem frischen, feinen, aber starken, warmen, süßblumigen Duft, der sehr natürlich wirkt. Es mischt sich gut mit Jasmin, Benzoe, Myrrhe und allen Zitrusölen. 2. Das Öl ist eine blaßgelbe (mit der Zeit dunkler werdende), dünne Flüssigkeit mit einem leichten, süßblumigen Duft und einer terpenähnlichen Obernote. Es mischt sich gut mit praktisch allen Ölen: Kamille, Koriander, Geranie, Benzoe, Muskatellersalbei, Jasmin, Lavendel, Rose, Ylang-Ylang, Zitrone und anderen Zitrusölen.

WIRKUNGEN

Anregend (Nerven), antidepressiv, antiseptisch, aphrodisisch, bakterizid, blähungswidrig, desodorierend, fungizid, krampflösend, narbenbildungsfördernd, schlaffördernd (mild), stärkend, verdauungsfördernd

HAUPTBESTANDTEILE

Linalol (etwa 34 Prozent), Linalylazetat (6–17 Prozent), Limonen (etwa 15 Prozent), Pinen, Nerolidol, Geraniol, Nerol, Methylanthranilat, Indol, Citral, Jasmon u. a.

Citrus aurantium var. amara

Petitgrain

Verträglichkeit: ungiftig, nicht reizend, nicht phototoxisch

Familie: *Rutaceae* **Synonyme:** *Citrus bigaradia,* Petitgrain bigarade (Öl), Petitgrain Paraguay (Öl); siehe auch Bitterorange

Traditioneller Gebrauch

Früher wurde das Öl aus den grünen, unreifen Orangen extrahiert, als diese noch kaum mehr als kirschengroß waren; daher stammt der Name Petitgrain («kleine Körner»). Petitgrain ist ein klassischer Bestandteil eines Eau de Cologne.

Das Petitgrain-Öl wird aus den Blättern und Zweigen des gleichen Baumes gewonnen, der auch Bitterorangen- und Orangenblütenöl liefert; siehe Bitterorange und Orangenblüte.

Petitgrain-Blätter

frisches Petitgrain

EXTRAKTION
Ätherisches Öl durch Dampfdestillation aus den Blättern und Zweigen. Ein Orangen-«Blätter-und-Blüten»-Wasser-Absolue wird ebenfalls hergestellt und ist unter der Bezeichnung *Petitgrain sur fleurs* im Handel.

EIGENSCHAFTEN
Blaßgelbe bis bernsteinfarbene Flüssigkeit mit frisch-blumigem Zitrusduft und einem holzig-krautigen Unterton. Mischt sich gut mit Rosmarin, Lavendel, Geranie, Bergamotte, Bitterorange, Orangenblüte, Zistrose, Eichenmoos, Muskatellersalbei, Jasmin, Benzoe, Palmarosa, Gewürznelke und Balsamen.

WIRKUNGEN
Anregend (Verdauung, Nerven), antiseptisch, desodorierend, kräftigend, krampflösend, magenstärkend, nervenstärkend, verdauungsfördernd

HAUPTBESTANDTEILE
40–80 Prozent Ester: hauptsächlich Linalylazetat und Geranylazetat, aber auch Linalol, Nerol, Terpineol, Geraniol, Nerolidol, Farnesol, Limonen u. a.

AROMATHERAPIE/ HAUSGEBRAUCH
Hautpflege: *Akne, exzessive Schweißbildung, fettige Haut, fettige Haare, Tönung*
Verdauungstrakt: *Blähungen, Verdauungsstörung*
Nervensystem: *Rekonvaleszenz, Schlaflosigkeit, nervöse Erschöpfung und streßbedingte Beschwerden*

ANDERE ANWENDUNGEN
Reichlich gebraucht als Duftstoff in Seifen, Reinigungsmitteln, Kosmetika und Parfüms (manchmal anstelle von Orangenblüte). Als Geschmacksstoff in vielen Nahrungsmitteln (besonders in Konfekt), in alkoholischen und anderen Getränken.

HERKUNFT
In China und Nordwestindien heimisch. Das Petitgrain bester Qualität kommt aus Frankreich, gutes Öl wird aber auch in Nordafrika, Paraguay und Haiti von halbwild wachsenden Bäumen gewonnen.

Citrus aurantium var. amara

ANDERE ARTEN
In kleinen Mengen wird auch ein Petitgrain aus Blättern, Zweigen und kleinen, unreifen Früchten der Zitrone, der Apfelsine, der Mandarine und der Bergamotte hergestellt.

Citrus bergamia

Bergamotte

Familie: *Rutaceae* **Synonyme:** *Citrus aurantium subsp. bergamia,* Bergamottzitrone

Verträglichkeit: Bestimmte Furokumarine, namentlich Bergapten, erwiesen sich in der Konzentration und selbst in Verdünnung noch nach einiger Zeit als phototoxisch. Äußerste Vorsicht ist deshalb bei Anwendungen auf der Haut geboten, solange kein Ersatz aus rektifiziertem oder «bergapten-freiem» Öl verwendet wird. Ansonsten ungiftig und kaum reizend.

Traditioneller Gebrauch

Die Pflanze erhielt ihren Namen von der italienischen Stadt Bergamo in der Lombardei. Das Öl war in der italienischen Volksheilkunde über viele Jahre hinweg in Gebrauch, in erster Linie gegen Fieber (einschließlich Malaria) und Würmer. Jüngere italienische Forschungen zeigen, daß Bergamottöl ein breites Anwendungsspektrum hat und sich als besonders nützlich erweist für Mund, Haut, Atem- und Harnwege.

frische Bergamotte

Ein kleiner, etwa 4–5 m hoher Baum mit glatten, ovalen Blättern und kleinen, runden Früchten, die im Laufe ihres Reifungsvorgangs gelb werden; ihr Aussehen erinnert an Miniatur-Orangen.

EXTRAKTION
Ätherisches Öl durch Kaltpressung aus der Schale der fast reifen Frucht. Ein rektifiziertes oder terpenfreies Öl wird durch Vakuumdestillation oder Lösungsmittelextraktion gewonnen.

EIGENSCHAFTEN
Hellgrünlich-gelbe Flüssigkeit mit frischem, süß-fruchtigem, leicht würzig-balsamischem Unterton. Mit zunehmender Reife nimmt sie eine bräunlich-olive Färbung an. Mischt sich gut mit Lavendel, Neroli, Jasmin, Zypresse, Geranie, Zitrone, Kamille, Wacholder, Koriander und Veilchen.

WIRKUNGEN
Abführend, anregend, antidepressiv, antiseptisch (Atemwege, Urogenitaltrakt), antitoxisch, blähungswidrig, desodorierend, durchblutungsfördernd, fiebersenkend, harntreibend, krampflösend, magenstärkend, parasitentötend, schmerzlindernd, stärkend, verdauungsfördernd, wundheilend, wurmabtreibend

HAUPTBESTANDTEILE
Mehr als 300 chemische Verbindungen soll dieses Öl enthalten, darunter hauptsächlich Linalylazetat (30–60 Prozent), Linalol (11–22 Prozent) und andere Alkohole, Sesquiterpene, Terpene, Alkane und Furokumarine (inkl. 0,3–0,39 Prozent Bergapten).

AROMATHERAPIE/ HAUSGEBRAUCH
Hautpflege: *Akne, Ekzem, fettige Haut, Flecken, Furunkel, Insektenabwehr, Insektenstiche, Krampfadergeschwüre, Krätze, Lippenherpes, Psoriasis, Wunden*
Atemwege: *Halsschmerzen, Mandelentzündung, Mundgeruch, Mundschleimhautinfektionen*
Verdauungstrakt: *Appetitverlust, Blähungen*
Urogenitaltrakt: *Blasenentzündung, Juckreiz, Pilzinfektion, Weißfluß*
Immunsystem: *Erkältung, Fieber, Grippe, Infektionskrankheiten*
Nervensystem: *Angst, Niedergeschlagenheit, streßbedingte Beschwerden; erfrischende und aufbauende Wirkung*

ANDERE ANWENDUNGEN
Reichlich gebraucht als Duftstoff und (weniger) als Fixiermittel in Kosmetika, Toilettenartikeln, Sonnencremes und Parfüms. Viel gebraucht in Nahrungsmitteln und Getränken, besonders in Earl-Grey-Tee.

HERKUNFT
Im tropischen Asien heimisch. Wird in großem Umfang in Kalabrien (Süditalien) angebaut, auch in Plantagen an der Elfenbeinküste.

ANDERE ARTEN
Nicht zu verwechseln mit dem Bergamotte-Kraut (Monarda didyma).

Citrus limonum

Zitrone

Verträglichkeit: Ungiftig; kann Hautreizung oder -entzündung verursachen, daher mit Maß zu gebrauchen. Behandelte Hautpartie nicht direktem Sonnenlicht aussetzen.

Familie: *Rutaceae* **Synonyme:** Cedro-Öl, Limonenbaum

Traditioneller Gebrauch

Zitronensaft und -schale werden in der Küche viel verwendet. Die Frucht ist sehr nahrhaft und enthält reichlich Vitamin A, B und C. In Spanien und anderen europäischen Ländern gilt die Zitrone als eine Art Allheilmittel, besonders bei Infektionskrankheiten. Sie wurde bei Fieberkrankheiten wie Malaria und Typhus eingesetzt, besonders wichtig aber war sie als Mittel gegen die Vitaminmangelkrankheit Skorbut.
Der innerlich angewendete Saft der Zitrone gilt als unverzichtbares Heilmittel bei Übersäuerungskrankheiten wie Arthritis und Rheumatismus und ist eine große Hilfe bei Ruhr und Stauungsleber.

Zitronenblatt *Zitronenschale*

Ein kleiner, bis 6 m hoher, immergrüner Baum mit gezahnten Blättern, festen Dornen und stark duftenden Blüten. Die grüne Frucht wird mit zunehmender Reife gelb.

AROMATHERAPIE/ HAUSGEBRAUCH

Siehe Limette

ANDERE ANWENDUNGEN

Als Geschmacksstoff in pharmazeutischen Präparaten. Reichlich gebraucht als Duftstoff in Seifen, Reinigungsmitteln, Kosmetika und Parfüms. Reichlich verwendet von der Nahrungsmittelindustrie in den meisten Produktsparten einschließlich alkoholischen und anderen Getränken.

HERKUNFT

In Asien, vermutlich Ostindien, heimisch. Heute wildwachsend im Mittelmeerraum, besonders in Spanien und Portugal. Wird weltweit intensiv angebaut, besonders in Italien, Sizilien, Zypern, Guinea, Israel, Süd- und Nordamerika.

ANDERE ARTEN

Es gibt etwa siebenundvierzig Sorten, die durch Zucht entstanden sein sollen, darunter die Java-Zitrone (C. javanica). *Die Zitrone ist eng verwandt mit der Limette und der Bergamotte.*

EXTRAKTION

Ätherisches Öl durch Kaltpressung aus der äußeren Schicht der frischen Schale. Ein terpenfreies Öl (Cedro-Öl) wird in großen Mengen hergestellt.

EIGENSCHAFTEN

Hellgrünlich-gelbe (mit zunehmender Reife mehr bräunlich-olive) Flüssigkeit mit leichtem, frischem Zitrusduft. Mischt sich gut mit Lavendel, Neroli, Ylang-Ylang, Rose, Sandelholz, Weihrauch, Kamille, Benzoe, Fenchel, Geranie, Eukalyptus, Wacholder, Eichenmoos, Lavandin, Elemi, Zistrose und anderen Zitrusölen.

WIRKUNGEN

Adstringierend, antianämisch, antimikrobiell, antirheumatisch, antiseptisch, antisklerotisch, antiskorbutisch, antitoxisch, bakterizid, blähungswidrig, blutdrucksenkend, blutreinigend, blutstillend, durchblutungsfördernd, fiebersenkend, fördert weiße Blutkörperchen, harntreibend, insektizid, krampflösend, narbenbildungsfördernd, schweißtreibend, stärkend, wurmabtreibend

HAUPTBESTANDTEILE

Limonen (etwa 70 Prozent), Terpinen, Pinene, Sabinen, Myrcen, Citral, Linalol, Geraniol, Octanol, Nonanol, Citronellal, Bergamoten u. a.

Citrus limonum

Citrus reticulata

Mandarine

Verträglichkeit: Ungiftig, reizlos, nicht sensibilisierend. Möglicherweise phototoxisch (nicht eindeutig bewiesen).

Familie: *Rutaceae* **Synonyme:** *Citrus nobilis, Citrus madurensis, Citrus unshiu, Citrus deliciosa,* Tangerine, Satsuma

Traditioneller Gebrauch

Der Name stammt von der Frucht, die traditionell den Mandarinen in China überreicht wurde. In Frankreich wird sie als eine ungefährliche Arznei für Kinder bei Magenverstimmung, Schluckauf usw., bei Älteren zur Stärkung und Unterstützung von Verdauungsfunktionen und Leber geschätzt.

EXTRAKTION

Ätherisches Öl durch Kaltpressung aus der äußeren Schale. In geringen Mengen wird durch Dampfdestillation der Blätter und Zweige auch ein Mandarinen-Petitgrainöl produziert.

EIGENSCHAFTEN

Mandarinenöl ist eine gelb-orange, dünne Flüssigkeit mit blauviolettem Stich und einem intensiv süßen, fast blumigen Zitrusduft. Mischt sich gut mit anderen Zitrusölen (besonders Neroli) und mit Gewürzölen wie Muskat, Zimt und Gewürznelke. Tangerinenöl ist eine orange, dünne Flüssigkeit mit frischem, orangenähnlichem Aroma. Es hat weniger Körper als Mandarinenöl und wird in der Parfümindustrie kaum gebraucht.

WIRKUNGEN

Abführend (mild), anregend (Verdauung und Lymphe), antiseptisch, beruhigend, blähungswidrig, harntreibend (mild), krampflösend, stärkend, verdauungsfördernd

HAUPTBESTANDTEILE

Limonen, Methylanthranilat, Geraniol, Citral, Citronellal u. a.

Ein kleiner, immergrüner Baum bis 6 m Höhe mit glänzenden Blättern, duftenden Blüten und fleischigen Früchten. Die Tangerine ist größer und runder als die Mandarine und hat, wie die ursprüngliche chinesische Art, eine hellere Schale.

AROMATHERAPIE/ HAUSGEBRAUCH

Hautpflege: *Akne, Schwangerschaftsstreifen, Pickel, gestaute und fettige Haut, Narben*
Kreislauf, Muskeln und Gelenke: *Wasseransammlungen, Korpulenz*
Verdauungstrakt: *Darmbeschwerden, Schluckauf, Verdauungsprobleme, Verdauungsstörungen*
Nervensystem: *Schlaflosigkeit, nervöse Spannung, Ruhelosigkeit. Wird oft Kindern und Schwangeren gegeben und in synergistischen Kombinationen mit anderen Zitrusölen empfohlen.*

ANDERE ANWENDUNGEN

Mandarinenöl wird in Seifen, Kosmetika und Parfüms verwendet. Als Geschmacksstoff wird es besonders in Konfekt, Getränken und Likören eingesetzt.

HERKUNFT

Die Mandarine ist in Südchina und im Fernen Osten heimisch. 1805 wurde sie nach Europa gebracht, vierzig Jahre später in die USA, wo sie den Namen Tangerine erhielt. Heute wird sie hauptsächlich in Italien, Spanien, Algerien, Zypern, Griechenland, im Nahen Osten und Brasilien produziert, die Tangerine in Texas, Florida, Kalifornien und Guinea.

ANDERE ARTEN

Es gibt viele Zuchtformen dieser Art: Die Bezeichnungen Tangerine (C. reticulata) *und Mandarine werden fast synonym gebraucht, ebenso der Name Satsuma. Man könnte sagen, sie repräsentieren verschiedene Chemotypen, da die Öle recht unterschiedlich sind.*

Citrus sinensis

Apfelsine

Verträglichkeit: Allgemein ungiftig, obwohl der Verzehr großer Mengen von Orangenschalen toxisch wirkt. Nicht reizend, kann in Einzelfällen jedoch zu Dermatitis führen.

Familie: *Rutaceae* **Synonyme:** *Citrus aurantium var. dulcis, Citrus aurantium var. sinensis,* Süßorange, Chinaapfel

Traditioneller Gebrauch

In der chinesischen Medizin wird die getrocknete Apfelsinenschale zur Behandlung von Husten, Erkältungen, Appetitlosigkeit und bösartigen Brustabszessen verwendet. Li Shih-chên sagt: «Die Früchte aller Zitrusarten gelten in der chinesischen Medizin als kühlend. Die süßen Arten steigern die die Sekretion der Bronchien, die sauren fördern die Schleimlösung. Alle aber stillen den Durst, sind magenwirksam und blähungswidrig.»

Ein immergrüner Baum, kleiner als der Bitterorangenbaum, nicht so robust, mit weniger oder keinen Dornen.

EXTRAKTION

1. Ätherisches Öl durch manuelle oder maschinelle Kaltpressung der frischen, reifen oder fast reifen äußeren Schale.
2. Ätherisches Öl durch Dampfdestillation der frischen, reifen oder fast reifen äußeren Schale. Als Nebenprodukt bei der Saftgewinnung wird durch Destillation der Essenzen auch ein Öl minderer Qualität produziert. Destilliertes Apfelsinenöl oxidiert sehr rasch, deshalb werden oft schon am Herstellungsort Antioxidantien hinzugefügt. (Gelegentlich wird auch ein Öl aus den Blüten hergestellt, das unter den Bezeichnungen Neroli Portugal oder Neroli petalae angeboten wird; in geringen Mengen wird auch ein Öl aus den Blättern gewonnen.)

EIGENSCHAFTEN

1. Gelblichorange oder dunkelorange, dünne Flüssigkeit mit süßem, frisch-fruchtigem Duft. Mischt sich gut mit Lavendel, Neroli, Zitrone, Muskatellersalbei, Myrrhe, Muskat, Zimt und Gewürznelke. 2. Blaßgelbe oder farblose, dünne Flüssigkeit von süßem, fruchtigem Duft, der aber rasch verfliegt.

WIRKUNGEN

Anregend (Verdauung und Lymphe), antidepressiv, antiseptisch, bakterizid, beruhigend (Nerven), blähungswidrig, blutdrucksenkend, entzündungshemmend, fungizid, galletreibend, magenstärkend, verdauungsfördernd

HAUPTBESTANDTEILE

Mehr als 90 Prozent Monoterpene, vor allem Limonen. Das kaltgepreßte Öl enthält auch Bergapten, Auraptenol und Säuren.

AROMATHERAPIE/ HAUSGEBRAUCH

Destilliertes Apfelsinenöl ist phototoxisch. Es sollte bei direkter Sonneneinstrahlung nicht auf der Haut verwendet werden.
Hautpflege: *trüber und fettiger Teint, Mundschleimhautgeschwüre*
Kreislauf, Muskeln und Gelenke: *Herzklopfen, Korpulenz, Wasseransammlung*
Atemwege: *Bronchitis*
Verdauungstrakt: *Krämpfe, Verdauungsstörung, Verstopfung*
Immunsystem: *Erkältungen, Grippe, Schüttelfrost*
Nervensystem: *nervöse Spannung und streßbedingte Beschwerden*

ANDERE ANWENDUNGEN

Apfelsinenschalentinktur wird als Geschmacksstoff in pharmazeutischen Präparaten eingesetzt. Reichlich gebraucht als Duftstoff in Seifen, Reinigungsmitteln, Kosmetika und Parfüms sowie in der Nahrungsmittel- und Getränkeindustrie.

HERKUNFT

Der Baum stammt aus China und wird heute in großem Umfang kultiviert in den USA sowie rund um das Mittelmeer (Frankreich, Spanien, Italien). Das kaltgepreßte Öl kommt hauptsächlich aus Israel, Zypern, Brasilien und Nordamerika, das destillierte Öl aus dem Mittelmeerraum und Nordamerika.

ANDERE ARTEN

Es gibt zahlreiche Zuchtsorten der Apfelsine, z. B. Jaffa und Navel. Siehe auch Bitterorange und Orangenblüte.

Citrus x paradisi

Pampelmuse

Verträglichkeit: Ungiftig, nicht reizend, nicht phototoxisch. Geringe Haltbarkeit, Öl oxidiert rasch.

Familie: *Rutaceae* **Synonyme:** *Citrus racemosa, Citrus maxima var. racemosa,* Grapefruit

Traditioneller Gebrauch

Die Pampelmuse besitzt als Nahrungsmittel die gleichen Qualitäten wie andere Zitrusarten; sie enthält viel Vitamin C und bietet damit einen wertvollen Schutz vor Infektionen.

Der Plantagenbaum erreicht über 10 m Höhe, trägt glänzende Blätter und große, gelbe Früchte.

EXTRAKTION

Ätherisches Öl durch Kaltpressung aus der frischen Pampelmusenschale. (Etwas Öl gewinnt man auch durch Destillation aus der Schale und den nach der Entsaftung bleibenden Resten der Frucht, doch dieses Öl ist von minderer Qualität.)

EIGENSCHAFTEN

Gelbe oder grünliche, dünne Flüssigkeit mit frischem, süßem Zitrusaroma. Mischt sich gut mit Zitrone, Palmarosa, Bergamotte, Neroli, Rosmarin, Zypresse, Lavendel, Geranie, Kardamom und anderen Gewürzölen.

WIRKUNGEN

Adstringierend, anregend (Lymphe, Verdauung), antiseptisch, antitoxisch, bakterizid, blutreinigend, harntreibend, stärkend

HAUPTBESTANDTEILE

Limonen (90 Prozent), Cadinen, Paradisiol, Neral, Geraniol, Citronellal, Sinensal sowie Ester, Kumarine und Furokumarine

AROMATHERAPIE/ HAUSGEBRAUCH

Hautpflege: *Akne, fördert Haarwuchs, gestaute und fettige Haut*
Kreislauf, Muskeln und Gelenke: *Korpulenz, Muskelermüdung, Steifigkeit, Trainingsvorbereitung, Wasseransammlung, Zellulitis*
Immunsystem: *Erkältungen, Grippe, Schüttelfrost*
Nervensystem: *Niedergeschlagenheit, Kopfschmerzen, nervöse Erschöpfung*

ANDERE ANWENDUNGEN

Als Duftstoff in Seifen, Reinigungsmitteln, Kosmetika und Parfüms. Häufiger Bestandteil von Desserts, alkoholischen und anderen Getränken.

Citrus x paradisi

HERKUNFT

Der Baum ist in den asiatischen Tropen und in Westindien heimisch; heute wird er in Kalifornien, Florida, Brasilien und Israel angebaut. Das Öl wird hauptsächlich in Kalifornien produziert.

ANDERE ARTEN

C. paradisi *ist eine Kreuzung zwischen* C. maxima *und* C. sinensis. *Es gibt viele verschiedene Züchtungen wie z. B. «Duncan» in Florida.*

Commiphora erythraea

Opopanax

Verträglichkeit: Häufig gefälscht, das Öl ist teurer als die «Hirabol-Myrrhe». Das handelsübliche Resinoid ist gewöhnlich mit einem Lösungsmittel wie Myristat vermischt, weil es sonst bei Zimmertemperaturen zu fest wäre.

Familie: *Burseraceae* **Synonyme:** *Commiphora erythraea var. glabrascens*, Bisabol-Myrrhe

Traditioneller Gebrauch

Opopanax stammt von *Opopanax chironium* und soll krampflösende, schleimlösende, menstruationsfördernde und antiseptische Eigenschaften besitzen, die in Fällen von Asthma, Hysterie und Beschwerden der Bauchorgane genutzt wurden. Im Mittleren Osten wird Opopanax als Bestandteil von Räucherwerk verwendet.

Ein großer Tropenbaum, der Myrrhe ähnlich (mit der er verwandt ist). Er enthält ein natürliches Oleogummiresin in röhrenförmigen Gefäßen zwischen der Rinde und dem Holz des Stammes. Die Einheimischen schneiden Kerben in den Baumstamm, um den Ertrag zu steigern. Der Rohgummi trocknet an der Luft und bildet dunkle, braunrote, tropfenförmige Stücke von süß-holzigem, wurzelartigem Geruch.

Opopanax-Gummi

Commiphora erythraea

AROMATHERAPIE/ HAUSGEBRAUCH
Möglicherweise ähnliche Anwendungen wie Myrrhe

ANDERE ANWENDUNGEN
Gebraucht als Fixiermittel und Duftstoff in hochwertigen Parfüms. Likören verleiht es mehr Körper und einen weinähnlicheren Geschmack.

HERKUNFT
Heimisch in Ostafrika (Somalia) und Ostäthiopien, wo der Baum wild wächst. Das ätherische Öl aus dem rohen Oleogummiresin wird hauptsächlich in den USA und Europa hergestellt.

ANDERE ARTEN
Das ursprüngliche Opopanax für die Parfümindustrie wurde aus einer Pflanze (Opopanax chironium *oder* Pastinaca opopanax) *gewonnen, die der Pastinake aus der Familie der Umbelliferae ähnelt und aus der Levante, dem Sudan und Arabien stammt. Das Oleogummiresin wurde gewonnen, indem man den Stamm an der Basis einschnitt; er sondert rötlichgelbe Tränen ab, die einen starken wurzeligen, an Pastinake oder Sellerie erinnernden Geruch haben. Diese Art von Opopanax ist heute nicht mehr erhältlich und wurde durch ein Öl ersetzt, das unter dem Namen «Bisabol-Myrrhe» im Handel ist. Nicht zu verwechseln mit* Cassie (Acacia farnesiana), *deren Öl ebenfalls Opopanax genannt wird!*

EXTRAKTION
1. Ätherisches Öl durch Dampf- oder Wasserdestillation aus dem rohen Oleogummiresin. 2. Resinoid durch Lösungsmittelextraktion aus dem rohen Oleogummiresin.

EIGENSCHAFTEN
1. Orange, gelbe oder olivgrüne Flüssigkeit von süß-balsamischem, würzigem, warmem, animalischem Geruch (enthält keine medizinisch wirkende Note wie die Myrrhe). Verharzt bei Luftkontakt. 2. Feste, dunkle Masse von warmem, süß-balsamischem, wurzelähnlichem Geruch. Mischt sich gut mit Muskatellersalbei, Koriander, Zistrose, Bergamotte, Myrrhe, Weihrauch, Vetiver, Sandelholz, Patschuli, Mimose, Tannennadel und Neroli.

WIRKUNGEN
Antiseptisch, balsamisch, krampflösend, schleimlösend

HAUPTBESTANDTEILE
Das Rohmaterial enthält Harze, Gummis (50–80 Prozent) und ätherische Öle (10–20 Prozent), besonders das Sesquiterpen, «Bisabolen» und Sesquiterpenalkohole.

Commiphora myrrha

Myrrhe

Verträglichkeit: Nicht reizend, in hoher Konzentration möglicherweise giftig. Während der Schwangerschaft nicht verwenden.

Familie: *Burseraceae* **Synonyme:** *Balsamodendron myrrha,* Hirabol-Myrrhe

Traditioneller Gebrauch

In China wird Myrrhe bei Arthritis, Menstruationsstörungen, Hautschürfungen und Hämorrhoiden verwendet. Im Westen spricht man von ihren «öffnenden, wärmenden, trocknenden» Eigenschaften und empfiehlt sie bei Asthma, Husten, Schnupfen, Katarrh, Halsschmerzen, schlechten Zähnen und Zahnfleisch, Geschwüren und Hautverletzungen. Myrrhe wurde auch zur Behandlung von Aussatz verwendet.

Die Myrrhe absondernden Commiphoren sind Sträucher oder kleine Bäume bis 10 m Höhe mit knotigen Zweigen, dreiblättrigen, duftenden Blättern und weißen Blüten.

rohe Myrrhe

AROMATHERAPIE/ HAUSGEBRAUCH

Hautpflege: *Ekzem, Falten, Fußpilz, rissige und aufgesprungene Haut, Tinea (Fadenpilzerkrankung), Wunden*

Kreislauf, Muskeln und Gelenke: *Arthritis*

Atemwege: *Asthma, Bronchitis, Halsschmerzen, Husten, Katarrh, Mundinfektionen, Zahnfleischentzündung*

Verdauungstrakt: *Appetitverlust, Blähungen, Durchfall, Hämorrhoiden, Verdauungsstörung*

Urogenitaltrakt: *Amenorrhö, Juckreiz, Pilzinfektion, Weißfluß*

Immunsystem: *Erkältungen*

ANDERE ANWENDUNGEN

Öl, Resinoid und Tinktur finden in pharmazeutischen Produkten, aber auch in der Zahnheilkunde Verwendung. Öl und Resinoid werden als Fixiermittel und Duftstoffe Seifen, Reinigungsmitteln, Kosmetika und Parfüms zugesetzt, besonders orientalischen und schweren, blumigen Düften. Als Geschmacksstoffe sind sie in vielen Nahrungsmitteln und Getränken enthalten.

HERKUNFT

Die Commiphoren sind in Nordostafrika und Südwestasien heimisch, besonders in der Region um das Rote Meer.

ANDERE ARTEN

Es gibt mehrere Commiphoren-Arten, die Myrrhe-Oleoresin absondern: die Afrikanische oder Somali-Myrrhe (C. molmol) *und die Arabische oder Jemenitische Myrrhe* (C. abyssinica). *Bisabol-Myrrhe oder Opopanax* (C. erythraea) *gehört zur gleichen Familie.*

EXTRAKTION

1. Resinoid (und Harz-Absolue) durch Lösungsmittelextraktion aus der rohen Myrrhe. 2. Ätherisches Öl durch Dampfdestillation aus der rohen Myrrhe.

EIGENSCHAFTEN

1. Das Resinoid ist eine dunkelrotbraune, zähe Masse von warmem, starkem, würzig-balsamischem Geruch. Sie ist bei Zimmertemperatur nicht gießbar, deshalb wird manchmal ein Lösungsmittel wie Diäthylphthalat hinzugefügt. 2. Das ätherische Öl ist eine blaßgelbe bis bernsteinfarbene, ölige Flüssigkeit von warmem, süß-balsamischem, leicht würzig-medizinischem Geruch. Mischt sich gut mit Weihrauch, Sandelholz, Benzoe, Eichenmoos, Zypresse, Wacholder, Mandarine, Geranie, Patschuli, Thymian, Minze, Lavendel, Kiefer und Gewürzölen.

WIRKUNGEN

Adstringierend, anregend (Verdauung, Lungen), antimikrobiell, antiseptisch, balsamisch, beruhigend, blähungswidrig, entzündungshemmend, fungizid, gegen Katarrh wirkend, magenstärkend, menstruationsfördernd, narbenbildungsfördernd, schleimlösend, stärkend, uteruswirksam, vitalisierend, wundheilend

HAUPTBESTANDTEILE

Die rohe Myrrhe enthält Harze, Gummi und etwa 8 Prozent ätherisches Öl. Dieses wiederum besteht hauptsächlich aus Heerabolen, Limonen, Dipenten, Pinen, Eugenol, Zimtaldehyd, Kuminaldehyd, Cadinen u. a.

Copaifera officinalis

Copaibabalsam

Verträglichkeit: Relativ ungiftig, kann zu Hautreizungen führen. Hohe Dosen führen zu Erbrechen und Durchfall.

Familie: *Fabaceae (Leguminosae)* **Synonyme:** Copahu-Balsam, Copaiba, Copaiva, Jesuiten-Balsam, Parabalsam

Traditioneller Gebrauch

Seit Jahrhunderten in Europa zur Behandlung von chronischen Blasenentzündungen, Bronchitis, Hämorrhoiden, chronischem Durchfall und Darmbeschwerden verwendet.

EXTRAKTION
1. Man bohrt Löcher in die Baumstämme, um den rohen Balsam zu sammeln; Copaiba ist einer der reichlichsten natürlich vorkommenden Parfüm-Rohstoffe.
2. Ein ätherisches Öl wird durch Trockendestillation aus dem rohen Balsam gewonnen. Vor allem der «Parabalsam» mit seinem hohen Ölgehalt (60–80 Prozent) wird zur Destillation verwendet.

EIGENSCHAFTEN
1. Der rohe Balsam ist eine zähe, gelbbraune oder grüngraue Flüssigkeit, die bei Kontakt mit der Luft hart wird und einen milden, holzigen, leicht würzigen Geruch verbreitet. Mischt sich gut mit Styrax, Amyris, Lavandin, Zedernholz, Lavendel, Eichenmoos, Holz- und Gewürzölen. 2. Das Öl ist eine blaßgelbe oder grünliche, dünne Flüssigkeit mit einem milden, süßen, balsamisch-pfeffrigen Geruch. Mischt sich gut mit Cananga, Ylang-Ylang, Vanille, Jasmin, Veilchen und anderen Blütenölen.

WIRKUNGEN
Anregend, bakterizid, balsamisch, desinfizierend, harntreibend, schleimlösend

HAUPTBESTANDTEILE
Hauptsächlich Caryophyllen

Wildwachsender Tropenbaum bis 18 m Höhe mit dichtem Laubwerk und vielen Ästen. Das natürliche Oleoresin ist ein physiologisches Produkt vieler Copaifera-Arten, kein «echter» Balsam.

roher Copaibabalsam

AROMATHERAPIE/ HAUSGEBRAUCH
Verdauungstrakt: *Darminfektionen, Hämorrhoiden*
Atemwege: *Bronchitis, Erkältungen, Husten, Schüttelfrost*
Urogenitaltrakt: *Blasenentzündung*
Nervensystem: *streßbedingte Beschwerden*

ANDERE ANWENDUNGEN
Das Oleoresin wird in pharmazeutischen Präparaten eingesetzt, vor allem in Hustenarzneien und harntreibenden Medikamenten. Öl und rohen Balsam nutzt man reichlich als Fixiermittel und Duftstoffe in Parfüms aller Arten, Seifen, Kosmetika und Reinigungsmitteln. Der Balsam spielt auch bei der Porzellanmalerei eine Rolle.

HERKUNFT
Die Heimat des Copaibabalsams sind der Nordosten und die Mitte Südamerikas. Produziert wird er hauptsächlich in Brasilien, aber auch in Venezuela, Guyana, Surinam und Kolumbien.

ANDERE ARTEN
Mehrere Copaifera-Arten sondern ein Oleoresin ab: Der venezolanische «Maracaibobalsam» hat einen geringen Ölgehalt; der brasilianische «Parabalsam» enthält viel Öl.

Coriandrum sativum

Koriander

Verträglichkeit: Allgemein ungiftig, nicht reizend; in hohen Dosen betäubend – daher mit Maßen gebrauchen.

Familie: *Apiaceae (Umbelliferae)* **Synonyme:** Chinesische Petersilie

Traditioneller Gebrauch

Dieses Kraut dient dem Menschen schon lange; seine Samen wurden im Grab des ägyptischen Pharaos Ramses II. gefunden. Die Samen und Blätter werden oft zum Garnieren und Würzen von Speisen (besonders von Curry) verwendet. Therapeutisch nutzt man den Koriander vor allem in Form von Tee bei Durchfall, Verdauungsstörungen, Bauchschmerzen, Appetitlosigkeit und Blähungen bei Kindern.

In der chinesischen Medizin nimmt man das ganze Kraut zur Behandlung von Ruhr, Hämorrhoiden, Masern, Übelkeit und Zahnschmerzen.

frischer Koriander

Koriandersamen

Ein sehr aromatisches, einjähriges Kraut von etwa 1 m Höhe mit hellgrünen, feinen Blättern und Dolden filigraner Blüten, denen runde, grüne, später braun werdende Samen folgen.

AROMATHERAPIE/ HAUSGEBRAUCH

Kreislauf, Muskeln und Gelenke: *Arthritis, Gicht, Muskelschmerzen, Rheumatismus, schlechte Durchblutung*
Verdauungstrakt: *Appetitlosigkeit, Blähungen, Durchfall, Hämorrhoiden, Koliken, Krämpfe, Übelkeit, Verdauungsstörungen*
Immunsystem: *Erkältungen, Grippe, Infektionen, Masern*
Nervensystem: *Migräne, nervöse Erschöpfung, Neuralgie, Schwächezustand*

ANDERE ANWENDUNGEN

Als Geschmacksstoff in pharmazeutischen Verdauungspräparaten. Als Duftkomponente in Seifen, Toilettenartikeln und Parfüms. Von der Nahrungsmittelindustrie besonders in Fleischprodukten verwendet sowie als Geschmacksstoff in Likören und zur Aromatisierung von Tabak.

HERKUNFT

Der Koriander ist in Europa und Westasien heimisch, inzwischen auch in Nordamerika verbreitet. Überall auf der Welt wird er angebaut; das Öl wird hauptsächlich in Rußland, dem früheren Jugoslawien und Rumänien produziert.

ANDERE ARTEN

Es gibt etliche regionalspezifische Chemotypen der gleichen Spezies.

EXTRAKTION
Ätherisches Öl durch Dampfdestillation aus den zerkleinerten, reifen Samen. (Mittels Dampfdestillation wird auch ein ätherisches Öl aus den frischen und getrockneten Blättern gewonnen, das einen hohen Dezylaldehyd-Anteil besitzt.)

EIGENSCHAFTEN
Farblose bis blaßgelbe Flüssigkeit mit süßem, holzig-würzigem, leicht moschusartigem Duft. Mischt sich gut mit Muskatellersalbei, Bergamotte, Jasmin, Weihrauch, Neroli, Petitgrain, Zitronelle, Sandelholz, Zypresse, Kiefer, Ingwer, Zimt und anderen Gewürzölen.

WIRKUNGEN
Anregend (Herz, Kreislauf, Nervensystem), antirheumatisch, aphrodisisch, appetitanregend, bakterizid, blähungswidrig, blutreinigend, fungizid, krampflösend, larventötend, lipoidspaltend, magenstärkend, oxidationshemmend, schmerzlindernd, verdauungsfördernd, vitalisierend, zellschädigend

HAUPTBESTANDTEILE
Hauptsächlich Linalol (55–75 Prozent), Dezylaldehyd, Borneol, Geraniol, Carvon, Anethol u. a.; Gewichtsanteile schwanken je nach Herkunft.

Coriandrum sativum

Croton eleutheria

Cascarilla-Rinde

Verträglichkeit: nicht reizend, relativ ungiftig (in höheren Dosen möglicherweise einschläfernd)

Familie: *Euphorbiaceae* **Synonyme:** Cascarilla, Süßrinde, Bahama-Cascarilla

Traditioneller Gebrauch

Die Rinde dient als aromatischer Bitterstoff und Tonikum bei Verdauungsstörungen, Durchfall, Ruhr, Fieber, Schwächezuständen, Übelkeit, Blähungen, Erbrechen und bei chronischer Bronchitis. Die Blätter werden als Verdauungstee und zur Aromatisierung von Tabak verwendet. Die Rinde gibt auch einen guten schwarzen Farbstoff ab.

Ein großer Strauch oder kleiner Baum bis 12 m Höhe mit ovalen, silberbronzefarbenen Blättern, heller, gelblichbrauner Rinde und kleinen, weißen, duftenden Blüten. Er trägt das ganze Jahr Früchte und Blüten.

Cascarilla-Rinde

EXTRAKTION
Ätherisches Öl durch Dampfdestillation aus der getrockneten Rinde (1,5–3 Prozent Ertrag)

EIGENSCHAFTEN
Blaßgelbe, grünliche oder dunkel-bernsteinfarbene Flüssigkeit mit einem würzigen, aromatischen, warm-holzigen Geruch. Mischt sich gut mit Muskat, Pfeffer, Nelkenpfeffer, Salbei, Eichenmoos, orientalischen und Gewürzölen.

WIRKUNGEN
Adstringierend, antimikrobiell, antiseptisch, blähungswidrig, magenstärkend, schleimlösend, stärkend, verdauungsfördernd

HAUPTBESTANDTEILE
Cymen, Diterpen, Limonen, Caryophyllen, Terpineol, Eugenol u. a.

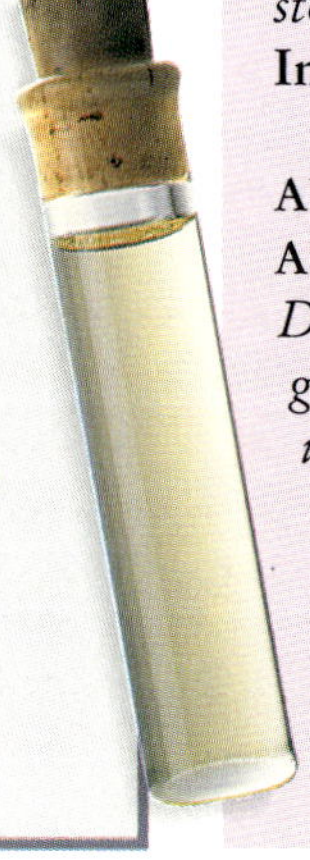

AROMATHERAPIE/ HAUSGEBRAUCH
Atemwege: *Bronchitis, Husten*
Verdauungstrakt: *Blähungen, Übelkeit, Verdauungsstörungen*
Immunsystem: *Grippe*

ANDERE ANWENDUNGEN
Duftstoff in Seifen, Reinigungsmitteln, Kosmetika und Parfüms. Geschmacksstoff in Nahrungsmitteln und Getränken, besonders in Wermut und Magenbitter.

HERKUNFT
Cascarilla stammt aus Westindien, vermutlich von den Bahamas, und wächst wild in Mexiko, Kolumbien und Ecuador. Das Öl wird hauptsächlich auf den Bahamas und Kuba gewonnen, einiges wird auch in den USA, in Frankreich und England aus importierter Rinde destilliert.

ANDERE ARTEN
Örtlich wird auch aus anderen Croton-*Arten ätherisches Öl destilliert. Weiße, rote und schwarze Cascarillas sind ebenfalls im Handel.*

Cuminum cyminum

Kreuzkümmel

Verträglichkeit: Allgemein ungiftig, nicht reizend. Behandelte Hautpartien nicht direktem Sonnenlicht aussetzen. Während der Schwangerschaft meiden!

Familie: *Apiaceae (Umbelliferae)* **Synonyme:** *Cuminum odoratum,* Römischer Kümmel

Traditioneller Gebrauch

Der Kreuzkümmel ist ein traditionelles Gewürz des Mittleren Ostens und einer der wichtigsten Bestandteile von Curry. Obwohl er in der westlichen Pflanzenheilkunde nicht mehr in Gebrauch ist, wird er in der traditionellen Ayurveda-Medizin noch viel verwendet, grundsätzlich als allgemeines Anregungsmittel, besonders aber bei Verdauungsbeschwerden wie Koliken, träger Verdauung und Verdauungsstörungen.

Kreuzkümmelsamen

Ein kleines, zartes, einjähriges Kraut von etwa 50 cm Höhe mit einem schlanken Stengel, dunkelgrünen, gefiederten Blättern und kleinen rosa oder weißen Blüten, denen kleine, längliche Samen folgen.

AROMATHERAPIE/ HAUSGEBRAUCH

Kreislauf, Muskeln und Gelenke: *Ansammlungen von Flüssigkeit und Toxinen, schlechte Durchblutung*
Verdauungstrakt: *Blähungen, Kolik, Krämpfe, Magenverstimmung, Verdauungsstörungen*
Nervensystem: *Kopfschmerzen, Migräne, nervöse Erschöpfung, Schwächezustand*

ANDERE ANWENDUNGEN

Verdauungsmittel in der Tiermedizin. Duftstoff in Kosmetika und Parfüms, Geschmacksstoff in vielen Nahrungsmitteln und Getränken, besonders in Fleischerzeugnissen und Würzen.

HERKUNFT

Der Kreuzkümmel ist in Oberägypten heimisch, wurde aber seit frühester Zeit im Mittelmeerraum kultiviert, besonders in Spanien, Frankreich und Marokko, aber auch in Indien und Rußland. Das Öl wird hauptsächlich in Indien, Spanien und Frankreich produziert.

ANDERE ARTEN

Der Kreuzkümmel ist eng verwandt mit dem Koriander (Coriandrum sativum), *mit dem er viele Eigenschaften teilt.*

EXTRAKTION

Ätherisches Öl durch Dampfdestillation aus den reifen Samen

EIGENSCHAFTEN

Blaßgelbe oder grünliche Flüssigkeit mit einem warmen, würzig-moschusartigen Duft. Mischt sich gut mit Lavendel, Lavandin, Rosmarin, Galbanum, Rosenholz, Kardamom und orientalischen Düften.

WIRKUNGEN

Anregend, antiseptisch, antitoxisch, aphrodisisch, bakterizid, blähungswidrig, blutreinigend, harntreibend, krampflösend, larventötend, menstruationsfördernd, nervenstärkend, oxidationshemmend, stärkend, verdauungsfördernd

HAUPT-BESTANDTEILE

Hauptsächlich Aldehyde (bis 60 Prozent) einschließlich Kuminaldehyd; monoterpene Kohlenwasserstoffe (bis 52 Prozent), darunter Pinene, Terpinene, Cymen, Phellandren, Myrcen und Limonen, auch Farnesen und Caryophyllen u. a.

Cupressus sempervirens

Zypresse

Verträglichkeit: ungiftig, nicht reizend

Familie: *Cupressaceae* **Synonyme:** Italienische Zypresse, Mittelmeerzypresse

Traditioneller Gebrauch

Als Medizin und als Räucherwerk hochgeschätzt von den antiken Kulturen, als Reinigungsräucherwerk bei den Tibetern noch heute in Gebrauch.

Ein gutes Mittel für die Harnwege und nützlich bei großem Flüssigkeitsverlust, z. B. durch starkes Schwitzen, reichliche Periodenblutungen oder Durchfall.

Die Chinesen betrachten die Nüsse als sehr nahrhaft; sie sind ein Mittel, das der Leber und den Atemwegen wohltut und überreichliches Schwitzen hemmt.

Ein großer, immergrüner Baum mit schlanken Ästen und konischer Form. Trägt kleine Blüten und runde, bräunlichgrüne Zapfen.

frischer Zypressenzweig

EXTRAKTION
Ätherisches Öl durch Dampfdestillation aus den Nadeln und Zweigen. Gelegentlich wird auch ein Öl aus den Zypressenzapfen angeboten. (Concrète und Absolue werden in kleinen Mengen gewonnen.)

EIGENSCHAFTEN
Blaßgelbe bis olivgrüne, dünne Flüssigkeit mit einem rauchigen, süß-balsamischen, anhaltenden Geruch. Mischt sich gut mit Zedernholz, Kiefer, Lavendel, Mandarine, Muskatellersalbei, Zitrone, Kardamom, Marokkanischer Kamille, Moschuskörnern, Zistrose, Wacholder, Benzoe, Bergamotte, Orange, Majoran und Sandelholz.

WIRKUNGEN
Adstringierend, antirheumatisch, antiseptisch, blutstillend, desodorierend, gefäßverengend, harntreibend, krampflösend, leberwirksam, schweißtreibend, stärkend

HAUPTBESTANDTEILE
Pinen, Camphen, Sylvestren, Cymen, Sabinol u. a.

AROMATHERAPIE/ HAUSGEBRAUCH
Hautpflege: *fettige Haut, Hämorrhoiden, Insektenabwehr, Krampfadern, überreichliches Schwitzen, Wunden, Zahnfleischeiterung*
Kreislauf, Muskeln und Gelenke: *Muskelkrämpfe, Ödeme, Rheumatismus, schlechte Durchblutung, Cellulitis*
Atemwege: *Asthma, Bronchitis, Hustenanfälle*
Urogenitaltrakt: *Menstruationsstörungen, Wechseljahresbeschwerden*
Nervensystem: *nervöse Spannung und streßbedingte Beschwerden*

ANDERE ANWENDUNGEN
Bestandteil einiger pharmazeutischer Präparate, als Duftstoff in Aftershaves und Parfüms

HERKUNFT
Im östlichen Mittelmeerraum heimisch, heute wildwachsend in Frankreich, Italien, Korsika, Sardinien, Sizilien, Spanien, Portugal, Nordafrika, England und (weniger häufig) auf dem Balkan. Anbau und Destillation gewöhnlich in Frankreich, Spanien und Marokko.

ANDERE ARTEN
Überall auf der Welt gibt es noch weitere Zypressenarten, aus denen ätherisches Öl gewonnen wird, zum Beispiel die C. lusitanica. *Das Öl der* C. sempervirens *wird allerdings als höherwertig betrachtet.*

Curcuma longa

Kurkuma

Verträglichkeit: Das Keton Tumeron ist mäßig giftig und wirkt in hoher Konzentration reizend. Allergische Reaktionen möglich.

Familie: *Zingiberaceae* **Synonyme:** *Curcuma domestica*, Gelbwurzel, Indischer Safran

Traditioneller Gebrauch

Das verbreitete Küchengewürz ist ein Bestandteil des Currypulvers. Es ist reich an Mineralstoffen und Vitaminen, besonders Vitamin C. Auch als Hausmittel wird es viel verwendet. In der chinesischen Pflanzenheilkunde dient die Kurkuma der Behandlung von Quetschungen, Hautschürfungen, Tinea (Fadenpilzerkrankung), Zahnschmerzen, Koliken und Menstruationsstörungen.

EXTRAKTION
Ätherisches Öl durch Dampfdestillation aus dem «geläuterten» (gekochten, gereinigten und an der Sonne getrockneten) Wurzelstock. (Durch Lösungsmittelextraktion werden auch ein Oleoresin, ein Absolue und ein Concrète hergestellt).

EIGENSCHAFTEN
Gelborange Flüssigkeit mit bläulichem Schimmer und frischem, würzig-holzigem Geruch. Mischt sich gut mit Cananga, Zistrose, Alant, Ingwer, Cassie, Muskatellersalbei und Mimose.

WIRKUNGEN
Abführend, anregend, antiarthritisch, bakterizid, blutdrucksenkend, durchblutungsfördernd, entzündungshemmend, galletreibend, harntreibend, insektizid, oxidationshemmend, schmerzlindernd, verdauungsfördernd

HAUPTBESTANDTEILE
Hauptsächlich Tumeron (60 Prozent) mit Artumeron, Atlantonen, Zingiberen, Cineol, Borneol, Sabinen, Phellandren u. a.

Eine ganzjährige tropische Pflanze bis 1 m Höhe mit einem dicken Wurzelstock (innen tieforange), ovalen Blättern, die sich an beiden Enden verjüngen, und tiefgelben Blüten.

Kurkuma-Wurzel

Curcuma longa

AROMATHERAPIE/ HAUSGEBRAUCH
Kreislauf, Muskeln und Gelenke: *Arthritis, Muskelschmerzen, Rheumatismus*
Verdauungstrakt: *Appetitlosigkeit, Leberstauung, träge Verdauung.*
Das ätherische Öl der Kurkuma mit Maß und Vorsicht und nur für einen recht begrenzten Zeitraum verwenden.

ANDERE ANWENDUNGEN
Verwendung in der Parfümindustrie für orientalische und Phantasie-Düfte. Das Oleoresin wird als Geschmacksstoff in einigen Speisen (vornehmlich Curry), Fleischprodukten und Würzen gebraucht.

HERKUNFT
Die Kurkuma ist in Südasien heimisch und wird in Indien, China, Indonesien, Jamaika und Haiti reichlich angebaut. Das Öl wird hauptsächlich in Indien, China und Japan destilliert, in geringerem Maß auch in Europa und den USA.

ANDERE ARTEN
Eine nahe Verwandte des Ingwers (Zingiber officinale). *Nicht zu verwechseln mit der Indischen Kurkuma oder der Amerikanischen Gelbwurzel* (Hydrastis canadensis).

Cymbopogon citratus

Zitronengras

Verträglichkeit: Ungiftig, in Einzelfällen allergische Reaktionen möglich. Mit Vorsicht zu gebrauchen.

Familie: *Poaceae (Graminaceae)* **Synonyme:** Lemongras; 1. *Andropogon citratus, Andropogon schoenathus,* Westindisches Zitronengras; 2. *Andropogon flexuosus, Cymbopogon flexuosus,* Ostindisches Zitronengras, Vervaine Indienne

Traditioneller Gebrauch

Zitronengras wurde in der traditionellen Medizin Indiens bei Infektionskrankheiten und Fieber eingesetzt; moderne indische Forschungen erwiesen, daß es auch eine beruhigende Wirkung auf das Zentralnervensystem ausübt. Es wird ferner als Insektizid und zur geschmacklichen Abrundung von Speisen verwendet. In Indien gibt man das Gras nach der Destillation den Kühen als Futter.

Ein schnell wachsendes, aromatisches, ganzjähriges Gras bis 1,5 m Höhe, das ein umfangreiches Wurzelnetz entfaltet und den Boden dadurch rasch auslaugt.

EXTRAKTION
Ätherisches Öl durch Dampfdestillation aus den frischen und teilgetrockneten, fein zerkleinerten Blättern (Grashalmen)

EIGENSCHAFTEN
1. Gelbe, bernsteinfarbene oder rötlichbraune Flüssigkeit mit einem frischen, grasigen Zitrusduft und einem erdigen Unterton. 2. Gelbe oder bernsteinfarbene Flüssigkeit mit einem frischen, grasigen, zitronenähnlichen Duft, der generell leichter wirkt als der des westindischen Typs.

WIRKUNGEN
Adstringierend, antidepressiv, antimikrobiell, antiseptisch, bakterizid, beruhigend, blähungswidrig, desodorierend, fiebersenkend, fungizid, insektizid, milchtreibend, nervenstärkend, oxidationshemmend, schmerzlindernd, stärkend

HAUPTBESTANDTEILE
1. Citral (65–85 Prozent), Myrcen (12–25 Prozent), Dipenten, Methylheptenon, Linalol, Geraniol, Nerol, Citronellol, Farnesol u. a. 2. Citral (bis 85 Prozent), Geraniol, Methyleugenol, Borneol, Dipenten; Gewichtsanteile schwanken je nach Typ.

AROMATHERAPIE/ HAUSGEBRAUCH
Hautpflege: *Akne, exzessive Schweißbildung, Fußpilz, Gewebestraffung, großporige Haut, Insektenabwehr (Flöhe, Läuse, Zecken), Krätze*
Kreislauf, Muskeln und Gelenke: *Muskelschmerzen, schlaffes Gewebe, schlechte Durchblutung, schwacher Muskeltonus*
Verdauungstrakt: *Dickdarmkatarrh, Magenverstimmung, Magen-Darm-Katarrh*
Immunsystem: *Fieber, Infektionskrankheiten*
Nervensystem: *Kopfschmerzen, nervöse Erschöpfung und streßbedingte Beschwerden*

ANDERE ANWENDUNGEN
Viel verwendet als Duftstoff in Seifen, Reinigungsmitteln, Kosmetika und Parfüms. Geschmacksstoff in Nahrungsmitteln, alkoholischen und anderen Getränken. Auch zur Isolation von Citral und zur Verdünnung/Fälschung kostspieligerer Öle wie Verbene oder Melisse.

HERKUNFT
Beide Zitronengras-Typen stammen aus Asien: 1. Das Westindische Zitronengras ist vermutlich auf Sri Lanka heimisch und wird heute hauptsächlich auf den Westindischen Inseln, in Afrika und den asiatischen Tropenländern angebaut. Die wichtigsten Ölproduzenten sind Guatemala und Indien. 2. Das Ostindische Zitronengras aus der Region um Travankur wird heute hauptsächlich im westlichen Indien kultiviert.

ANDERE ARTEN
Es gibt mehrere Zitronengras-Sorten, am bekanntesten sind die ostindische und die westindische. Innerhalb jeder Sorte gibt es unterschiedliche Chemotypen.

Cymbopogon martinii var. martinii

Palmarosa

Verträglichkeit: ungiftig, nicht reizend

Familie: *Graminaceae* **Synonyme:** *Andropogon martinii, Andropogon martinii var. motia,* Ostindische Geranie, Türkische Geranie, Motia

Traditioneller Gebrauch

Die alte Bezeichnung «Indisches» oder «Türkisches» Geranienöl, die früher für das Palmarosa-Öl verwendet wurde, geht auf die Zeit zurück, als das Öl von Bombay aus in die Häfen am Roten Meer verschifft und von dort teils über Land nach Konstantinopel und Bulgarien transportiert wurde, wo man es oft zur Verdünnung/Fälschung von Rosenöl gebrauchte.

Eine wildwachsende Graspflanze mit langen, schlanken Halmen, an deren Spitzen die Blüten stehen; die Blätter duften stark.

getrockneter Palmarosa-Halm

EXTRAKTION
Ätherisches Öl durch Dampf- oder Wasserdestillation aus dem frischen oder getrockneten Gras

EIGENSCHAFTEN
Blaßgelbe oder olivgrüne Flüssigkeit mit einem süßen, blumigen, rosigen, geranienähnlichen Duft. Mischt sich gut mit Cananga, Geranie, Eichenmoos, Rosenholz, Amyris, Sandelholz, Guajakholz, Zedernholz und Blütenölen.

WIRKUNGEN
Anregend (Verdauung, Kreislauf), antiseptisch, bakterizid, fiebersenkend, narbenbildungsfördernd, stärkend, verdauungsfördernd

HAUPTBESTANDTEILE
Hauptsächlich Geraniol; auch Farnesol, Geranylazetat, Methylheptenon, Citronellol, Citral, Dipenten, Limonen u. a. Verschiedene Chemotypen je nach Herkunft; die Zuchtformen sollen von besserer Qualität sein.

AROMATHERAPIE/ HAUSGEBRAUCH

Hautpflege: *Abschürfungen, Akne, Dermatitis und geringfügige Hautinfektionen, Falten, Narben. Ein gutes Mittel für alle Behandlungen von Gesicht, Händen, Füßen, Nacken und Lippen (gibt der Haut Feuchtigkeit, regt die Regeneration der Zellen an, reguliert die Talgproduktion).*
Verdauungstrakt: *Appetitlosigkeit, Darmträgheit, Darminfektionen. Eine Essenz, die auf die kranke Darmflora einwirkt, besonders auf den Koli-, den Ebert- und den Dysenterie-Bazillus. Sie bringt die Degeneration der Zellen zum Stillstand.*
Nervensystem: *nervöse Erschöpfung, streßbedingte Beschwerden*

ANDERE ANWENDUNGEN

Reichlich gebraucht als Duftstoff in Kosmetika und Parfüms, aufgrund des anhaltenden Duftes besonders auch in Seifen. Als Geschmacksstoff nur begrenzt eingesetzt, z. B. in Tabak. Wird zur Isolation natürlichen Geraniols genutzt.

HERKUNFT

Palmarosa stammt aus Indien und Pakistan und wird heute in Afrika, Indonesien, Brasilien und auf den Komoren angebaut.

ANDERE ARTEN

Gehört zur gleichen Familie wie Zitronengras und Zitronelle; ist auch eng verwandt mit dem Ingwergras, dem unter der Bezeichnung C. martinii var. sofia *bekannten Chemotyp. Ingwergras gilt als geringerwertiges Öl, doch in manchen Gegenden Indiens werden beide Grastypen zusammen destilliert.*

Cymbopogon nardus

Zitronelle

Verträglichkei: Ungiftig, nicht reizend, kann in Einzelfällen Dermatitis hervorrufen. Während der Schwangerschaft meiden.

Familie: *Poaceae (Graminaceae)* **Synonyme:** *Andropogon nardus*, Lenabatu-Zitronelle

Traditioneller Gebrauch

Die Zitronellenblätter werden wegen ihres Duftes und medizinischen Wertes in vielen Kulturen bei Fieber, Darmparasiten, Verdauungs- und Menstruationsproblemen, als Anregungs- und als Insektenabwehrmittel verwendet.

EXTRAKTION
Ätherisches Öl durch Dampfdestillation aus dem frischen, teilgetrockneten oder getrockneten Gras. (Die Java-Zitronelle bringt einen doppelt so großen Ertrag wie der Sri-Lanka-Typ.)

EIGENSCHAFTEN
Gelbbraune, dünne Flüssigkeit mit einem frischen, starken, zitronigen Duft. Das javanische Öl ist farblos bis blaßgelb und hat einen frischen, holzig-süßen Duft; in der Parfümindustrie wird es als höherwertig bevorzugt. Mischt sich gut mit Geranie, Zitrone, Bergamotte, Orange, Zedernholz und Kiefer.

WIRKUNGEN
Antiseptisch, bakterizid, desodorierend, fiebersenkend, fungizid, harntreibend, insektizid, krampflösend, magenstärkend, menstruationsfördernd, schweißtreibend, stärkend, wurmabtreibend

HAUPTBESTANDTEILE
Hauptsächlich Geraniol (bis 45 Prozent im javanischen Öl), Citronellol (bis 50 Prozent im javanischen Öl), Geranylazetat, Limonen, Camphen u. a. Das Sri-Lanka-Öl enthält mehr monoterpene Kohlenwasserstoffe.

Ein hohes, ganzjähriges Gras, das von einer Wildform aus Sri Lanka abstammt.

AROMATHERAPIE/ HAUSGEBRAUCH
Hautpflege: *exzessive Schweißbildung, fettige Haut, Insektenabwehr. Gemischt mit dem Öl der Virginia-Zeder war es ein beliebtes Mittel gegen Stechmücken – viele Jahre, bevor DDT und andere moderne Insektizide auf den Markt kamen.*
Immunsystem: *Erkältung, Grippe, kleine Infektionen*
Nervensystem: *Ermattung, Kopfschmerzen, Migräne, Neuralgie*

ANDERE ANWENDUNGEN
Reichlich gebraucht als Duftstoff in Seifen, Reinigungsmitteln, Haushaltsartikeln und industriellen Parfüms. Als Insektenabwehrmittel gegen Motten, Ameisen, Flöhe usw. in Haus und Garten eingesetzt. Das Sri-Lanka-Öl wird in Nahrungsmitteln, alkoholischen und anderen Getränken verwendet. Das Java-Öl ist auch ein Ausgangsmaterial zur Isolation von natürlichem Geraniol und Citronellol.

HERKUNFT
Aus Sri Lanka stammend, wird es nun auf der Südspitze der Insel in großem Umfang kultiviert.

ANDERE ARTEN
Auch aus der Java-Zitronelle (C. winterianus) *wird ein Öl hergestellt. Die Pflanze wird überall in den Tropen angebaut, besonders auf Java, in Vietnam, Afrika, Argentinien und Mittelamerika. Es gibt viele weitere, verwandte Arten von Duftgräsern.*

Cymbopogon nardus

Daucus carota

Karottensamen

Verträglichkeit: ungiftig, nicht reizend

Familie: *Apiaceae (Umbelliferae)* **Synonyme:** Möhre, Gelbe Rübe, Wurzel, Mohrrübe, Gartenmöhre

Traditioneller Gebrauch

Eine sehr nahrhafte Pflanze, die beträchtliche Mengen der Vitamine A, C, B_1 und B_2 enthält. Die Wurzeln haben eine stärkende Wirkung auf Leber und Gallenblase und eignen sich gut zur Behandlung von Gelbsucht und anderen Erkrankungen. Die Samen werden bei Harnverhaltung, Koliken, Nieren- und Verdauungsstörungen eingesetzt sowie zur Förderung der Menstruation. In der chinesischen Medizin gelten sie als Mittel zur Behandlung von Ruhr und zur Austreibung von Würmern. Die getrockneten Blätter sind im Britischen Pflanzenarzneibuch als spezifisches Heilmittel bei Steinbildung, Gicht, Blasenentzündung und zu hohem Harnsäuregehalt im Harn genannt.

Ein- oder zweijährige Pflanze mit einer kleinen, nicht eßbaren, zähen, weißlichen Wurzel. Der reich verzweigte Stengel wird bis 1,5 m hoch, trägt fiedrige Blätter und Dolden weißer, filigraner Blüten.

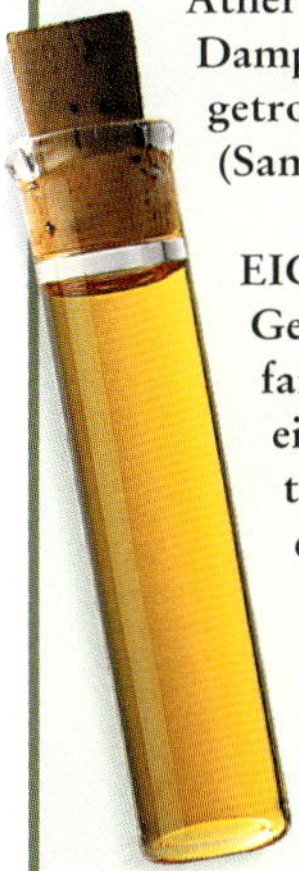

EXTRAKTION
Ätherisches Öl durch Dampfdestillation aus den getrockneten Früchten (Samen)

EIGENSCHAFTEN
Gelbe oder bernsteinfarbene Flüssigkeit mit einem warmen, trockenen, holzig-erdigen Geruch. Mischt sich gut mit Costus, Cassie, Mimose, Zedernholz, Geranie, Zitrus- und Gewürzölen.

WIRKUNGEN
Anregend, antiseptisch, blähungswidrig, blutreinigend, gefäßerweiternd, harntreibend, leberwirksam, leicht muskelentspannend, menstruationsfördernd, stärkend, wurmabtreibend

HAUPTBESTANDTEILE
Pinen, Carotol, Daucol, Limonen, Bisabolen, Elemen, Geraniol, Geranylazetat, Caryophyllen u. a.

Daucus carota

AROMATHERAPIE/ HAUSGEBRAUCH
Hautpflege: *Ausschläge, Dermatitis, Ekzem, Falten, Psoriasis*
Kreislauf, Muskeln und Gelenke: *Arthritis, Gicht, Ödeme, Rheumatismus*
Verdauungstrakt: *Anämie, Appetitlosigkeit, Kolik, Leberstauung, Magenverstimmung*
Urogenitaltrakt und Hormonsystem: *Drüsenprobleme, Menstruationsstörungen, Prämenstruelles Syndrom*

ANDERE ANWENDUNGEN
Duftstoff in Seifen, Reinigungsmitteln, Kosmetika und Parfüms. Geschmacksstoff in vielen Nahrungsmitteln, besonders in Würzmischungen

HERKUNFT
Die Karotte ist in Europa, Asien und Nordafrika heimisch, inzwischen auch in Nordamerika verbreitet. Das ätherische Öl wird hauptsächlich in Frankreich produziert.

ANDERE ARTEN
Aus der roten, fleischigen Wurzel der gewöhnlichen, eßbaren Karotte (D. carota, subspecies sativus) *entsteht durch Lösungsmittelextraktion ein Öl, das hauptsächlich als Farbstoff in der Nahrungsmittelindustrie verwendet wird.*

Dipteryx odorata

Tonka

Verträglichkeit: Bei Einwirkung über Mund oder Haut toxisch.

Familie: *Leguminosae* **Synonym:** *Coumarouna odorata*

Traditioneller Gebrauch

In den Niederlanden wird die fettige Substanz aus den Bohnen als «Taquin-Butter» verkauft, die man früher in den Schubladen zum Schutze des kostbaren Leinens vor den Motten einsetzte. «Der Fluidextrakt gereichte zu heilsamem Nutzen bei Keuchhusten; in zu hohen Dosen genommen, lähmt er jedoch das Herz.»[11]

Der sehr hohe Tropenbaum trägt große, elliptische Blätter und violette Blüten. Seine Früchte enthalten einen einzelnen, schwarzen Samen, die Tonkabohne, etwa von der Größe einer Butterbohne. Die von den Einheimischen «Rumara» genannten Bohnen werden gesammelt und getrocknet, dann zwölf bis fünfzehn Stunden in Alkohol oder Rum eingelegt, bis sie aufquellen. Wenn sie aus ihrem Bad geschöpft sind, trocknen und schrumpfen sie, wobei sich auf ihrer Oberfläche ein weißliches Pulver aus kristallinem Kumarin absetzt. Das weitere «Beizen» der Bohnen ist mehr eine konventionelle Verkaufsförderungsmaßnahme als ein Zeichen von Qualität, da der Kunde ein bestimmtes Aussehen erwartet.

Tonkabohnen

AROMATHERAPIE/ HAUSGEBRAUCH
Entfällt.

ANDERE ANWENDUNGEN
In begrenztem Maße als pharmazeutisches Maskierungsmittel genutzt. Das Absolue wird als Fixiermittel und Duftstoff in orientalischen Parfüms, Düften wie von frischgemähtem Gras oder Chypre-Typen eingesetzt. Als Geschmacksstoff wird es (aufgrund des Kumarinverbots in vielen Ländern) nicht mehr gebraucht, dient jedoch noch zur Aromatisierung von Tabak.

HERKUNFT
Die Tonka stammt aus Südamerika, besonders Venezuela und Brasilien; sie wird in Nigeria und anderen Ländern Westafrikas kultiviert. Die meisten Bohnen kommen «gebeizt» aus Südamerika und werden in Europa und den USA weiterverarbeitet.

ANDERE ARTEN
Es gibt noch viele weitere Dipteryx-Arten, die zur Extraktion geeignete Bohnen hervorbringen.

EXTRAKTION
Ein Concrète und ein Absolue werden durch Lösungsmittelextraktion aus den «gebeizten» Bohnen gewonnen.

EIGENSCHAFTEN
Das Absolue ist eine halbfeste gelbe oder bernsteinfarbene Masse von sehr starkem, warmem und süßem, krautig-nussigem Geruch. Mischt sich gut mit Lavendel, Lavandin, Muskatellersalbei, Styrax, Bergamotte, Eichenmoos, Strohblume und Zitronelle.

WIRKUNGEN
Einschläfernd, insektizid, stärkend (Herz)

HAUPTBESTANDTEILE
Im Absolue hauptsächlich Kumarin (20–24 Prozent)

Dryobalanops aromatica

Borneol

Verträglichkeit: ungiftig, konzentriert hautreizend

Familie: *Dipterocarpaceae* **Synonyme:** *Dryobalanops camphora,* Borneo-Kampfer, Ostindischer Kampfer, Sumatra-Kampfer

Traditioneller Gebrauch

Borneol galt in vielen Kulturen des Ostens lange Zeit als Allheilmittel, besonders im antiken Persien, Indien und China. Es wurde als starkes Heilmittel gegen die Pest und andere Infektionskrankheiten, Magen- und Darmbeschwerden eingesetzt. In China nahm man es auch zum Einbalsamieren. Es wird im 13. Jahrhundert von Marco Polo und 1571 von Camoens erwähnt, der es als «Balsam der Krankheit» bezeichnete. Im Osten für rituelle Zwecke verwendet, in China speziell für Beerdigungszeremonien. Sein Geruch wehrt Insekten und Ameisen ab, deshalb ist Borneol als Bauholz sehr gefragt.

kristallines Borneol

Der Kampferbaum wächst bis zu einer Höhe von 25 m. Sein Stamm kann bis 2 m Durchmesser haben. Borneol ist als natürliche Absonderung in Vertiefungen und Spalten unter der Rinde mancher reifer Bäume zu finden (etwa 1 Prozent); junge Bäume geben nur eine klare, gelbe Flüssigkeit ab, die «flüssiger Kampfer» genannt wird.

EXTRAKTION
Das Borneol wird in seiner rohen, kristallinen Form vom Baumstamm gesammelt. Die Einheimischen testen zuvor die Bäume durch Einschneiden des Stammes, um herauszufinden, ob Borneol enthalten ist. Das sogenannte Borneol-Öl wird durch Dampfdestillation aus dem Holz gewonnen.

EIGENSCHAFTEN
Wäßriges, weißes bis zähes, schwarzes Öl, je nach der enthaltenen Kampfermenge; unverwechselbarer, sassafrasähnlicher Kampfergeruch

WIRKUNGEN
Anregend (Nebennierenrinde), antidepressiv, antiseptisch, antiviral, blähungswidrig, durchblutungsfördernd, krampflösend, leicht schmerzlindernd, stärkend (Herz, allgemein)

HAUPTBESTANDTEILE
Das rohe Borneol besteht hauptsächlich aus D-Borneol, einem Alkohol, nicht einem Keton (wie der Japanische Kampfer). Das Öl enthält etwa 35 Prozent Terpene (Pinen, Camphen, Dipenten), 10 Prozent Alkohole (D-Borneol, Terpineol), 20 Prozent Sesquiterpene und 35 Prozent Harz.

AROMATHERAPIE/ HAUSGEBRAUCH
Hautpflege: *Quetschungen, Schnittwunden, Insektenabwehr*
Kreislauf, Muskeln und Gelenke: *schlechte Durchblutung, Rheumatismus, Schwächezustände, Verstauchungen*
Atemwege: *Bronchitis, Husten*
Immunsystem: *Erkältungen, Fieber, Grippe und andere Infektionskrankheiten*
Nervenkrankheiten: *nervöse Erschöpfung, streßbedingte Beschwerden, Neuralgie*

ANDERE ANWENDUNGEN
Im Osten als Duftstoff in Seifen, im Westen jedoch noch relativ unbekannt in der pharmazeutischen und der Parfümindustrie. In China und Japan wird Borneol für die Lack- und Tintenherstellung gebraucht, aber auch als Verdünner für Künstlerfarben. Im Osten hauptsächlich zu rituellen Zwecken verwendet.

HERKUNFT
Stammt aus Borneo und Sumatra.

ANDERE ARTEN
Zu unterscheiden vom Japanischen oder Formosa-Kampfer, die in Europa gebräuchlicher, aber relativ giftig sind.

Elettaria cardamomum

Kardamom

Verträglichkeit: ungiftig, nicht reizend

Familie: *Zingiberaceae* **Synonym:** *Elettaria cardamomum var. cardamomum*

Traditioneller Gebrauch

Kardamom ist als Küchengewürz besonders in Indien, Europa, Lateinamerika und dem Mittleren Osten verbreitet. In der traditionellen Medizin Chinas und Indiens wurde er seit mehr als 3000 Jahren speziell bei Lungenkrankheiten, Fieber, Verdauungsproblemen und Erkrankungen der Harnwege gebraucht. Hippokrates empfahl ihn bei Ischiasbeschwerden, Husten, Bauchschmerzen, Krämpfen, nervösen Störungen, Harnverhaltung und bei Bissen giftiger Tiere.
Im Britischen Pflanzenarzneibuch wird Kardamom als spezifisches Mittel bei Blähungsdyspepsie genannt.

Mehrjährige, schilfrohrähnliche Pflanze bis 4 m Höhe mit langen, erst den Stengel umfassenden Blattscheiden, die in länglich-lanzettförmige Spreiten übergehen. Die gelblichen Blüten bilden eine lange, biegsame Rispe mit purpurnen Spitzen, die länglichen Samen sind rotbraun.

EXTRAKTION
Ätherisches Öl durch Dampfdestillation aus den getrockneten reifen Früchten (Samen). In geringen Mengen wird auch ein Oleoresin hergestellt.

EIGENSCHAFTEN
Farblose bis blaßgelbe Flüssigkeit mit einem süß-würzigen, wärmenden Duft. Mischt sich gut mit Rose, Weihrauch, Orange, Bergamotte, Zimt, Gewürznelken, Kümmel, Ylang-Ylang, Zistrose, Zedernholz, Neroli und orientalischen Basisölen allgemein.

WIRKUNGEN
Anregend, antiseptisch, aphrodisisch, blähungswidrig, harntreibend, krampflösend, magenstärkend, nervenstärkend, speicheltreibend, verdauungsfördernd

HAUPTBESTANDTEILE
Terpinylazetat und Cineol (jeweils bis zu 50 Prozent), Limonen, Sabinen, Linalol, Linalylazetat, Pinen, Zingiberen u. a.

Elettaria cardamomum

AROMATHERAPIE/ HAUSGEBRAUCH
Verdauungstrakt: *Appetitlosigkeit, Blähungen, Erbrechen, Kolik, Krämpfe, Magenverstimmung, Mundgeruch, Sodbrennen, Verdauungsstörung*
Nervensystem: *geistige Erschöpfung, nervöse Belastung*

ANDERE ANWENDUNGEN
Bestandteil einiger blähungswidriger und abführender Präparate; auch in Form von Kardamom-Geist als Geschmacksstoff in Medikamenten. Reichlich gebraucht als Duftstoff in Seifen, Kosmetika und Parfüms, besonders in orientalischen Düften. Wichtiger Geschmacksstoff, vor allem in Curry und würzigen Speisen.

HERKUNFT
Heimisch im tropischen Asien, in großem Umfang angebaut in Indien, Sri Lanka, Laos, Guatemala und El Salvador.

Das Öl wird hauptsächlich in Indien, Europa, Sri Lanka und Guatemala hergestellt.

ANDERE ARTEN
Im Osten gibt es zahlreiche verwandte Arten, die als Gewürze und zu medizinischen Zwecken verwendet werden, z. B. den runden oder Siam-Kardamom (Amomum cardamomum var. major) *aus Indien und China. Aus dem wilden Kardamom* (E. cardamomum var. major) *wird ebenfalls ein Öl gewonnen.*

Eucalyptus citriodora

Zitronen-Eukalyptus

Verträglichkeit: Ungiftig, reizlos; führt in Einzelfällen möglicherweise zu allergischen Reaktionen. Innerlich angewendet, ist Zitronen-Eukalyptusöl giftig.

Familie: *Myrtaceae* **Synonyme:** Zitronengummi, Boabo

Traditioneller Gebrauch

Getrocknete Eukalyptusblätter wurden in einem kleinen Stoffbeutel in die Laden und Schränke gelegt, in denen man das kostbare Leinen aufbewahrte. Im 19. Jahrhundert galt dies als gutes Insektenabwehrmittel, besonders gegen Küchenschaben und Silberfische.

EXTRAKTION
Ätherisches Öl durch Dampfdestillation aus den Blättern und Zweigen

EIGENSCHAFTEN
Farblose oder blaßgelbe, dünne Flüssigkeit mit einem starken, frischen, zitronellähnlichen Geruch und süß-balsamischem Unterton

WIRKUNGEN
Antiseptisch, antiviral, bakterizid, desodorierend, fungizid, insektizid, schleimlösend

HAUPTBESTANDTEILE
Citronellal (80–95 Prozent), Citronellol, Geraniol, Pinen u. a. (Der Gummi oder «Kino» enthält die antibiotisch wirkende Substanz Citriodorol.)

Der hochgewachsene, immergrüne Baum hat eine glatte, mehrfarbige Rinde, die sich in Streifen ablöst, und wird als Zierpflanze gezüchtet. Der Stamm wächst rasch und gerade bis 25 m Höhe und eignet sich gut als Bauholz. Die jungen Blätter sind oval, die älteren laufen spitz zu.

Eucalyptus citriodora

AROMATHERAPIE/ HAUSGEBRAUCH

Nicht während einer homöopathischen Behandlung verwenden.
Hautpflege: *Pilzinfektionen, Grind, Hautabschürfungen, Herpes, Insektenabwehr, Schuppen, Wunden*
Atemwege: *Asthma, Halsschmerzen, Kehlkopfentzündung*
Immunsystem: *Erkältungen, Fieber, Infektionskrankheiten, Windpocken. Das in den Blättern enthaltene ätherische Öl scheint eine bakterienhemmende Wirkung gegenüber Staphylococcus aureus zu besitzen.*

ANDERE ANWENDUNGEN

Als Duftstoff (anstelle von E. globulus*) in Seifen, Reinigungsmitteln und Parfüms, auch in Raumsprays und Insektenabwehrmitteln. Zur Isolation von natürlichem Citronellal genutzt.*

HERKUNFT

In Australien heimisch; heute hauptsächlich in Brasilien und China angebaut.

ANDERE ARTEN

Es gibt zahlreiche andere Eukalyptusarten (siehe Blaugummi-Eukalyptus und Breitblättriger Pfefferminz-Eukalyptus).

Eucalyptus dives var. Type

Breitblättriger Pfefferminz-Eukalyptus

Verträglichkeit: Ungiftig, in Verdünnung nicht reizend. Innerlich angewendet, ist Eukalyptusöl giftig.

Familie: *Myrtaceae* **Synonyme:** Breitblatt-Pfefferminze, Blaue Pfefferminze, Menthol-Gummi

Traditioneller Gebrauch

Die Aborigines in Australien pflegten die Blätter zu verbrennen und dadurch Fieber zu lindern. «Hitze verläßt Kranken und geht ins Feuer.»

Ein robuster, mittelgroßer Eukalyptusbaum mit kurzem Stamm, breiten Ästen und faseriger, grauer Rinde. Die jungen Blätter sind blau und herzförmig, die dicken, reifen Blätter duften stark und laufen an beiden Enden spitz zu.

EXTRAKTION
Ätherisches Öl durch Dampfdestillation aus den Blättern und Zweigen

EIGENSCHAFTEN
Farblose oder blaßgelbe, dünne Flüssigkeit mit einem frischen, kampferähnlichen, würzig-minzigen Geruch

WIRKUNGEN
Anregend, antineuralgisch, antirheumatisch, antiseptisch, antiviral, balsamisch, blutreinigend, blutzuckersenkend, desodorierend, durchblutungsfördernd, entstauend, fiebersenkend, harntreibend, krampflösend, narbenbildungsfördernd, parasitentötend, schleimlösend, schmerzlindernd, wundheilend, wurmabtreibend

HAUPTBESTANDTEILE
Piperiton (40–50 Prozent), Phellandren (20–30 Prozent), Camphen, Cymen, Terpinen, Thujen u. a.; im Handel mit den Zusatzbezeichnungen A, B oder C je nach Zusammensetzung der Bestandteile.

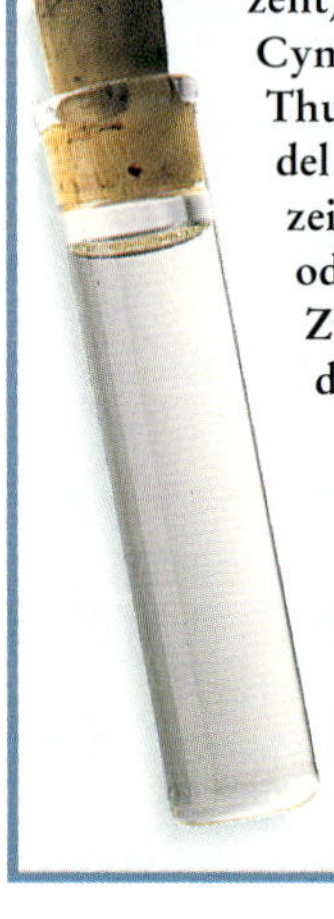

AROMATHERAPIE/ HAUSGEBRAUCH
Macht jede gleichzeitig durchgeführte homöopathische Therapie wirkungslos.
Hautpflege: *Geschwüre, Hautschürfungen, Schnittwunden*
Kreislauf, Muskeln und Gelenke: *Arthritis, Muskelschmerzen, Rheumatismus, Verstauchungen*
Atemwege: *Asthma, Bronchitis, Hals- und Mundinfektionen, Husten, Katarrh*
Immunsystem: *Erkältungen, Fieber, Grippe, Infektionskrankheiten (z. B. Masern)*
Nervensystem: *Ischias, Kopfschmerzen, nervöse Erschöpfung, Neuralgie*

ANDERE ANWENDUNGEN
Heute nur noch in Deodorants, Desinfektionsmitteln, Mundspülungen, Gurgellösungen und in der Tiermedizin verwandt. Piperitonreiche Öle werden in Lösungsmitteln verwendet und dienen auch zur Herstellung von Thymol und Menthol.

HERKUNFT
Heimisch in Tasmanien und Australien. Das Öl wird auch in Südafrika produziert.

ANDERE ARTEN
Es gibt zwei Typen des Breitblättrigen Pfefferminz-Eukalyptus, die jedoch identisch aussehen; der eine ist reich an Cineol (E. dives var. C.), *die andere reich an Piperiton* (E. dives var. Type). *Die Pflanze ähnelt auch dem Pfefferminz-Eukalyptus* (E. piperita) *und der Grauen oder Schmalblättrigen Pfefferminze* (E. radiata var. phellandra). *Siehe Blaugummi-Eukalyptus und Zitronen-Eukalyptus.*

Eucalyptus globulus var. globulus

Blaugummi-Eukalyptus

Familie: *Myrtaceae* **Synonyme:** Blaugummibaum, Gummibaum, Fieberbaum

Verträglichkeit: Äußerlich angewendet ungiftig, in Verdünnung nicht reizend. «Innerlich angewendet, ist Eukalyptusöl giftig; bereits 3,5 ml sollen zum Tode geführt haben.»[12]

Traditioneller Gebrauch

Blätter und Öl dieses australischen Hausmittels werden speziell bei Beschwerden der Atemwege wie Bronchitis und Krupphusten verwendet, gegen Asthma werden die getrockneten Blätter wie Tabak geraucht. Sie helfen auch bei fieberhaften Erkrankungen (Malaria, Typhus, Cholera usw.) und Hautleiden wie Verbrennungen, Geschwüren und Wunden. Mit wäßrigen Auszügen werden schmerzende Gelenke, Bakterienruhr, Fadenpilzinfektionen, Tuberkulose usw. behandelt, die Indikationen ähneln sich in der westlichen und der östlichen Medizin.

Blaugummi-Eukalyptusblätter

Ein herrlicher, großer, immergrüner Baum bis 90 m Höhe. Die jungen Bäume haben blaugrüne, ovale Blätter. An den reifen Bäumen wachsen lange, schmale, gelbliche Blätter und cremeweiße Blüten. Die glatte, blaßgraue Rinde ist oft von einem weißen Pulver bedeckt.

EXTRAKTION
Ätherisches Öl durch Dampfdestillation aus den frischen oder teilgetrockneten Blättern und Zweigspitzen

EIGENSCHAFTEN
Farblose, dünne Flüssigkeit (mit zunehmender Reife gelb werdend) mit einem etwas kräftigen, kampferähnlichen Geruch und einem holzigen Unterton. Mischt sich gut mit Thymian, Rosmarin, Lavendel, Majoran, Kiefer, Zedernholz und Zitrone. Der Schmalblättrige Eukalyptus *(E. radiata var. australiana)* wird in der Aromatherapie oft bevorzugt, weil er reich an Cineol ist, aber einen süßeren, weniger kräftigen Geruch hat.

WIRKUNGEN
Siehe Breitblättriger Pfefferminz-Eukalyptus

HAUPTBESTANDTEILE
Cineol (70–85 Prozent), Pinen, Limonen, Cymen, Phellandren, Terpinen, Aromadendren u. a.

AROMATHERAPIE/ HAUSGEBRAUCH
Nicht während einer homöopathischen Therapie verwenden.
Hautpflege: *Blasen, Hautinfektionen, Herpes, Insektenabwehr, Insektenstiche, Läuse, Verbrennungen, Wunden*
Kreislauf, Muskeln und Gelenke: *Muskelschmerzen, primärchronische Polyarthritis, schlechte Durchblutung, Verstauchungen*
Atemwege: *Asthma, Bronchitis, Halsinfektionen, Husten, Nebenhöhlenentzündung*
Urogenitaltrakt: *Blasenentzündung, Weißfluß*
Immunsystem: *Erkältungen, Grippe, Masern, Windpocken*
Nervensystem: *Kopfschmerzen, Neuralgie*

ANDERE ANWENDUNGEN
Öl und Cineol werden vor allem zur Herstellung von Salben, Inhalaten, Hustensirup, Zahnpasten und als Geschmacksstoff in der pharmazeutischen Industrie verwendet, ferner in der Tier- und der Zahnheilkunde. Als Duftstoff in Seifen, Reinigungsmitteln und Toilettenartikeln, nur wenig in Parfüms. Zur Isolation von Cineol und als Geschmacksstoff in Nahrungsmitteln genutzt.

HERKUNFT
Der Baum stammt aus Tasmanien und Australien. Er wird hauptsächlich in Spanien und Portugal, daneben auch in Brasilien, Kalifornien, Rußland und China kultiviert. Nur sehr wenig Eukalyptusöl kommt heutzutage aus dem Herkunftsland des Baumes.

ANDERE ARTEN
Es gibt mehr als 700 verschiedene Eukalyptusarten, mindestens 500 davon enthalten ätherische Öle. Diese kann man grob in drei Kategorien einteilen: 1. die medizinischen Öle, 2. die industriellen Öle, 3. die Parfümerie-Öle.

Evernia prunastri

Eichenmoos

Verträglichkeit: Sehr häufig in Verbindungen, Verschnitten oder Imitationen anderer Flechten- oder synthetischer Duftstoffe.

Familie: *Usneaceae*, **Synonym:** Mousse de chêne

Traditioneller Gebrauch

Sticta pulmonaceae, eine grün-braune Flechtenart, wird häufig zusammen mit *Evernia prunastri* geerntet, von den amerikanischen Ureinwohnern auch Eichenlunge, Lungenmoos oder Lungenkraut genannt und bei Beschwerden der Atemwege und zur Wundbehandlung verwendet. Im Britischen Pflanzenarzneibuch wird es bei Asthma, Bronchitis und Husten der Kinder empfohlen. Viele Flechtenarten, besonders jene der Parmelia-Gruppe, werden als Pflanzenfarbstoffe verwendet.

Eine hellgrüne Flechte, die vorzugsweise auf Eichen, manchmal auch auf anderen Baumarten wächst.

AROMATHERAPIE/ HAUSGEBRAUCH
Als Fixiermittel

ANDERE ANWENDUNGEN
Das Concrète wird hauptsächlich in Seifen verwendet; das Absolue ist in sehr vielen Parfüms zu finden. Die Harze und Resinoide sind nur schwer löslich und werden in Seifen, Haarpräparaten, industriellen Parfüms und Billigprodukten verwendet.

HERKUNFT
Die Eiche (Quercus robur) *ist in Europa und Nordamerika heimisch; die Flechte wird überall in Mittel- und Südeuropa gesammelt, besonders in Frankreich, dem früheren Jugoslawien, Ungarn und Griechenland, daneben auch in Marokko und Algerien. Die aromatischen Produkte werden hauptsächlich in Frankreich hergestellt, aber auch in den USA, in Bulgarien und dem früheren Jugoslawien.*

ANDERE ARTEN
Es gibt viele Flechtenarten, die man aufgrund ihrer aromatischen Eigenschaften nutzt; am verbreitetsten sind E. furfurea *und* Usnea barbata, *die häufig auf Fichten und Kiefern wachsen und in Europa als Fichtenmoos oder Baummoos bekannt sind; in den USA werden sie auch Eichenmoos genannt. Doch sie sind weniger fein als das «echte» Eichenmoos. Zu den weiteren Arten gehören* Sticta pulmonaceae *oder* Lobaria pulmonaria, Usnea ceratina *und einige Mitglieder der Gruppen Ramalina, Alectoria und Parmelia.*

EXTRAKTION
Aus dieser Pflanze werden diverse Produkte hergestellt: ein Concrète (3.) und ein Absolue (1.) durch Lösungsmittelextraktion aus der Flechte, die oft erst mit lauwarmem Wasser getränkt wird; ein Absolue (2.) durch Vakuumdestillation des Concrètes; Harze und Resinoide durch Alkoholextraktion des Rohmaterials. Das wichtigste Produkt ist das Absolue.

EIGENSCHAFTEN
1. Das Absolue ist eine dunkelgrüne oder braune, sehr zähe Flüssigkeit mit einem äußerst hartnäckigen, erdig-moosigen Geruch und einem lederähnlichen Unterton. 2. Das Absolue ist eine blaßgelbe oder olivgrüne, zähe Flüssigkeit mit einem trocken-erdigen, rindenähnlichen, natürlich wirkenden Geruch. 3. Concrète, Harz und Resinoide sind sehr dunkel gefärbte, halbfeste oder feste Substanzen mit einem schweren, erdigen, extrem hartnäckigen Geruch. Sie haben einen hohen Wert als Fixiermittel und mischen sich mit allen anderen Ölen gut. In der Parfümindustrie werden sie reichlich gebraucht, um allen Parfümtypen Körper und einen tiefen, natürlichen Unterton zu verleihen.

WIRKUNGEN
Antiseptisch, fixierend, reizmildernd, schleimlösend

HAUPTBESTANDTEILE
Kristalline Formen sogenannter Flechtensäuren: hauptsächlich Evernia-Säure, D-Usnia-Säure, etwas Atranorin und Chloratronorin

Ferula asa-foetida

Stinkasant

Verträglichkeit: Das Öl gilt als relativ ungiftig und nicht reizend. Es hat aber den Ruf, das am meisten verfälschte Mittel auf dem Markt zu sein. Vor dem Verkauf wird das Oleoresin oft mit rotem Ton oder ähnlichen Ersatzstoffen vermischt.

Familie: *Apiaceae (Umbelliferae)* **Synonym:** *Asa foetida,* Teufelsdreck

Traditioneller Gebrauch

In der chinesischen Medizin wurde der Stinkasant seit dem 7. Jahrhundert als Nervenanregungsmittel und zur Behandlung der Neurasthenie verwendet. Auch in der traditionellen indischen Medizin spielt er eine wichtige Rolle zur Anregung des Gehirns. Er soll bei verschiedensten Krankheiten helfen, darunter Asthma, Bronchitis, krampfartige Zuckungen, Husten, Verstopfung, Blähungen und Hysterie. Die Blätter werden im Osten auch als Gemüse zubereitet. Im Britischen Pflanzenarzneibuch wird der Stinkasant als spezifisches Heilmittel gegen Blähungskoliken genannt.

Eine große, verzweigte, mehrjährige Pflanze bis 3 m Höhe mit dicken, fleischigen Wurzeln und blaß-gelbgrünen Blüten

frischer Stinkasant

EXTRAKTION
Das Oleoresin wird durch Einschneiden der Wurzel und der oberirdischen Pflanzenteile gewonnen. Der milchige Saft dringt hervor und härtet zu dunklen, rötlichen Klumpen aus, bevor er abgeschabt und gesammelt wird. Das ätherische Öl wird dann durch Dampfdestillation aus dem Harz gewonnen. Auch Absolue, Resinoid und Tinktur lassen sich herstellen.

EIGENSCHAFTEN
Eine orangegelbe Flüssigkeit mit einem bitteren, scharfen Geschmack und einem starken, knoblauchähnlichen Geruch, dem jedoch eine süße, balsamische Note unterlegt ist.

WIRKUNGEN
Anregend, blähungswidrig, blutdrucksenkend, krampflösend, schleimlösend. Tiere werden von diesem Geruch abgestoßen.

HAUPTBESTANDTEILE
Disulfide, insbesondere 2-Butyl-Propenyl-Disulfid mit Momeoterpenen, freier Ferulsäure, Valeria, Spuren von Vanillin u. a.

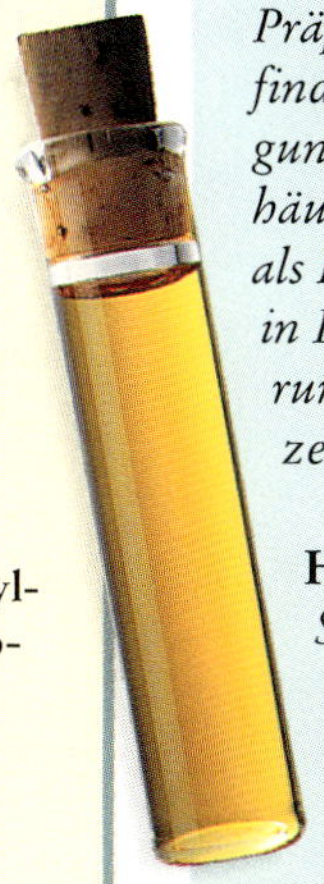

AROMATHERAPIE/ HAUSGEBRAUCH
Atemwege: *«Hervorragend bei Asthma, Bronchitis, Keuchhusten usw.»*[13]
Nervensystem: *nervöse Erschöpfung, streßbedingte Beschwerden*

ANDERE ANWENDUNGEN
Heute in pharmazeutischen Präparaten nur noch selten zu finden; früher als lokales Anregungsmittel für die Schleimhäute eingesetzt. Gelegentlich als Fixiermittel und Duftstoff in Parfüms. In vielen Nahrungsmitteln (besonders Würzen und Saucen) enthalten.

HERKUNFT
Stammt aus Afghanistan, Iran und benachbarten Regionen Südwestasiens.

ANDERE ARTEN
Es gibt mehrere andere Ferula-Arten, die das Asa foetida genannte Oleoresin absondern, z. B. die tibetische Spezies, die ebenfalls – wenn auch in geringerem Maße – kommerziell genutzt wird.

Ferula asa-foetida

Ferula galbaniflua

Galbanum

Verträglichkeit: ungiftig, nicht reizend

Familie: *Apiaceae (Umbelliferae)* **Synonyme:** *Ferula gummosa,* Galbanum-Gummi, Galbanum-Harz

Traditioneller Gebrauch

Die antiken Kulturen gebrauchten Galbanum als Räucherwerk, die Ägypter zur Kosmetik und beim Einbalsamieren. Im Osten wird es ähnlich verwendet wie der Stinkasant: zur Behandlung von Wunden, Entzündungen und Hautleiden, aber auch bei Atemwegs-, Verdauungs- und Nervenbeschwerden.

EXTRAKTION

Ätherisches Öl durch Wasser- oder Dampfdestillation aus dem Oleoresin oder Gummi; nur der Levante- oder weiche Typ wird zur Ölgewinnung genutzt. Ein zum Teil terpenfreies Öl ist als Galbanol im Handel. (Auch ein Resinoid wird hergestellt, das vor allem als Fixiermittel Verwendung findet.)

EIGENSCHAFTEN

Rohmaterial: eine dunkel-bernsteinfarbene oder braune, zähe Flüssigkeit mit einem grün-holzigen Duft und einem weichen, balsamischen Unterton. Öl: eine farblose, blaßgelbe oder olivgrüne Flüssigkeit mit einer frischen Obernote und einem holzig-trockenen, balsamischen Unterton. Mischt sich gut mit Hyazinthe, Veilchen, Narzisse, Lavendel, Geranie, Eichenmoos, Opopanax, Kiefer, Tanne, Styrax und orientalischen Basisölen.

WIRKUNGEN

Antimikrobiell, antiseptisch, aphrodisisch, balsamisch, blähungswidrig, blutdrucksenkend, entzündungshemmend, harntreibend, krampflösend, menstruationsfördernd, narbenbildungsfördernd, schleimlösend, schmerzlindernd, stärkend, verdauungsfördernd, wiederherstellend

HAUPTBESTANDTEILE

Pinen, Cadinol, Cadinen, Myrcen u. a.

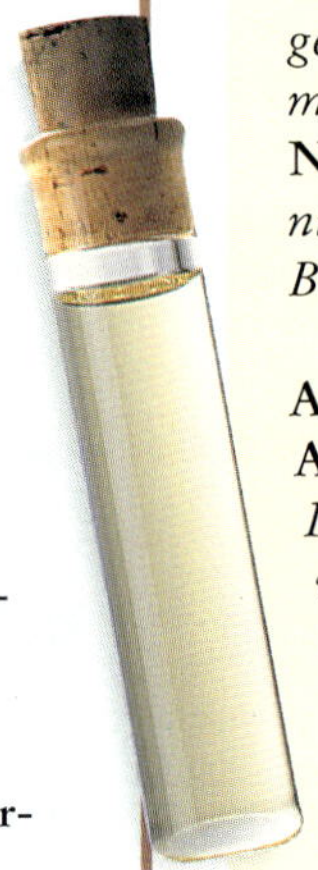

Eine große, mehrjährige Pflanze mit glattem Stiel, glänzenden Blättern und kleinen Blüten. Sie birgt Harzgänge, die ein natürliches Oleoresin in Form eines milchigen Saftes absondern. Das getrocknete Exsudat wird gesammelt, nachdem man an die Basis des Pflanzenstiels Einschnitte gesetzt hat.

AROMATHERAPIE/ HAUSGEBRAUCH

Hautpflege: *Abszesse, Akne, Entzündungen, Falten, Furunkel, heilt Narbengewebe, reife Haut, Schnittverletzungen, strafft die Haut, Wunden*
Kreislauf, Muskeln und Gelenke: *Muskelschmerzen, Rheumatismus, schlechte Durchblutung*
Atemwege: *Asthma, Bronchitis, chronischer Husten, Katarrh*
Verdauungstrakt: *Blähungen, Krämpfe, Magenverstimmung*
Nervensystem: *nervöse Spannung und streßbedingte Beschwerden*

ANDERE ANWENDUNGEN

Das persische Gummiharz wurde in pharmazeutischen Produkten verwendet. Öl und Resinoid werden als Fixiermittel und Duftstoff in Seifen, Reinigungsmitteln, Cremes, Lotionen und Parfüms gebraucht, aber auch als Geschmacksstoff in Nahrungsmitteln, alkoholischen und anderen Getränken.

HERKUNFT

Die Pflanze ist im Nahen Osten und Westasien heimisch, sie wird im Iran, der Türkei, Afghanistan und dem Libanon angebaut. Die Destillation findet gewöhnlich in Europa oder den USA statt.

ANDERE ARTEN

Es gibt zwei verschiedene Typen: Levante-Galbanum (flüssig oder weich) und Persisches Galbanum (fest oder hart). Andere Ferula-Arten sondern ebenfalls Galbanum ab, zum Beispiel die Moschuswurzel.

Foeniculum vulgare

Fenchel

Verträglichkeit: Nicht reizend, relativ ungiftig, in großen Dosen einschläfernd; der Bittere Fenchel kann zu allergischer Reaktion führen. Jegliches Fenchelöl ist von Epileptikern oder Schwangeren ganz zu meiden und allgemein mit Maßen zu gebrauchen.

Familie: *Apiaceae (Umbelliferae)* **Synonyme:** *Foeniculum officinale, Foeniculum capillaceum, Anethum foeniculum,* Gartenfenchel, Langer Kümmel, Brotsamen

Traditioneller Gebrauch

Fenchel hat einen uralten Ruf als Heilmittel, er soll Langlebigkeit, Mut und Stärke verleihen. Er wurde auch gebraucht, um böse Geister fernzuhalten, das Augenlicht zu stärken und Gifte zu neutralisieren. Er gilt als heilsam bei Stauungen von Leber, Milz und Gallenblase sowie bei Verdauungsbeschwerden. Traditionell wurde der Fenchel bei Korpulenz verwendet, was auf eine östrogenähnliche Wirkung zurückzuführen sein könnte, die auch die Milchbildung bei Stillenden fördert.

Fenchelsamen

frische Fenchelblätter

Zwei- oder mehrjährige Pflanze bis 2 m Höhe mit fiedrigen Blättern und goldgelben Blüten. Es gibt zwei Hauptarten des Fenchels: den Bitter- oder Gemeinen Fenchel, der etwas größer ist und nicht so filigran gefiederte Blätter hat, und den Süßen Fenchel (auch Römischer, Französischer oder Gartenfenchel genannt), der immer eine Zuchtform ist.

EXTRAKTION
Ätherisches Öl durch Dampfdestillation: 1. Süßfenchelöl aus den zerkleinerten Samen, und 2. Bitterfenchelöl aus zerdrückten Samen oder der ganzen Pflanze (dem wilden Kraut)

EIGENSCHAFTEN
1. Eine farblose bis blaßgelbe Flüssigkeit mit einem sehr süßen, anisähnlichen, leicht erdig-pfeffrigen Duft. Mischt sich gut mit Geranie, Lavendel, Rose und Sandelholz. 2. Das Samenöl ist eine blaßgelbe Flüssigkeit mit einem scharfen, warmen, kampferähnlichen Geruch; das «Krautöl» ist eine blaßorangebraune Flüssigkeit mit einem scharfen, pfeffrig-kampferartigen Geruch.

WIRKUNGEN
Abführend, anregend (Kreislauf), antimikrobiell, antiseptisch, appetitanregend, blähungswidrig, blutreinigend, entzündungshemmend, harntreibend, krampflösend, magenstärkend, menstruationsfördernd, milchtreibend, milzwirksam, schleimlösend, stärkend, wurmabtreibend

HAUPTBESTANDTEILE
Anethol (50–60 Prozent), Limonen, Phellandren, Pinen, Anissäure, Anisaldehyd, Amphen u. a. Bitterfenchelöl enthält 18–22 Prozent Fenchon, Süßfenchelöl nur wenig oder keines.

AROMATHERAPIE/ HAUSGEBRAUCH

Bitterfenchel: entfällt.
Süßer Fenchel:
Hautpflege: *Quetschungen, Zahnfleischeiterung, matte, fettige, reife Haut*
Kreislauf, Muskeln und Gelenke: *Korpulenz, Ödeme, Rheumatismus, Zellulitis*
Atemwege: *Asthma, Bronchitis*
Verdauungstrakt: *Appetitlosigkeit, Blähungen, Kolik, Schluckauf, Übelkeit, Verdauungsstörungen, Verstopfung*
Urogenitaltrakt: *Amenorrhö, ungenügende Milchbildung, Menopausebeschwerden*

ANDERE ANWENDUNGEN

In pharmazeutischen Produkten wird es Codex-Fenchelöl genannt und ist Bestandteil von Hustentropfen, Pastillen usw. sowie von blähungswidrigen und abführenden Medikamenten. Als Geschmacksstoff in Nahrungsmitteln und Getränken. Fenchelöl wird gebraucht in Seifen, Toilettenartikeln und Parfüms und als Maskierungsmittel in vielen industriellen Produkten, Raumsprays u. a.

HERKUNFT

Der Bitterfenchel stammt aus der Mittelmeerregion. Er wird weltweit angebaut, doch die wichtigsten Ölproduzenten sind Ungarn, Bulgarien, Deutschland, Frankreich, Italien und Indien. Der Süße Fenchel wächst vor allem in Frankreich, Italien und Griechenland.

ANDERE ARTEN

Bitterfenchel (F. vulgare var. amara) *und Süßer Fenchel* (F. vulgare var. dulce) *sind eng verwandt mit dem Florentiner Fenchel* (F. axoricum).

Gardenia jasminoides

Gardenie

Verträglichkeit: Derzeit keine Angaben. Fast alles Gardenienöl wird heute synthetisch hergestellt.

Familie: *Rubiaceae* **Synonyme:** *Gardenia grandiflora, Gardenia radicans, Gardenia florida*

Traditioneller Gebrauch

Die Blüten werden (wie Jasmin) verwendet, um Tees mit ihrer Geschmacksnote zu bereichern.

Ein dekorativer Busch, der oft als Ziergewächs gepflanzt wird und duftende weiße Blüten trägt.

getrocknete Gardenienknospen

AROMATHERAPIE/ HAUSGEBRAUCH
Parfüm

ANDERE ANWENDUNGEN
Bei Parfüms der Spitzenklasse, besonders in orientalischen Düften.

HERKUNFT
Die Gardenie stammt aus dem Fernen Osten, Indien und China.

Gardenia jasminoides

ANDERE ARTEN
Es gibt mehrere Gardenia-*Arten, je nach Standort, so zum Beispiel die* G. citriodora *oder* G. calyculata *in Japan und Indonesien.*

EXTRAKTION
Absolue (und Concrète) durch Lösungsmittelextraktion aus den frischen Blüten

EIGENSCHAFTEN
Dunkelgelbe, ölige Flüssigkeit mit einem süßen, reichen, blumigen, jasminähnlichen Duft. Mischt sich gut mit Ylang-Ylang, Jasmin, Nachthyazinthe, Neroli, Rose, Gewürz- und Zitrusölen.

WIRKUNGEN
Antiseptisch, aphrodisisch

HAUPTBESTANDTEILE
Hauptsächlich Benzylazetat, auch Phenylazetat, Linalol, Linalylazetat, Terpineol, Methylanthranilat u. a. Zusammensetzung schwankt je nach Herkunft.

Gaultheria procumbens

Wintergrün

Verträglichkeit: Giftig, starke Hautreizungen möglich. Das Öl ist nicht mehr sehr gebräuchlich, da es durch das synthetische Methylsalizylat ersetzt wurde. Siehe Zuckerbirke.

Familie: *Ericaceae* **Synonyme:** Amerikanisches Wintergrün, Niederliegende Scheinbeere

Traditioneller Gebrauch

Die Pflanze wurde bei Atemwegserkrankungen wie chronischer Schleimsekretion verwendet, hauptsächlich jedoch bei Gelenk- und Muskelbeschwerden wie Hexenschuß, Ischias, Neuralgie, Muskelschmerzen usw. Die getrockneten Blätter und Stiele sind im Britischen Pflanzenarzneibuch als spezifisches Heilmittel gegen primärchronische Polyarthritis genannt. Das ätherische Öl wurde auch statt des Zuckerbirkenöls benutzt.

Ein niederes, immergrünes, bis 15 cm hohes Kraut mit schlanken, kriechenden Stielen. Die Zweige tragen ledrige, gezahnte Blätter und hängende, weiße Blüten, fleischige, scharlachrote Beeren.

Wintergrünblatt

EXTRAKTION
Ätherisches Öl durch Dampf- oder Wasserdestillation aus den Blättern, die vorher in warmem Wasser getränkt werden. Das ätherische Öl ist nicht in Rohform in der Pflanze zu finden, sondern entsteht erst bei der Zersetzung in warmem Wasser.

EIGENSCHAFTEN
Blaßgelbe oder rosige Flüssigkeit mit einem intensiven, süß-holzigen, fast fruchtigen Geruch. Mischt sich gut mit Oregano, Minze, Thymian, Ylang-Ylang, Narzisse und Vanille.

WIRKUNGEN
Adstringierend, anregend, antirheumatisch, blähungswidrig, entzündungshemmend, harntreibend, hustenreizlindernd, menstruationsfördernd, milchtreibend, schmerzlindernd (mild)

HAUPTBESTANDTEILE
Fast ausschließlich Methylsalizylat (bis 98 Prozent), ferner Formaldehyd und Gaultherilin

AROMATHERAPIE/ HAUSGEBRAUCH
Entfällt. Innerlich und äußerlich meiden.

ANDERE ANWENDUNGEN
Pharmazeutisch genutzt, zum Beispiel in «Olbas»-Öl, auch in der Parfümindustrie (besonders bei Walddüften). In den USA häufig als Geschmacksstoff gebraucht in Zahnpasten, Kaugummi, Limonaden, Coca-Cola und anderen alkoholfreien Getränken.

HERKUNFT
Heimisch in Nordamerika, besonders im Nordosten und in Kanada. Das Öl wird in den USA produziert.

Gaultheria procumbens

ANDERE ARTEN
Es gibt verschiedene weitere Gaultheria-*Arten, die ebenfalls zur Ölgewinnung genutzt werden und ähnliche Eigenschaften besitzen.*

Helichrysum angustifolium

Strohblume

Verträglichkeit: ungiftig, nicht reizend

Familie: *Asteraceae* **Synonym:** Immortelle

Traditioneller Gebrauch

In Europa verwendet bei Beschwerden der Atemwege wie Asthma, chronischer Bronchitis und Keuchhusten; auch bei Kopfschmerzen, Migräne, Leber- und Hautleiden einschließlich Verbrennungen, Allergien und Psoriasis. Gewöhnlich in Form eines Absuds oder Aufgusses (Tees) genommen.

EXTRAKTION
1. Ätherisches Öl durch Dampfdestillation aus den frischen Blüten und Blütenspitzen. 2. Absolue und Concrète werden durch Lösungsmittelextraktion gewonnen.

EIGENSCHAFTEN
1. Blaßgelbe bis rote, ölige Flüssigkeit mit einem starken, reichen, honigähnlichen Duft und feinen, teeähnlichen Unterton. 2. Gelbbraune, zähe Flüssigkeit mit einem reichen, blumigen, teeähnlichen Duft. Mischt sich gut mit Kamille, Boronia, Zistrose, Lavendel, Mimose, Eichenmoos, Geranie, Muskatellersalbei, Rose, Perubalsam, Gewürznelke und Zitrusölen.

WIRKUNGEN
Adstringierend, antiallergisch, antimikrobiell, antiseptisch, entzündungshemmend, fungizid, galletreibend, harntreibend, hustenreizlindernd, narbenbildungsfördernd, nervenstärkend, schleimlösend

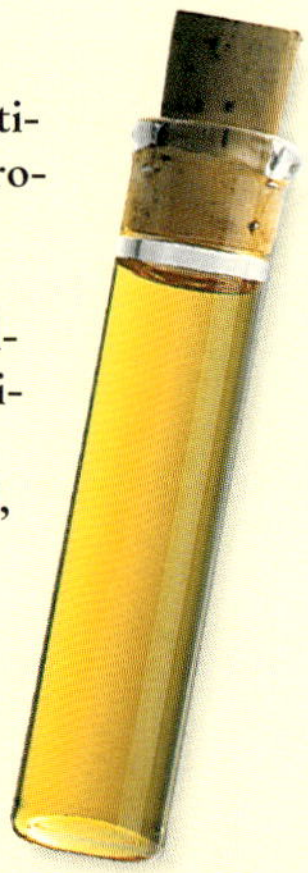

HAUPTBESTANDTEILE
Nerol und Nerylazetat (30–50 Prozent), Geraniol, Pinen, Linalol, Isovalerialdehyd, Sesquiterpene, Furfurol, Eugenol u. a.

Eine sehr aromatische Pflanze bis 60 cm Höhe mit reichverzweigtem Stengel, der an der Basis verholzt. Die leuchtend farbigen Korbblüten trocknen im Laufe ihrer Reifung, behalten dabei jedoch ihre Farbe.

frische Blätter

AROMATHERAPIE/ HAUSGEBRAUCH
Hautpflege: *Abszesse, Akne, allergische Beschwerden, Dermatitis, Ekzeme, Entzündungen, Furunkel, Schnittwunden, Verbrennungen, Wunden*
Kreislauf, Muskeln und Gelenke: *Muskelschmerzen, Muskelzerrungen, Rheumatismus, Verstauchungen*
Atemwege: *Asthma, Bronchitis, chronischer Husten, Keuchhusten*
Verdauungstrakt: *Leberstauung, Milzstauung*
Nervensystem: *Niedergeschlagenheit, Schwächezustand, Lethargie, nervöse Erschöpfung, Neuralgie, streßbedingte Beschwerden*

ANDERE ANWENDUNGEN
Als Fixiermittel und Duftstoff in Seifen, Kosmetika und Parfüms. Mit dem Absolue werden bestimmte Tabakarten aromatisiert; Nutzung zur Isolation natürlichen Anethols.

HERKUNFT
Im Mittelmeerraum heimisch, besonders im östlichen Teil und in Nordafrika. Wird heute vor allem in Italien, dem früheren Jugoslawien, Spanien und Frankreich angebaut.

ANDERE ARTEN
Es gibt verschiedene weitere Helichrysum-*Arten wie* H. arenarium *und* H. stoechas, *aus dem ebenfalls ein Absolue gewonnen wird.* H. orientale *wird wegen seines Öls angebaut.*

Humulus lupulus

Hopfen

Verträglichkeit: Allgemein ungiftig (in hohen Dosen einschläfernd) und nicht reizend. Kann in Einzelfällen allergische Reaktion auslösen. Bei Depressionen meiden.

Familie: *Cannabaceae* **Synonyme:** Bierhopfen, Zaunhopfen

Traditioneller Gebrauch

Am bekanntesten ist der Hopfen als Mittel gegen Schlaflosigkeit, nervöse Spannung, Neuralgien und Sexualneurosen (beider Geschlechter). Er unterstützt die Wirkung der Östrogene und ist deshalb nützlich bei Amenorrhö (ausbleibender Periode). Wohlbekannt in Form des Hopfenkissens, dessen schwerer, aromatischer Duft direkt über die Geruchszentren eine tiefe Entspannung bewirkt. Hopfen wurde auch bei Herzerkrankungen, Magen- und Leberbeschwerden und bei Bakterienruhr eingesetzt.

Mehrjähriges Klettergewächs bis 8 m Höhe. Man unterscheidet männliche und weibliche Pflanzen mit entsprechenden Blüten. Die herzförmigen Blätter sind dunkelgrün, die Blüten gelbgrün. Ein Lupulin genanntes, flüchtiges Öl bildet sich in den Drüsenhaaren der Blütenkätzchen.

getrockneter Hopfen

Humulus lupulus

AROMATHERAPIE/ HAUSGEBRAUCH

Hautpflege: *Ausschläge, Dermatitis, Geschwüre, rauhe Haut*
Atemwege: *Asthma, Krampfhusten*
Verdauungstrakt: *Magenverstimmung, nervöse Verdauungsstörungen*
Urogenitaltrakt und Hormonsystem: *ausbleibende Periode, Periodenkrämpfe, unterstützt Östrogenwirkung, dämpft sexuelle Überaktivität*
Nervensystem: *Kopfschmerzen, nervöse Spannung, Neuralgie, Schlaflosigkeit, streßbedingte Beschwerden*

ANDERE ANWENDUNGEN

Duftstoff in Parfüms, besonders in würzigen oder orientalischen Düften. Zur Aromatisierung von Tabak, Soßen und Würzmischungen, Verwendung in alkoholischen Getränken, vor allem in Bier.

HERKUNFT

In Europa und Nordamerika heimisch, weltweit angebaut, besonders in den USA, dem früheren Jugoslawien und Deutschland. Das Öl wird hauptsächlich in Frankreich, England und Deutschland hergestellt.

EXTRAKTION
Ätherisches Öl durch Dampfdestillation aus den getrockneten Kätzchen. (Für die Parfümindustrie wird durch Lösungsmittelextraktion auch ein Absolue hergestellt.)

EIGENSCHAFTEN
Eine blaßgelbe bis rötlich-bernsteinfarbene Flüssigkeit mit reichem, würzig-süßem Geruch. Mischt sich gut mit Kiefer, Hyazinthe, Muskat, Copaibabalsam, Zitrus- und Gewürzölen.

WIRKUNGEN
Adstringierend, antimikrobiell, antiseptisch, aphrodisisch, bakterizid, beruhigend, blähungswidrig, einschläfernd, harntreibend, krampflösend, nervenstärkend, schlaffördernd, schmerzstillend

HAUPTBESTANDTEILE
Hauptsächlich Humulen, Myrcen, Caryophyllen und Farnesen sowie mehr als 100 weitere Komponenten

Hyazinthus orientalis

Hyazinthe

Familie: *Liliaceae* **Synonym:** *Scilla nutans*

Verträglichkeit: Derzeit liegen keine Angaben vor. Das meiste angebotene Hyazinthenöl ist heute imitiert oder synthetisch.

Traditioneller Gebrauch

Die Zwiebeln der Hyazinthe sind giftig, doch der weiße Saft diente als Ersatz für Stärke oder Leim. Die getrockneten und pulverisierten Wurzeln sind balsamisch und haben blutstillende Eigenschaften, die noch nicht ganz erforscht sind.

Eine beliebte Pflanze mit duftenden, glockenförmigen Blüten in vielen Farben, hellen, lanzettförmigen Blättern und einer runden Zwiebel

aufgeschnittene Hyazinthenzwiebel

getrocknetes Blatt

EXTRAKTION
Concrète und Absolue durch Lösungsmittelextraktion aus den Blüten. (Ein ätherisches Öl wird durch Dampfdestillation aus dem Absolue gewonnen.)

EIGENSCHAFTEN
Rötliche oder grünbraune, zähe Flüssigkeit mit einem süßlich-frischen, blumigen Duft. Mischt sich gut mit Narzisse, Veilchen, Ylang-Ylang, Styrax, Galbanum, Jasmin, Neroli und orientalischen Basisölen.

WIRKUNGEN
Antiseptisch, balsamisch, beruhigend, blutstillend, schlaffördernd

HAUPTBESTANDTEILE
Phenyläthylalkohol, Benzaldehyd, Zimtaldehyd, Benzylalkohol, Benzoesäure, Benzylazetat, Benzylbenzoat, Eugenol, Methyleugenol, Hydrochinon u. a.

AROMATHERAPIE/ HAUSGEBRAUCH

Nervensystem: *Die Griechen beschrieben den Duft der Hyazinthe als erfrischend und stärkend für ein ermattetes Gemüt. Kann auch bei streßbedingten Beschwerden und zur Entfaltung der schöpferischen linken Gehirnhälfte verwendet werden.*

ANDERE ANWENDUNGEN

Duftstoff in hochwertigen Parfüms, besonders in orientalischen, blumigen Typen

HERKUNFT

Die Hyazinthe stammt aus Kleinasien. Sie wird hauptsächlich in den Niederlanden und Südfrankreich angebaut.

Hyazinthus orientalis

ANDERE ARTEN

Eng verwandt mit Knoblauch (Allium sativum), *der Zwiebel* (A. cepa) *und der wilden Sternhyazinthe* (H. nonscriptus). *Früher wurde das Hyazinthenöl in Grasse, Südfrankreich, produziert und hatte einen frischeren, blumigeren Duft.*

Hyssopus officinalis

Ysop

Verträglichkeit: Nicht reizend; das Öl ist aufgrund seines Pinocamphongehalts gering giftig. Mit Maßen zu gebrauchen und während der Schwangerschaft sowie von Epileptikern zu meiden. Kontraindiziert bei Bluthochdruck.

Familie: *Lamiaceae (Labiatae)* **Synonyme:** Bienenkraut, Ispenkraut, Eisop

Traditioneller Gebrauch

Der bereits in der Bibel genannte Name Ysop bezieht sich vermutlich nicht auf dieses Kraut, sondern auf eine Form wilden Majorans oder Oreganos, möglicherweise *Oreganum syriacum.* Gleichwohl hat *H. officinalis* schon seit der Antike einen guten Ruf in der Heilkunde und wurde zur rituellen Reinigung sakraler Stätten und als Streukraut verwendet. Er wird hauptsächlich bei Beschwerden der Atemwege und des Verdauungstrakts eingesetzt, äußerlich bei Rheumatismus, Quetschungen, Schürfungen, Ohren- und Zahnschmerzen. Darüber hinaus dient er der Regulierung des Blutdrucks, als allgemeines Nervenstärkungsmittel und beruhigt in Angst- oder hysterischen Zuständen.

frischer Ysop

Eine hübsche, mehrjährige, fast immergrüne Pflanze bis 60 cm Höhe mit einem verholzten unteren Teil, kleinen, lanzettförmigen Blättern und purpurbläulichen Blüten

EXTRAKTION
Ätherisches Öl durch Dampfdestillation aus den Blättern und Blütenknospen

EIGENSCHAFTEN
Farblose bis blaßgelbgrüne Flüssigkeit mit einer süßen, kampferähnlichen Obernote und einem warmen, würzig-krautigen Unterton. Mischt sich gut mit Lavendel, Rosmarin, Myrte, Lorbeerblatt, Salbei, Muskatellersalbei, Geranie und Zitrusölen.

WIRKUNGEN
Adstringierend, antiseptisch, antiviral, bakterizid, beruhigend, blähungswidrig, blutdruckregulierend, fiebersenkend, harntreibend, konzentrationssteigernd, krampflösend, menstruationsfördernd, narbenbildungsfördernd, nervenstärkend, schleimlösend, schweißtreibend, stärkend (Herz und Kreislauf), verdauungsfördernd, wundheilend, wurmabtreibend

HAUPTBESTANDTEILE
Pinocamphon, Isopinocamphon, Estragol, Borneol, Geraniol, Limonen, Thujon, Myrcen, Caryophyllen u. a.

AROMATHERAPIE/ HAUSGEBRAUCH

Hautpflege: *Dermatitis, Ekzeme, Entzündungen, Quetschungen, Schnittwunden, Wunden*
Kreislauf, Muskeln und Gelenke: *hoher oder niederer Blutdruck, Rheumatismus*
Atemwege: *Asthma, Bronchitis, Halsschmerzen, Husten, Katarrh, Keuchhusten, Mandelentzündung*
Verdauungstrakt: *Kolik, Magenverstimmung*
Urogenitaltrakt: *ausbleibende Periode, Weißfluß*
Immunsystem: *Erkältung, Grippe*
Nervensystem: *Angst, Erschöpfung, nervöse Spannung und streßbedingte Beschwerden*

ANDERE ANWENDUNGEN

Duftstoff in Seifen, Kosmetika und Parfüms, besonders in orientalischen Düften. Geschmacksstoff in vielen Nahrungsmitteln, vor allem Soßen und Würzmischungen, auch in alkoholischen Getränken, besonders Likören wie Chartreuse.

HERKUNFT

Der Ysop ist im Mittelmeerraum und in gemäßigten Regionen Asiens heimisch; heute wächst er wild in ganz Amerika, Rußland und Europa. Er wird hauptsächlich in Ungarn und Frankreich angebaut, weniger intensiv auch in Albanien und dem früheren Jugoslawien.

ANDERE ARTEN

Es gibt vier wichtige Unterarten des Ysops, doch H. officinalis *ist die für die Ölgewinnung wichtigste Spezies. Der* H. officinalis var. decumbens *ist weniger giftig als viele andere Typen und eignet sich gut für die Aromatherapie.*

Illicium verum

Sternanis

Verträglichkeit: Trotz des Anetholgehalts scheint Sternanis nicht hautreizend zu sein, anders als Anis(samen). Wirkt in großen Mengen einschläfernd und verlangsamt den Kreislauf. Mit Maßen gebrauchen, während der Schwangerschaft meiden!

Familie: *Illiciaceae* **Synonym:** Chinesischer Anis

Traditioneller Gebrauch

Wegen seiner Wirkung auf Verdauung und die Atemwege wird der Sternanis in der chinesischen Medizin schon seit mehr als 1300 Jahren verwendet. Im Osten wird er als Heilmittel gegen Kolik und Rheumatismus gebraucht und oft nach den Mahlzeiten gekaut, um die Verdauung zu fördern. Im Orient ein vielverwendetes Küchengewürz.

EXTRAKTION
Ätherisches Öl durch Dampfdestillation aus den frischen oder teilgetrockneten Früchten. In geringen Mengen wird auch aus den Blättern Öl gewonnen.

EIGENSCHAFTEN
Blaßgelbe Flüssigkeit mit einem warmen, würzigen, äußerst süßen, süßholzähnlichen Duft. Mischt sich gut mit Rose, Lavendel, Orange, Kiefer und anderen Gewürzölen.

WIRKUNGEN
Anregend, antiseptisch, blähungswidrig, insektenabwehrend, schleimlösend

HAUPT-BESTANDTEILE
Transanethol (80–90 Prozent)

Immergrüner Baum bis 12 m Höhe mit hohem, schlankem, weißem Stamm. Die Früchte bestehen aus 5–13 Samenkammern, die sternförmig um eine mittlere Achse angeordnet sind.

Sternanis-Samen

getrocknete Samenkammern

AROMATHERAPIE/ HAUSGEBRAUCH
Kreislauf, Muskeln und Gelenke: *Muskelschmerzen, Rheumatismus*
Atemwege: *Bronchitis, Husten*
Verdauungstrakt: *Blähungen, Kolik, Krämpfe, Magenverstimmung*
Immunsystem: *Erkältungen*

ANDERE ANWENDUNGEN
In der pharmazeutischen Industrie für Hustenmischungen, Pastillen usw. und zum Überdecken von unangenehmem Geruch und Geschmack in Medikamenten verwendet. Duftstoff in Seifen, Zahnpasten, Reinigungsmitteln, Kosmetika und Parfüms. Viel gebraucht als Geschmacksstoff in Nahrungsmitteln, besonders in Konfekt, alkoholischen und anderen Getränken.

HERKUNFT
Der Sternanis ist in Südostchina, Vietnam, Indien und Japan heimisch. Das Öl wird vor allem in China hergestellt.

ANDERE ARTEN
Mehrere verwandte Arten, zum Beispiel der Japanische Sternanis, der jedoch sehr giftig ist!

Inula helenium

Alant

Verträglichkeit: Ungiftig, stark hautreizend. In klinischen Tests kam es zu schweren allergischen Reaktionen bei den meisten Probanden, deshalb das Öl auf der Haupt überhaupt nicht anwenden.

Familie: *Asteraceae (Compositae)* **Synonyme:** *Helenium grandiflorum, Aster officinalis, Aster helenium,* Elecampane, Galantwurzel, Helenenkraut, Schlangenwurz, Odinskopf, Gottesauge

Traditioneller Gebrauch

Ein Kraut von uralter medizinischer Bedeutung, das kandiert als Süßigkeit verkauft wurde. Im Osten gilt es als wichtiges Gewürz, Räucherwerk und Heilmittel. In der westlichen wie in der östlichen Pflanzenheilkunde wird es hauptsächlich als Tee eingesetzt bei Beschwerden der Atemwege wie Asthma, Bronchitis und Keuchhusten, auch bei Störungen von Verdauung, Darm und Gallenblase sowie bei Hauterkrankungen.

Hübsche, mehrjährige Pflanze bis 1,5 m Höhe mit einem sehr robusten, von weißen Haaren bedeckten Stengel. Die ovalen Blätter laufen spitz zu und haben eine samtige Unterseite; die großen Korbblüten sind leuchtend gelb, der Wurzelstock groß und fleischig.

frische Alantblätter

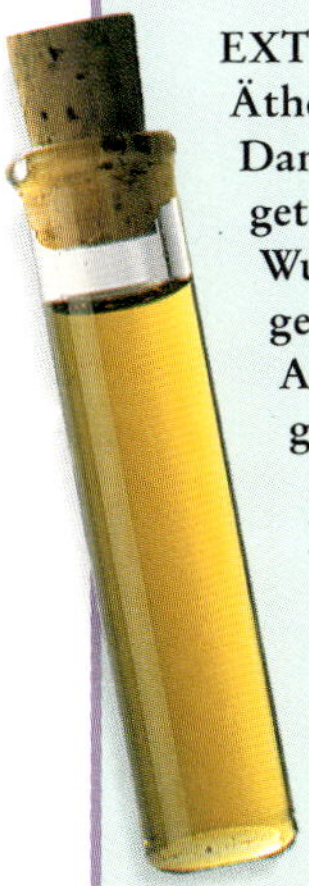

EXTRAKTION
Ätherisches Öl durch Dampfdestillation aus den getrockneten Wurzeln und Wurzelstöcken. (In geringen Mengen werden auch Absolue und Concrète gewonnen.)

EIGENSCHAFTEN
Zähe, dunkelgelbe oder bräunliche Flüssigkeit mit einem trockenen, weichen, holzigen, honigähnlichen Geruch; enthält oft Kristalle. Mischt sich gut mit Cananga, Zimt, Zistrose, Lavendel, Mimose, Weihrauch, Schwertlilie, Nachthyazinthe, Veilchen, Zedernholz, Patschuli, Sandelholz, Zypresse, Bergamotte und orientalischen Düften.

WIRKUNGEN
Adstringierend, antiseptisch, bakterizid, blutdrucksenkend, blutzuckersteigernd, entzündungshemmend, fungizid, harntreibend, hustenreizlindernd, krampflösend, magenstärkend, schleimlösend, schweißtreibend, stärkend, wurmabtreibend

HAUPTBESTANDTEILE
Hauptsächlich Sesquiterpene, Laktone einschließlich Alantolakton (oder Helenin), Isolakton, Dihydroisalantholakton, Alantsäure und Azulen

AROMATHERAPIE/ HAUSGEBRAUCH

Entfällt.
Anmerkung: P. Franchomme erwähnt Inula odorata *(oder* I. graveolens*), ein tiefgrünes Öl, als «Königin der schleimlösenden ätherischen Öle», mit so mannigfaltigen Eigenschaften wie: «entzündungshemmend, beruhigend, herzregulierend, harntreibend, blutreinigend»[14]. Es wird als hervorragend für den Herz-Lungen-Bereich (mit Asthma, chronischer Bronchitis und trockenem Husten) geeignetes Öl geschildert. Diese* Inula-*Art scheint nicht die Allergieprobleme des Echten Alants zu verursachen, jedenfalls nicht, wenn es als Inhalat oder Aerosol-Behandlung verwendet wird.*

ANDERE ANWENDUNGEN

Alantolakton wird in Europa als wurmabtreibendes Mittel verwendet; es ist auch ein glänzendes Bakterizid. Öl und Absolue werden als Fixiermittel und Duftstoff in Seifen, Reinigungsmitteln, Kosmetika und Parfüms eingesetzt und als Geschmacksstoff in alkoholischen und anderen Getränken sowie in Nahrungsmitteln.

HERKUNFT

Der aus Europa und Asien stammende Alant ist auch in Nordamerika verbreitet. Er wird in Europa (Belgien, Frankreich, Deutschland) und in Asien (China, Indien) angebaut. Das Öl wird hauptsächlich in Südfrankreich aus importierten Wurzeln gewonnen.

ANDERE ARTEN

Es gibt mehrere Inula-*Arten, die europäischen und die asiatischen haben einen etwas rauheren Duft als die nordamerikanischen.*

Iris pallida

Schwertlilie

Verträglichkeit: In großen Mengen eingenommen, lösen die frischen Wurzeln Übelkeit und Erbrechen aus. Ätherisches Öl und Absolue sind meist verdünnt oder synthetisch.

Familie: *Iridaceae* **Synonyme:** Iris, Himmelsschwerter, Schwertblume

Traditioneller Gebrauch

Im griechischen und römischen Reich der Antike wurde die Schwertlilienwurzel reichlich in der Kosmetik gebraucht, und ihre medizinalen Qualitäten wurden von Dioscorides sehr geschätzt. In Rußland bereitete man aus der Wurzel mit Honig und Ingwer ein stärkendes Getränk. Heutzutage spielt die Schwertlilie in der Medizin kaum noch eine Rolle, aber sie ist im Britischen Pflanzenarzneibuch noch genannt wegen ihrer früheren Verwendung bei Katarrh, Husten und Durchfall von Kleinkindern.

Schwertlilienwurzel

Dekorative, mehrjährige Pflanze bis 1,5 m Höhe mit schwertförmigen Blättern, einem am Boden kriechenden, fleischigen Wurzelstock und zarten, stark duftenden, blaßblauen Blüten

AROMATHERAPIE/ HAUSGEBRAUCH

Entfällt. Die pulverisierte Wurzel kann jedoch als Trockenshampoo, als Körperpuder, für Potpourris und als Duftspender für Wäsche verwendet werden.

ANDERE ANWENDUNGEN

Das Pulver dient z. B. der Aromatisierung von Zahnputzmitteln. Das Harz wird in Seifen und Parfüms verwendet; das Absolue und Concrète sind den Parfüms der Spitzenklasse vorbehalten. Gelegentlich für Konfekt und als Fruchtgeschmacksstoff verwendet.

HERKUNFT

Die Schwertlilie stammt aus dem östlichen Mittelmeerraum, sie ist auch in Nordindien und Nordafrika zu finden. Die meisten Schwertlilien im Handel kommen aus Italien, wo sie wild wachsen. Das Öl wird hauptsächlich in Frankreich und Marokko produziert, in geringerem Umfang auch in Italien und den USA.

ANDERE ARTEN

Es gibt zahlreiche Iris-Arten. In Italien wird die Blasse Schwertlilie (Iris pallida) *zusammen mit der Florentiner Lilie* (I. florentina) *gesammelt, deren weiße Blüten von feinen, blaßblauen Streifen durchzogen sind, und der Deutschen Schwertlilie* (I. germanica), *die tiefpurpurne Blüten mit gelbem Rand hat. Zu den weiteren, auch arzneilich genutzten Arten gehören die blaue, amerikanische* I. versicolor *und die gelbe* I. pseudacorus.

EXTRAKTION

1. Ätherisches Öl (oft als Concrète bezeichnet) durch Dampfdestillation aus den geschälten, gewaschenen, getrockneten und pulverisierten Wurzelstöcken. Die Wurzelstöcke müssen vor der Extraktion mindestens drei Jahre gelagert werden, sonst haben sie buchstäblich keinerlei Duft! 2. Absolue durch Laugenwaschung in Äthyläther-Lösung, um die Muskatsäure vom Concrète-Öl zu trennen. 3. Harz durch Alkoholextraktion aus den geschälten Wurzelstöcken.

EIGENSCHAFTEN

1. Das Öl verfestigt sich bei Zimmertemperatur zu einer cremefarbenen Masse mit holzigem, veilchenähnlichem Duft und einem weichen, blumig-fruchtigen Unterton. 2. Das Absolue ist eine wasserhelle oder blaßgelbe, ölige Flüssigkeit mit einem feinen, süßen, blumig-holzigen Geruch. 3. Das Harz ist eine braune oder dunkelorange, zähe Masse mit einem tiefen, holzig-süßen, tabakähnlichen Duft (sehr anhaltend). Schwertlilie mischt sich gut mit Zedernholz, Sandelholz, Vetiver, Zypresse, Mimose, Zistrose, Bergamotte, Muskatellersalbei, Rose, Veilchen und anderen Blütenölen.

WIRKUNGEN

Getrocknete Wurzel: antidiarrhoisch, schleimlösend, schmerzlindernd. Frische Wurzel: abführend, Erbrechen verursachend, harntreibend

HAUPTBESTANDTEILE

Muskatsäure (85–90 Prozent), eine geruchslose Substanz, die das «Öl» verfestigt; Alphairon und Ölsäure.

Jasminum officinale

Jasmin

Verträglichkeit: Ungiftig, nicht reizend (in Einzelfällen kommt es zu allergischen Reaktionen).

Familie: *Oleaceae* **Synonym:** Gemeiner Jasmin

Traditioneller Gebrauch

In China werden die Blüten von *J. officinale var. grandiflorum* zur Behandlung von Leberentzündung, Leberzirrhose und Ruhr verwendet; die Blüten von *J. sambac* bei Bindehautentzündung, Ruhr, Hautgeschwüren und Tumoren. Die Wurzel dient der Behandlung von Kopfschmerzen, Schlaflosigkeit, Verstauchungen und Rheumatismus.
Im Westen hieß es, der Jasmin «wärme die Gebärmutter» und erleichtere die Entbindung. Er sei nützlich gegen Husten und Atemnot, «zerstreue rohe Säfte» und sei gut für Erkältungszustände, «aber nicht für mit Hitze verbundene».[15] Jasmin wurde auch bei Muskelkrämpfen und Problemen mit den Fortpflanzungsorganen benutzt.

frischer Jasmin

Immergrüne Strauch- oder Rebpflanze bis 10 m Höhe mit feinen, hellgrünen Blättern und sternförmigen, stark duftenden weißen Blüten

EXTRAKTION
Ein Concrète wird durch Lösungsmittelextraktion gewonnen; das Absolue wird durch Trennung mit Alkohol aus dem Concrète gewonnen. Ätherisches Öl wird durch Dampfdestillation aus dem Absolue hergestellt.

EIGENSCHAFTEN
Das Absolue ist eine dunkelorangebraune, zähe Flüssigkeit mit einem intensiv warmen, blumigen Duft und einem teeähnlichen Unterton. Mischt sich gut mit Sandelholz, Muskatellersalbei und allen Zitrusölen. Es kann «Ecken abrunden» und läßt sich mit buchstäblich allen Ölen gut mischen.

WIRKUNGEN
Antidepressiv, antiseptisch, aphrodisisch, beruhigend, blähungswidrig, entzündungshemmend, krampflösend, milchtreibend, narbenbildungsfördernd, schleimlösend, schmerzlindernd (mild), stärkend, wehenanregend

HAUPTBESTANDTEILE
Dieses Öl hat mehr als 100 Bestandteile, darunter Benzylazetat, Linalol, Phenylazetsäure, Benzylalkohol, Farnesol, Methylanthranilat, Cisjasmon, Methyljasmonat u. a.

AROMATHERAPIE/ HAUSGEBRAUCH

Hautpflege: *trockene, fettige, gereizte, empfindliche Haut*
Kreislauf, Muskeln und Gelenke: *Muskelkrämpfe, Verstauchungen*
Atemwege: *Heiserkeit, Husten, Katarrh, Kehlkopfentzündung*
Urogenitaltrakt: *Frigidität, Gebärmutterstörungen, Menstruationsstörungen, Wehen*
Nervensystem: *Niedergeschlagenheit, nervöse Erschöpfung und streßbedingte Beschwerden. Erzeugt ein Gefühl von Optimismus und Zuversicht. Nützlich in Fällen von Apathie, Gleichgültigkeit oder Lustlosigkeit.*

ANDERE ANWENDUNGEN

Reichlich verwendet in Seifen, Toilettenartikeln, Kosmetika und Parfüms. Öl und Absolue werden bei vielen Nahrungsmitteln und Getränken eingesetzt. Aus den getrockneten Blüten von J. sambac *wird Jasmintee gemacht.*

HERKUNFT

Der Jasmin ist in China, Nordindien und Westasien heimisch; er wird im Mittelmeerraum, in China und Indien kultiviert (verschiedene Arten je nach Region). Das Concrète wird in Italien, Frankreich, Marokko, Ägypten, China, Japan, Algerien und der Türkei hergestellt, das Absolue hauptsächlich in Frankreich.

Juniperus ashei

Texaszeder

Familie: Cupressaceae **Synonyme:** *Juniperus mexicana*, Mexikanischer Wacholder

Verträglichkeit: Äußerlich angewendet, ist das Öl mehr oder weniger ungiftig; in Einzelfällen sind allergische Reaktionen möglich. Mit Maßen gebrauchen; während der Schwangerschaft meiden. Es ist generell sicherer, Atlaszeder zu verwenden.

Traditioneller Gebrauch

In New Mexico gebrauchen die Indianer Zedernholzöl bei Hautausschlägen. Auch bei Arthritis und Rheumatismus wird es verwendet.

EXTRAKTION
Ätherisches Öl durch Dampfdestillation aus Kernholz und Spänen usw. (Im Unterschied zur Virginia-Zeder wird dieser Baum wegen seines ätherischen Öls gefällt.)

EIGENSCHAFTEN
Roh: eine dunkelorange bis bräunliche, zähe Flüssigkeit mit rauchig-holzigem, süßem, teerähnlichem Geruch. Rektifiziert: eine farblose oder blaßgelbe Flüssigkeit mit süßem, balsamischem «Bleistiftholz»-Geruch, ähnlich dem der Virginia-Zeder, aber rauher. Mischt sich gut mit Patschuli, Fichte, Vetiver, Kiefer und lederartigen Düften.

WIRKUNGEN
Adstringierend, anregend (Kreislauf), antiseptisch, beruhigend (Nerven), harntreibend, krampflösend, schleimlösend

HAUPTBESTANDTEILE
Cedren, Cedrol (mehr als das Öl der Virginia-Zeder), Thujopsen, Sabinen u. a. Ansonsten ähnlich der Virginia-Zeder.

Ein kleiner, immergrüner Gebirgsbaum bis 7 m Höhe mit festen, grünen Nadeln, einem unregelmäßig geformten Stamm und Ästen, die oft verkrümmt und verdreht sind. Das Holz reißt leicht und ist deshalb als Bauholz ungeeignet.

Texaszedern-Späne

AROMATHERAPIE/ HAUSGEBRAUCH
Hautpflege: *Akne, Ekzeme, fettige Haut, fettiges Haar, Insektenabwehr, Psoriasis, Schuppen*
Kreislauf, Muskeln und Gelenke: *Arthritis, Rheumatismus*
Atemwege: *Bronchitis, Husten, Katarrh, Nebenhöhlenentzündung, Stauung*
Urogenitaltrakt: *Blasenentzündung, Weißfluß*
Nervensystem: *nervöse Spannung und streßbedingte Beschwerden*

ANDERE ANWENDUNGEN
Reichlich verwendet in Raumsprays und Insektenabwehrmitteln. Als Duftstoff in Seifen, Kosmetika und Parfüms. Als Ausgangsmaterial zur Isolation von Cedren genutzt.

HERKUNFT
Die Texaszeder ist im Südwesten der USA, in Mexiko und Mittelamerika heimisch; das Öl wird hauptsächlich in Texas gewonnen.

ANDERE ARTEN
Der Name J. mexicana *wurde irrtümlich vielen verschiedenen Arten gegeben. Die Texaszeder ist botanisch verwandt mit der sog. Virginia-Zeder* (J. virginiana) *und der Ostafrikanischen Zeder* (J. procera).

Juniperus communis

Wacholder

Verträglichkeit: Ungiftig, jedoch u. U. leicht reizend. Regt die Gebärmuttermuskulatur an und darf während der Schwangerschaft nicht verwendet werden. Nicht bei akuter Nierenentzündung einnehmen!

Familie: *Cupressaceae* **Synonyme:** Heidewacholder, Krammetbeere, Feuerbaum

Traditioneller Gebrauch

Der Wacholder wurde bei Infektionen der Harnwege, bei Problemen der Atemwege und bei Magen-Darm-Infektionen und Würmern genommen. Er hilft, Harnsäureablagerungen in den Gelenken abzubauen, und wird deshalb bei Gicht, Rheumatismus und Arthritis eingesetzt. Im Britischen Pflanzenarzneibuch bei Rheuma und Blasenentzündung empfohlen.

Blüten

Rinde und Nadeln

Wacholderbeeren

Immergrüner Strauch oder Baum bis 6 m Höhe mit blaugrünen, harten Nadeln. Er trägt kleine Blüten und Beeren, die im ersten Jahr grün, im zweiten und dritten Jahr schwarz sind.

AROMATHERAPIE/ HAUSGEBRAUCH

Das Holzöl wird gewöhnlich mit Terpentinöl verdünnt. Am besten verwendet man nur Wacholderbeerenöl (mit Mäßigung).
Hautpflege: *Akne, Dermatitis, Ekzeme, fettige Haut, Haarausfall, Hämorrhoiden, Hautstraffung, Wunden*
Kreislauf, Muskeln und Gelenke: *Arteriosklerose, Gicht, Korpulenz, Rheumatismus, Zellulitis*
Immunsystem: *Erkältungen, Grippe, Infektionen*
Urogenitaltrakt: *ausbleibende, schmerzhafte Periode, Blasenentzündung, Weißfluß*
Nervensystem: *Angst, nervöse Spannung und streßbedingte Beschwerden*

ANDERE ANWENDUNGEN

Beeren und Extrakte werden in harntreibenden und abführenden Präparaten verwendet, auch in der Tiermedizin gegen Zecken und Flöhe. Als Duftstoff in Reinigungsmitteln, Kosmetika und Parfüms, besonders in würzigen Düften und Aftershaves. Reichlich gebraucht als Geschmacksstoff in Nahrungsmitteln und Getränken; die Beeren verleihen Gin ihren Geschmack.

HERKUNFT

Der Wacholder ist auf der Nordhalbkugel zu Hause: in Skandinavien, Sibirien, Kanada, Nordeuropa und Nordasien. Das Öl wird hauptsächlich in Italien, Frankreich, dem früheren Jugoslawien, Österreich, der früheren Tschechoslowakei, Spanien, Deutschland und Kanada produziert.

ANDERE ARTEN

Es gibt verschiedene weitere Wacholderarten wie Stechwacholder (J. oxycedrus), J. virginiana *(aus dem das Öl der sog. Virginia-Zeder gewonnen wird) und* J. sabina *(von dem das Sadebaumöl stammt).*

EXTRAKTION

Ätherisches Öl durch Dampfdestillation 1. aus den Beeren (manchmal zuerst vergoren als Nebenprodukt der Wacholderschnaps-Herstellung; das Öl gilt als minderwertiges Erzeugnis) und 2. aus Nadeln und Holz. Resinoid, Concrète und Absolue werden in kleinen Mengen produziert.

EIGENSCHAFTEN

1. Wasserhelle oder blaßgelbe, dünne Flüssigkeit mit einem süßen, frischen, holzig-balsamischen Geruch. Mischt sich gut mit Vetiver, Sandelholz, Zedernholz, Mastix, Eichenmoos, Galbanum, Elemi, Zypresse, Muskatellersalbei, Kiefer, Lavendel, Lavandin, Zistrose, Tannennadel, Rosmarin, Benzoe, Tolubalsam, Geranie und Zitrusölen. 2. Wasserhelle oder blaßgelbe, dünne Flüssigkeit mit einem süß-balsamischen, frischen, terpentinähnlichen Geruch.

WIRKUNGEN

Adstringierend, antirheumatisch, antiseptisch, antitoxisch, aphrodisisch, beruhigend, blähungswidrig, blutreinigend, harntreibend, krampflösend, magenstärkend, menstruationsfördernd, narbenbildungsfördernd, nervenstärkend, parasitenabtötend, schweißtreibend, stärkend, wundheilend

HAUPTBESTANDTEILE

Hauptsächlich Monoterpene: Pinen, Myrcen, Sabinen mit Limonen, Cymen, Terpinen, Thujen, Camphen u. a.

Juniperus oxycedrus

Stechwacholder

Verträglichkeit: Ungiftig, nicht reizend, kann allergische Reaktion auslösen. Mit Vorsicht zu gebrauchen, besonders bei der Behandlung von entzündlichen oder allergischen Hauterkrankungen. Terpentinöl ist eine geeignete Alternative.

Familie: *Cupressaceae* **Synonyme:** Zederwacholder, Roter Wacholder

Traditioneller Gebrauch

Zur Behandlung von Hautkrankheiten wie chronischem Ekzem, Parasiten, Kopfhauterkrankungen, Haarausfall usw. Besonders in Frankreich und anderen europäischen Ländern gebräuchlich; auch für antiseptische Wundauflagen und bei Zahnschmerzen.

Großer, immergrüner Strauch bis 4 m Höhe mit langen, dunklen Nadeln und, wenn reif, roten Beeren von etwa Haselnußgröße

frischer Stechwacholder-Schößling

Stechwacholder-Nadeln

EXTRAKTION

Das rohe Öl wird durch Destillation aus den Ästen und dem Kernholz (gewöhnlich in Form von Spänen) gewonnen. Das rohe Öl wird in Dampf- oder Vakuumdestillation rektifiziert. Auch aus den Beeren wird gelegentlich durch Dampfdestillation ein Öl gewonnen.

EIGENSCHAFTEN

Das rektifizierte Öl ist eine orangebraune, ölige Flüssigkeit von holzigem, rauchigem, lederähnlichem Geruch. Es mischt sich gut mit Thymian, Oregano, Gewürznelke, Cassia, Teebaum, Kiefer und medizinalen Basisölen.

WIRKUNGEN

Antimikrobiell, antiseptisch, desinfizierend, juckreizlindernd, parasitentötend, schmerzlindernd, wurmabtreibend

HAUPTBESTANDTEILE

Cadinen, Cadinol, Kreosol, Guajakol u. a.

AROMATHERAPIE/ HAUSGEBRAUCH

Hautpflege: *Dermatitis, Ekzem, Pickel, Schnittwunden, Schuppen*

ANDERE ANWENDUNGEN

In der Pharmazie reichlich gebraucht als Lösungsmittel für Medikamente, in dermatologischen Cremes und Salben sowie in der Tiermedizin. Rektifiziertes Öl wird als Duftstoff in Seifen und Lotionen, Cremes und Parfüms verwendet.

Juniperus oxycedrus

HERKUNFT

Der aus Südfrankreich stammende Strauch ist in ganz Europa und Nordafrika verbreitet. Sein Öl wird hauptsächlich in Spanien und dem früheren Jugoslawien produziert.

ANDERE ARTEN

Es gibt noch viele weitere Wacholderarten, die kommerziell genutzt werden: J. communis *(Wacholderöl),* J. virginiana *(Virginia-Zedernöl) und* J. smerka, *aus dessen Früchten und Zweigspitzen im früheren Jugoslawien ein Öl hergestellt wird.*

Juniperus sabina

Sadebaum

Verträglichkeit: Bei Einnahme giftig, hautreizend, Abtreibungsmittel. Das Öl darf in vielen Ländern wegen seiner toxischen Wirkungen (Nervengift) nicht mehr verkauft werden.

Familie: *Cupressaceae* **Synonyme:** *Sabina cacumina*, Sevenstrauch, Stinkwacholder

Traditioneller Gebrauch

Früher wurde Savin, das Öl des Sadebaums, als Wundauflage oder Salbe bei Blasen- und bei Hauterkrankungen verwendet. Eine Mischung aus gleichen Teilen pulverisierter Sadebaumblätter und Grünspan wurde zur Auflösung von Warzen eingesetzt. Das sehr starke menstruationsfördernde Mittel sollte keinesfalls während der Schwangerschaft gebraucht werden. Wegen seiner Giftigkeit wird es heutzutage nur selten verabreicht. Anmerkung: Das Öl von *Juniperus virginiana*, der Virginia-Zeder, wird manchmal ebenfalls als Savin bezeichnet und gelegentlich als Ersatz für dieses angeboten.

Ein kompakter, immergrüner Strauch von etwa 1 m Höhe (in den Mittelmeerländern viel größer), der stark in die Breite wächst. Er hat eine hellgrüne Rinde, die mit zunehmendem Alter rauh wird, dabei kleine, dunkelgrüne nadelförmige Blätter und purpurblaue Beeren mit je drei Samen. Die Drüsen für das ätherische Öl sind auf der Rückseite jedes Blattes deutlich zu sehen.

frischer Sadebaum-Schößling

EXTRAKTION
Ätherisches Öl durch Dampfdestillation aus den Zweigspitzen und Blättern

EIGENSCHAFTEN
Blaßgelbe oder olivgrüne, ölige Flüssigkeit mit einem abstoßenden, bitteren, terpentinähnlichen Geruch

WIRKUNGEN
Anregend, harntreibend, stark durchblutend, menstruationsfördernd, sehr stark wurmabtreibend

HAUPTBESTANDTEILE
Sabinol, Sabinylazetat, Terpinen, Pinen, Sabinen, Dezylaldehyd, Citronellol, Geraniol, Cadinen, Dihydrocuminylalkohol

Juniperus sabina

AROMATHERAPIE/ HAUSGEBRAUCH
Entfällt. Sollte therapeutisch weder innerlich noch äußerlich angewendet werden.

ANDERE ANWENDUNGEN
Gelegentlich in der Parfümerie gebraucht. Heutzutage wenig gefragt.

HERKUNFT
Der Sadebaum stammt aus Nordamerika, Mittel- und Südeuropa. Das Öl wird hauptsächlich in Österreich (Tirol) produziert, wenig auch in Frankreich und im früheren Jugoslawien.

ANDERE ARTEN
Eng verwandt mit dem Gemeinen Wacholder (J. communis) *und anderen Mitgliedern der Wacholder-Familie.*

Juniperus virginiana

Virginia-Zeder

Verträglichkeit:
siehe Texaszeder

Familie: *Cupressaceae,* **Synonym:** Rote Zeder

Traditioneller Gebrauch

Die Indianer verwendeten die Virginia-Zeder bei Infektionen der Atemwege. Ein Absud aus Blättern, Rinde, Zweigspitzen und Früchten wurde zur Behandlung einer Vielfalt von Krankheiten genommen: ausbleibende Menstruation, Rheumatismus, Arthritis, Hautausschläge, Kondylome, Gonorrhö, Nierenbeckenentzündung und Niereninfektionen. Es eignet sich hervorragend zur Insekten- und Würmerabwehr (Stechmücken, Motten, Holzwürmer; hilft auch gegen Ratten).

EXTRAKTION
Ätherisches Öl durch Dampfdestillation aus Holzabfällen, Säge- und Hobelspänen. (Früher wurde ein edleres Öl aus dem Kernholz mindestens 25jähriger Bäume gewonnen.)

EIGENSCHAFTEN
Eine blaßgelbe oder orange, ölige Flüssigkeit mit einem milden, süß-balsamischen «Bleistift»-Duft. Mischt sich gut mit Sandelholz, Rose, Wacholder, Zypresse, Vetiver, Patschuli und Benzoe.

WIRKUNGEN
Abtreibungsmittel, adstringierend, anregend (Kreislauf), antiseptisch (Lunge, Urogenitaltrakt), balsamisch, beruhigend (Nerven), harntreibend, insektizid, krampflösend, menstruationsfördernd, schleimlösend, Talgproduktion vermindernd

HAUPTBESTANDTEILE
Hauptsächlich Cedren (bis 80 Prozent), Cedrol (3–14 Prozent), Cedrenol u. a.

Eine langsam wachsende, immergrüne Konifere bis 35 m Höhe mit einem schmalen, dichten, kegelförmigen Wipfel, rötlichem Kernholz und braunen Zapfen. Der Baum kann eine majestätische Größe und einen Stammdurchmesser von 1,5 m erreichen.

Virginia-Zedern-Schößling

AROMATHERAPIE/ HAUSGEBRAUCH
Hautpflege: *Akne, Ekzeme, fettige Haut, fettiges Haar, Insektenabwehr, Psoriasis, Schuppen*
Kreislauf, Muskeln und Gelenke: *Arthritis, Rheumatismus*
Atemwege: *Bronchitis, Husten, Katarrh, Nebenhöhlenentzündung*
Urogenitaltrakt: *Blasenentzündung, Weißfluß*
Nervensystem: *nervöse Spannung und streßbedingte Beschwerden*

ANDERE ANWENDUNGEN
Häufig Bestandteil von Raumsprays und haushaltsüblichen Insektenabwehrmitteln. Als Duftstoff in Seifen, Kosmetika und Parfüms. Als Ausgangsmaterial zur Isolation von Cedren genutzt.

HERKUNFT
In Nordamerika, insbesondere den gebirgigen Regionen östlich der Rocky Mountains, heimisch

ANDERE ARTEN
Es gibt viele Zuchtformen der Roten Zeder. Ihre europäische Verwandte ist der Sadebaum (J. sabina, *siehe dort*). *Eng verwandt auch die Ostafrikanische Zeder* (J. procera).

Laurus nobilis

Lorbeerbaum

Verträglichkeit: Relativ ungiftig und nicht reizend; kann in Einzelfällen eine Dermatitis auslösen. Wegen der einschläfernden Wirkung des Methyleugenols in Maßen gebrauchen. Nicht während der Schwangerschaft verwenden.

Familie: *Lauraceae* **Synonyme:** Siegerbaum, Kranzbaum

Traditioneller Gebrauch

Der Lorbeer ist in ganz Europa ein beliebtes Küchenkraut. Blatt und Beere wurden früher für eine Vielfalt von Beschwerden einschließlich Hysterie, Kolik, Magenverstimmung, Appetitverlust, zur Förderung der Menstruation und bei Fieber genommen. Heute wird Lorbeer aufgrund seiner einschläfernden Wirkung innerlich kaum noch verwendet. Ein aus den Blättern gepreßtes Lorbeeröl wird noch bei Verstauchungen, Quetschungen, Ohrenschmerzen usw. eingesetzt.

Immergrüner Baum bis 20 m Höhe mit dunkelgrünen, glänzenden Blättern und schwarzen Beeren; oft als Zierstrauch gepflanzt.

frische Lorbeerblätter

EXTRAKTION
Ätherisches Öl durch Dampfdestillation aus den getrockneten Blättern und Zweigenden. (In geringen Mengen wird auch ein Öl aus den Beeren gewonnen.)

EIGENSCHAFTEN
Grünlich-gelbe Flüssigkeit mit einem sehr starken, würzig-medizinischen Geruch. Mischt sich gut mit Kiefer, Zypresse, Wacholder, Muskatellersalbei, Rosmarin, Weihrauch, Zistrose, Lavendel, Zitrus- und Gewürzölen.

WIRKUNGEN
Antirheumatisch, antiseptisch, appetitanregend, bakterizid, beruhigend, blutdrucksenkend, fungizid, harntreibend, menstruationsfördernd, schweißtreibend, verdauungsfördernd

HAUPTBESTANDTEILE
Cineol (30–50 Prozent), Pinen, Linalol, Terpineolazetat und Spuren von Eugenol

AROMATHERAPIE/ HAUSGEBRAUCH
Verdauungstrakt: *Appetitverlust, Blähungen, Verdauungsstörungen*
Urogenitaltrakt: *schwache Perioden*
Immunsystem: *Erkältungen, Grippe, Mandelentzündung und Virusinfektionen*

ANDERE ANWENDUNGEN
Duftstoff in Reinigungsmitteln, Kosmetika, Toilettenartikeln und Parfüms. Reichlich verwendet in der Nahrungsmittelverarbeitung und in Getränken.

HERKUNFT
Der Lorbeer stammt aus dem Mittelmeerraum und wird insbesondere wegen seiner Beeren in großem Umfang angebaut in Frankreich, Spanien, Italien, Marokko, dem früheren Jugoslawien, China, Israel, der Türkei und Rußland.

Laurus nobilis

ANDERE ARTEN
Es gibt mehrere verwandte Arten, die alle Lorbeer genannt werden: der Kalifornische Lorbeer (Umbellularia california), *der Westindische Lorbeer* (Pimenta racemosa) *und der giftige Kirschlorbeer* (Prunus laurocerasus).

Lavandula angustifolia

Echter Lavendel

Verträglichkeit: ungiftig, nicht reizend

Familie: *Lamiaceae (Labiatae)* **Synonyme:** *Lavandula vera, Lavandula officinalis*, Narde, Kleiner Speik

Traditioneller Gebrauch

Lavendel ist ein seit langer Zeit bewährtes Volksheilmittel; sein Duft ist noch heute fast jedem vertraut. Man verwendete ihn, um «den Magen zu trösten», vor allem aber als Insektenabwehrmittel, als Duftspender für Wäsche und als belebendes und zugleich linderndes, beruhigendes Öl. Lavendelöl wird allgemein als die therapeutisch vielseitigste Essenz betrachtet.

frischer Lavendel

Eine immergrüne, holzige Pflanze bis 1 m Höhe mit hellgrünen, schmalen Blättern und blauvioletten Blüten an langen Stengeln. Die ganze Pflanze duftet stark.

EXTRAKTION
1. Ätherisches Öl durch Dampfdestillation aus den frischen Blütenständen. 2. Absolue und Concrète durch Lösungsmittelextraktion in geringeren Mengen.

EIGENSCHAFTEN
1. Das Öl ist eine farblose bis blaßgelbe Flüssigkeit mit einem süßen, blumig-krautigen Duft und einem balsamisch-holzigen Unterton; es verströmt einen deutlicheren, stärkeren Blütenduft als der Spik-Lavendel. Mischt sich gut mit den meisten Ölen, besonders mit Zitrus- und Blütenölen; auch mit Zedernholz, Gewürznelken, Muskatellersalbei, Kiefer, Geranie, Zistrose, Eichenmoos, Vetiver und Patschuli. 2. Das Absolue ist eine dunkelgrüne, zähe Flüssigkeit mit einem sehr süßen, krautigen, etwas blumigen Geruch.

WIRKUNGEN
Anregend, antidepressiv, antimikrobiell, antirheumatisch, antiseptisch, antitoxisch, beruhigend, blähungswidrig, blutdrucksenkend, desodorierend, durchblutungsfördernd, galletreibend, harntreibend, insektizid, krampflösend, menstruationsfördernd, narbenbildungsfördernd, nervenstärkend, parasitentötend, schmerzlindernd, schweißtreibend, stärkend, wundheilend, wurmabtreibend, zellerneuernd

HAUPTBESTANDTEILE
Mehr als 100 Bestandteile, darunter Linalylazetat (bis 40 Prozent), Linalol, Lavendulol, Lavandulylazetat, Terpineol, Cineol, Limonen, Ocimen, Caryophyllen u. a. Gewichtsanteile schwanken je nach Herkunft: Lavendel aus höheren Lagen enthält im allgemeinen mehr Ester.

AROMATHERAPIE/ HAUSGEBRAUCH
Hautpflege: *Abszesse, Akne, Allergien, Dermatitis, Ekzeme, Entzündungen, Fadenpilzinfektionen, Furunkel, Insektenstiche, Läuse, Pflege aller Hauttypen, Psoriasis, Schuppen, Schürfungen, Sonnenbrand, Verbrennungen, Wunden*
Kreislauf, Muskeln und Gelenke: *Hexenschuß, Muskelschmerzen, Rheumatismus, Verstauchungen*
Atemwege: *Asthma, Bronchitis, Halsinfektionen, Katarrh, Kehlkopfentzündung, Keuchhusten, Mundgeruch*
Verdauungstrakt: *Bauchkrämpfe, Blähungen, Übelkeit, Verdauungsstörungen*
Urogenitaltrakt: *Blasenentzündung, Menstruationsstörungen, Weißfluß*
Immunsystem: *Grippe*
Nervensystem: *Bluthochdruck, Ischias, Kopfschmerzen, Migräne, Niedergeschlagenheit, Prämenstruelles Syndrom, Schlaflosigkeit, Schwindel, Schock*

ANDERE ANWENDUNGEN
Bestandteil pharmazeutischer Antiseptika und als Duftstoff verwendet. Oft anzutreffen in Seifen, Lotionen und Parfüms. Als Geschmacksstoff in vielen Nahrungsmitteln und Getränken.

HERKUNFT
Der Lavendel stammt aus dem Mittelmeerraum und wird heute überall auf der Welt angebaut. Das Öl kommt hauptsächlich aus Frankreich.

ANDERE ARTEN
L. angustifolia *hat zwei Unterarten:* L. delphinensis *und* L. fragrans *(siehe Spik-Lavendel und Lavandin).*

Lavandula latifolia

Spik-Lavendel

Verträglichkeit: ungiftig, nicht reizend (außer in hoher Konzentration)

Familie: *Lamiaceae (Labiatae)* **Synonyme:** *Lavandula spica,* Breitblättriger Lavendel

Traditioneller Gebrauch

Culpeper empfiehlt in seinem Buch den Spik-Lavendel bei einer Reihe von Beschwerden, darunter «Schmerzen in Kopf und Gehirn, die von Kälte, Schlagfluß, Fallsucht, Wassersucht oder Darmträgheit, Krämpfen, Zuckungen, Lähmung und häufigen Ohnmachten kommen». Er warnt: «Spiköl ist von wilder und durchdringender Natur und sollte mit Bedacht gebraucht werden; bereits wenige Tropfen genügen für inwendige und äußerliche Gebrechen.» Die Zubereitung «Oleum spicae» war eine Mischung von Spiköl und Terpentin, mit der gelähmte Gliedmaßen, Verstauchungen und steife Gelenke behandelt wurden. Im Britischen Pflanzenarzneibuch sind als Indikationen Blähungen, Koliken, Kopfschmerzen und rheumatische Schmerzen angegeben.

frische Blätter

Duftender, immergrüner Strauch bis 1 m Höhe mit lanzettförmigen Blättern, die breiter und rauher sind als die des Echten Lavendels. Die Blüte ist gedrungener und eher von trüber, graublauer Farbe.

EXTRAKTION
Ätherisches Öl durch Wasser- oder Dampfdestillation aus den Blütenständen

EIGENSCHAFTEN
Wasserhelle oder blaßgelbe Flüssigkeit von durchdringendem, frisch-krautigem, kampferähnlichem Geruch. Mischt sich gut mit Rosmarin, Salbei, Lavandin, Eukalyptus, Rosenholz, Lavendel, Petitgrain, Kiefer, Zedernholz, Eichenmoos, Patschuli und Gewürzölen, besonders Gewürznelkenöl.

WIRKUNGEN
siehe Echter Lavendel

HAUPTBESTANDTEILE
Hauptsächlich Cineol und Kampfer (40–60 Prozent), Linalyl, Linalylazetat u. a.

AROMATHERAPIE/ HAUSGEBRAUCH

Siehe Echter Lavendel

ANDERE ANWENDUNGEN

Bestandteil einiger pharmazeutischer Präparate; besonders in der tiermedizinischen Praxis als Vorbeugungsmittel bei beginnender Lähmung, Rheumatismus und Arthritis sowie zur Vertreibung von Läusen. Reichlich gebraucht als Duftstoff in Seifen und Parfüms, Deodorants, Desinfektions- und Reinigungsmitteln, aber auch in Insektiziden, Raumsprays usw.; als Geschmacksstoff in der Nahrungsmittelindustrie und zur Herstellung feiner Lacke.

HERKUNFT

Der Spik-Lavendel ist in den gebirgigen Regionen Frankreichs und Spaniens zu Hause, aber auch in Nordafrika, Italien, dem früheren Jugoslawien und den Ländern um das östliche Mittelmeer. Er wird in vielen Ländern angebaut, das Öl wird hauptsächlich in Frankreich und Spanien produziert.

ANDERE ARTEN

Es gibt generell viele verschiedene Chemotypen des Lavendels, dies gilt auch für den Spik-Lavendel. Das französische Spiköl hat einen feineren, aromatischeren Duft als das spanische. Weitere Arten siehe Lavandin und Echter Lavendel.

Lavandula x intermedia

Lavandin

Verträglichkeit: ungiftig, nicht reizend

Familie: *Lamiaceae (Labiatae)* **Synonyme:** *Lavandula hybrida, Lavendula hortensis*

Traditioneller Gebrauch

Vor sechzig Jahren war Lavandin noch unbekannt. Diese Pflanze kann also nicht auf eine lange Geschichte medizinaler Verwendung zurückblicken. Ihre Eigenschaften schienen die von Echtem und Spik-Lavendel zu verbinden.

Eine Kreuzung von Echtem Lavendel (L. angustifolia) und Spik-Lavendel (L. latifolia), die deshalb verschiedene Formen besitzen kann. Im allgemeinen ist die Pflanze größer als der Echte Lavendel, ihr unterer Teil ist verholzt. Die Blüten sind entweder blau wie die des Echten Lavendels oder gräulich wie beim Spik-Lavendel.

frisches Lavandin-Blatt

EXTRAKTION
Ätherisches Öl durch Dampfdestillation aus den frischen Blütenständen; der Ölertrag ist höher als beim Echten und Spik-Lavendel. (Durch Lösungsmittelextraktion werden auch ein Concrète und ein Absolue produziert).

EIGENSCHAFTEN
Eine farblose oder blaßgelbe Flüssigkeit mit frischer, kampferähnlicher Obernote (die bei einem qualitativ guten Öl nicht zu stark sein sollte) und holzig-krautigem Unterton. Mischt sich gut mit Gewürznelke, Lorbeer, Zimt, Zitronelle, Zypresse, Kiefer, Muskatellersalbei, Geranie, Thymian, Patschuli, Rosmarin und Zitrusölen, besonders Bergamotte und Limette.

WIRKUNGEN
siehe Echter Lavendel

HAUPTBESTANDTEILE
Linalylazetat (30–32 Prozent), Linalol, Cineol, Camphen, Pinen u. a.

AROMATHERAPIE/ HAUSGEBRAUCH

Ähnliche Anwendungen wie beim Echten Lavendel, doch Lavandin ist durchdringender, mit schärferem Duft. Gut für Erkrankungen der Atemwege, für den Kreislauf und die Muskeln.

ANDERE ANWENDUNGEN

Viel verwendet als Duftstoff in Seifen, Reinigungsmitteln, Raumsprays, Haarpflegepräparaten und industriellen Parfüms. Als Geschmacksstoff in den meisten wichtigen Nahrungsmittelkategorien; natürliche Quelle von Linalol und Linalylazetat.

HERKUNFT

Der natürliche Lavandin kommt in den Bergregionen Südfrankreichs vor, wo beide Elternpflanzen wild, aber in unterschiedlichen Höhenlagen wachsen. Weiterhin hauptsächlich in Frankreich angebaut, aber auch in Spanien, Ungarn, dem früheren Jugoslawien und Argentinien.

ANDERE ARTEN

Es gibt mehrere Zuchtformen des Lavendels, die sich in Größe und Blütenfarbe unterscheiden, gleiches gilt für den Lavandin. Weitere Informationen siehe Echter Lavendel und Spik-Lavendel.

Levisticum officinale

Liebstöckel

Verträglichkeit: Ungiftig, nicht reizend, kann in der Sonne allergische Hautreaktion auslösen. In der Schwangerschaft meiden!

Familie: *Apiaceae (Umbelliferae)* **Synonyme:** *Angelica levisticum, Ligusticum levisticum,* Maggikraut, Badekraut, Gebärmutterwurzel, Labstockwurzel

Traditioneller Gebrauch

Dieses Kraut hat schon sehr lange einen guten Ruf als Heilpflanze, hauptsächlich für Verdauungsbeschwerden, Ödeme, Hautleiden, Menstruationsbeschwerden und Fieber; auch für das Sehvermögen soll es gut sein. Die Blattstiele wurden blanchiert als Gemüse oder in Salaten genossen. Die Wurzel ist im Britischen Pflanzenarzneibuch als Heilmittel gegen Blähungsdyspepsie und Appetitlosigkeit genannt.

EXTRAKTION
Ätherisches Öl durch Dampfdestillation aus 1. den frischen Wurzeln, 2. dem frischen Kraut (Blätter und Stengel)

EIGENSCHAFTEN
1. Bernsteinfarbene oder olivbraune Flüssigkeit mit einem reichen, würzig-warmen, wurzelartigen Geruch. 2. Sehr hellgelbe, dünne Flüssigkeit mit einem würzigen, warmen Geruch und süß-blumigem Unterton. Mischt sich gut mit Rose, Galbanum, Costus, Opopanax, Eichenmoos, Lorbeer, Lavandin und Gewürzölen.

WIRKUNGEN
Anregend (Verdauung), antimikrobiell, antiseptisch, blähungswidrig, blutreinigend, fiebersenkend, harntreibend, krampflösend, magenstärkend, menstruationsfördernd, schleimlösend, schweißtreibend, verdauungsfördernd

HAUPTBESTANDTEILE
Hauptsächlich Phthalide (bis 70 Prozent) wie Butyliden, Dihydrobutyliden, Butylphthalide und Ligostilide sowie geringere Mengen von Terpenoiden, flüchtigen Säuren, Kumarinen und Furokumarinen

Bis 2 m große, mehrjährige Pflanze mit kräftigem, hohlem Stengel und dichtem, dekorativem Blattwerk, einer dicken, fleischigen Wurzel und gelbgrünen Blüten. Die ganze Pflanze hat einen starken, aromatischen Duft.

frisches Liebstöckel

Levisticum officinale

AROMATHERAPIE/ HAUSGEBRAUCH

Kreislauf, Muskeln und Gelenke: *schlechte Durchblutung, Gicht, Ödeme, Rheumatismus, schlechte Flüssigkeitsausscheidung, Stauungen*
Verdauungstrakt: *Blähungen, Blutarmut, Krämpfe, Magenverstimmung*
Urogenitaltrakt: *ausbleibende oder schmerzhafte Periode, Blasenentzündung*

ANDERE ANWENDUNGEN

Das Öl aus der Wurzel wird als Duftstoff in Seifen, Kosmetika und Parfüms genutzt. Die Öle und Extrakte dienen als Geschmacksstoffe in Würzmitteln, Likören und Tabak.

HERKUNFT

Das Liebstöckel ist in Südeuropa und Westasien heimisch. Es wird in Mittel- und Südeuropa angebaut, besonders in Frankreich, Belgien, der früheren Tschechoslowakei, Ungarn, dem früheren Jugoslawien und in Deutschland.

ANDERE ARTEN

Mehrere verwandte Pflanzen dienen ebenfalls der Gewinnung von ätherischem Öl, zum Beispiel Ligusticum scoticum *und* L. mutellina.

Liquidambar orientalis

Amberbaum

Verträglichkeit: Ungiftig, nicht reizend, in Einzelfällen allergische Reaktionen möglich. Öl oft gepanscht.

Familie: *Hamamelidaceae* **Synonyme (für das Öl):** Styrax, Flüssiger Amber, Styrax-Balsam, Storax

Traditioneller Gebrauch

In China verwendete man den Styrax bei Husten, Erkältungen, Epilepsie, bei Schnittwunden, Verletzungen und Krätze. Im Westen empfahl man ihn als Heilmittel bei Katarrh, Diphtherie, Fadenpilzinfektionen usw. Ein Sirup aus der Rinde des Amerikanischen Amberbaums wird im Westen der USA bei Durchfall und Ruhr verwendet.

Bis 15 m hoher Laubbaum mit purpurgrauer Rinde, drei- bis fünflappigen Blättern und weißen Blüten. Nach kräftigen Schlägen auf die Rinde gibt das Splintholz darunter als krankhafte Absonderung den Styrax ab. Dieser härtet zu einer halbfesten, grünlichbraunen Masse von süß-balsamischem Geruch aus.

frische Blätter

AROMATHERAPIE/ HAUSGEBRAUCH

Hautpflege: *Fadenpilzinfektionen, Krätze, Schnittverletzungen, Wunden*
Atemwege: *Bronchitis, Husten, Katarrh*
Nervensystem: *Angst, nervöse Spannung und streßbedingte Beschwerden*

ANDERE ANWENDUNGEN

In Verbindung mit Friar's-Balsam vor allem bei Erkrankungen der Atemwege gebraucht. Öl und Resinoid dienen als Fixiermittel und Duftstoffe vor allem in Seifen, blumigen und orientalischen Parfüms. Resinoid und Absolue werden in den meisten Nahrungsmittelarten, in alkoholischen und anderen Getränken verwendet.

HERKUNFT

Der Styrax stammt aus Kleinasien. Ganze Amberbaumwälder befinden sich in der Türkei bei Bodrum, Milas, Mugla und Marmaris.

ANDERE ARTEN

Sehr ähnlich dem Amerikanischen Amberbaum (L. styraciflua), *der ein natürliches Exsudat abgibt, das etwas dunkler und härter ist als der Styrax vom Morgenländischen Amberbaum. Es gibt noch viele andere Styrax-Typen; der in der Antike gebrauchte Styrax stammt von* Styrax officinale. *Anmerkung:* Styrax benzoin *ist die botanische Bezeichnung für Benzoe, die ähnliche Eigenschaften besitzt.*

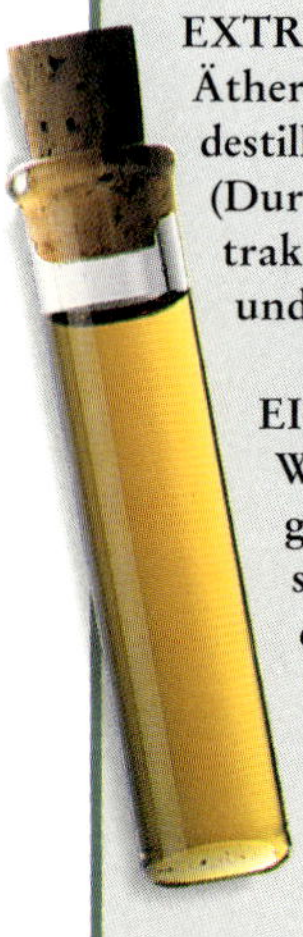

EXTRAKTION
Ätherisches Öl durch Dampfdestillation des Rohmaterials. (Durch Lösungsmittelextraktion werden Resinoid und Absolue hergestellt.)

EIGENSCHAFTEN
Wasserhelle oder blaßgelbe Flüssigkeit von süß-balsamischem, reichem, anhaltendem Geruch. Mischt sich gut mit Ylang-Ylang, Jasmin, Mimose, Lavendel, Nelke, Veilchen, Cassie und Gewürzölen.

WIRKUNGEN
Anregend, antimikrobiell, antiseptisch, bakterizid, balsamisch, entzündungshemmend, hustenreizlindernd, nervenstärkend, schleimlösend

HAUPTBESTANDTEILE
Hauptsächlich Styren mit Vanillin, Phenylpropylalkohol, Zimtalkohol, Benzylalkohol, Äthylalkohol u.a.

Litsea cubeba

Litsea

Verträglichkeit: Ungiftig, nicht reizend; kann u. U. allergische Reaktionen auslösen.

Familie: *Lauraceae* **Synonym:** *Litsea citrata*

Traditioneller Gebrauch

Wurzel und Stamm werden in der traditionellen chinesischen Medizin zur Behandlung von Menstruationsstörungen, Magenverstimmung, Schüttelfrost, Reisekrankheit, Kreuz-, Kopf- und Muskelschmerzen verwendet. Jüngere Forschungen ergaben, daß sie möglicherweise nützlich bei der Behandlung von Herzrhythmusstörungen sind.

Ein kleiner Tropenbaum mit Blättern und Blüten, die wie Zitronengras duften. Die kleinen Früchte sehen wie Pfefferschoten aus.

frische Litsea

EXTRAKTION
Ätherisches Öl durch Dampfdestillation aus den Früchten

EIGENSCHAFTEN
Blaßgelbe, dünne Flüssigkeit mit intensivem, zitronigem, frischfruchtigem Geruch (süßer, aber weniger anhaltend als Zitronengrasduft)

WIRKUNGEN
Antiseptisch, beruhigend, desinfizierend, desodorierend, insektizid, magenstärkend, verdauungsfördernd

HAUPTBESTANDTEILE
Hauptsächlich Citral (bis 84 Prozent); Limonen, Micyren, Methylheptenon, Linalol, Linalylazetat u. a.

AROMATHERAPIE/ HAUSGEBRAUCH
Hautpflege: *Akne, Dermatitis, exzessive Schweißbildung, fettige Haut, Insektenabwehr, Pickel*
Verdauungstrakt: *Blähungen, Magenverstimmungen*
Nervensystem: *Bluthochdruck, Rhythmusstörungen, nervöse Spannung und streßbedingte Beschwerden*

ANDERE ANWENDUNGEN
Sehr viel verwendet als Duftstoff in Raumbeduftern, Seifen, Deodorants, Toilettenartikeln und Parfüms. Als Geschmacksstoff vor allem in Obstprodukten. Dient überall auf der Welt als Quelle natürlichen Citrals.

HERKUNFT
Die Litsea ist in Ostasien, insbesondere in China zu Hause, wird auch in Taiwan und Japan angepflanzt. Das Öl wird vor allem in China produziert, wo auch der größte Teil verbraucht wird.

Litsea cubeba

ANDERE ARTEN
Die Litsea gehört zur Familie der Lorbeergewächse wie Lorbeer, Rosenholz und Zimt.

Matricaria recutita

Echte Kamille

Verträglichkeit: Ungiftig, nicht reizend; kann u. U. Dermatitis verursachen.

Familie: *Asteraceae (Compositae)* **Synonyme:** *Matricaria chamomilla,* Apfelblümlein, Mutterkraut, Kummerblume

Traditioneller Gebrauch

Dieses Kraut ist schon sehr lange als beliebte Heilpflanze in Gebrauch. Besonders in Europa gibt man sie bei Spannungszuständen und den daraus erwachsenden Organsymptomen wie nervöse Verdauungsstörungen, Spannungskopfschmerz und Schlaflosigkeit. Auch Kinder werden damit behandelt, da Kamille lindert und beruhigt, ohne niederzudrücken.

Als ausgezeichnetes Hautpflegemittel teilt die Echte Kamille viele Eigenschaften der Römischen Kamille; ihre entzündungshemmende Wirkung ist jedoch aufgrund des höheren Azulengehalts stärker.

Einjährige, sehr aromatische Pflanze bis 60 cm Höhe mit einem unbehaarten, verzweigten Stengel. Die Blätter sind fein gefiedert, die einzelnen, weißen Korbblüten entfalten sich auf eigenen Stielen. In ihrer Erscheinung ähnelt sie der Acker-Hundskamille (Anthemis arvensis), *letztere hat jedoch keinen Duft.*

Kamillensamen

AROMATHERAPIE/ HAUSGEBRAUCH
Siehe Römische Kamille

ANDERE ANWENDUNGEN
Siehe Römische Kamille

HERKUNFT
Die Echte Kamille stammt aus Europa, Nord- und Westasien; inzwischen ist sie auch in Nordamerika und Australien verbreitet. Sie wird besonders in Ungarn und Osteuropa in großem Umfang angebaut; dort wird auch das Öl gewonnen. Obwohl sie als Deutsche Kamille bezeichnet wurde, wird diese Pflanze in Deutschland nicht mehr angebaut.

ANDERE ARTEN
Es gibt viele Kamilletypen, darunter Chamaemelum suaveolens *und die Römische Kamille* (C. nobile), *aus denen auch ätherisches Öl hergestellt wird.*

EXTRAKTION
Ätherisches Öl durch Dampfdestillation aus den Blütenköpfchen (Ertrag bis 1,9 Prozent). In geringen Mengen wird auch ein Absolue gewonnen, das von tieferem Blau, anhaltenderem Duft und besserer Qualität als Fixiermittel ist.

EIGENSCHAFTEN
Tintenblaue, zähe Flüssigkeit mit einem starken, süßlich-warm-krautigen Geruch. Mischt sich gut mit Geranie, Lavendel, Patschuli, Rose, Benzoe, Neroli, Bergamotte, Majoran, Zitrone, Ylang-Ylang, Jasmin, Muskatellersalbei und Zistrose.

WIRKUNGEN
Antiallergisch, bakterizid, beruhigend (Nerven), blähungswidrig, entzündungshemmend, fiebersenkend, fördert die Bildung weißer Blutkörperchen, fungizid, galletreibend, krampflösend, leberwirksam, magenstärkend, menstruationsfördernd, narbenbildungsfördernd, schmerzlindernd, schweißtreibend, verdauungsfördernd, wundheilend, wurmabtreibend

HAUPTBESTANDTEILE
Chamazulen, Farnesen, Bisaboloxid, Enyndicycloether u. a. (Anmerkung: Das Chamazulen ist in der frischen Blume nicht vorhanden, sondern entsteht erst im Laufe des Destillationsvorgangs.)

Melaleuca alternifolia

Teebaum

Verträglichkeit: Ungiftig, nicht reizend, u. U. allergische Reaktionen möglich.

Familie: *Myrtaceae* **Synonym:** Teatree

Traditioneller Gebrauch

Unser heutiges Wissen über die Eigenschaften und Anwendungen des Teebaums stützen sich auf eine sehr lange Geschichte der Verwendung bei den australischen Ureinwohnern. Gründliche, wissenschaftliche Untersuchungen in jüngerer Zeit führten zu folgenden Resultaten:
Das Öl ist insofern ungewöhnlich, als es gegen alle drei Arten von Erregern ansteckender Krankheiten wirkt: Bakterien, Pilze und Viren. Es regt die Immunabwehr des Körpers sehr stark an.

Ein kleiner Baum oder Strauch mit nadeligen Blättern (ähnlich jenen der Zypresse) und stiellosen weißen oder purpurnen Blüten

getrocknete Teebaumblüten

EXTRAKTION
Ätherisches Öl durch Wasser- oder Dampfdestillation aus den Blättern und Zweigen

EIGENSCHAFTEN
Blaß-gelbgrüne oder wasserhelle Flüssigkeit mit einem warmen, frischen, würzig-kampferartigen Geruch. Mischt sich gut mit Lavandin, Lavendel, Muskatellersalbei, Rosmarin, Eichenmoos, Kiefer, Cananga, Geranie, Majoran und Gewürzölen, besonders Gewürznelke und Muskat.

WIRKUNGEN
Antiseptisch, antiviral, bakterizid, balsamisch, entzündungshemmend, fungizid, immunstimulierend, infektionshemmend, narbenbildungsfördernd, parasitentötend, schleimlösend, schweißtreibend, wundheilend

HAUPTBESTANDTEILE
Terpinen-4-ol (bis 30 Prozent), Cineol, Pinen, Terpinene, Cymen, Sesquiterpene, Sesquiterpenalkohole u. a.

AROMATHERAPIE/ HAUSGEBRAUCH
Hautpflege: *Abszesse, Akne, Ausschläge (Windeldermatitis), Blasen, fettige Haut, Flecken, Fußpilz, Herpes, Insektenstiche, Lippenherpes, Schuppen, Verbrennungen, Warzen, Wunden*
Atemwege: *Asthma, Bronchitis, Husten, Katarrh, Keuchhusten, Nebenhöhlenentzündung, Tuberkulose*
Urogenitaltrakt: *Blasenentzündung, Juckreiz, Pilzinfektion, Scheidenkatarrh*
Immunsystem: *Erkältungen, Fieber, Grippe, Infektionskrankheiten (z. B. Windpocken)*

ANDERE ANWENDUNGEN
Duftstoff in Seifen, Zahnpasten, Deodorants, Desinfektionsmitteln, Gurgellösungen, keimtötenden Mitteln und zunehmend auch in Aftershaves und Parfüms mit würziger Note.

HERKUNFT
Der Teebaum stammt aus Australien und wächst vor allem in Neusüdwales. Weitere Arten werden in anderen Regionen kultiviert. Das Öl von M. alternifolia *wird jedoch nur in Australien produziert.*

ANDERE ARTEN
Teebaum ist ein Sammelname für Mitglieder der Melaleuca-*Familie, die viele physiologische Formen umfaßt, zum Beispiel Kajeput* (M. cajeputi), *Niaouli* (M. viridiflora), M. bracteate, M. linariifolia *und viele andere.*

Melaleuca cajeputi

Kajeput

Verträglichkeit: Ungiftig, in hoher Konzentration Hautreizungen möglich.

Familie: *Myrtaceae* **Synonyme:** *Melaleuca leucadendra, Melaleuca minor,* Weißer Teebaum

Traditioneller Gebrauch

Im Osten sehr geschätzt zur Behandlung von Erkältungen, Kopfschmerzen, Halsinfektionen, Zahnschmerzen, Muskelkater und -schmerzen, Fieber, Rheumatismus und verschiedenen Hautkrankeheiten. In der westlichen Heilkunde wird nur das Öl verwendet, das ein Gefühl der Wärme und eine Beschleunigung des Herzschlags auslöst. Es wird bei chronischer Kehlkopfentzündung und Bronchitis, Blasenentzündung, Rheumatismus und bei Spulwürmern gebraucht.

Ein bis 30 m hoher, immergrüner Baum mit dicken, spitzen, nadelähnlichen Blättern und weißen Blüten. Der biegsame Stamm hat eine weiße, poröse Rinde, die leicht abblättert. In Malaysia wird er wegen der Farbe seines Holzes «caju-puti» = weißes Holz genannt.

EXTRAKTION
Ätherisches Öl durch Dampfdestillation aus den frischen Blättern und Zweigen

EIGENSCHAFTEN
Eine blaß-gelbgrüne, dünne Flüssigkeit – der leichte Grünstich rührt von Kupferspuren her, die in dem Baum zu finden sind – mit einem durchdringenden, kampferartig-medizinalen Geruch. Verglichen mit Eukalyptusöl, hat er eine etwas mildere, fruchtige Körpernote.

WIRKUNGEN
Antimikrobiell, antineuralgisch, antiseptisch (Atem- und Harnwege, Darm), blähungswidrig, fiebersenkend, insektizid, krampflösend, schleimlösend, schmerzlindernd (mild), schweißtreibend, stärkend, wurmabtreibend

HAUPT-BESTANDTEILE
Cineol (14–65 Prozent je nach Herkunft), Terpineol, Terpinylazetat, Pinen, Nerolidol u. a.

AROMATHERAPIE/ HAUSGEBRAUCH
Hautpflege: *fettige Haut, Pickel, Insektenstiche*
Kreislauf, Muskeln und Gelenke: *Arthritis, Muskelschmerzen, Rheumatismus*
Atemwege: *Asthma, Bronchitis, Halsschmerzen, Katarrh, Nebenhöhlenentzündung*
Urogenitaltrakt: *Blasenentzündung, Entzündungen und Infektionen der Harnwege*
Immunsystem: *Erkältungen, Grippe, Virusinfektionen*

ANDERE ANWENDUNGEN
In der Zahnheilkunde und Pharmazie als Antiseptikum verwendet; Bestandteil von schleimlösenden und stärkenden Präparaten, Halspastillen, Gurgellösungen usw. Als Duftstoff in Seifen, Kosmetika, Reinigungsmitteln und Parfüms. Gelegentlich als Geschmacksstoff in Nahrungsmitteln und nichtalkoholischen Getränken.

Melaleuca cajeputi

HERKUNFT
Wildwachsend in Malaysia, Indonesien, den Philippinen, Vietnam, Java, Australien und Südostasien

ANDERE ARTEN
Auch aus einigen anderen Melaleuca-*Arten (z. B.* M. quinquenervia) *wird Kajeputöl gewonnen. Eng verwandt mit anderen Angehörigen der* Melaleuca-*Gruppe, zu der auch Eukalyptus, Gewürznelke, Niaouli und Teebaum gehören.*

Melaleuca viridiflora

Niaoulibaum

Verträglichkeit: Ungiftig, nicht reizend. Öl häufig verfälscht.

Familie: *Myrtaceae* **Synonym:** *Melaleuca quinquenervia*

Traditioneller Gebrauch

Niaouli-Öl wird bei einer Vielfalt von Beschwerden verwendet – Schmerzen, Atemwegserkrankungen, Schnittwunden und Infektionen – und dient auch zur Reinigung von Wasser.

Immergrüner Baum mit biegsamem Stamm und poröser Rinde, spitzen, nadeligen Blättern, Dornen und stiellosen, gelblichen Blüten. Die Nadeln verströmen einen sehr aromatischen Duft, wenn sie zerdrückt werden.

EXTRAKTION
Ätherisches Öl durch Dampfdestillation aus den Blättern und jungen Zweigen (gewöhnlich rektifiziert zur Beseitigung reizender Aldehyde)

EIGENSCHAFTEN
Eine farblose, blaßgelbe oder grünliche Flüssigkeit mit einem süßen, frischen, kampferähnlichen Geruch

WIRKUNGEN
Anregend, antirheumatisch, antiseptisch, bakterizid, balsamisch, krampflösend, narbenbildungsfördernd, schleimlösend, schmerzlindernd, schweißtreibend, wurmabtreibend

HAUPTBESTANDTEILE
Cineol (50–65 Prozent), Terpineol, Pinen, Limonen, Citren, Terebenthen, Valeriansäureester, Essigsäureester, Buttersäureester

AROMATHERAPIE/ HAUSGEBRAUCH

Hautpflege: *Akne, fettige Haut, Furunkel, Geschwüre, Insektenstiche, Schnittverletzungen, Verbrennungen, Wunden*
Kreislauf, Muskeln und Gelenke: *schlechte Durchblutung, Muskelschmerzen, Rheumatismus*
Atemwege: *Asthma, Bronchitis, Halsschmerzen, Husten, Katarrh, Keuchhusten, Nebenhöhlenentzündungen*
Urogenitaltrakt: *Blasenentzündung, Harnwegsinfektion*
Immunsystem: *Erkältungen, Fieber, Grippe*

ANDERE ANWENDUNGEN

Verwendung in pharmazeutischen Präparaten wie Gurgellösungen, Hustentropfen, Zahnpasten, Mundsprays usw.

HERKUNFT

Heimisch in Australien, Neukaledonien und auf den französischen Pazifikinseln. Der größte Teil des Öls wird in Australien und auf Tasmanien produziert.

ANDERE ARTEN

Typisches Mitglied der Gruppe der Teebaumöle, ähnlich dem Kajeput. Eine andere physiologische Form der M. viridiflora *ist die «Varietät A», die ursprünglich als eine natürliche Quelle für Nerolidol gezüchtet wurde.*

Melilotus officinalis

Steinklee

Verträglichkeit: 1953 wurden Kumarine in verschiedenen Ländern wegen ihrer Giftigkeit als Aromatisierungsstoffe verboten. Manche Kumarine sind auch phototoxisch.

Familie: *Fabaceae (Leguminosae)* **Synonyme:** Honigklee, Gelber Klee, Schotenklee

Traditioneller Gebrauch

Die Blätter und blühenden Sproßspitzen werden in Europa unter anderem gegen Schlaflosigkeit, nervöse Spannung, Thrombosen, Krampfadern, Darmstörungen, Kopfschmerzen, Ohrenschmerzen und Magenverstimmung genommen. In Form einer Salbe oder Auflage wird der Steinklee äußerlich bei entzündeten oder geschwollenen Gelenken, Bauch- oder Rheumaschmerzen, auch Quetschungen, Schnittverletzungen und Hautveränderungen angewendet.

Buschige, ein- oder zweijährige Pflanze bis 1 m Höhe mit glatten, aufrechten Stengeln, dreiteilig-ovalen Blättern und kleinen, süß duftenden, weißen oder gelben Blüten. Der Duft der Blüten wird beim Trocknen intensiver.

Melilotus officinalis

frische Blätter

getrockneter Steinklee

AROMATHERAPIE/ HAUSGEBRAUCH

Entfällt.

ANDERE ANWENDUNGEN

Das Oleoresin wird in Parfüms verwendet. Zur Aromatisierung von Tabak in Ländern gebraucht, in denen Kumarine nicht verboten sind.

HERKUNFT

In Europa und Kleinasien heimisch. Andere, ähnliche Arten gibt es in Asien, den USA und Afrika. Der Steinklee wird vor allem in England, Frankreich, Deutschland und Rußland angebaut.

ANDERE ARTEN

Das Öl der Ackerminze (M. arvensis) *wird ebenfalls in der Parfümerie und als Geschmacksstoff verwendet.*

EXTRAKTION

Ein Concrète (gewöhnlich Resinoid oder Oleoresin genannt) wird durch Lösungsmittelextraktion aus den getrockneten Blüten gewonnen.

EIGENSCHAFTEN

Dunkelgrüne, zähe Flüssigkeit mit einem reichen, süßkrautigen Geruch wie von frischgemähtem Gras.

WIRKUNGEN

Adstringierend, antirheumatisch, beruhigend, entzündungshemmend, insektizid (gegen Motten), krampflösend, schleimlösend, verdauungsfördernd

HAUPTBESTANDTEILE

Hauptsächlich Kumarine – Melilotsäure und Orthokumarsäure

Melissa officinalis

Melisse

Verträglichkeit: Ungiftig. Kann Hautreizung oder allergische Reaktion auslösen, daher stark verdünnen. Öl wird häufig verfälscht. Das meiste im Handel angebotene «Melissenöl» besteht aus Zitrone, Zitronengras oder Zitronelle.

Familie: *Lamiaceae (Labiatae)* **Synonyme:** Zitronenmelisse, Gartenmelisse, Bienenkraut

Traditioneller Gebrauch

Die Melisse ist eines der ältesten bekannten Heilkräuter. Paracelsus bezeichnete sie als «Lebenselixier». Sie wurde besonders nervösen Störungen, dem Herzen und den Gefühlen zugeordnet. Man nahm sie bei Angst und Melancholie sowie zur Stärkung und Weckung der Lebensgeister. Allgemein verwendet bei Verdauungs- und Atemwegsbeschwerden nervösen Ursprungs wie Asthma, Magenverstimmung und Blähungen. Die Melisse hilft auch, den Menstruationszyklus zu regulieren, und fördert die Fruchtbarkeit. Sie ist ein wirksames Heilmittel bei Bienen- und Wespenstichen. Im Britischen Pflanzenarzneibuch als Mittel gegen Blähungsdyspepsie, Neurasthenie und Depression genannt.

Süß duftende, mehrjährige Pflanze bis 60 cm Höhe mit hellgrünen, gezahnten Blättern, Stengeln von quadratischem Querschnitt und kleinen weißen oder rosa Blüten

frische Blätter

EXTRAKTION
Ätherisches Öl durch Dampfdestillation aus den Blättern und blühenden Sproßspitzen

EIGENSCHAFTEN
Blaßgelbe Flüssigkeit von leichtem, frischem, zitronigem Duft. Mischt sich gut mit Lavendel, Geranie, Blüten- und Zitrusölen.

WIRKUNGEN
Antidepressiv, antihistaminisch, bakterizid, beruhigend, blähungswidrig, blutdrucksteigernd, fiebersenkend, insektenabwehrend, krampflösend, magenstärkend, menstruationsfördernd, nervenstärkend, schweißtreibend, uteruswirksam, wurmabtreibend

HAUPTBESTANDTEILE
Hauptsächlich Citronellal und Geranial sowie Neral, Citronellol, Caryophyllen, Caryophyllenoxid, Linalol, Limonen u. a.

AROMATHERAPIE/ HAUSGEBRAUCH

Hautpflege: *Allergien, Ekzeme, Insektenstiche, Insektenabwehr*
Atemwege: *Asthma, Bronchitis, chronischer Husten*
Verdauungstrakt: *Koliken, Magenverstimmung, Übelkeit*
Urogenitaltrakt: *Menstruationsbeschwerden*
Nervensystem: *Angst, Migräne, nervöse Spannung, Niedergeschlagenheit, Schlaflosigkeit, Schock, Schwindelgefühle*

ANDERE ANWENDUNGEN

Viel verwendet als Duftstoff in Toilettenartikeln, Kosmetika und Parfüms. Bestandteil in den meisten wichtigen Nahrungsmittelkategorien und Getränken.

HERKUNFT

Die Melisse stammt aus dem Mittelmeerraum und ist heute überall in Europa, Mittelasien, Nordamerika, Nordafrika und Sibirien verbreitet. Sie wird hauptsächlich in Ungarn, Ägypten und Italien angebaut; der wichtigste Ölproduzent ist Irland.

ANDERE ARTEN

Mehrere Arten (d.h. Unterarten mit anderen Blattformen) kann man im Garten finden.

Mentha arvensis

Ackerminze

Verträglichkeit: Ungiftig, nicht reizend (außer in hoher Konzentration); kann in Einzelfällen allergische Reaktionen auslösen.

Familie: *Lamiaceae (Labiatae)*

Traditioneller Gebrauch

Wird therapeutisch ähnlich wie die Pfefferminze verwendet. Zur Linderung nervöser Kopfschmerzen werden die zerdrückten Blätter auf die Stirn gelegt. Im Osten zur Behandlung von Rheumaschmerzen, Neuralgien, Zahnschmerzen, Kehlkopfentzündung, Magenverstimmung, Erkältungen und Bronchitis gebraucht. In der chinesischen Medizin auch zur Linderung von Ohrenschmerzen, zur Behandlung von Tumoren und Hauterkrankungen.

Ein zartes Kraut mit Stengeln bis 60 cm Höhe, lanzettförmigen Blättern und lilafarbenen Blüten, die in Quirlen in den oberen Blattachseln gebündelt sind.

frische Ackerminze-Blätter

EXTRAKTION
Ätherisches Öl durch Dampfdestillation aus dem blühenden Kraut. Das Öl wird gewöhnlich entmentholisiert, da es so viel Menthol enthält, daß es sich bei Zimmertemperatur verfestigen würde.

EIGENSCHAFTEN
Entmentholisiertes Öl: eine farblose oder blaßgelbe Flüssigkeit mit einem starken, frischen, bitter-süßen Minzgeruch

WIRKUNGEN
Anregend, antimikrobiell, antiseptisch, blähungswidrig, krampflösend, magenstärkend, schleimlösend, schmerzlindernd, verdauungsfördernd, zellschädigend

HAUPTBESTANDTEILE
Menthol (70–95 Prozent), Menthon (10–20 Prozent), Pinen, Methylazetat, Isomenthon, Thujon, Phellandren, Piperiton, Menthofuran u. a. Gewichtsanteile schwanken je nach Herkunft.

Mentha arvensis

AROMATHERAPIE/ HAUSGEBRAUCH
Nicht während einer homöopathischen Behandlung verwenden. Pfefferminze ist vorzuziehen; sie ist nicht fraktioniert wie das handelsübliche Ackerminzöl und hat einen feineren Duft.

ANDERE ANWENDUNGEN
Bestandteil einiger pharmazeutischer Präparate (Hustenpastillen, Kräutertee und -sirup), vor allem in Form von Menthol. Reichlich verwendet als Duftstoff in Seifen, Zahnpasten, Reinigungsmitteln, Kosmetika, Parfüms und besonders in industriellen Duftartikeln. Als Geschmacksstoff für Konfekt, Liköre und Kaugummi, hauptsächlich jedoch als Ausgangsmaterial zur Isolation von natürlichem Menthol genutzt.

HERKUNFT
Die Ackerminze ist in Europa und Teilen Asiens (Japan und China) heimisch und auch in Nordamerika verbreitet. Die wichtigsten Ölproduzenten sind China, Brasilien, Argentinien, Indien und Vietnam.

ANDERE ARTEN
Es gibt viele Varietäten und Chemotypen dieses zur Ölgewinnung in großem Stile genutzten Krauts, zum Beispiel die chinesische M. arvensis var. glabrata *und die japanische* M. arvensis var. piperascens.

Mentha piperita

Pfefferminze

Verträglichkeit: Ungiftig, in hoher Konzentration reizend. Allergische Reaktionen möglich. In Maßen gebrauchen.

Familie: *Lamiaceae (Labiatae)* **Synonyme:** Englische Minze, Katzenkraut, Hausminze, Edelminze, Teeminze

Traditioneller Gebrauch

Seit der Antike wurde die Minze in China und Japan angebaut. In ägyptischen Grabkammern aus der Zeit um 1000 v. Chr. fanden sich Spuren einer Pfefferminzart. Die Medizin des Westens wie des Ostens gebrauchte die Minze bei einer Vielfalt von Beschwerden, darunter Magenverstimmung, Übelkeit, Halsschmerzen, Durchfall, Kopfschmerzen, Zahnschmerzen und Krämpfen.

frische Pfefferminz-Blätter

Mehrjährige Pflanze bis 1 m Höhe mit unterirdischen Ausläufern, die eine rasche Verbreitung gewährleisten. Die «weiße» Pfefferminze hat grüne Stengel und Blätter, die «schwarze» Pfefferminze hat dunkelgrüne, gezahnte Blätter, purpurgrüne Stengel und rötlichviolette Blüten.

EXTRAKTION
Ätherisches Öl durch Dampfdestillation aus der blühenden Pflanze (etwa 3–4 Prozent Ertrag)

EIGENSCHAFTEN
Blaßgelbe oder grünliche Flüssigkeit mit einem sehr durchdringenden, grasig-minzigen, kampferähnlichen Geruch. Mischt sich gut mit Benzoe, Rosmarin, Lavendel, Majoran, Zitrone, Eukalyptus und anderen Minzölen.

WIRKUNGEN
Adstringierend, antimikrobiell, antiseptisch, antiviral, blähungswidrig, entzündungshemmend, fiebersenkend, galletreibend, gefäßverengend, juckreizlindernd, krampflösend, leberwirksam, magenstärkend, menstruationsfördernd, nervenstärkend, schleimlösend, schmerzlindernd, schweißtreibend, wurmabtreibend

HAUPTBESTANDTEILE
Menthol (29–48 Prozent), Menthon (20–31 Prozent), Menthylazetat, Menthofuran, Limonen, Pulegon, Cineol u. a.

AROMATHERAPIE/ HAUSGEBRAUCH

Nicht während einer homöopathischen Behandlung verwenden.
Hautpflege: *Akne, Dermatitis, Fadenpilzinfektion, Krätze, Zahnschmerzen*
Kreislauf, Muskeln und Gelenke: *Herzklopfen, Muskelschmerzen, Neuralgie*
Atemwege: *Asthma, Bronchitis, Krampfhusten, Mundgeruch, Nebenhöhlenentzündung*
Verdauungstrakt: *Blähungen, Koliken, Krämpfe, Übelkeit, Verdauungsstörung*
Immunsystem: *Erkältungen, Fieber, Grippe*
Nervensystem: *geistige Erschöpfung, Kopfschmerzen, Migräne, nervöse Spannung, Ohnmachten, Schwindelgefühle*

ANDERE ANWENDUNGEN

Als Geschmacksstoff in Medikamenten und als Wirkstoff in Husten-, Erkältungs- und Verdauungsarzneien. Geschmacksstoff in vielen Nahrungsmitteln, besonders in Kaugummi und Konfekt, alkoholischen und anderen Getränken und in Tabak. Als Duftstoff in Seifen, Zahnpasten, Reinigungsmitteln, Kosmetika und Parfüms.

HERKUNFT

Mentha piperita *ist ursprünglich eine Zuchtkreuzung zwischen Roßminze* (M. viridis) *und Bachminze* (M. aquatica). *Sie wird weltweit angebaut.*

ANDERE ARTEN

Es gibt mehrere verschiedene Pfefferminz-Chemotypen und zahlreiche weitere Minze-Arten.

Mentha pulegium

Poleiminze

Verträglichkeit: Giftig bei oraler Einnahme. Abtreibungsmittel. Die Einnahme großer Mengen kann tödlich sein.

Familie: *Lamiaceae (Labiatae)* **Synonym:** Polei

Traditioneller Gebrauch

Eine Pflanzenarznei von alter Tradition, die für ein breites Spektrum von Leiden eingesetzt wurde. Man schätzte sie als Mittel zur Blutreinigung. Poleiminzenwasser wurde aus den Blättern destilliert und als Mittel gegen krampfartige, nervöse und hysterische Anfälle verabreicht. Es wurde auch gegen Erkältung und «Gelenkleiden» genommen.
Im Britischen Pflanzenarzneibuch wird die Poleiminze noch als Mittel bei Darmkoliken, ausbleibender Menstruation, Hauteffloreszenzen und Gicht genannt.

Mehrjährige Pflanze bis 50 cm Höhe mit glatten, runden Stengeln, kleinen, rosafarbenen Blüten und sehr aromatischen, graugrünen, ovalen Blättern. Wie andere Mitglieder der Minze-Familie besitzt auch die Poleiminze eine faserige, kriechende Wurzel.

frischer Poleiminzen-Sproß

getrocknete Poleiminze

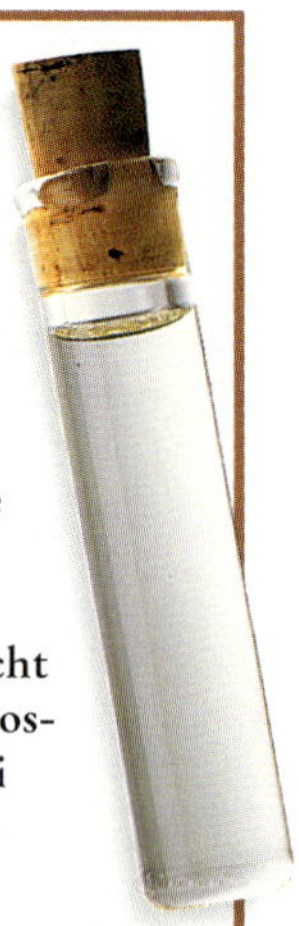

EXTRAKTION
Ätherisches Öl durch Dampfdestillation aus dem frischen oder teilgetrockneten Kraut

EIGENSCHAFTEN
Farblose oder blaßgelbe Flüssigkeit mit einem sehr frischen, minzig-krautigen Geruch. Mischt sich gut mit Geranie, Rosmarin, Lavandin, Salbei und Zitronelle.

WIRKUNGEN
Anregend, antiseptisch, blähungswidrig, insektenabwehrend, krampflösend, kühlend, menstruationsfördernd, schweißtreibend, verdauungsfördernd

HAUPTBESTANDTEILE
Hauptsächlich Pulegon, ferner Menthon, Isomenthon, Octanol, Piperiton und Transisopulegon. Gewichtsanteile schwanken je nach Herkunft; marokkanisches Öl enthält bis zu 96 Prozent Pulegon.

Mentha pulegium

AROMATHERAPIE/ HAUSGEBRAUCH

Entfällt. Sollte therapeutisch weder innerlich noch äußerlich angewendet werden.

ANDERE ANWENDUNGEN

Als Duftstoff in Reinigungsmitteln oder billigen Parfüms. Dient hauptsächlich als Quelle natürlichen Pulegons.

HERKUNFT

Die Poleiminze ist in Europa und Teilen Asiens heimisch; sie wird heute hauptsächlich in Spanien, Marokko, Tunesien, Portugal, Italien, dem früheren Jugoslawien und in der Türkei angebaut.

ANDERE ARTEN

Es gibt mehrere verschiedene Arten der Poleiminze, die sich nach ihrem Standort unterscheiden; in England sind die Typen «erecta» *und* «decumbens» *am meisten verbreitet. Die nordamerikanische Poleiminze* (Hedeoma pulegoides) *dient ebenfalls der Herstellung eines ätherischen Öls, gehört zu einer etwas anderen Art, hat jedoch ähnliche Eigenschaften wie die europäische Varietät.*

Mentha spicata

Roßminze

Verträglichkeit: ungiftig, nicht reizend

Familie: *Lamiaceae (Labiatae)* **Synonyme:** *Mentha viridis*, Waldminze

Traditioneller Gebrauch

Als Küchenkraut wird die Roßminze überall auf der Welt geschätzt. Die Griechen verwendeten sie bereits in der Antike als wiederherstellendes Mittel und zum Parfümieren ihres Badewassers. Das destillierte Roßminzen-Wasser wird zur Linderung von Schluckauf, Koliken, Übelkeit, Magenverstimmung und Blähungen gebraucht.»

EXTRAKTION
Ätherisches Öl durch Dampfdestillation aus den blühenden Sproßspitzen

EIGENSCHAFTEN
Blaßgelbe oder olivgrüne, dünne Flüssigkeit mit einem warmen, würzig-krautigen Minzgeruch. Mischt sich gut mit Lavendel, Lavandin, Jasmin, Eukalyptus, Basilikum, Rosmarin und wird oft in Kombination mit Pfefferminze verwendet.

WIRKUNGEN
Adstringierend, anregend, antiseptisch, örtlich betäubend, blähungswidrig, entstauend, fiebersenkend, galletreibend, harntreibend, krampflösend, leberwirksam, magenstärkend, nervenstärkend, verdauungsfördernd

HAUPTBESTANDTEILE
L-Carvon (50–70 Prozent), Dihydrocarvon, Phellandren, Limonen, Menthon, Menthol, Pulegon, Cineol, Linalol, Pinen u. a.

Ein winterhartes, verzweigtes, mehrjähriges Kraut mit grünen, lanzettförmigen Blättern, das sich durch unterirdische Wurzeln rasch verbreitet. Die rosa- oder lilafarbenen Blüten stehen in schlanken, zylindrischen Ähren.

frische Roßminze-Blätter

AROMATHERAPIE/ HAUSGEBRAUCH

Nicht gleichzeitig mit einer homöopathischen Behandlung anwenden. Die Eigenschaften von Roßminzenöl ähneln jenen der Pfefferminze, doch ihre Wirkung ist weniger stark und eignet sich daher besser für die Behandlung von Kindern.

Hautpflege: *Akne, Dermatitis, gestaute Haut*

Atemwege: *Asthma, Bronchitis, Katarrh, Nebenhöhlenentzündung*

Verdauungstrakt: *Blähungen, Erbrechen, Kolik, Leber-Galle-Störung, Übelkeit, Verdauungsstörung*

Immunsystem: *Erkältungen, Fieber, Grippe*

Nervensystem: *Erschöpfung, Kopfschmerzen, Migräne, nervöse Erschöpfung, Streß*

ANDERE ANWENDUNGEN

Als Duftstoff in Seifen und Parfüms. Hauptsächlich als Geschmacksstoff in Zahnpasten, Kaugummi, Konfekt, alkoholischen und anderen Getränken.

HERKUNFT

Die Roßminze ist im Mittelmeerraum heimisch und heute überall in Europa, Westasien und dem Nahen Osten verbreitet. In den USA entwickelte sie sich zu einem sehr populären Geschmackstyp. Das Öl wird in den USA, in Ungarn, Spanien, dem früheren Jugoslawien, Rußland und China produziert.

ANDERE ARTEN

Es gibt mehrere verschiedene Roßminze-Typen, besonders in den USA, z. B. die M. spicata var. crispa. *In Rußland wird auch das Öl der* M. verticellata *als Roßminzenöl verkauft.*

Myristica fragrans

Muskatnuß

Verträglichkeit: Muskat ist ungiftig, nicht reizend. Verwendet man ihn in großen Mengen, kann es jedoch zu Vergiftungsanzeichen wie Übelkeit, Benommenheit und Herzrasen kommen, vermutlich Folgen des Myristicin-Gehalts.

Familie: *Myristicaceae* **Synonyme:** *Myristica officinalis, Myristica aromata, Nux moschata*

Traditioneller Gebrauch

Muskatnüsse und Mazis werden viel als Küchengewürze verwendet. Seit Jahrhunderten gelten sie als Heilmittel für Verdauungs- und Nierenleiden. Schweineschmalz mit geriebener Muskatnuß nimmt man gegen Hämorrhoiden. Ein Muskatöl gebraucht man zu Herstellung von Seifen und Kerzen. Im Britischen Pflanzenarzneibuch steht Muskat als Mittel gegen Blähungsdyspepsie, Übelkeit, Durchfall, Ruhr und Rheumatismus.

Immergrüner Baum bis 20 m Höhe mit graubrauner, glatter Rinde, dichtem Laubwerk und kleinen, gelbweißen Blüten

AROMATHERAPIE/ HAUSGEBRAUCH

Laut Britischem Pflanzenarzneibuch wirken große Mengen halluzinogen und reizbildend auf die motorische Gehirnrinde. Muskat (besonders der westindische Typ) ist in der Anwendung vermutlich sicherer als Mazis. Mit Mäßigung zu gebrauchen. Vorsicht in der Schwangerschaft!
Kreislauf, Muskeln und Gelenke: *Arthritis, Gicht, Muskelschmerzen, Rheumatismus, schlechte Durchblutung*
Verdauungstrakt: *Blähungen, Magenverstimmung, träge Verdauung, Übelkeit*
Immunsystem: *bakterielle Infektion*
Nervensystem: *Frigidität, Impotenz, Neuralgie, nervöse Erschöpfung*

ANDERE ANWENDUNGEN

Als Duftstoff in pharmazeutischen Produkten, besonders in schmerzstillenden und stärkenden Präparaten. Muskatnuß- und Mazisöl werden in Seifen, Reinigungsmitteln, Kosmetika und Parfüms eingesetzt. Sowohl das Öl als auch das Oleoresin werden in vielen Nahrungsmitteln und Getränken verwendet.

HERKUNFT

Die Muskatnuß stammt von den Molukken und benachbarten Inseln; sie wird in Indonesien, Sri Lanka und auf den Westindischen Inseln angebaut, besonders auf Grenada. Das ätherische Öl wird in den USA und Europa aus importierten Muskatnüssen produziert.

ANDERE ARTEN

Indonesien und Sri Lanka stellen den sogenannten ostindischen Muskat her, der als höherwertig gilt, während Grenada den «westindischen Muskat» liefert.

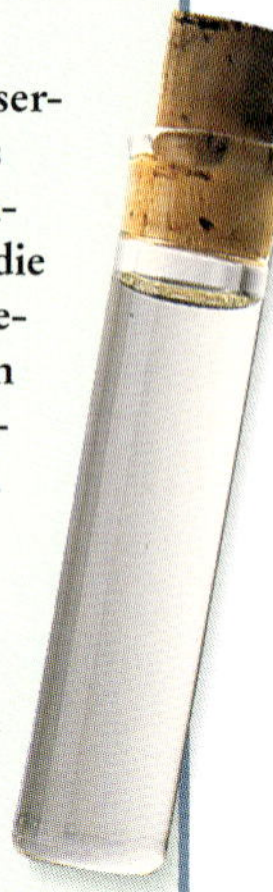

EXTRAKTION

Ätherisches Öl durch Wasser- und Dampfdestillation aus 1. der getrockneten, wurmzerfressenen Muskatnuß (die Würmer fressen alle Stärke- und Fettanteile ab). 2. Dem getrockneten, orangebraunen Samenmantel (Mazis). 3. Aus dem Mazis wird durch Lösungsmittelextraktion ein Oleoresin hergestellt.

EIGENSCHAFTEN

1. Wasserhelle oder blaßgelbe, dünne Flüssigkeit mit einem süßen, warmwürzigen Geruch und terpenischer Obernote. 2. Wasserhelle oder blaßgelbe, dünne Flüssigkeit von süßem, warm-würzigem Duft. 3. Orangebraune, zähe Flüssigkeit mit einem frischen, würzig-warmen, balsamischen Duft. Eignet sich gut zur Geschmacksüberdeckung. Mischt sich gut mit Eichenmoos, Lavendel, Lorbeer, Perubalsam, Orange, Geranie, Muskatellersalbei, Rosmarin, Limette, Petitgrain, Mandarine, Koriander und anderen Gewürzölen.

WIRKUNGEN

Anregend, antirheumatisch, antiseptisch, aphrodisisch, appetitanregend, blähungswidrig, erbrechenverhindernd, krampflösend, larventötend, magensaftanregend, menstruationsfördernd, oxidationshemmend, prostaglandinhemmend, schmerzlindernd, stärkend, verdauungsfördernd

HAUPTBESTANDTEILE

Hauptsächlich monoterpene Kohlenwasserstoffe (etwa 88 Prozent): Camphen, Pinen, Dipenten, Sabinen, Cymen, geringere Mengen Geraniol, Borneol, Linalol, Terpineol, Myristicin (4–8 Prozent), Safrol, Elemincin u. a.

Myrocarpus fastigiatus

Cabreuva

Verträglichkeit: ungiftig, nicht reizend

Familie: *Fabaceae (Leguminosae)* **Synonym:** Cabureicia

Traditioneller Gebrauch

Das Holz wird sehr geschätzt für die Herstellung von Schnitzereien und Möbeln. Cabreuva wird von den Einheimischen zur Behandlung von Wunden, Geschwüren und zur Vorbeugung von Narbenbildung gebraucht. Wegen seiner antiseptischen Eigenschaften wurde es früher in alten europäischen Pflanzenarzneibüchern empfohlen.

Ein anmutiger Tropenbaum von 12–15 m Höhe mit sehr hartem Holz, das äußerst widerstandsfähig gegen Feuchtigkeit und Schimmel ist. Wie bei vielen anderen südamerikanischen Bäumen sondert das Holz einen Balsam ab, wenn der Stamm verletzt wird.

Cabreuva-Holzspäne

AROMATHERAPIE/ HAUSGEBRAUCH

Hautpflege: *Narben, Schnittverletzungen, Wunden*
Atemwege: *Husten*
Immunsystem: *Erkältungen*

ANDERE ANWENDUNGEN

Duftstoff und Fixiermittel in Seifen und hochwertigen Parfüms, besonders in Blüten-, Holz- und orientalischen Düften. Früher zur Isolation von Nerolidol genutzt, das heute synthetisch hergestellt wird.

HERKUNFT

Wächst in Brasilien, Paraguay, Chile und dem nördlichen Argentinien.

ANDERE ARTEN

Viele Myrocarpus-*Arten liefern Cabreuva-Öl, auch* M. frondosus. *Botanisch verwandt mit den Bäumen, von denen Copaiba-, Peru- und Tolubalsam stammen.*

EXTRAKTION

Ätherisches Öl durch Dampfdestillation aus Holzspänen (Abfall aus den Sägewerken)

EIGENSCHAFTEN

Eine blaßgelbe, zähe Flüssigkeit von süßem, holzig-blumigem Duft, der sehr delikat, aber sehr anhaltend ist. Mischt sich gut mit Rose, Cassie, Mimose, Zedernholz, reichen Holz- und orientalischen Basisölen.

WIRKUNGEN

Antiseptisch, balsamisch, narbenbildungsfördernd

HAUPTBESTANDTEILE

Hauptsächlich Merolidol (etwa 80 Prozent), Farnesol, Bisabolol u. a.

Myroxylon balsamum var. balsamum

Tolubalsam

Verträglichkeit: Ungiftig, nicht reizend, kann allergische Reaktionen auslösen. Siehe Perubalsam.

Familie: *Fabaceae (Leguminosae)* **Synonyme:** *Toluifera balsamum, Balsamum tolutanum, Balsamum americanum, Myrospermum toluiferum*

Traditioneller Gebrauch

Der Balsam wirkt in erster Linie auf die Schleimhäute der Atemwege und ist deshalb gut bei chronischem Katarrh, Kehlkopfentzündung und Krupphusten. Der Tolubalsam wird heute noch als Geschmacksmittel und milde schleimlösende Substanz in Hustensirup und -pastillen eingesetzt. Als Bestandteil von Friar's-Balsam und ähnlichen Rezepturen ist er hilfreich bei der Behandlung von aufgesprungenen Brustwarzen, Lippen, Schnittverletzungen, durchgelegenen Stellen usw.

Ein großer, ansehnlicher Tropenbaum, der in seiner Erscheinung dem Perubalsam-Baum ähnelt. Der Balsam ist ein Ausscheidungsprodukt, das aus der Baumrinde und dem Splintholz hervortritt. Um es zu erhalten, schlägt man auf den Stamm oder sengt ihn sogar an.

EXTRAKTION
Der rohe Balsam wird von den Bäumen gesammelt. Er ist erst flüssig und verfestigt sich dann zu einer orangebraunen, spröden Masse. Ein ätherisches Öl wird gewonnen durch 1. Dampfdestillation oder 2. Trockendestillation. (Resinoid und Absolue werden ebenfalls produziert und dienen vor allem als Fixiermittel.)

EIGENSCHAFTEN
1. Eine helle, gelbbraune Flüssigkeit mit süß-blumigem Duft und pfeffrigem Unterton.
2. Die bernsteinfarbene Flüssigkeit mit einem reichen, balsamisch-blumigen Duft verfestigt sich beim Abkühlen langsam zu einer kristallinen Masse. Tolubalsam mischt sich gut mit Mimose, Ylang-Ylang, Sandelholz, Zistrose, Neroli, Patschuli, Zedernholz und orientalischen, würzigen und blumigen Basisölen.

WIRKUNGEN
Anregend, antiseptisch, balsamisch, hustenreizlindernd, schleimlösend

HAUPTBESTANDTEILE
Der Balsam enthält etwa 80 Prozent Harz und 20 Prozent Öl mit Zimt- und Benzoesäure, kleinen Mengen Terpenen und Spuren von Eugenol und Vanillin.

Myroxylon balsamum var. balsamum

AROMATHERAPIE/HAUSGEBRAUCH

Hautpflege: *trockene, aufgesprungene und rissige Haut, Ausschläge, Ekzeme, Krätze, Schürfungen, Wunden*
Atemwege: *Bronchitis, Husten, Katarrh, Kehlkopfentzündung, Krupphusten. Kann als Inhalat verwendet werden; man gibt etwa einen Teelöffel Tolubalsam in ein Dampfbad.*

ANDERE ANWENDUNGEN

Als Fixiermittel und Duftstoff in Kosmetika und Parfüms (besonders das Trockendestillat). Einiges wird auch in pharmazeutischen Präparaten, zum Beispiel in Hustensirup verwendet. Nur geringe Nutzung in den wichtigen Nahrungsmittelkategorien, besonders in Backwaren.

HERKUNFT

Heimisch in Südamerika, vor allem in Venezuela, Kolumbien und Kuba; wird auch auf den Westindischen Inseln kultiviert.

ANDERE ARTEN

In Südamerika gibt es viele Typen balsamspendender Bäume, zum Beispiel der Perubalsam (siehe dort).

Myroxylon balsamum var. pereirae

Perubalsam

Verträglichkeit: Ungiftig, nicht reizend

Familie: *Fabaceae (Leguminosae)* **Synonyme:** *Toluifera pereira, Myrospermum pereira, Myroxylon pereirae*

Traditioneller Gebrauch

Der Perubalsam regt das Herz an, erhöht den Blutdruck und reduziert die Schleimsekretionen. Er ist nützlich gegen Atemwegserkrankungen wie Asthma, chronischen Husten und Bronchitis. Traditionell wird er angewendet bei Rheuma und Hautleiden wie Krätze, Windeldermatitis, Wundliegen, Juckreiz, Ekzemen und Wunden. Er vernichtet auch bestimmte Milben.

Perubalsam-Blätter

Der große Tropenbaum erreicht bis 25 m Höhe, hat einen geraden, glatten Stamm, dichtes Laubwerk und sehr stark duftende Blüten. Jeder Teil des Baumes, einschließlich der faserigen Früchte, enthält einen harzigen Saft. Der Balsam ist eine Absonderung des bloßliegenden, verletzten Holzes. Er ist ein «echter» Balsam, der in Form einer dunkelbraunen oder bernsteinfarbenen, halbfesten Masse gesammelt wird.

EXTRAKTION
Ein harzfreies ätherisches Öl wird durch Hochvakuum-Trockendestillation aus dem rohen Balsam gewonnen. (Ein Holzöl wird durch Dampfdestillation aus Holzspänen hergestellt, jedoch von minderer Qualität. Ein weißer, Myroxocarpin genannter Balsam wird aus der Frucht hergestellt, ein Balsamito genannter Extrakt aus der unreifen Frucht.)

EIGENSCHAFTEN
Das Öl ist eine hell-bernsteinfarbene oder braune, zähe Flüssigkeit mit einem reichen, süßen, balsamischen, vanilleähnlichen Duft. Es mischt sich gut mit Ylang-Ylang, Patschuli, Petitgrain, Sandelholz, Rose, Gewürz-, Blüten- und orientalischen Basisölen.

WIRKUNGEN
Anregend, antiseptisch, balsamisch, entzündungshemmend, parasitentötend, schleimlösend, fördert das Wachstum von Epithelzellen.

HAUPTBESTANDTEILE
Benzoe- und Zimtsäureester wie Benzylbenzoat, Benzylzinnamat, Zinnamylzinnamat und andere Substanzen in Spuren. Der rohe Balsam enthält etwa 50–64 Prozent (Zinnamein genanntes) Öl und 20–28 Prozent Harz.

AROMATHERAPIE/ HAUSGEBRAUCH

Der Balsam (nicht das Öl) ist ein Kontaktallergen, das Dermatitis auslösen kann. Wer diese Empfindlichkeit hat, reagiert möglicherweise auch auf Benzoe-Resinoid. Man spricht hier von «Kreuz-Sensibilisierung». Das handelsübliche Öl ist oft eine wasserhelle Flüssigkeit, die mit einem Lösungsmittel wie Benzylalkohol verdünnt wird.
Hautpflege: *trockene Haut, Ekzeme, Ausschläge, Schürfungen und Wunden*
Kreislauf, Muskeln und Gelenke: *niedriger Blutdruck, Rheumatismus*
Atemwege: *Asthma, Bronchitis, Husten*
Immunsystem: *Erkältungen*
Nervensystem: *nervöse Spannung, Streß; wie auch andere Balsame hat der Perubalsam eine wärmende, öffnende, versöhnende Qualität.*

ANDERE ANWENDUNGEN

In geringerem Maße in pharmazeutischen Produkten wie Hustensirup verwendet. Als Fixiermittel und Duftstoff in Seifen, Reinigungsmitteln, Cremes, Lotionen und Parfüms. Das Öl wird in der Parfümindustrie viel verwendet, weil es Harzrückstände oder Fehlfarben verhindert. Als Geschmacksstoff in den meisten wichtigen Nahrungsmittelkategorien und Getränken.

HERKUNFT

Der Perubalsam-Baum ist in Mittelamerika heimisch, die Produktion findet hauptsächlich in El Salvador statt.

ANDERE ARTEN

Myroxylon frutescens *und Guina-Guina sind nahe Verwandte, wie auch der Tolubalsam.*

Myrtus communis

Myrte

Verträglichkeit: ungiftig, nicht reizend

Familie: *Myrtaceae* **Synonyme:** Brautmyrte, Echte Myrte

Traditioneller Gebrauch

Blätter und Beeren der Myrte werden gebraucht zum «Trocknen und Binden». Gut bei Durchfall, Ruhr und katarrhischen Absonderungen im Bereich des Brustkorbes. Dioscorides verordnete bei Lungen- und Blaseninfektionen einen Extrakt aus in Wein eingelegten Myrtenblättern. Die Blätter und Blüten waren ein wichtiger Bestandteil des sog. Engelswassers, einer Hautlotion im 16. Jahrhundert.

Ein großer Busch oder kleiner Baum mit vielen holzigen, schlanken Ästen, rötlicher Rinde und kleinen, spitz zulaufenden Blättern. Den weißen Blüten folgen kleine, schwarze Beeren; Blätter und Blüten duften stark.

frische Myrte

EXTRAKTION
Ätherisches Öl durch Dampfdestillation aus den Blättern und Zweigen (manchmal auch aus den Blüten)

EIGENSCHAFTEN
Eine blaßgelbe oder orange Flüssigkeit von klarem, frischem, kampferähnlichem, süß-krautigem Duft, der etwas an Eukalyptus erinnert. Mischt sich gut mit Bergamotte, Lavandin, Lavendel, Rosmarin, Muskatellersalbei, Ysop, Limette, Lorbeer, Ingwer, Gewürznelke und anderen Gewürzölen.

WIRKUNGEN
Adstringierend, antiseptisch (Harnwege, Lungen), bakterizid, balsamisch, leicht beruhigend, regulativ, schleimlösend

HAUPTBESTANDTEILE
Cineol, Myrtenol, Pinen, Geraniol, Linalol, Camphen u. a.

AROMATHERAPIE/ HAUSGEBRAUCH

Hautpflege: *Akne, fettige Haut, großporige Haut, Hämorrhoiden*
Atemwege: *Asthma, Bronchitis, chronischer Husten, Katarrh, Tuberkulose. Wegen seiner relativen Milde ist dieses Öl auch für Husten und Atemwegserkrankungen bei Kindern geeignet.*
Immunsystem: *Erkältungen, Grippe, Infektionskrankheiten*

ANDERE ANWENDUNGEN

Hauptsächlich in Parfüms. Als Geschmacksstoff in Fleischsoßen und Würzmitteln, im allgemeinen in Kombination mit anderen Kräutern.

HERKUNFT

Die Myrte stammt aus Nordafrika, wächst heute aber überall rund um das Mittelmeer; als Gartenstrauch wird sie in ganz Europa geschätzt. Das Öl wird hauptsächlich auf Korsika, in Spanien, Tunesien, Marokko, Italien, dem früheren Jugoslawien und in Frankreich hergestellt.

ANDERE ARTEN

Die Myrte ist Mitglied der gleichen aromatischen Großfamilie wie auch Eukalyptus und Teebaum; so auch die Wachsmyrte (Myrica cerifera) *und die HolländischeMyrte oder Englische Heidemyrte* (Myrica gale), *die in der Behandlung mit Heilpflanzen eine Rolle spielen (auch wenn ihre ätherischen Öle giftig sein sollen).*

Myrtus communis

Narcissus poeticus

Narzisse

Verträglichkeit: Alle Angehörigen der *Amaryllidaceae*-Familie, besonders ihre Zwiebeln, haben eine starke Wirkung auf das Nervensystem (Lähmung, Tod).

Familie: *Amaryllidaceae*

Traditioneller Gebrauch

Der Name wird von dem griechischen Wort «narkao» (= betäubt sein) abgeleitet, ihrer narkotischen Eigenschaft. Die Parfümeure im Römischen Reich gebrauchten «Narcissum», eine Salbe aus Narzissenblüten, zur Herstellung feiner Duftmischungen. In Frankreich wurden die Blüten früher wegen ihrer krampflösenden Wirkung gesammelt. Sie sollten bei Hysterie und Epilepsie helfen.

In Indien trägt man etwas von dem Öl – wie auch Rose, Sandelholz und Jasmin – auf den Körper auf, bevor man mit dem Gebet im Tempel beginnt. Die Araber empfehlen das Öl als Heilmittel bei Kahlheit sowie als Aphrodisiakum.

EXTRAKTION
Concrète und Absolue werden durch Lösungsmittelextraktion aus den Blüten gewonnen.

EIGENSCHAFTEN
Das Absolue ist eine dunkelorange, olive oder grüne, zähe Flüssigkeit von süßem, krautigem Geruch und einem schweren, blumigen Unterton. Es mischt sich gut mit Gewürznelke, Jasmin, Neroli, Ylang-Ylang, Rose, Mimose, Sandelholz, orientalischen und blumigen Düften.

WIRKUNGEN
Aphrodisisch, beruhigend, einschläfernd, Erbrechen verursachend, krampflösend

HAUPTBESTANDTEILE
Quercetin, möglicherweise Narzissin (das Übelkeit verursachende Alkaloid)

Die bekannte Gartenblume erreicht bis 50 cm Höhe, hat lange, schwertförmige Blätter und stark duftende, weiße Blüten mit einer kurzen, gelben Trompete in der Mitte und einem feinen, roten Rand.

Narzissenzwiebel

AROMATHERAPIE/ HAUSGEBRAUCH
Parfüm. Die Zwiebeln von N. poeticus *sind gefährlicher als die der Osterglocke. Sie können Übelkeit verursachen und reizen. Der Duft der Blumen kann, wenn zu große Mengen in einem geschlossenen Raum stehen, bei manchen Menschen Kopfschmerzen und sogar Erbrechen herbeiführen.*

ANDERE ANWENDUNGEN
Absolue und Concrète werden fast ausschließlich in blumigen Parfüms der Spitzenklasse verwendet.

HERKUNFT
Die Narzisse stammt aus dem Nahen Osten oder dem östlichen Mittelmeerraum und ist inzwischen auch in Südfrankreich verbreitet. Wegen ihrer Blüten wird die Pflanze in großem Stile angebaut. Nur die Niederlande und Frankreich produzieren Concrète und Absolue.

ANDERE ARTEN
Zwei Haupttypen werden in Frankreich produziert: «des plaines» (Zuchtart) und «des montagnes» (wildwachsend). Die Narzisse ist eng verwandt mit der Jonquille (N. jonquilla) *und der Kampernelle* (N. odorus), *aus denen gelegentlich auch ein Absolue gewonnen wird, sowie mit der Osterglocke* (N. pseudonarcissus).

Nardostachys jatamansi

Indische Narde

Verträglichkeit: vermutlich ähnlich wie Baldrian, d. h. ungiftig, nicht reizend

Familie: *Valerianaceae* **Synonym:** Narde

Traditioneller Gebrauch

Die Indische Narde ist einer der Duftlieferanten, die schon die alten Ägypter nutzten, auch im Hohenlied Salomos wird sie erwähnt. Dieses Kraut nahm Maria, um Jesus vor dem letzten Abendmahl zu salben: «Da nahm Maria ein Pfund Salbe von unverfälschter, köstlicher Narde und salbte die Füße Jesu und trocknete mit ihrem Haar seine Füße; das Haus aber ward voll vom Geruch der Salbe.» (Johannes 12,3). Das Öl wurde auch im Römischen Reich zur Zubereitung von *nardinum*, einem berühmten Duftöl, verwendet, und von der Mughal-Kaiserin Nur Jehan in ihren kosmetischen Verjüngungsrezepturen.
Dioscorides bezeichnete das Kraut als «wärmend und trocknend». Gut geeignet bei Übelkeit, Blähungsdyspepsie, Menstruationsproblemen und Entzündungen.

Indische Narde

Ein zartes, aromatisches Kraut mit einem Wurzelstock von beißendem Geruch

EXTRAKTION
Ätherisches Öl durch Dampfdestillation aus den getrockneten und zerkleinerten Wurzeln und Wurzelstöcken

EIGENSCHAFTEN
Eine blaßgelbe oder bernsteinfarbene Flüssigkeit von schwerem, süß-holzigem, würzig-animalischem Geruch, der ein wenig an Baldrian erinnert. Mischt sich gut mit Zistrose, Eichenmoos, Patschuli, Kiefernnadel, Vetiver und Gewürzölen.

WIRKUNGEN
Abführend, bakterizid, beruhigend, desodorierend, entzündungshemmend, fiebersenkend, fungizid, stärkend

HAUPTBESTANDTEILE
Bornylazetat, Isobornylvalerianat, Borneol, Patschuli-Alkohol, Terpinylvalerianat, Terpineol, Eugenol, Pinene u. a.

AROMATHERAPIE/ HAUSGEBRAUCH
Hautpflege: *Allergien, Ausschläge, Entzündungen, reife Haut*
Nervensystem: *Migräne, nervöse Verdauungsstörungen, Schlaflosigkeit, Streß*

ANDERE ANWENDUNGEN
Heutzutage kaum genutzt, nur als Ersatz für Baldrianöl.

HERKUNFT
Die Narde stammt aus den Gebirgsregionen Nordindiens; auch in China und Japan ist sie heimisch. Das Öl wird hauptsächlich in Europa oder den USA destilliert.

ANDERE ARTEN
Eng verwandt mit dem Echten Baldrian (Valeriana officinalis) *und dem Indischen Baldrian* (V. wallichii), *mit denen sie mehrere Eigenschaften teilt. Es gibt noch einige weitere, ähnliche Arten, beispielsweise die Chinesische Narde* (N. sinensis), *die ebenfalls zur Ölgewinnung genutzt wird. Nicht zu verwechseln mit dem Spik-Lavendel* (Lavandula latifolia) *oder mit ätherischen Ölen aus den Wurzeln von* Ferula sumbul, *die in der gleichen Gegend gesammelt werden. Die Wurzeln mehrerer anderer Pflanzen werden oft auch als «Indischer Baldrian» verkauft.*

Ocimum basilicum

Exotisches Basilikum

Verträglichkeit: Methylchavicol ist mäßig giftig, hautreizend und möglicherweise krebserregend. Basilikumöl während der Schwangerschaft meiden.

Familie: *Lamiaceae (Labiatae)*

Traditioneller Gebrauch

In der fernöstlichen Medizin wird das Basilikum viel verwendet, besonders in der ayurvedischen Tradition, in der es *tulsi* genannt wird. Man nimmt es bei Atemwegserkrankungen wie Bronchitis, Husten, Erkältungen, Asthma, Grippe und Emphysemen, aber auch als Gegengift nach Insektenstichen oder Schlangenbissen. Es wurde bei Seuchen und Fieber (z. B. Malaria) verwendet. Basilikum verbessert die Durchblutung und Verdauung und wird in China bei Magen- und Nierenleiden empfohlen.
Im Westen gilt es als «kühlendes» Kraut, geeignet bei rheumatischen Beschwerden, Hautreizungen und nervöser Veranlagung.

Aus botanischer Sicht zwar identisch mit dem gewöhnlichen Basilikum, doch die Pflanze ist größer, hat einen rauheren Geruch und eine andere chemische Zusammensetzung.

EXTRAKTION
Ätherisches Öl durch Dampfdestillation aus den Blättern und blühenden Sproßspitzen

EIGENSCHAFTEN
Das Öl des Exotischen Basilikums ist gelb oder hellgrün und hat einen leicht rauhen, süßkrautigen Geruch mit einem kampferähnlichen Zug. Sein Duft ist nicht zu vergleichen mit dem «echten» Basilikumöl.

WIRKUNGEN
Anregend (Nebennierenrinde), antidepressiv, antiseptisch, blähungswidrig, fiebersenkend, krampflösend, magenstärkend, menstruationsfördernd, milchtreibend, nervenstärkend, schleimlösend, stärkend, verdauungsfördernd

HAUPTBESTANDTEILE
Hauptsächlich Methylchavicol (70–88 Prozent), kleine Mengen Linalol, Cineol, Kampfer, Eugenol, Limonen, Citronellol

AROMATHERAPIE/ HAUSGEBRAUCH
Entfällt. Wegen des Methylchavicol-Gehaltes des Exotischen Basilikums ist der gewöhnliche Typ vorzuziehen.

ANDERE ANWENDUNGEN
Das Öl wird in hochwertigen Düften, Seifen und Zahnpflegeprodukten verwendet und reichlich in verschiedenen Nahrungsmitteln gebraucht, vor allem in Fleischprodukten und Würzmischungen.

HERKUNFT
Wird hauptsächlich auf den Komoren, aber auch auf Madagaskar destilliert.

ANDERE ARTEN
Das Exotische Basilikum ist ein deutlich anderer Chemotyp als das gewöhnliche, möglicherweise auch eine andere Unterart (eventuell eine Form von O. canum*), obwohl dies nicht festgestellt wurde. Ätherische Öle werden auch in Marokko, Ägypten, Südafrika, Brasilien und Indonesien aus verschiedenen Chemotypen des ostindischen oder buschigen Basilikums (O.* gratissimum*) gewonnen, die einen hohen Thymol- oder Eugenol-Gehalt aufweisen. Das behaarte Basilikum (O.* canum*) stammt aus Ostafrika und ist auch in Indien und Südamerika anzutreffen. Aus ihm wird in West- und Ostafrika, in Indien, Indonesien und auf den Westindischen Inseln ein Öl gewonnen, das reich an Methylzinnamat oder Kampfer ist.*
Siehe Basilikum.

Ocimum basilicum

Basilikum

Verträglichkeit: Relativ ungiftig, allergische Reaktionen möglich. Von Schwangeren zu meiden.

Familie: *Lamiaceae (Labiatae)* **Synonyme:** Basilie, Basilienkraut, Königskraut, Josefskräutlein

Traditioneller Gebrauch

Siehe Exotisches Basilikum

Ein zartes, einjähriges, bis 60 cm hohes Kraut mit sehr dunkelgrünen, ovalen Blättern mit graugrüner Unterseite, einem aufrechten Stengel von quadratischem Querschnitt und Quirlen zweilippiger, grünlicher oder rosaweißer Blüten. Die ganze Pflanze hat einen sehr starken, aromatischen Duft.

EXTRAKTION
Ätherisches Öl durch Dampfdestillation aus dem blühenden Kraut

EIGENSCHAFTEN
«Echtes» Basilikumöl ist eine farblose oder blaßgelbe Flüssigkeit von leichtem, frischem, süß-würzigem Duft und balsamischem Unterton. Mischt sich gut mit Bergamotte, Muskatellersalbei, Limette, Opopanax, Eichenmoos, Zitronelle, Geranie, Ysop und anderen «grünen» Duftnoten.

WIRKUNGEN
Siehe Exotisches Basilikum

HAUPTBESTANDTEILE
Linalol (40–45 Prozent), Methylchavicol (23,8 Prozent) und kleine Mengen von Eugenol, Limonen, Citronellol u. a.

AROMATHERAPIE/ HAUSGEBRAUCH

Hautpflege: *Insektenstiche, Insektenabwehr*
Kreislauf, Muskeln und Gelenke: *Gicht, Muskelschmerzen, Rheumatismus*
Atemwege: *Bronchitis, Husten, Nebenhöhlenentzündungen, Ohrenschmerzen*
Verdauungstrakt: *Blähungen, Übelkeit, Verdauungsstörungen*
Urogenitaltrakt: *Krämpfe, schwache Periode*
Immunsystem: *Erkältungen, Fieber, Grippe, Infektionskrankheiten*
Nervensystem: *Angst, Erschöpfung, Migräne, Niedergeschlagenheit, Schlaflosigkeit, nervöse Spannung. Basilikumöl ist vielleicht das beste aromatische Nervenstärkungsmittel.*

ANDERE ANWENDUNGEN

Das Öl findet man in Seifen, Kosmetika und Parfüms; es wird auch reichlich in vielen Nahrungsmitteln eingesetzt, besonders in Würzmischungen.

HERKUNFT

Aus dem tropischen Asien und Afrika stammend, ist das Kraut nun in ganz Europa verbreitet, im Mittelmeerraum, auf den Pazifik-Inseln, in Nord- und Südamerika. Das europäische oder «echte» Basilikumöl wird in Frankreich, Italien, Ägypten, Bulgarien, Ungarn und den USA destilliert.

ANDERE ARTEN

Es gibt auf der ganzen Welt viele Basilikumarten, die zu kulinarischen und medizinischen Zwecken Verwendung finden, zum Beispiel O. minimum *und* O. sanctum *aus Indien, das Kampfer-Basilikum* (O. kilimanjaricum) *aus Ostafrika (auch aus Indien) und das Fieberkraut* (O. viride) *aus Westafrika. Zwei prinzipielle Chemotypen werden heute jedoch am meisten für die Gewinnung ätherischen Öls genutzt: das gewöhnliche und das Exotische Basilikum (siehe dort).*

Origanum majorana

Majoran

Verträglichkeit: Ungiftig, nicht reizend; während der Schwangerschaft nicht verwenden.

Familie: *Lamiaceae (Labiatae)* **Synonyme:** *Majorana hortensis*, Gartendost, Gartenmajoran, Wurstkraut

Traditioneller Gebrauch

Ein traditionelles Küchenkraut und Volksheilmittel. Die Griechen verwendeten es in der Antike für ihre Duftmischungen, Kosmetika und Arzneien. Der botanische Name *Origanum* kommt von dem griechischen «Freunde der Berge». Das vielseitige Kraut hat eine lindernde, kräftigende und wärmende Wirkung; es hilft bei Verdauungs- und Menstruationsproblemen sowie bei nervösen und Atemwegsbeschwerden. Es ist «lindernd bei Erkältungskrankheiten… Hilft bei Krankheiten der Brust, Stauungen der Leber und der Milz.»[16] Es ist auch sehr hilfreich bei Muskel- und Rheumaschmerzen, Verstauchungen, Zerrungen, steifen Gelenken, Quetschungen usw.

Zarte, mehrjährige Buschpflanze (in kälteren Klimazonen als einjährige Pflanze gezüchtet) bis 60 cm Höhe mit einem behaarten Stengel, dunkelgrünen, ovalen Blättern und kleinen, grünlichweißen Blüten in Rispen. Die ganze Pflanze duftet stark.

EXTRAKTION
Ätherisches Öl durch Dampfdestillation der getrockneten Pflanze mit Blüten; in geringeren Mengen wird auch ein Oleoresin hergestellt.

EIGENSCHAFTEN
Eine blaßgelbe oder bernsteinfarbene, dünne Flüssigkeit mit warmem, holzigem, würzigkampferähnlichem Geruch. Mischt sich gut mit Lavendel, Rosmarin, Bergamotte, Kamille, Zypresse, Zedernholz, Teebaum und Eukalyptus.

WIRKUNGEN
Abführend, anaphrodisisch, antiseptisch, antiviral, bakterizid, beruhigend, blähungswidrig, blutdrucksenkend, fungizid, gefäßerweiternd, harntreibend, krampflösend, magenstärkend, menstruationsfördernd, nervenstärkend, oxidationshemmend, schleimlösend, schmerzlindernd, schweißtreibend, stärkend, verdauungsfördernd, wundheilend

HAUPTBESTANDTEILE
Terpinene, Terpineol, Sabinen, Linalol, Carvacrol, Linalylazetat, Ocimen, Cadinen, Geranylazetat, Citral, Eugenol u. a.

AROMATHERAPIE/ HAUSGEBRAUCH

Hautpflege: *Frostbeulen, Quetschungen, Zeckenbisse*
Kreislauf, Muskeln und Gelenke: *Arthritis, Hexenschuß, Muskelschmerzen, Muskelstarre, Rheumatismus, Verstauchungen, Zerrungen*
Atemwege: *Asthma, Bronchitis, Husten*
Verdauungstrakt: *Blähungen, Koliken, Verdauungsstörungen, Verstopfungen*
Urogenitaltrakt: *ausbleibende oder schmerzhafte Periode, Prämenstruelles Syndrom, Weißfluß*
Immunsystem: *Erkältungen*
Nervensystem: *Bluthochdruck, Kopfschmerzen, Migräne, Schlaflosigkeit, nervöse Spannung und streßbedingte Beschwerden*

ANDERE ANWENDUNGEN

Öl und Oleoresin werden als Duftstoffe in Seifen, Reinigungsmitteln, Kosmetika und Parfüms verwendet, als Geschmacksstoff in zahlreichen Nahrungsmitteln (besonders in Fleischprodukten, Würzen und Soßen), aber auch in alkoholischen und anderen Getränken.

HERKUNFT

Im Mittelmeerraum, Ägypten und Nordafrika heimisch.

ANDERE ARTEN

Die häufigsten Typen sind der Französische Majoran (Origanum onites *oder* Majorana onites, *robuster als* O. majorana*), der Spanische Majoran* (Thymus mastichina) *und der Oregano* (O. vulgare), *aus dem das sogenannte Oreganöl hergestellt wird. Siehe Oregan und Spanischer Oregan.*

Origanum vulgare

Oregano

Verträglichkeit: Hautreizend. Während der Schwangerschaft meiden.

Familie: *Lamiaceae (Labiatae)* **Synonyme:** *Echter Dost, Wilder Majoran*

Traditioneller Gebrauch

Der «echte» Oregano aus dem Kräutergarten hat auch in der Volksmedizin seit langer Zeit einen guten Ruf. Er gilt traditionell als Heilmittel bei Verdauungsstörungen, Beschwerden der Atemwege (Asthma, Bronchitis, Husten usw.), Erkältungen und Grippe ebenso wie bei Entzündungen im Mund-Rachen-Raum. In China dient er der Behandlung von Fieber, Erbrechen, Durchfall, Gelbsucht und juckenden Hautleiden. Das (verdünnte) Öl wird äußerlich angewendet bei Kopfschmerzen, Rheumatismus, Stichen und Bissen.

Robuste, mehrjährige Pflanze bis 90 cm Höhe mit aufrechten, behaarten Stengeln, dunkelgrünen, ovalen Blättern und rosapurpurnen Blüten. Eine beliebte Gartenpflanze, deren Blätter einen starken Duft verströmen, wenn sie zerdrückt oder zerrieben werden.

frische Blätter

getrocknetes Kraut

EXTRAKTION
Ätherisches Öl durch Dampfdestillation aus dem getrockneten, blühenden Kraut

EIGENSCHAFTEN
Blaßgelbe Flüssigkeit (im Laufe der Zeit braun werdend) von warmem, würzig-krautigem, kampferähnlichem Geruch. Mischt sich gut mit Lavandin, Eichenmoos, Kiefer, Spik-Lavendel, Zitronelle, Rosmarin, Kampfer und Zedernholz.

WIRKUNGEN
Anregend, antirheumatisch, antiseptisch, antitoxisch, antiviral, bakterizid, blähungswidrig, fiebersenkend, fungizid, galletreibend, harntreibend, krampflösend, menstruationsfördernd, parasitenabtötend, durchblutungsfördernd, schleimlösend, schmerzlindernd, schweißtreibend, stärkend, wurmabtreibend, zellschützend

HAUPTBESTANDTEILE
Carvacrol, Thymol, Cymen, Caryophyllen, Pinen, Bisabolen, Linalol, Borneol, Geranylazetat, Linalylazetat, Terpinen. Anmerkung: Je nach Herkunft schwanken die Gewichtsanteile beträchtlich; als «Oregano» oder «Oreganum» gehandelte Öle haben jedoch Thymol und/oder Carvacrol als Hauptbestandteile.

AROMATHERAPIE/ HAUSGEBRAUCH
Entfällt. Sollte auf der Haut überhaupt nicht angewendet werden.

ANDERE ANWENDUNGEN
Als Duftstoff in Seifen und Parfüms, besonders in Männerdüften. Als Geschmacksstoff vor allem in Fleischprodukten und Pizzas.

HERKUNFT
Der Oregano ist in Europa heimisch und wird inzwischen überall auf der Welt angebaut; das Öl wird hauptsächlich in Rußland, Bulgarien und Italien produziert.

ANDERE ARTEN
Es gibt manche Unklarheiten bei der genauen botanischen Zuordnung der Majoran- und Oreganoarten. Einige der über dreißig existierenden Varietäten werden zur Herstellung von ätherischem Öl genutzt, zum Beispiel der Winter- oder Griechische Majoran (O. heracleoticum), *die afrikanische Art* O. glandulosum, *der marokkanische* O. virens, *die mexikanische* Lippia graveolens *oder* L. palmeri *und der Syrische Oregano* O. maru. *Der größte Teil des gehandelten Oreganöls stammt jedoch vom Spanischen Oregano* (Thymus capitatus), *ein kleinerer Anteil vom Oregano oder Wilden Majoran. Siehe Spanischer Oregano und Majoran.*

Ormenis multicaulis

Marokkanische Kamille

Verträglichkeit: Generell ungiftig und nicht reizend; weitere Angaben stehen zur Zeit nicht zur Verfügung.

Familie: *Asteraceae (Compositae)* **Synonyme:** *Ormenis mixta, Anthemis mixta*

Traditioneller Gebrauch

Dieses Öl ist relativ neu auf dem Markt, deshalb kann es noch nicht auf eine lange Geschichte arzneilicher Nutzung zurückblicken. Oft wird es irrtümlich für das Öl der «Echten Kamille» gehalten, und es sollte korrekterweise «Ormenis-Öl» heißen, denn chemisch und geruchlich unterscheidet sich dieses Öl deutlich von denen der Echten oder Römischen Kamille und kann nicht als Ersatz für diese dienen.

EXTRAKTION
Ätherisches Öl durch Dampfdestillation aus den blühenden Sproßspitzen

EIGENSCHAFTEN
Blaß- bis braungelbe, dünne Flüssigkeit mit frisch-krautiger Obernote und einem süßen, balsamischen Unterton. Mischt sich gut mit Zypresse, Lavendel, Lavandin, Vetiver, Zedernholz, Eichenmoos, Zistrose, Weihrauch und den Ölen der Artemisia-Arten.

WIRKUNGEN
Beruhigend, galletreibend, krampflösend, leberwirksam, menstruationsfördernd

HAUPTBESTANDTEILE
Transpinocarueol, Borneol, Bornylazetat, Bisabolen, B-Caryophyllen, A-Pinen, Cineol, Yomogi-Alkohol, Santelena-Alkohol, Artemisia u. a.

Eine hübsche Pflanze, 90–125 cm hoch, mit stark behaarten Blättern und röhrenförmigen, gelben Blüten, die von weißen Blatthäutchen umgeben sind.

getrocknete Marokkanische Kamille

AROMATHERAPIE/ HAUSGEBRAUCH
Laut verschiedener Quellen: Empfindliche Haut, Kolik, Dickdarmkatarrh, Kopfschmerzen, Schlaflosigkeit, Reizbarkeit, Migräne, Amenorrhö, Wechseljahre, Leber- und Gallestauung. Über die therapeutische Erfahrung und Anwendung ist jedoch nur wenig bekannt.

ANDERE ANWENDUNGEN
In der Parfümindustrie viel verwendet

HERKUNFT
Die Marokkanische Kamille stammt aus Nordwestafrika und Südspanien und hat sich vermutlich aus der sehr häufigen Ormenis-Art entwickelt, die überall im Mittelmeerraum wächst. Man findet sie auch in Israel. Das Öl wird in Marokko destilliert.

ANDERE ARTEN
Botanisch sehr entfernt verwandt mit der Echten und Römischen Kamille, obwohl sie diesen äußerlich nicht ähnlich sieht.

Pelargonium graveolens

Geranie

Verträglichkeit: Ungiftig, allgemein nicht reizend, kann bei überempfindlichen Personen aber zu einer Kontakt-Dermatitis führen.

Familie: *Geraniaceae* **Synonym:** Pelargonie

Traditioneller Gebrauch

Die *Geranium robertanium* und die amerikanische Storchschnabelart *Geranium maculatum* sind die in der Pflanzenheilkunde heute am meisten verbreiteten Arten der Geranie, die seit der Antike arzneilich genutzt wird. Sie teilen Eigenschaften mit *Pelargonium graveolens* und werden bei Erkrankungen wie Ruhr, Hämorrhoiden, Entzündungen, Zwischenblutungen und starken Periodenblutungen eingesetzt. Wurzel und Kraut von *Geranium maculatum* sind im Britischen Pflanzenarzneibuch als spezifisches Heilmittel bei Durchfall und Magengeschwüren genannt.

Mehrjährige, behaarte Strauchpflanze bis 1 m Höhe mit spitz zulaufenden, gezahnten Blättern und kleinen, rosafarbenen Blüten. Die ganze Pflanze duftet stark.

frische Blätter

EXTRAKTION
Ätherisches Öl durch Dampfdestillation aus den Blättern, Stielen und Blüten. In Marokko werden auch Absolue und Concrète hergestellt.

EIGENSCHAFTEN
Eine grünolive Flüssigkeit von rosenartigsüßem, minzähnlichem Geruch, der in der Parfümerie sehr geschätzt wird. Mischt sich gut mit Lavendel, Patschuli, Gewürznelke, Rose, Neroli, Sandelholz, Jasmin, Wacholder, Bergamotte und anderen Zitrusölen.

WIRKUNGEN
Adstringierend, anregend (Nebennierenrinde), antidepressiv, antiseptisch, blutstillend, desodorierend, entzündungshemmend, fungizid, harntreibend, narbenbildungsfördernd, stärkend, wundheilend, wurmabtreibend

HAUPTBESTANDTEILE
Citronellol, Geraniol, Linalol, Isomenthon, Menthon, Phellandren, Sabinen, Limonen u. a.

AROMATHERAPIE/ HAUSGEBRAUCH

Hautpflege: *Akne, Dermatitis, Ekzem, Fadenpilzinfektion, fettige, gestaute und reife Haut, geplatzte Haargefäße, Geschwüre, Hämorrhoiden, Insektenabwehr, Läuse, Quetschungen, Schnittverletzungen, Verbrennungen, Wunden*
Kreislauf, Muskeln und Gelenke: *Brustschwellung, Ödeme, schlechte Durchblutung, Zellulitis*
Atemwege: *Halsschmerzen, Mandelentzündung*
Urogenitaltrakt und Hormonsystem: *Nebennierenrinden-Hormone und Wechseljahresbeschwerden, Prämenstruelles Syndrom*
Nervensystem: *nervöse Spannung, Neuralgie und streßbedingte Beschwerden*

ANDERE ANWENDUNGEN

Duftstoff in allen Arten kosmetischer Produkte: Seifen, Cremes, Parfüms usw.; als Geschmacksstoff in zahlreichen Nahrungsmitteln, alkoholischen und anderen Getränken

HERKUNFT

Die Geranie stammt aus Südafrika und wird in Rußland, Ägypten, dem Kongo, Japan, Mittelamerika und Europa angebaut. Die wichtigsten Erzeuger ätherischen Öls sind Réunion, Ägypten, Rußland und China.

ANDERE ARTEN

Es gibt mehr als 700 Zuchtformen von Geranium und Pelargonium, viele werden zu Dekorationszwecken gezüchtet. Zu den Lieferanten ätherischen Öls gehören auch P. odorantissimum *und* P. radens; P. graveolens *wird jedoch hauptsächlich wegen ihres Öls angebaut.*

Petroselinum sativum

Petersilie

Verträglichkeit: Beide Öle sind mäßig giftig und reizend. Mit Maßen gebrauchen, während der Schwangerschaft meiden.

Familie: *Apiaceae (Umbelliferae)* **Synonyme:** *Petroselinum hortense, Petroselinum crispum,* Peterling, Suppenwurzel

Traditioneller Gebrauch

Frisch oder getrocknet wird die Petersilie vor allem als Küchenkraut verwendet. Die sehr nahrhafte Pflanze enthält viel Vitamin A und C und dient auch zur Erfrischung des Atems. Arzneilich werden Kraut und Samen vor allem bei Nieren- und Blasenleiden genutzt, aber auch bei Menstruationsbeschwerden, Verdauungsstörungen, Arthritis, Rheumatismus, Rachitis und Ischias. Sie sollen den Haarwuchs stärken und Kopfläuse vertreiben. Die Wurzel wird im Britischen Pflanzenarzneibuch als spezifisches Heilmittel für Blähungsdyspepsie mit Darmkoliken erwähnt.

frische Petersilie

Ein- oder zweijähriges Kraut bis 70 cm Höhe mit hellgrünen, gekräuselten Blättern, kleinen gelbgrünen Blüten und dunkelbraunen Samen

EXTRAKTION
Ätherisches Öl durch Dampfdestillation aus 1. den Samen, 2. dem Kraut. (Gelegentlich wird auch aus den Wurzeln ein ätherisches Öl gewonnen und aus den Samen durch Lösungsmittelextraktion ein Oleoresin.)

EIGENSCHAFTEN
1. Gelbe, bernsteinfarbene oder bräunliche Flüssigkeit von warmem, holzig-würzigem, krautigem Geruch. 2. Blaßgelbe oder grünliche Flüssigkeit von schwerem, warmem, würzig-süßem Geruch, der an das Kraut erinnert. Mischt sich gut mit Rose, Orangenblüten, Cananga, Teebaum, Eichenmoos, Muskatellersalbei und Gewürzölen.

WIRKUNGEN
Abführend, adstringierend, anregend, antimikrobiell, antirheumatisch, antiseptisch, blähungswidrig, blutdrucksenkend, blutreinigend, fiebersenkend, harntreibend, magenstärkend, menstruationsfördernd, stärkend (Gebärmutter)

HAUPTBESTANDTEILE
1. Hauptsächlich Apiol, ferner Myristicin, Tetramethoxyallybenzen, Pinen und flüchtige Fettsäuren. 2. Hauptsächlich Myristicin (bis 85 Prozent), ferner Phellandren, Myrcen, Apiol, Terpenolen, Methatrien, Pinen, Caroten u. a.

AROMATHERAPIE/ HAUSGEBRAUCH

Kreislauf, Muskeln und Gelenke: *Ansammlung von Toxinen, Arthritis, geplatzte Haargefäße, Ischias, Rheumatismus, Zellulitis*
Verdauungstrakt: *Blähungen, Hämorrhoiden, Koliken, Magenverstimmung*
Urogenitaltrakt: *ausbleibende und schmerzhafte Periode, Blasenentzündung, Harnwegsinfektion, schwache Wehen*

ANDERE ANWENDUNGEN

Verwendung in einigen blähungswidrigen und verdauungsfördernden Medikamenten. Das Samenöl wird als Duftstoff in Seifen, Reinigungsmitteln, Kosmetika und Parfüms, besonders in Männerdüften, eingesetzt. Das Öl aus Kraut und Samen sowie das Oleoresin werden reichlich als Geschmacksstoffe in der Nahrungsmittelindustrie verwendet, besonders in Fleischprodukten, Pickles und Soßen sowie in alkoholischen und anderen Getränken.

HERKUNFT

Die Petersilie stammt aus dem Mittelmeerraum (Griechenland). Sie wird sehr viel angebaut, besonders in Kalifornien, Deutschland, Frankreich, Belgien, Ungarn und verschiedenen Gegenden Asiens. Die wichtigsten ölproduzierenden Länder sind Frankreich, Deutschland, die Niederlande und Ungarn.

ANDERE ARTEN

Es gibt rund vierzig verschiedene Petersiliearten, zum Beispiel die krausblättrige P. crispum, *die in der Pflanzenheilkunde verwendet wird.*

Peumus boldus

Boldobaum

Verträglichkeit: äußerst giftig

Familie: *Monimiaceae* **Synonyme:** *Boldus boldus, Boldoa fragrans*

Traditioneller Gebrauch

Die Rinde des Boldobaumes wird zum Gerben, das Holz zur Herstellung von Holzkohle genutzt, die Früchte von den Einheimischen gegessen. In Südamerika wurde Boldo schon lange als gutes Heilmittel für Gonorrhö erkannt. In der westlichen Pflanzenheilkunde werden die getrockneten Blätter bei Entzündungen des Urogenitaltrakts, Gallensteinen, Leber- oder Gallenschmerzen, Blasenentzündungen und Rheumatismus verwendet. Die getrockneten Blätter sind im Britischen Pflanzenarzneibuch als spezifisches Heilmittel bei Gallensteinen genannt.

Immergrüner Strauch oder kleiner Baum bis 6 m Höhe mit schlanken Ästen, stiellosen, rauhen Blättern und gelblich-grünen Früchten. Beim Trocknen nehmen die Blätter eine dunkle, rotbraune Farbe an. Die ganze Pflanze duftet stark.

getrocknetes Boldoblatt

EXTRAKTION
Ätherisches Öl durch Dampfdestillation aus den Blättern

EIGENSCHAFTEN
Gelbe Flüssigkeit mit sehr starkem, würzig-kampferähnlichem, unangenehmem Geruch

WIRKUNGEN
Antiseptisch, beruhigend, galletreibend, harntreibend, leberwirksam, schweißtreibend, stärkend

HAUPTBESTANDTEILE
Cymen, Ascaridol, Cineol, Linalol

Peumus boldus

AROMATHERAPIE/ HAUSGEBRAUCH

Entfällt. Das Öl hat sehr starke therapeutische Wirkungen, ist aber – selbst in sehr geringen Mengen – als schädlich für den menschlichen Organismus einzustufen. Es sollte weder innerlich noch äußerlich zur Behandlung angewendet werden.

ANDERE ANWENDUNGEN

Wegen seiner therapeutischen Wirkungen in winzigen Mengen in einigen Medikamenten enthalten.

HERKUNFT

Der Boldobaum stammt aus Chile, gedeiht aber mittlerweile auch im Mittelmeerraum. In Vietnam und Nepal wird ein Teil des ätherischen Öls destilliert.

ANDERE ARTEN

Der australische Baum Monimia rotundifolia *enthält ein ähnliches Öl, das als Ersatz verwendet werden kann. Wurmsamenöl* (Chenopodium) *ist chemisch verwandt.*

Pilocarpus jaborandi

Jaborandi

Verträglichkeit: reizend, oral toxisch; Abtreibungsmittel

Familie: *Rutaceae* **Synonyme:** *Pernambuco jaborandi, Pernambuco pennatifolius*

Traditioneller Gebrauch

Jaborandi löst Speichelfluß aus und regt die meisten Drüsen zur Ausscheidung an; er wurde früher auch zur Förderung des Haarwuchses verwendet. Soll auch bei Psoriasis, Juckreiz, Taubheit, chronischem Katarrh, Mandelentzündung und besonders Wassersucht nützlich sein.

Holziger Strauch bis 2 m Höhe mit glatter, grauer Rinde, großen, braungrünen, lederharten Blättern mit großen Öldrüsen, purpurrote Blüten

getrocknete Jaborandi-Blätter

EXTRAKTION
Ätherisches Öl durch Dampfdestillation aus den getrockneten Blättern

EIGENSCHAFTEN
Orange oder gelbe Flüssigkeit mit süßkrautigem, fruchtigem Geruch

WIRKUNGEN
Anregend (Nerven), antiseptisch, menstruationsfördernd, milchtreibend, schweißtreibend

HAUPTBESTANDTEILE
Hauptsächlich Pilocarpin; Isopilocarpin, Pilocarpidin, Methylnonylketon, Dipenten und andere Kohlenwasserstoffe

AROMATHERAPIE/ HAUSGEBRAUCH

Entfällt.

ANDERE ANWENDUNGEN

Aus Pilocarpin werden verschiedene Lösungen zur subkutanen Injektion hergestellt. Das Öl wird selten verwendet. Wegen der Giftigkeit nur geringe Nutzung in der Parfümindustrie oder als Geschmacksstoff.

HERKUNFT

Der Jaborandi ist in Brasilien heimisch, andere Arten sind in Paraguay zu finden, auf Kuba, den Westindischen Inseln und in Mittelamerika.

ANDERE ARTEN

Es gibt viele Mitglieder der Rutazeen- und Piperazeen-Familie, die als Jaborandi bezeichnet werden (z.B. Piper jaborandi). *Zu den anderen gehören der Maranham-Jaborandi* (P. microphyllus), *der Ceara-Jaborandi* (P. trachylophus) *und der Aracti-Jaborandi* (P. spicatus). *Über die genaue botanische Herkunftsbezeichnung des Jaborandiöls gibt es widersprüchliche Angaben.*

Pimenta dioica

Nelkenpfeffer

Verträglichkeit: Eugenol reizt die Schleimhäute und bewirkt auch eine Reizung der Haut. Das Öl aus Blättern und Beeren sollte deshalb nur stark verdünnt und mit Vorsicht gebraucht werden.

Familie: *Myrtaceae* **Synonyme:** *Pimenta officinalis,* Piment

Traditioneller Gebrauch

Bei Blähungen und Verdauungsstörungen sowie äußerlich bei neuralgischen oder rheumatischen Schmerzen. Piment-Wasser wird oft als Trägersubstanz für Wirkstoffe gebraucht, die Verdauungsstörungen und Verstopfung lindern, denn es beugt selbst Leibschmerzen vor. Als Küchengewürz wird das Kraut viel verwendet, denn es schmeckt wie eine Kombination aus Gewürznelken, Wacholderbeeren, Zimt und Pfeffer.

Immergrüner Baum bis 10 m Höhe, der im dritten Jahr Früchte zu tragen beginnt. Jede Frucht enthält zwei nierenförmige, grüne Samen, die beim Reifen glänzend schwarz werden.

frisches Nelkenpfeffer-Blatt

EXTRAKTION
Ätherisches Öl durch Dampfdestillation aus 1. den Blättern, 2. den Früchten. Die grünen, unreifen Beeren enthalten mehr Öl als die reifen, doch den größten Ölgehalt hat die Hülle der Frucht. In geringen Mengen wird aus den Beeren auch ein Oleoresin gewonnen.

EIGENSCHAFTEN
1. Das Öl aus den Blättern ist eine gelblich-rote oder bräunliche Flüssigkeit von sehr starkem, süß-würzigem Duft, der an Gewürznelken erinnert. 2. Das Beerenöl ist eine blaßgelbe Flüssigkeit mit süßer, warmer, balsamisch-würziger Mittelnote und frischer, sauberer Obernote.

Mischt sich gut mit Ingwer, Geranie, Lavendel, Opopanax, Zistrose, Ylang-Ylang, Patschuli, Neroli, orientalischen und Gewürzölen.

WIRKUNGEN
Anregend, antiseptisch, betäubend, blähungswidrig, muskelentspannend, oxidationshemmend, durchblutungsfördernd, schmerzlindernd, stärkend

HAUPTBESTANDTEILE
Hauptsächlich Eugenol, weniger (60–80 Prozent) in der Frucht als in den Blättern (bis 96 Prozent), ferner Methylalkohol, Cineol, Phellandren, Caryophyllen u. a.

AROMATHERAPIE/ HAUSGEBRAUCH

Kreislauf, Muskeln und Gelenke: *Arthritis, Erschöpfung, Muskelkrämpfe, Rheumatismus, Verspannungen*
Atemwege: *Bronchitis, Husten, Schüttelfrost*
Verdauungstrakt: *Blähungen, Krämpfe, Magenverstimmung, Übelkeit*
Nervensystem: *Niedergeschlagenheit, nervöse Erschöpfung, Neuralgie und Streß*

ANDERE ANWENDUNGEN

Bestandteil aromatischer blähungswidriger Präparate; als Duftstoff in Kosmetika und Parfüms, besonders in Seifen, Aftershaves, würzigen und orientalischen Düften. Blätter- und Beerenöl werden viel als Geschmacksstoff in Nahrungsmitteln verwendet, besonders in würzigen und tiefgekühlten Artikeln, alkoholischen und anderen Getränken.

HERKUNFT

Auf den Westindischen Inseln und in Südamerika heimisch, wird heute auf Jamaika, Kuba und in geringerem Umfang auch in Mittelamerika kultiviert. Die Beeren werden nach Europa und Amerika exportiert und dort destilliert.

ANDERE ARTEN

Vier weitere Pimentarten wachsen in Venezuela, Guyana und auf den Westindischen Inseln und werden dort als Gewürz verwendet.

Pimenta racemosa

Westindischer Lorbeer

Familie: *Myrtaceae* **Synonyme:** *Myrica acris, Pimenta acris*

Verträglichkeit: Leicht giftig, schleimhautreizend. Mit Maßen gebrauchen. Im Unterschied zum Lorbeer scheint er jedoch keine Hautreizung oder allergische Reaktionen hervorzurufen.

Traditioneller Gebrauch

Der Westindische Lorbeer wächst oft in unmittelbarer Nachbarschaft mit dem Nelkenpfeffer. Die Früchte beider Pflanzen werden gesammelt, getrocknet und zu Küchengewürz pulverisiert. Der Westindische Lorbeer liefert den wichtigsten Bestandteil eines alten Haarkräftigungsmittels, das aus seinen Blättern hergestellt wird, die in Rum destilliert werden.

Wildwachsender, immergrüner Tropenbaum bis 8 m Höhe mit großen, ledrigen Blättern und aromatischen Früchten

getrocknetes Blatt

EXTRAKTION
Ätherisches Öl durch Wasser- oder Dampfdestillation aus den Blättern. In kleinen Mengen wird auch ein Oleoresin hergestellt.

EIGENSCHAFTEN
Dunkelgelbe, dünne Flüssigkeit mit frisch-würziger Obernote und süß-balsamischem Unterton. Mischt sich gut mit Lavendel, Lavandin, Rosmarin, Geranie, Ylang-Ylang, Zitrus- und Gewürzölen.

WIRKUNGEN
Adstringierend, anregend, antineuralgisch, antirheumatisch, antiseptisch, kräftigend (Haar), krampflösend, schleimlösend, schmerzlindernd

HAUPTBESTANDTEILE
Eugenol (bis 56 Prozent), Myrcen, Chavicol und in geringeren Mengen Methyleugenol, Linalol, Limonen u. a.

AROMATHERAPIE/ HAUSGEBRAUCH
Hautpflege: *Haarspülung gegen Schuppen, fettiges und stumpfes Haar, haarwuchsfördernd, Kopfhautanregung*
Kreislauf, Muskeln und Gelenke: *Muskel- und Gelenkschmerzen, Neuralgie, Rheumatismus, schlechte Durchblutung, Verstauchungen, Zerrungen*
Immunsystem: *Erkältungen, Grippe, Infektionskrankheiten*

ANDERE ANWENDUNGEN
Sehr viel gebraucht als Duftstoff in Seifen, Reinigungsmitteln, Parfüms, Aftershaves und Haarlotionen. Als Geschmacksstoff in zahlreichen Nahrungsmitteln, besonders in Würzmischungen, aber auch in alkoholischen und anderen Getränken.

HERKUNFT
In Westindien heimisch, besonders in der Dominikanischen Republik, wo auch das ätherische Öl destilliert wird.

ANDERE ARTEN
Es gibt mehrere weitere Varietäten, zum Beispiel den nach Anis und den nach Zitrone duftenden Lorbeer, deren Öle eine ganz andere chemische Zusammensetzung aufweisen. Nicht zu verwechseln mit dem Lorbeerbaum, dem Lieferanten des bekannten Küchengewürzes, oder mit der nordamerikanischen Wachsmyrte (Myrica cerifera).

Pimpinella anisum

Anis

Verträglichkeit: Bei allergischen und entzündlichen Hauterkrankungen meiden. Verlangsamt den Kreislauf und wirkt in großen Mengen einschläfernd. Kann zu Störungen im Gehirn führen. In Maßen gebrauchen. Während der Schwangerschaft meiden.

Familie: *Apiaceae (Umbelliferae)* **Synonyme:** *Anisum officinale, Anisum vulgare*, Süßer Fenchel, Römischer Fenchel

Traditioneller Gebrauch

Anis wird als Küchengewürz viel verwendet. Sein Gehalt ätherischer Öle ist die Grundlage für seine medizinische Verwendung: trockener Reizhusten, Bronchitis und Keuchhusten. Die Anissamen können in Rauchmischungen genutzt werden. Anistee ist eine Hilfe für Kleinkinder mit Katarrh, Blähungen, Koliken und Bauchschmerzen. Wirkt auch bei schmerzhaften Perioden und zur Anregung der Milchbildung bei Stillenden.

In der Türkei wird Raki, ein beliebtes alkoholisches Getränk, aus Anis hergestellt.

Einjährige Pflanze bis 1 m Höhe mit feinen Blättern und weißen Blüten

Anissamen

Pimpinella anisum

AROMATHERAPIE/ HAUSGEBRAUCH
Siehe Sternanis

ANDERE ANWENDUNGEN
In Hustenmischungen und -pastillen der Pharmaindustrie und zur Maskierung unangenehmen Geschmackes bei Arzneimitteln. Auch in Zahnputzmitteln und als Duftstoff in Seifen, Reinigungsmitteln, Kosmetika und Parfüms. Geschmacksstoff in zahlreichen wichtigen Nahrungsmitteln.

HERKUNFT
Der Anis stammt aus Griechenland und Ägypten und wird heute viel angebaut, vor allem in Indien und China, in geringerem Umfang auch in Mexiko und Spanien.

ANDERE ARTEN
Es gibt mehrere verschiedene Chemotypen des Anis, die sich nach ihrem Herkunftsland unterscheiden lassen. Nicht zu verwechseln mit dem Sternanis (gehört zu einer anderen Familie).

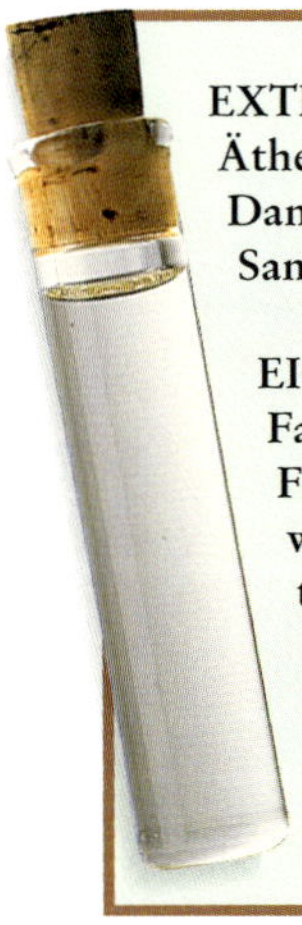

EXTRAKTION
Ätherisches Öl durch Dampfdestillation aus den Samen

EIGENSCHAFTEN
Farblose bis blaßgelbe Flüssigkeit mit einem warmen, würzig-süßen, typischen Duft. Überdeckt schlechten Geruch oder Geschmack ähnlich gut wie Sternanis.

WIRKUNGEN
Anregend, antiseptisch, blähungswidrig, harntreibend, krampflösend, magenstärkend, milchtreibend, schleimlösend

HAUPTBESTANDTEILE
Transanethol (75–90 Prozent)

Pinus mugo var. pumilio

Bergkiefer

Verträglichkeit: Hautreizend, löst häufig allergische Reaktionen aus.

Familie: *Pinaceae* **Synonyme:** *Pinus mugo, Pinus montana, Pinus pumilio*

Traditioneller Gebrauch

Ein aus den Nadeln der Bergkiefer hergestelltes Präparat wird bei Beschwerden von Blase oder Nieren eingenommen, bei Rheuma- und Muskelschmerzen aufgetragen oder bei Bronchitis, Katarrh und Erkältungen inhaliert.

EXTRAKTION
Ätherisches Öl durch Dampfdestillation aus den Nadeln und Zweigspitzen

EIGENSCHAFTEN
Wasserhelle Flüssigkeit von sehr angenehmem, balsamisch-süßem, würzig-holzigem, anhaltendem Duft. In der Parfümerie wird dieses einzigartige, feine Aroma den anderen Kieferndüften vorgezogen; es mischt sich gut mit Zedernholz, Lavandin, Rosmarin, Salbei, Cananga, Zistrose, Wacholder und anderen Koniferenölen.

WIRKUNGEN
Antimikrobiell, antiseptisch, antiviral, balsamisch, harntreibend, hustenreizlindernd, durchblutungsfördernd, schleimlösend, schmerzlindernd

HAUPTBESTANDTEILE
Hauptsächlich monoterpene Kohlenwasserstoffe; Limonen, Pinen, Phellandren, Dipenten, Camphen, Myrcen, Bornylazetat u. a. Der ungewöhnliche Duft soll auf dem Aldehyd-Gehalt beruhen.

AROMATHERAPIE/ HAUSGEBRAUCH
Entfällt. Sollte wegen des Risikos von Reizungen therapeutisch nicht verwendet werden.

ANDERE ANWENDUNGEN
Als Duft- und Geschmacksstoff in Medikamenten gegen Husten und Erkältungen sowie in schmerzstillenden und -lindernden Salben und Einreibungen. Sehr viel gebraucht in Seifen, Badezusätzen, Toilettenartikeln, Kosmetika und Parfüms, besonders in Leder- und Holzduftnoten. Geschmacksstoff in sehr vielen Nahrungsmitteln, alkoholischen und anderen Getränken.

HERKUNFT
Die Bergkiefer ist in den gebirgigen Regionen Mittel- und Südeuropas zu Hause. Das Öl wird hauptsächlich in Tirol, im früheren Jugoslawien, in Dänemark und Italien destilliert.

ANDERE ARTEN
Es gibt viele Kiefernarten, aus deren Nadeln oder Holz ätherisches Öl gewonnen wird oder die zur Herstellung von Terpentin dienen. Weitere Einzelheiten siehe Sumpfkiefer.

Kegelförmiger, oft gedrungener Baum bis 12 m Höhe mit schwarzer Rinde, festen und sichelig gebogenen, paarweise wachsenden Nadeln und braunen, zunächst bläulichen Zapfen

Pinus mugo var. pumilio

Pinus palustris

Sumpfkiefer

Verträglichkeit: Ungiftig, nicht reizend (außer in hoher Konzentration), kann allergische Reaktionen auslösen.

Familie: *Pinaceae* **Synonyme:** Longleaf-Pine, Pitch-Pine

Traditioneller Gebrauch

Das Sägemehl von Kiefern wird seit Jahrhunderten als Hausmittel gegen eine Vielfalt von Beschwerden sehr geschätzt. Es soll ein großartiges Antiseptikum sein, man kann es als Packung bei Rheumatismus anwenden, bei harten, krebsartigen Geschwüren, bei Knochenleiden oder krankhaften Ablagerungen. «Ich habe es am Hinterkopf angewendet bei nachlassendem Sehvermögen, die Wirbelsäule entlang bei allgemeiner Schwäche, auf den Lenden bei Hexenschuß usw. – immer mit besten Ergebnissen.»[17]

Zweig mit Rinde

frische Kiefernnadeln

Ein großer, immergrüner Baum mit langen Nadeln und geradem Stamm, der wegen seines beliebten Bauholzes in großem Stile angebaut wird. Der Stamm schwitzt ein natürliches Oleoresin aus, das die größte Rohstoffquelle für die Terpentinproduktion in den USA bildet (siehe auch Terpentin).

EXTRAKTION
Das rohe Öl erhält man durch Dampfdestillation aus Sägemehl und Spänen des Kernholzes und der Wurzeln des Baumes (Abfall aus den Sägewerken). Durch fraktionierte Destillation unter atmosphärischem Druck wird daraus das ätherische Öl gewonnen.

EIGENSCHAFTEN
Wasserhelle oder blaßgelbe Flüssigkeit mit süßbalsamischem Kieferndurft. Mischt sich gut mit Rosmarin, Kiefernnadeln, Zedernholz, Zitronelle, Rosenholz und Eichenmoos.

WIRKUNGEN
Anregend, antirheumatisch, antiseptisch, bakterizid, insektizid, schleimlösend, schmerzlindernd

HAUPTBESTANDTEILE
Terpineol, Estragol, Fenchon, Fenchylalkohol, Borneol u. a.

AROMATHERAPIE/ HAUSGEBRAUCH
Kreislauf, Muskeln und Gelenke: *Arthritis, Hexenschuß, Muskelschmerzen, Rheumatismus, schlechte Durchblutung, Schwächezustand, Verspannung*
Atemwege: *Asthma, Bronchitis, Katarrh, Nebenhöhlenentzündung*

ANDERE ANWENDUNGEN
Sehr viel gebraucht in der Medizin, in Desinfektions-, Reinigungs- und Insektenvertilgungsmitteln (als Lösungsmittel und Trägermedium). Als Duftstoff in Seifen, Badezusätzen und Parfüms. Auch in der Farbenherstellung verwendet, hier jedoch zunehmend von synthetischem «Kiefernöl» verdrängt.

Pinus palustris

HERKUNFT
Die Sumpfkiefer ist im Südosten der USA heimisch; dort wird auch das meiste Öl produziert.

ANDERE ARTEN
Es gibt überall auf der Welt zahlreiche weitere Kiefernarten, aus denen Kiefernöl, Kiefernnadelöl und Terpentin gewonnen wird.

Pinus palustris und andere *Pinus*-Arten

Terpentin

Familie: *Pinaceae* **Synonym:** Terpentin-Balsam

Verträglichkeit: Relativ ungiftig und nicht reizend; löst aber in Einzelfällen möglicherweise allergische Reaktionen aus. Therapeutische Anwendung vermeiden oder nur mit Maßen gebrauchen.

Traditioneller Gebrauch

Schon Galen und Hippokrates war das Terpentinöl wegen seiner vielfältigen Anwendungsmöglichkeiten bekannt, besonders bei Infektionen der Lungen und der Harnwege, Verdauungsbeschwerden sowie zur äußerlichen Behandlung bei rheumatischen und neuralgischen Schmerzen und Hautleiden. In China setzte man das Oleoresin jahrhundertelang innerlich und äußerlich ein bei Verschleimung, Bronchitis, Rheumatismus, Zahnschmerzen, Furunkeln, Schürfungen, Fadenpilzinfektionen und Dermatitis. Terpentinessenz oder Terpentingeist soll viermal so wirksam sein wie rohes Terpentinöl.

frische Sumpfkiefernnadeln

«Terpentinharz» wird gemeinhin das natürliche Oleoresin genannt, ein physiologisches Produkt in den Stämmen der verschiedenen Pinus-, Picea- *und* Abies-*Arten. Terpentin bezeichnet sowohl das rohe Oleoresin (ein Harz-Öl-Gemisch) als auch die destillierten und rektifizierten ätherischen Öle.*

EXTRAKTION
Rektifiziertes ätherisches Öl durch Wasser- oder Dampfdestillation aus dem rohen Oleoresin.

EIGENSCHAFTEN
Farblose, wasserhelle, dünne Flüssigkeit von frischem, warm-balsamischem Geruch

WIRKUNGEN
Anregend, antimikrobiell, antirheumatisch, antiseptisch, balsamisch, blutstillend, durchblutungsfördernd, harntreibend, krampflösend, narbenbildungsfördernd, parasitentötend, schleimlösend, schmerzlindernd, stärkend, wurmabtreibend

HAUPTBESTANDTEILE
Hauptsächlich Alphapinene (etwa 50 Prozent), Betapinen (25–35 Prozent) und Caren (20–60 Prozent) in den amerikanischen Ölen. In europäischen Ölen können die Alphapinene bis zu 95 Prozent ausmachen – die Gewichtsanteile schwanken je nach Herkunft.

AROMATHERAPIE/ HAUSGEBRAUCH
Siehe Mastix

ANDERE ANWENDUNGEN
Bestandteil vieler Salben und Lotionen gegen Schmerzen sowie in Husten- und Erkältungsmitteln. Weder Öl noch Oleoresin werden in der Parfümindustrie verwendet, obwohl Harzderivate als Fixiermittel und in Kiefernparfüms Gebrauch finden. Terpentinöl ist vor allem als Farb- und Fleckentferner, als Lösungsmittel und Insektizid bekannt. Es wird auch als Ausgangsmaterial zur Herstellung von Terpineol u. a. gebraucht.

HERKUNFT
Terpentinöl wird überall auf der Welt hergestellt, vor allem aber in den USA.

ANDERE ARTEN
Außer der Sumpfkiefer (Pinus palustris), *der wichtigsten Quelle amerikanischen Terpentins, werden noch* P. elliottii *und die weiße mexikanische* P. ayacahuite *genutzt, in Indien die* P. roxburghii, *in Tasmanien die* P. contorta var. latifolia, *in China die* P. massoniana, *in Europa und Skandinavien die Kiefer* (P. sylvestris) *und die Strandkiefer* (P. pinaster) *und viele weitere Arten.*

Pinus sylvestris

Kiefer

Verträglichkeit: Ungiftig, nicht reizend (außer in hoher Konzentration), kann jedoch allergische Reaktionen auslösen.

Familie: *Pinaceae* **Synonyme:** Gemeine Föhre, Waldföhre

Traditioneller Gebrauch

Die Indianer nahmen Kiefernöl gegen Skorbut und präparierten damit ihre Schlafunterlagen, um Läuse und Flöhe fernzuhalten. Als Inhalat wirkt es lindernd bei Bronchialkatarrh, Asthma und verstopften Nebenhöhlen. Die Kiefernsamen sollen hervorragende Genesungsmittel für Schwindsüchtige und für Rekonvaleszenten nach langer Krankheit sein.

Großer, immergrüner Baum bis 40 m Höhe mit flacher Krone. Die Rinde ist rötlichbraun und tief gefurcht, die Nadeln sind lang und fest und wachsen paarweise; die Zapfen sind braun und laufen spitz zu.

frische Nadeln

Kiefernzapfen

AROMATHERAPIE/ HAUSGEBRAUCH
Hautpflege: *exzessive Schweißbildung, Krätze, Läuse, Schnittverletzungen, Schürfungen*
Kreislauf, Muskeln und Gelenke: *Arthritis, Gicht, Muskelschmerzen, Rheumatismus, schlechte Durchblutung*
Atemwege: *Asthma, Bronchitis, Halsschmerzen, Husten, Katarrh, Nebenhöhlenentzündung*
Urogenitaltrakt: *Blasenentzündung, Harnwegsinfektion*
Immunsystem: *Erkältungen, Grippe*
Nervensystem: *Erschöpfung, streßbedingte Beschwerden, Neuralgien*

ANDERE ANWENDUNGEN
Als Duftstoff in Seifen, Reinigungsmitteln, Kosmetika, Toilettenartikeln und – in geringerem Maße – Parfüms. Geschmacksstoff in Nahrungsmitteln und Getränken.

HERKUNFT
Die Kiefer ist in Eurasien heimisch und wird in den USA, Rußland, dem Baltikum und Skandinavien, besonders in Finnland, angebaut.

ANDERE ARTEN
Aus dem Kernholz sowie aus den Zweigspitzen und Nadeln zahlreicher Kiefernarten wird ätherisches Öl gewonnen, aus vielen auch Terpentin. Das Nadelöl der Waldkiefer ist aus therapeutischer Sicht das nützlichste und sicherste. Zu den anderen Nadelöl liefernden Arten gehören P. strobus, *die Bergkiefer* (P. mugo var. pumilio) *und die Schwarzkiefer* (P. nigra). *Viele Varietäten, zum Beispiel die Sumpfkiefer* (P. palustris), *werden zur Terpentinherstellung genutzt. Sibirisches Kiefernnadelöl stammt in Wirklichkeit von der sibirischen Tanne (*Abies sibirica*). Siehe auch Bergkiefer.*

EXTRAKTION
1. Ätherisches Öl durch Trockendestillation der Nadeln. 2. Terpentin durch Dampfdestillation aus dem Oleoresin (siehe Terpentin). Aus den Holzspänen usw. wird durch Trockendestillation ebenfalls ein (allerdings minderes) ätherisches Öl gewonnen.

EIGENSCHAFTEN
1. Kiefernnadelöl ist eine farblose oder blaßgelbe, dünne Flüssigkeit von starkem, trocken-balsamischem, terpentinähnlichem Geruch. Mischt sich gut mit Zedernholz, Rosmarin, Teebaum, Salbei, Lavendel, Wacholder, Zitrone, Niaouli, Eukalyptus und Majoran. 2. siehe Terpentin.

WIRKUNGEN
Anregend (Nebennierenrinde, Kreislauf, Nerven), antimikrobiell, antineuralgisch, antirheumatisch, antiseptisch (Lungen, Harnwege, Leber), antiskorbutisch, antiviral, bakterizid, balsamisch, blutdrucksteigernd, desodorierend, durchblutungsfördernd, galletreibend, harntreibend, insektizid, schleimlösend, wiederherstellend, wurmabtreibend

HAUPTBESTANDTEILE
50–90 Prozent monoterpene Kohlenwasserstoffe: Pinen, Caren, Dipenten, Limonen, Terpinene, Myrcen, Ocimen, Camphen, Sabinen; auch Bornylazetat, Cineol, Citral, Chamazulen u. a.

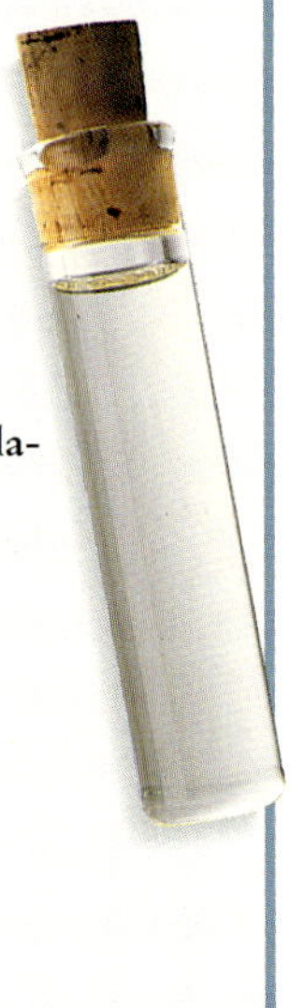

Piper cubeba

Kubebenpfeffer

Verträglichkeit: ungiftig, nicht reizend; häufig gefälscht

Familie: *Piperaceae* **Synonym:** *Cubeba officinalis*

Traditioneller Gebrauch

Die Körner (Samen) werden als Küchengewürz verwendet. Der Kubebenpfeffer wurde traditionell zur Behandlung von Infektionen des Urogenitaltrakts, bei Gonorrhö, Blasenentzündung, Harnröhrenentzündung, Prostata-Abszessen und Weißfluß verwendet, aber auch bei Verdauungsstörungen und Atemwegsbeschwerden wie chronischer Bronchitis. Die Samen wirken örtlich anregend auf die Schleimhaut der Atem- und Harnwege, und das Pfefferpulver erwies sich als «klinisch 90prozentig wirksam bei der Behandlung von Amöbenruhr»[18].

Immergrünes Rankgewächs bis 6 m Höhe mit herzförmigen Blättern. Die Pflanze ist dem Schwarzen Pfeffer sehr ähnlich, doch die Früchte oder Samen verlieren ihren Stiel nicht.

getrocknete Kubebenkörner

EXTRAKTION
Ätherisches Öl durch Dampfdestillation aus den unreifen, aber ganz ausgewachsenen Früchten. (In geringen Mengen wird auch ein Oleoresin produziert.)

EIGENSCHAFTEN
Blaßgrüne oder bläulichgelbe, zähe Flüssigkeit von warm-würzigem, leicht kampferähnlichem Geruch. Mischt sich gut mit Cananga, Galbanum, Lavendel, Rosmarin, Schwarzem Pfeffer, Nelkenpfeffer und anderen Gewürzölen.

WIRKUNGEN
Anregend, antiseptisch (Lungen, Urogenitaltrakt), antiviral, bakterizid, blähungswidrig, harntreibend, krampflösend, schleimlösend

HAUPTBESTANDTEILE
Hauptsächlich Sesquiterpene und Monoterpene, darunter Caryophyllen, Cadinen, Cubeben, Sabinen u. a.

AROMATHERAPIE/ HAUSGEBRAUCH

Atemwege: *Bronchitis, chronischer Husten, Halsinfektionen, Katarrh, Nebenhöhlenentzündung*
Verdauungstrakt: *Blähungen, Hämorrhoiden, Magenverstimmung, träge Verdauung*
Urogenitaltrakt: *Blasenentzündung, Harnröhrenentzündung, Weißfluß*

ANDERE ANWENDUNGEN

Bestandteil harntreibender und harnwegsdesinfizierender Präparate, als Duftstoff in Seifen, Reinigungsmitteln, Toilettenartikeln, Kosmetika und Parfüms. Geschmacksstoff in den meisten wichtigen Nahrungsmittelkategorien, zur Aromatisierung von Tabak gebraucht.

HERKUNFT

Der Kubebenpfeffer stammt aus Indonesien und wird auch in Südostafrika – gewöhnlich zusammen mit Kaffee – angebaut. Das Öl wird hauptsächlich in Indonesien hergestellt.

ANDERE ARTEN

Eng verwandt mit dem Schwarzen Pfeffer (P. nigrum) *und dem südamerikanischen Matico-Pfeffer* (P. angustofolium). *In Indonesien werden noch viele weitere, verwandte Arten kultiviert, die oft zum Fälschen des echten Kubebenpfefferöls verwendet werden.*

Piper nigrum

Schwarzer Pfeffer

Verträglichkeit: Ungiftig, wegen seiner starken durchblutungsfördernden Eigenschaft in hoher Konzentration reizend.

Familie: *Piperaceae* **Synonym:** Pfeffer

Traditioneller Gebrauch

Schwarzer und Weißer Pfeffer werden im Osten schon seit mehr als viertausend Jahren zu medizinischen und kulinarischen Zwecken verwendet. In der chinesischen Medizin werden mit dem Weißen Pfeffer Malaria, Cholera, Ruhr, Durchfall, Magenschmerzen und andere Verdauungsprobleme behandelt. In Griechenland nimmt man ihn bei Wechselfieber und zur Stärkung des Magens. Die Bettelmönche in Indien, die Tag für Tag beträchtliche Entfernungen zu Fuß zurücklegen, schlucken täglich mehrere Pfefferkörner zur Stärkung.

Mehrjähriges, holziges Rankgewächs bis 5 m Höhe mit herzförmigen Blättern und kleinen, weißen Blüten. Die zunächst roten Beeren werden mit der Zeit schwarz. Der Schwarze Pfeffer ist die getrocknete, ausgewachsene, aber unreife Frucht.

EXTRAKTION
Ätherisches Öl durch Dampfdestillation aus den getrockneten, zerkleinerten schwarzen Pfefferkörnern. («Leichte» und «schwere» Öle sind die Destillate aus den Fraktionen mit niederem bzw. hohem Siedepunkt.) Durch Lösungsmittelextraktion wird auch ein Oleoresin gewonnen, das hauptsächlich als Geschmacksstoff dient.

EIGENSCHAFTEN
Wasserhelle bis blaß-olivgrüne, dünne Flüssigkeit von frischem, trocken-holzigem, warmem, würzigem Duft. Mischt sich gut mit Weihrauch, Sandelholz, Lavendel, Rosmarin, Majoran, Gewürz- und Blütenölen (in winzigen Mengen).

WIRKUNGEN
Abführend, anregend (Nerven, Kreislauf, Verdauung), antimikrobiell, antiseptisch, antitoxisch, aphrodisisch, appetitanregend, bakterizid, blähungswidrig, durchblutungsfördernd, fiebersenkend, harntreibend, krampflösend, magenstärkend, schmerzlindernd, schweißtreibend, verdauungsfördernd

HAUPTBESTANDTEILE
Hauptsächlich Monoterpene (70–80 Prozent): Thujen, Pinen, Camphen, Sabinen, Caren, Myrcen, Limonen, Phellandren; Sesquiterpene (20–30 Prozent) und oxygenierte Verbindungen

AROMATHERAPIE/ HAUSGEBRAUCH
Nicht während einer homöopathischen Behandlung verwenden.
Hautpflege: *Frostbeulen*
Kreislauf, Muskeln und Gelenke: *Anämie, Arthritis, Muskelschmerzen, Neuralgie, rheumatische Schmerzen, schlechte Durchblutung, schwacher Muskeltonus, Muskelverspannung, Verstauchung*
Atemwege: *Katarrh*
Verdauungstrakt: *Appetitverlust, Blähungen, Durchfall, Kolik, Sodbrennen, Übelkeit, Verstopfung*
Immunsystem: *Erkältungen, Grippe, Infektionen, Viren*

ANDERE ANWENDUNGEN
Bestandteil einiger stärkender und durchblutungsfördernder Präparate. In der Parfümindustrie verwendet, um ungewöhnliche Wirkungen zu erzielen, z. B. in Verbindung mit Rose oder Nelke in orientalischen oder blumigen Düften. Öl und Oleoresin werden in der Nahrungsmittelindustrie reichlich gebraucht.

HERKUNFT
Der Schwarze Pfeffer stammt aus Südwestindien und wird z. B. in Indien, Indonesien, Malaysia, China und Madagaskar angebaut.. Das Öl wird auch in Europa und den USA aus importierten, getrockneten Früchten destilliert.

ANDERE ARTEN
Der sogenannte Weiße Pfeffer ist die getrocknete, reife Frucht, deren äußere Hülle entfernt wird. Nicht zu verwechseln mit Cayenne-Pfeffer aus der Capsicum-*Familie, die zur Herstellung eines Oleoresins genutzt wird.*

Pistacia lentiscus

Mastix

Verträglichkeit: Ungiftig, nicht reizend, allergische Reaktionen möglich.

Familie: *Anacardiaceae* **Synonyme:** Mastixpistazie, Ewiges Holz, Zahnstörerbaum

Traditioneller Gebrauch

Im Osten wird Mastix zur Herstellung von Konfekt und Stärkungsmitteln gebraucht; er wird noch heute gegen Durchfall bei Kindern eingesetzt und zur Erfrischung des Atems gekaut. Das Öl wurde im Westen zu ähnlichen Zwecken wie Terpentin verwendet.

Kleiner, buschiger Baum oder Strauch bis 3 m Höhe; der Stamm sondert ein natürliches Oleoresin ab. Es werden Einschnitte in die Rinde gemacht, um das flüssige Oleoresin zu sammeln, das dann zu spröden, erbsengroßen Brocken verhärtet.

frischer Mastix

EXTRAKTION
1. Resinoid durch Lösungsmittelextraktion aus dem Oleoresin. 2. Ätherisches Öl durch Dampfdestillation aus dem Oleoresin oder gelegentlich auch direkt aus den Blättern und Zweigen.

EIGENSCHAFTEN
1. Blaß-bernsteinfarbene oder grünliche, zähe Masse von schwach balsamischem, terpentinähnlichem Geruch. 2. Blaßgelbe, dünne Flüssigkeit von frisch balsamischem, terpentinähnlichem Geruch. Mischt sich gut mit Lavendel, Mimose, Zitrus- und Blütenölen.

WIRKUNGEN
Adstringierend, anregend, antimikrobiell, antiseptisch, harntreibend, krampflösend, schleimlösend

HAUPTBESTANDTEILE
Hauptsächlich monoterpene Kohlenwasserstoffe, vor allem Pinene

Pistacia lentiscus

AROMATHERAPIE/ HAUSGEBRAUCH

Mit Vorsicht zu gebrauchen!
Hautpflege: *Fadenpilzinfektionen, Flöhe, Furunkel, Insektenabwehr, Krätze, Läuse, Schnittverletzungen, Wunden*
Kreislauf, Muskeln und Gelenke: *Arthritis, Gicht, Ischias, Muskelschmerzen, Rheumatismus*
Atemwege: *Bronchitis, Katarrh, Keuchhusten*
Urogenitaltrakt: *Blasenentzündung, Harnröhrenentzündung, Weißfluß*
Immunsystem: *Erkältungen*
Nervensystem: *Neuralgie*

ANDERE ANWENDUNGEN

Verwendung in der Zahnheilkunde und in der Lackindustrie. Resinoid und Öl finden sich als Duftstoffe in Parfüms und dienen als Geschmacksstoffe besonders in Likören.

HERKUNFT

Der Mastixstrauch stammt aus dem Mittelmeerraum (Frankreich, Spanien, Portugal, Griechenland, Türkei) und ist auch in Nordafrika zu finden. Der meiste Mastix wird auf der griechischen Insel Chios produziert.

ANDERE ARTEN

Der Mastixstrauch gehört zur gleichen botanischen Familie wie der Peruanische Pfeffer oder Peruanische Mastix (Schinus molle). *Mastix ähnelt dem Harz Sanderach, kann aber im Unterschied zu diesem gekaut werden, statt zu einem Pulver zu zerbröseln.*

Pogostemon cablin

Patschuli

Verträglichkeit: ungiftig, nicht reizend

Familie: *Lamiaceae (Labiatae)* **Synonym:** *Pogostemon patchouli*

Traditioneller Gebrauch

Das Öl wird im Osten viel verwendet, um Textilien zu aromatisieren, und man hält es für ein Vorbeugungsmittel gegen verschiedene Krankheiten. In China, Japan und Malaysia wird das Kraut gebraucht, um Erkältungen, Kopfschmerzen, Übelkeit, Erbrechen, Durchfall, Bauchschmerzen und Mundgeruch zu behandeln. In Japan und Malaysia gilt es als Gegenmittel nach Schlangenbissen.

Mehrjährige, buschige Pflanze bis 1 m Höhe mit robustem, behaartem Stamm, großen, duftenden, pelzigen Blättern und weißen Blüten mit einem feinen Purpurstich.

frisches Patschuli

AROMATHERAPIE/ HAUSGEBRAUCH

Hautpflege: *Akne, Dermatitis, Eiterflechte, Ekzem (nässend), Falten, fettige, großporige und rissige Haut, Fußpilz, Haarpflege, Insektenabwehr, Pilzinfektionen, Schuppen, Schürfungen, Wunden*
Nervensystem: *Frigidität, nervöse Erschöpfung und streßbedingte Beschwerden*

ANDERE ANWENDUNGEN

Reichlich verwendet in kosmetischen Präparaten und als Fixiermittel in Seifen und Parfüms. Reichlich gebraucht in Nahrungsmitteln und Getränken. Gutes Maskierungsmittel zur Überdeckung eines unangenehmen Geschmacks oder Geruchs.

HERKUNFT

Im tropischen Asien, besonders auf den philippinischen und indonesischen Inseln, zu Hause. Sowohl dort als auch in Indien, China, Malaysia und Südamerika wegen seines Öls in großem Stile angebaut. Das Öl wird aus den getrockneten Blättern auch in Europa und den USA destilliert.

ANDERE ARTEN

Eng verwandt mit dem Javanischen Patschuli (P. heyneanus), *das auch Falsches Patschuli genannt und gelegentlich zur Gewinnung eines ätherischen Öls genutzt wird.*

Pogostemon cablin

EXTRAKTION

Ätherisches Öl durch Dampfdestillation aus den getrockneten und meist fermentierten Blättern. Das Resinoid wird vor allem als Fixiermittel verwendet.

EIGENSCHAFTEN

Bernsteinfarbene oder dunkelorange, zähe Flüssigkeit von süßem, krautig-erdigem Geruch, der mit dem Alter immer besser wird. Mischt sich gut mit Zistrose, Vetiver, Sandelholz, Zedernholz, Eichenmoos, Geranie, Gewürznelke, Lavendel, Rose, Neroli, Bergamotte, Cassie, Myrrhe, Opopanax, Muskatellersalbei und orientalischen Basisölen.

WIRKUNGEN

Adstringierend, anregend (Nerven), antidepressiv, antimikrobiell, antiseptisch, antitoxisch, antiviral, aphrodisisch, bakterizid, blähungswidrig, desodorierend, entzündungshemmend, erbrechenverhindernd, fiebersenkend, fungizid, harntreibend, magenstärkend, narbenbildungsfördernd, nervenstärkend, stärkend, verdauungsfördernd

HAUPTBESTANDTEILE

Patschuli-Alkohol (etwa 40 Prozent), Pogostol, Bulnesol, Nor-Patschulenol, Bulnesen, Patschulen u. a.

Polianthes tuberosa

Nachthyazinthe

Verträglichkeit: Derzeit keine Angaben; häufig gefälscht.

Familie: *Agavaceae* **Synonym:** Tuberose

Traditioneller Gebrauch

Die zweiblütige Art wird zu Zierzwecken und für den Schnittblumenmarkt gezüchtet. Die reine Absolue-Extraktion aus der Nachthyazinthe ist vielleicht das teuerste natürliche Blütenöl, das dem modernen Parfümeur zur Verfügung steht.

EXTRAKTION
Absolue und Concrète durch Lösungsmittelextraktion aus den frischen Blüten, die gepflückt werden, bevor sie sich öffnen. (Durch Destillation des Concrète wird auch ein ätherisches Öl gewonnen.)

EIGENSCHAFTEN
Das Absolue ist eine dunkelorange oder braune, weiche Paste von schwerem, süßblumigem, manchmal leicht würzigem, anhaltendem Duft. Mischt sich gut mit Geranie, Veilchen, Opopanax, Rose, Jasmin, Nelke, Schwertlilie, Perubalsam, Neroli und Ylang-Ylang.

WIRKUNGEN
Narkotisierend

HAUPTBESTANDTEILE
Methylbenzoat, Methylanthranilat, Benzylalkohol, Buttersäure, Eugenol, Nerol, Farnesol, Geraniol u. a.

Zarte, schlanke, mehrjährige Pflanze bis 50 cm Höhe mit langen, schmalen Blättern, einer röhrenförmigen Wurzel und stark duftenden, weißen, lilienähnlichen Blüten

frische Nachthyazinthenblätter

Polianthes tuberosa

AROMATHERAPIE/ HAUSGEBRAUCH
Parfüm

ANDERE ANWENDUNGEN
In Parfüms der Spitzenklasse, besonders in orientalischen und blumigen. Gelegentlich als Geschmacksstoff in Konfekt und Getränken.

HERKUNFT
Die Nachthyazinthe stammt aus Zentralasien, wo sie wild wächst. Wegen ihres Öls wird sie in Südfrankreich, Marokko, China, Taiwan und Ägypten kultiviert.

ANDERE ARTEN
Verwandt mit Narzisse und Jonquille. Die chinesische Nachthyazinthenart unterscheidet sich etwas vom französischen und marokkanischen Typ, doch beide sind einzelnblütige Varietäten.

Prunus dulcis var. amara

Bittermandel

Verträglichkeit: Blausäure, auch Hydrozyansäure oder Zyanid genannt, ist ein bekanntes Gift. Benzaldehyd ist mäßig giftig.

Familie: *Rosaceae* **Synonyme:** *Prunus amygdalus var. amara, Amygdalus communis var. amara*

Traditioneller Gebrauch

Das bekannte Mandelöl wird durch Auspressen der Kerne des Süß- und des Bittermandelbaumes gewonnen. Im Unterschied zum ätherischen Öl enthält es weder Benzaldehyd noch Blausäure und hat viele medizinische und kosmetische Anwendungsbereiche. Es wird als Abführmittel verwendet, bei Bronchitis, Husten, Sodbrennen und bei Störungen von Nieren, Blase und Galle. Es lindert Muskelschmerzen, macht die Haut geschmeidig und fördert einen reinen Teint.

Der Mandelbaum wird bis zu 7 m hoch und ist mit seinen rosa-weißen Blüten im Garten beliebt. Die Mandel gehört zu den Steinfrüchten.

Mandelkerne

EXTRAKTION
Ätherisches Öl durch Dampfdestillation aus den Kernen. Die Nüsse werden gepreßt und 12–24 Stunden in warmes Wasser gelegt, bevor das Öl extrahiert wird. Während dieses Vorgangs entsteht die Blausäure, in den rohen Kernen ist sie nicht enthalten. Das meiste handelsübliche Bittermandelöl wurde rektifiziert, um alle Blausäure zu beseitigen; das Öl ist also blausäurefrei.

EIGENSCHAFTEN
Farblose Flüssigkeit mit typischem «Marzipangeruch»

WIRKUNGEN
Betäubend, einschläfernd, krampflösend, wurmabtreibend

HAUPTBESTANDTEILE
Benzaldehyd (95 Prozent), Blausäure (3 Prozent)

AROMATHERAPIE/ HAUSGEBRAUCH
Entfällt. Sollte therapeutisch weder innerlich noch äußerlich angewendet werden.

ANDERE ANWENDUNGEN
Bittermandelöl wird innerlich nicht mehr angewendet. Rektifiziertes Bittermandelöl dient als Geschmacksstoff für Nahrungsmittel, vor allem Konfekt; die bekanntesten Produkte sind «Mandelessenz» und Marzipan. Es wird zunehmend durch synthetisches Benzaldehyd ersetzt.

HERKUNFT
Der Mandelbaum stammt aus Asien und Nordafrika und wird heute überall im Mittelmeerraum, in Israel und Kalifornien kultiviert.

ANDERE ARTEN
Es gibt bei den Mandelbäumen zwei Haupttypen: süß und bitter. Die süße Mandel enthält kein ätherisches Öl.

Rosa x centifolia

Hundertblättrige Rose

Verträglichkeit: ungiftig, nicht reizend

Familie: *Rosaceae* **Synonym:** Zentifolie

Traditioneller Gebrauch

Bis ins Mittelalter spielte die Rose in der Medizin eine wichtige Rolle. Sie wurde bei einem breiten Spektrum von Erkrankungen angewendet, darunter Verdauungs- und Menstruationsstörungen, Kopfschmerzen und nervöse Spannung, Leberstauung, schlechte Durchblutung, Fieber (Pest), Augeninfektionen und Hautleiden.

Die mit der Rose verknüpfte Symbolik ist vielleicht die reichste und komplexeste, die mit irgendeiner Pflanze verbunden wird. Traditionell assoziiert man sie mit Venus, der Göttin der Liebe und Schönheit, und in unserer Zeit ist die Göttin zweifellos sehr lebendig in der Kosmetikindustrie, denn Rosenöl (hauptsächlich synthetisches) ist Bestandteil von 46% der Männerparfüms und 98% der weiblichen Düfte. Die Hundertblättrige Rose besitzt narkotische Eigenschaften und soll aphrodisisch wirken. Siehe auch unter Damaszener-Rose.

getrocknete Rosenknospen

Die hauptsächlich für die Ölproduktion genutzte Rose ist, genaugenommen, eine Kreuzung zwischen Rosa x centifolia, Rosa gallica *und einigen anderen Arten. Die «Rose de mai» Genannte wird bis zu 2,5 m hoch und hat eine Fülle von rosa oder rosig-purpurnen Blüten.*

EXTRAKTION
Siehe Damaszener-Rose

EIGENSCHAFTEN
1. Das Öl ist eine blaßgelbe Flüssigkeit von tiefem, süßem, rosigblumigem, anhaltendem Duft. 2. Das Absolue ist eine rotorange, dicke Flüssigkeit von tiefem, reichem, süßem, rosig-würzigem, honigähnlichem Duft. Mischt sich gut mit Jasmin, Cassie, Mimose, Orangenblüte, Geranie, Bergamotte, Lavendel, Muskatellersalbei, Sandelholz, Guajakholz, Patschuli, Benzoe, Kamille, Perubalsam, Gewürznelke und Palmarosa.

WIRKUNGEN
Siehe Damaszener-Rose

HAUPTBESTANDTEILE
Mehr als 300 Bestandteile, manche nur in winzigen Spuren. Hauptsächlich Citronellol (18–22 Prozent), Phenylethanol (63 Prozent), Geraniol und Nerol (10–15 Prozent), Stearopten (8 Prozent), Farnesol (0,2–2 Prozent) u. a.

AROMATHERAPIE/ HAUSGEBRAUCH
Siehe Damaszener-Rose

ANDERE ANWENDUNGEN
Siehe Damaszener-Rose

HERKUNFT
Der Geburtsort dieser Zuchtform soll das antike Persien sein; heute wird sie hauptsächlich in Marokko, Tunesien, Italien, Frankreich, dem früheren Jugoslawien und China angebaut. Concrète und ätherisches Öl werden in Marokko produziert; das Absolue auch in Frankreich, Italien und China.

ANDERE ARTEN
Es gibt mehr als 10 000 Typen von Zuchtrosen und mehrere Unterarten von R. x centifolia, *je nach Ursprungsland. Andere arzneilich genutzte Arten sind die Zukker- oder Essigrose* (R. gallica) *aus der traditionellen westlichen Medizin, die orientalische oder Teerose* (R. indica), *die chinesische oder japanische* R. rugosa *und die türkische oder bulgarische Damaszener-Rose* (R. x damaszena), *die ebenfalls wegen ihres Ölgehalts in großem Stile angebaut wird. In jüngster Zeit erwies sich das Hagebuttenöl der* R. rubiginosa *als sehr wirksame Hautbehandlung; es fördert die Gewebserneuerung und ist gut bei Narben, Verbrennungen und Falten. Siehe auch Damaszener-Rose.*

Rosa x damaszena

Damaszener-Rose

Verträglichkeit: ungiftig, nicht reizend

Familie: *Rosaceae* **Synonym:** Türkische Rose

Traditioneller Gebrauch

«Die Damaszener-Rose gehört aufgrund ihres Duftes zu den Kopfmitteln. Das Öl der Rosen wird verwendet, um heiße Entzündungen zu kühlen und um den Säftestrom zu Verletzungen und Schürfungen zu binden und zum Stillstand zu bringen.»[19]

Kleiner, stacheltragender Strauch von 1–2 m Höhe mit duftenden rosa Blüten und weißlichen, behaarten Blättern

Blütenblätter der Damaszener-Rose

AROMATHERAPIE/ HAUSGEBRAUCH

Hautpflege: *Bindehautentzündung (Rosenwasser), Ekzem, Falten, geplatzte Haargefäße, Herpes, reife und empfindliche Haut, trockene Haut*
Kreislauf, Muskeln und Gelenke: *Herzklopfen, schlechte Durchblutung*
Atemwege: *Asthma, Heuschnupfen, Husten*
Verdauungstrakt: *Gallenblasenentzündung, Leberstauung, Übelkeit*
Urogenitaltrakt: *Gebärmutterstörungen, unregelmäßige Periode, verlängerte Regelblutung, Weißfluß*
Nervensystem: *Frigidität, Kopfschmerzen, Niedergeschlagenheit, Impotenz, Schlaflosigkeit, nervöse Spannung und streßbedingte Beschwerden*

ANDERE ANWENDUNGEN

Rosenwasser ist in der Kosmetik und in der Küche beliebt. Concrète und Absolue und ätherisches Öl werden viel in Seifen, Kosmetika, Toilettenartikeln und Parfüms aller Typen eingesetzt. Auch als Geschmacksstoff gebraucht.

HERKUNFT

Die Rose soll aus dem Orient stammen; heute wird sie vor allem in Bulgarien, der Türkei und in Frankreich angebaut. Ähnliche Arten wachsen in China, Indien und Rußland; Indien produziert jedoch nur Rosenwasser und Aytar, eine Mischung aus Rosen-Attar und Sandelholzöl.

ANDERE ARTEN

Es gibt zahlreiche Unterarten: die türkische Varietät heißt R. x damascena. *«Trigintipetala» ist die herrschende Zuchtform in der Massenproduktion, sie wird «Kazanlik-Rose» genannt. Bulgarien baut die weiße Rose* (R. x damaszena var. alba) *und eine «Moschus-Rose»* (R. x centifolia «Muscosa») *an. Siehe auch Hundertblättrige Rose.*

EXTRAKTION

Ätherisches Öl oder Attar durch Wasser- oder Dampfdestillation aus den frischen Blütenblättern. (Rosenwasser fällt dabei als Nebenprodukt an.) 2. Concrète und Absolue durch Lösungsmittelextraktion aus den frischen Blütenblättern. (In Frankreich wird in kleinen Mengen auch ein Absolue aus den Blättern der Rose hergestellt.)

EIGENSCHAFTEN

1. Blaßgelbe oder olivgrüne Flüssigkeit von sehr reichem, tiefem, süß-blumigem, leicht würzigem Duft. 2. Das Absolue ist eine rötlichorange oder olivgrüne, zähe Flüssigkeit von reichem, süßem, würzig-blumigem, anhaltendem Duft. Mischt sich gut mit den meisten Ölen und ist gut geeignet, Duftmischungen abzurunden. Das bulgarische Rosenöl (Attar) wird in der Parfümindustrie wegen seiner hohen Konzentration am meisten geschätzt, in der therapeutischen Praxis geht es jedoch mehr um die spezifischen Eigenschaften der verschiedenen Rosentypen.

WIRKUNGEN

Abführend, adstringierend, antidepressiv, antiseptisch, antituberkulös, antiviral, aphrodisisch, bakterizid, beruhigend (Nerven), blutreinigend, blutstillend, entzündungshemmend, galletreibend, krampflösend, leberwirksam, magenstärkend, menstruationsfördernd, narbenbildungsfördernd, regulativ (Appetit), stärkend (Herz, Leber, Magen, Gebärmutter)

HAUPTBESTANDTEILE

Hauptsächlich Citronellol (34–55 Prozent), Geraniol und Nerol (30–40 Prozent), Stearopten (16–22 Prozent), Phenylethanol (1,5–3 Prozent), Farnesol (0,2–2 Prozent) und viele andere Spuren-Komponenten

Rosmarinus officinalis

Rosmarin

Verträglichkeit: Ungiftig, nicht reizend (außer in hoher Konzentration). Während der Schwangerschaft meiden. Gegenanzeigen: Bluthochdruck, Epilepsie.

Familie: *Lamiaceae (Labiatae)* **Synonyme:** *Rosmarinus coranarium*, Anthoskraut, Brautkraut, Weihrauchkraut

Traditioneller Gebrauch

Der Rosmarin ist eine der ältesten Pflanzen, die in Küche, Heilkunde und Magie gleichermaßen gebraucht wurden. Rosmarinzweigchen wurden an heiligen Stätten im antiken Griechenland verbrannt, Rosmarinräucherungen sollten im Mittelalter böse Geister vertreiben und vor der Pest schützen.
Rosmarin hilft bei einem breiten Spektrum von Beschwerden: Störungen der Atemwege und des Kreislaufs, Leberstauung, Verdauungs- und Nervenbeschwerden, Muskel- und rheumatische Schmerzen, Haut- und Haarprobleme.

frischer Rosmarin

Immergrüner Strauch bis 2 m Höhe mit silbriggrünen, nadelförmigen Blättern und blaßblauen Blüten. Die ganze Pflanze duftet stark.

EXTRAKTION
Ätherisches Öl durch Dampfdestillation aus den jungen, blühenden Zweigspitzen oder, wie in Spanien üblich, der ganzen Pflanze (geringere Qualität).

EIGENSCHAFTEN
Farblose oder blaßgelbe, dünne Flüssigkeit von starkem, frischem, minzig-krautigem Duft und holzig-balsamischem Unterton. Öle geringerer Qualität haben eine starke kampferähnliche Note. Mischt sich gut mit Weihrauch, Lavendel, Lavandin, Zitronelle, Oregan, Thymian, Kiefer, Basilikum, Pfefferminze, Zistrose, Elemi, Zedernholz, Petitgrain, Zimt und anderen Gewürzölen.

WIRKUNGEN
Adstringierend, anregend (Kreislauf, Nebennierenrinde, Leber, Galle), antimikrobiell, antirheumatisch, antiseptisch, aphrodisisch, blähungswidrig, blutdrucksteigernd, durchblutungsfördernd, fungizid, galletreibend, harntreibend, krampflösend, leberwirksam, magenstärkend, menstruationsfördernd, narbenbildungsfördernd, nervenstärkend, oxidationshemmend, parasitentötend, schmerzlindernd, schweißtreibend, stärkend, verdauungsfördernd, wiederherstellend, wundheilend, zellschützend

HAUPTBESTANDTEILE
Hauptsächlich Pinene, Camphen, Limonen, Cineol, Borneol, Kampfer, Linalol, Terpineol, Oktanon, Bornylazetat u. a.

AROMATHERAPIE/ HAUSGEBRAUCH

Hautpflege: *Akne, Dermatitis, Ekzem, fettiges Haar, haarwuchsfördernd, Insektenabwehr, Krampfadern, Krätze, Läuse, Schuppen, talgsekretionsregulierend*
Kreislauf, Muskeln und Gelenke: *Arterienverkalkung, Gicht, Herzklopfen, Muskelschmerzen, Rheumatismus, schlechte Durchblutung, schlechte Flüssigkeitsausscheidung*
Atemwege: *Asthma, Bronchitis, Keuchhusten*
Verdauungstrakt: *Blähungen, Dickdarmkatarrh, erhöhter Cholesterinspiegel, Gelbsucht, Leberstörungen, Verdauungsstörungen*
Urogenitaltrakt: *Menstruationsstörungen, Weißfluß*
Immunsystem: *Erkältungen, Grippe, Infektionen*
Nervensystem: *Schwächezustand, Kopfschmerzen, niederer Blutdruck, Neuralgie, geistige Erschöpfung, streßbedingte Beschwerden*

ANDERE ANWENDUNGEN

Reichlich verwendet in Seifen, Kosmetika, Haushaltssprays und Parfüms sowie als Maskierungsmittel. Geschmacksstoff in vielen Nahrungsmitteln und Getränken.

HERKUNFT

Der Rosmarin stammt aus dem Mittelmeerraum und wird heute in Europa, den USA, Rußland, dem Nahen Osten, China usw. angebaut. Die wichtigsten Ölproduzenten sind Frankreich, Spanien und Tunesien.

ANDERE ARTEN

R. officinalis *wird für die Ölgewinnung verwendet, obwohl es noch verschiedene Zuchtformen gibt.*

Ruta graveolens

Raute

Verträglichkeit: Bei Einwirkung durch den Mund giftig, reizt Haut und Schleimhäute. Abtreibungsmittel.

Familie: *Rutaceae* **Synonyme:** Gartenraute, Weinkraut, Totenkraut, Gnadenkraut

Traditioneller Gebrauch

Die Raute war schon in der Antike ein geschätztes Heilkraut, besonders als Gegenmittel bei Vergiftungen. In vielen Kulturen wurde sie für ein Zauberkraut und Schutz gegen das Böse gehalten. Auch bei Nervenleiden wurde die Raute eingesetzt. «Sie hilft bei Störungen in Kopf, Nerven und Gebärmutter, Zuckungen und hysterischen Anfällen, Kolik, Schwäche des Magens und des Darms; sie widersteht Giften und heilt tödliche Bisse.»[20]

frische Raute

Hübsche, strauchähnliche Pflanze mit unten verholzten Zweigen, kleinen, glatten, blaugrünen Blättern und gelbgrünen Blüten. Die ganze Pflanze hat einen starken, aromatischen, bitteren oder stechenden Geruch.

EXTRAKTION
Ätherisches Öl durch Dampfdestillation aus dem frischen Kraut

EIGENSCHAFTEN
Gelbe oder orange, zähflüssige Masse, die bei Zimmertemperatur fest wird und einen scharfen, krautig-fruchtigen, beißenden Geruch verströmt. Das Öl der Winterraute verfestigt sich nicht bei Zimmertemperatur.

WIRKUNGEN
Anregend, antiseptisch, antitoxisch, durchblutungsfördernd, harntreibend, hustenreizlindernd, insektizid, krampflösend, menstruationsfördernd, nervenstärkend, wurmabtreibend

HAUPTBESTANDTEILE
Hauptsächlich Methylnonylketon (im Öl der Sommerraute 90 Prozent)

AROMATHERAPIE/ HAUSGEBRAUCH

Entfällt. – Sollte in der Aromatherapie überhaupt nicht verwendet werden.

ANDERE ANWENDUNGEN

Dient als natürliche Quelle von Methylnonylketon.

HERKUNFT

Die Raute kommt aus den Mittelmeerländern. Wild wächst sie in Spanien, Marokko, Korsika, Sardinien und Algerien. Zur Ölgewinnung wird sie vor allem in Spanien und Frankreich angebaut, auch in Italien und dem früheren Jugoslawien.

Ruta graveolens

ANDERE ARTEN

Es gibt mehrere verschiedene Rauten-Typen aus denen ebenfalls ätherisches Öl gewonnen wird, so die Sommerraute (R. montana), *die Winterraute* (R. chalepansis), *die Sardinische Raute* (R. angustifolia).

Salvia lavandulaefolia

Spanischer Salbei

Verträglichkeit: Relativ ungiftig, nicht reizend. Während der Schwangerschaft meiden. Mit Maßen gebrauchen.

Familie: *Lamiaceae (Labiatae)* **Synonym:** Lavendelblättriger Salbei

Traditioneller Gebrauch

In Spanien wird dieser Salbei als eine Art Allheilmittel betrachtet. Er soll ein langes Leben ermöglichen und vor allen Arten von Infektionen (bis hin zur Pest) schützen. Er wird zur Behandlung von Rheumatismus, Verdauungsbeschwerden, Menstruationsproblemen, Unfruchtbarkeit und Nervenschwäche verwendet.

EXTRAKTION
Ätherisches Öl durch Dampfdestillation aus den Blättern

EIGENSCHAFTEN
Blaßgelbe, dünne Flüssigkeit von frisch-krautigem, kampferartigem, leicht kiefernähnlichem Geruch. Mischt sich gut mit Rosmarin, Lavandin, Lavendel, Kiefer, Zitronelle, Eukalyptus, Wacholder, Muskatellersalbei und Zedernholz.

WIRKUNGEN
Adstringierend, anregend (Leber, Galle, Nebennierenrinde, Kreislauf), antidepressiv, antimikrobiell, antiseptisch, blähungswidrig, blutdrucksenkend, blutreinigend, desodorierend, entzündungshemmend, fiebersenkend, krampflösend, magenstärkend, menstruationsfördernd, nervenstärkend, regulativ (Talgsekretion), schleimlösend, stärkend (Nerven und allgemein), verdauungsfördernd

HAUPT-BESTANDTEILE
Kampfer (bis 34 Prozent), Cineol (bis 35 Prozent), Limonen (bis 41 Prozent), Camphen (bis 20 Prozent), Pinen (bis 20 Prozent) und andere Bestandteile in geringeren Mengen

Immergrüner Strauch, dem gewöhnlichen Salbei sehr ähnlich, aber mit schmaleren Blättern und kleinen, purpurnen Blüten. Die ganze Pflanze duftet stark, ihr Aroma erinnert an Spik-Lavendel.

AROMATHERAPIE/ HAUSGEBRAUCH
Hautpflege: *Akne, Dermatitis, Ekzem, exzessive Schweißbildung, Haarausfall, Mundschleimhautinfektionen, Schnittverletzungen, Schuppen, Schürfungen, Zahnfleischentzündung*
Kreislauf, Muskeln und Gelenke: *Arthritis, Muskelschmerzen, Rheumatismus, schlechte Durchblutung, schlechte Flüssigkeitsausscheidung, Schwäche*
Atemwege: *Asthma, Husten, Kehlkopfentzündung*
Verdauungstrakt: *Gelbsucht, Leberstauung*
Urogenitaltrakt: *ausbleibende und schmerzhafte Periode, Sterilität*
Immunsystem: *Erkältungen, Fieber, Grippe*
Nervensystem: *Kopfschmerzen, nervöse Erschöpfung und streßbedingte Beschwerden*

ANDERE ANWENDUNGEN
Reichlich verwendet als Duftstoff in Seifen, Kosmetika, Toilettenartikeln und Parfüms, besonders in industriellen Düften. Viel verwendet als Geschmacksstoff in Nahrungsmitteln (besonders Fleischprodukten) und Getränken.

HERKUNFT
Die Bergregionen Spaniens sind die Heimat dieser Salbeiart, die aber auch in Südwestfrankreich und im früheren Jugoslawien wächst. Das Öl wird hauptsächlich in Spanien produziert.

ANDERE ARTEN
Ein sehr ähnliches Öl wird in der Türkei aus der griechischen Art S. fruticosa *destilliert und für pharmazeutische Zwecke verwendet. Siehe auch Muskatellersalbei und Salbei.*

Salvia officinalis

Salbei

Verträglichkeit: Bei Einwirkung durch den Mund giftig (wegen des Thujon-Gehaltes). Abtreibungsmittel. Während der Schwangerschaft meiden. Gegenanzeigen: Epilepsie, Bluthochdruck

Familie: *Lamiaceae (Labiatae)* **Synonyme:** Edelsalbei, Gartensalbei, Zahnsalbei

Traditioneller Gebrauch

Bereits in der Antike wurde dieses Kraut in der Küche und in der Heilkunde geschätzt. Die Römer nannten es «herba sacra», das heilige Kraut. Es wurde bei einer Vielzahl von Störungen, zum Beispiel der Atemwege, der Menstruation oder der Verdauung verwendet. Man glaubte, es stärke die Sinne und das Gedächtnis.
Im Britischen Pflanzenarzneibuch ist der Salbei als spezifisches Heilmittel gegen Entzündungen von Mund, Zunge und Kehle genannt.

frischer Salbei

Immergrüner, buschiger Strauch bis 80 cm Höhe, an der Basis stark verholzt, mit weichen, silbrig schimmernden ovalen Blättern und einer Fülle tiefblauer oder violetter Blüten.

EXTRAKTION
Ätherisches Öl durch Dampfdestillation aus den getrockneten Blättern. (Ein sogenanntes Oleoresin wird aus dem gebrauchten Pflanzenmaterial gewonnen.)

EIGENSCHAFTEN
Blaßgelbe, dünne Flüssigkeit von frischem, warm-würzigem, krautigem, etwas kampferartigem Geruch. Mischt sich gut mit Lavandin, Rosmarin, Rosenholz, Lavendel, Zitrone und anderen Zitrusölen. Das Öl des Gartensalbeis wird wegen seines feineren Duftes in der Parfümerie dem ungefährlicheren Öl des Spanischen Salbeis vorgezogen.

WIRKUNGEN
Abführend, adstringierend, antimikrobiell, antiseptisch, blutdrucksteigernd, entzündungshemmend, fiebersenkend, harntreibend, insektizid, krampflösend, magenstärkend, menstruationsfördernd, oxidationshemmend, stärkend, verdauungsfördernd

HAUPTBESTANDTEILE
Thujon (etwa 42 Prozent), Cineol, Borneol, Caryophyllen und andere Terpene

AROMATHERAPIE/ HAUSGEBRAUCH

Entfällt. Mit Vorsicht gebrauchen oder in der Therapie ganz vermeiden; Spanischer Salbei und Muskatellersalbei sind gute Alternativen.

ANDERE ANWENDUNGEN

Bestandteil einiger pharmazeutischer Präparate (Mundspülungen, Gurgellösungen, Zahnpasten usw.). Als Duftstoff in Seifen, Shampoos, Reinigungsmitteln und Parfüms, besonders in Männerdüften. Öl und Oleoresin werden viel als Geschmacksstoffe in Nahrungsmitteln (vor allem in Fleischprodukten), alkoholischen (Wermut) und anderen Getränken verwendet und dienen als Quelle natürlicher Antioxidantien.

HERKUNFT

Der Salbei ist im Mittelmeerraum heimisch und wird weltweit angebaut, besonders in Albanien, dem früheren Jugoslawien, Griechenland, Italien, der Türkei, Frankreich, China und den USA.

ANDERE ARTEN

Es gibt verschiedene Arten und daraus entwickelte Zuchtformen, so den mexikanischen Salbei (S. azurea grandiflora) *und den roten Salbei* (S. colorata), *die beide auch arzneilich genutzt werden. Ätherische Öle werden auch aus anderen Arten hergestellt, zum Beispiel aus dem Spanischen Salbei* (S. lavandulaefolia) *und dem Muskatellersalbei* (S. sclarea). *Siehe Spanischer Salbei und Muskatellersalbei.*

Salvia sclarea

Muskatellersalbei

Verträglichkeit: Ungiftig, nicht reizend. Während der Schwangerschaft meiden. Alkoholgenuß verstärkt die einschläfernde Wirkung.

Familie: *Lamiaceae (Labiatae)* **Synonym:** Scharlachsalbei

Traditioneller Gebrauch

Dieses im Mittelalter hochgeschätzte Kraut wird heute kaum noch genutzt. Man nahm es bei Verdauungsstörungen, Nierenkrankheiten, Gebärmutterleiden und Menstruationsbeschwerden, zur Säuberung von Geschwüren und als allgemeines Nervenstärkungsmittel. Der Pflanzenschleim aus den Samen wurde zur Behandlung von Tumoren und zur Beseitigung von Staubteilchen aus dem Auge verwendet.

Robuste, zwei- oder mehrjährige Pflanze bis 1 m Höhe mit großen, behaarten, grünen Blättern (mit leichtem Purpur-Stich) und kleinen, blauen Blüten

frisches Blatt

EXTRAKTION
Ätherisches Öl durch Dampfdestillation aus den blühenden Sproßspitzen und Blättern. (Concrète und Absolue werden in kleinen Mengen durch Lösungsmittelextraktion hergestellt.)

EIGENSCHAFTEN
Farblose oder hell-gelbgrüne Flüssigkeit mit süßem, nussig-krautigem Duft. Mischt sich gut mit Wacholder, Lavendel, Koriander, Kardamom, Geranie, Sandelholz, Zedernholz, Kiefer, Zistrose, Jasmin, Weihrauch, Bergamotte und anderen Zitrusölen.

WIRKUNGEN
Adstringierend, antidepressiv, antiseptisch, aphrodisisch, bakterizid, beruhigend, blähungswidrig, blutdrucksenkend, desodorierend, entzündungshemmend, krampflösend, magenstärkend, menstruationsfördernd, narbenbildungsfördernd, nervenstärkend, regulativ (Talgsekretion), stärkend, uteruswirksam, verdauungsfördernd

HAUPTBESTANDTEILE
Linalylazetat (bis 75 Prozent), Linalol, Pinen, Myrcen, Phellandren u. a. Gewichtsanteile schwanken je nach geographischer Herkunft; es gibt mehrere verschiedene Chemotypen.

AROMATHERAPIE/ HAUSGEBRAUCH
Das Öl des Muskatellersalbeis wird in der Aromatherapie generell dem des Gartensalbeis vorgezogen, weil es weniger giftig ist.
Hautpflege: *Akne, Augenentzündung, Entzündungen, Falten, fettige Haut und fettiges Haar, Furunkel, Geschwüre, Haarausfall, Schuppen*
Kreislauf, Muskeln und Gelenke: *Bluthochdruck, Muskelschmerzen*
Atemwege: *Asthma, Halsinfektionen, Keuchhusten*
Verdauungstrakt: *Blähungen, Krämpfe, Verdauungsstörungen*
Urogenitaltrakt: *ausbleibende und schmerzhafte Periode, Wehenschmerzen, Weißfluß*
Nervensystem: *Niedergeschlagenheit, Frigidität, Impotenz, Migräne, nervöse Spannung und streßbedingte Beschwerden*

ANDERE ANWENDUNGEN
Öl und Absolue werden als Duftstoffe und Fixiermittel in Seifen, Reinigungsmitteln, Kosmetika und Parfüms eingesetzt. Das Öl wird reichlich von der Nahrungsmittel- und Getränkeindustrie verwendet.

HERKUNFT
Der Muskatellersalbei stammt aus Südeuropa. Er wird weltweit kultiviert, besonders im Mittelmeerraum, in Rußland, den USA, England, Marokko und Mitteleuropa. Das in Frankreich, Marokko und England produzierte Öl wird wegen seiner besseren Qualität in der Parfümerie bevorzugt.

ANDERE ARTEN
Eng verwandt mit dem Salbei (S. officinalis) *und dem Spanischen Salbei* (S. lavendulaefolia), *aus denen ebenfalls ätherisches Öl gewonnen wird. Weitere Salbeitypen sind der Wiesensalbei* (S. pratensis) *und* S. verbenaca).

Santalum album

Sandelholz

Verträglichkeit: ungiftig, nicht reizend

Familie: *Santalaceae* **Synonyme:** Weißes Sandelholz, Gelbes Sandelholz

Traditioneller Gebrauch

Seit mindestens viertausend Jahren wird das Sandelholz genutzt und gehört damit zu den ältesten bekannten aromatischen Mitteln. Es wird als traditionelles Räucherwerk, zur Kosmetik, für Parfüm und als Substanz zur Einbalsamierung überall im Osten verwendet. Auch als Baumaterial für Tempel ist das Sandelholz besonders beliebt. In der chinesischen Medizin behandelt man damit Magenschmerzen, Erbrechen, Gonorrhö, Gallenbeschwerden und Hautleiden. In der ayurvedischen Medizin gilt es vor allem als Heilmittel bei Infektionen der Luft- und Harnwege, bei akutem und chronischem Durchfall.

Sandelholzspäne

Ein kleiner, immergrüner Baum (Halbschmarotzer) bis 9 m Höhe mit graubraunem Stamm und vielen glatten, schlanken Ästen; er trägt ledrige Blätter und rosapurpurne Blüten. Der Baum muß mindestens dreißig Jahre alt sein, bevor er zur Gewinnung von Sandelholzöl geeignet ist.

EXTRAKTION
Ätherisches Öl durch Wasser- oder Dampfdestillation aus pulverisiertem und getrocknetem Wurzel- und Kernholz

EIGENSCHAFTEN
Blaßgelbe, grünliche oder bräunliche Flüssigkeit von tiefem, weichem, süß-holzigem, balsamischem Duft, der außerordentlich lange anhält. Mischt sich gut mit Rose, Veilchen, Nachthyazinthe, Gewürznelke, Lavendel, Schwarzem Pfeffer, Bergamotte, Rosenholz, Geranie, Zistrose, Eichenmoos, Benzoe, Vetiver, Patschuli, Mimose, Cassie, Costus, Myrrhe und Jasmin.

WIRKUNGEN
Adstringierend, antidepressiv, antiseptisch (Harn- und Atemwege), aphrodisisch, bakterizid, beruhigend, blähungswidrig, entzündungshemmend, harntreibend, insektizid, krampflösend, narbenbildungsfördernd, schleimlösend, stärkend

HAUPTBESTANDTEILE
Etwa 90 Prozent Santalol, 6 Prozent Sesquiterpene, Kohlenwasserstoffe: Santen, Teresantol, Borneol, Santalon, Tricycloekasantalal u. a.

AROMATHERAPIE/ HAUSGEBRAUCH
Hautpflege: *Akne, Bartflechte, fettige, trockene, rissige und aufgesprungene Haut*
Atemwege: *Bronchitis, Halsschmerzen, Husten, Katarrh, Kehlkopfentzündung*
Verdauungstrakt: *Durchfall, Übelkeit*
Urogenitaltrakt: *Blasenentzündung*
Nervensystem: *Niedergeschlagenheit, Schlaflosigkeit, nervöse Spannung und streßbedingte Beschwerden*

ANDERE ANWENDUNGEN
Früher als pharmazeutisches Desinfektionsmittel benutzt, heute als solches kaum noch in Gebrauch. Reichlich als Duftstoff in Seifen, Reinigungsmitteln, Kosmetika und Parfüms, besonders in orientalischen, holzigen, Aftershave- und Chypre-Düften. Viel gebraucht zur Herstellung von Räucherwerk. Als Geschmacksstoff in vielen Nahrungsmitteln, alkoholischen und anderen Getränken.

HERKUNFT
In den tropischen Ländern Asiens heimisch. Indien ist der größte Produzent des ätherischen Öls; die Region um Mysore exportiert das beste Öl. Einiges wird auch in Europa und den USA destilliert.

ANDERE ARTEN
*Das australische Sandelholz (*S. spicatum *oder* Eucarya spicata*) enthält ein sehr ähnliches Öl, das jedoch eine trockenbittere Obernote hat. Das sogenannte westindische Sandelholz* (Amyris balsamifera) *ist ein minderer Ersatz und mit dem indischen Sandelholz botanisch nicht verwandt.*

Santolina chamaecyparissus

Heiligengarbe

Verträglichkeit: oral toxisch

Familie: *Asteraceae (Compositae)* **Synonyme:** *Lavandula taemina*, Zypressenkraut

Traditioneller Gebrauch

Die Heiligengarbe galt als Gegenmittel für Gifte aller Art und diente zur Entwurmung. Ferner verwendete man sie bei Stauungen der Leber, bei Gelbsucht und zur Förderung der Menstruation. Sie sollte Motten vom kostbaren Leinen fernhalten, Stechmücken abwehren und wurde als Heilmittel bei Insektenstichen, Warzen und Grind eingesetzt. Die Araber sollen mit dem Saft der Pflanze Augenspülungen vorgenommen haben.

Immergrüner, holziger Strauch mit grünlichgrauen Blättern und kleinen, hellgelben, kugelförmigen Blüten, die an langen, einzelnen Stielen sitzen. Die ganze Pflanze verströmt einen starken Geruch, der ein wenig an Kamille erinnert.

frische Blätter

EXTRAKTION
Ätherisches Öl durch Dampfdestillation aus den Samen

EIGENSCHAFTEN
Blaßgelbe Flüssigkeit von starkem, beißendem, krautigem Geruch

WIRKUNGEN
Anregend, antitoxisch, insektizid, krampflösend, wurmabtreibend

HAUPTBESTANDTEILE
Nur ein Hauptbestandteil: Santolinenon

Santolina chamaecyparissus

AROMATHERAPIE/ HAUSGEBRAUCH

Entfällt. Derzeit liegen keine genauen Angaben vor. Vermutlich in gefährlichem Grade giftig.

ANDERE ANWENDUNGEN

Wegen seiner Giftigkeit wird das Öl in der Parfümerie und als Duftstoff nur wenig gebraucht.

HERKUNFT

Die Heiligengarbe stammt aus Italien und ist heute um das ganze Mittelmeer verbreitet. Als Grenzpflanze beliebt.

ANDERE ARTEN

Es gibt mehrere Varietäten wie S. fragrantissima. *Trotz des gemeinsamen Namens* (Lavandula taemina) *besteht keine Verwandtschaft zum Echten Lavendel* (Lavandula angustifolia).

Sassafras albidum

Sassafras

Verträglichkeit: Überaus giftig, bereits die Einnahme geringer Mengen hat schon zum Tode geführt. Krebserregend, Reizstoff, Abtreibungsmittel.

Familie: *Lauraceae* **Synonyme:** *Sassafras officinale, Laurus sassafras, Sassafras variifolium,* Fenchelholz

Traditioneller Gebrauch

Dient zur Behandlung von Bluthochdruck, Rheumatismus, Arthritis, Gicht, Menstruations- und Nierenbeschwerden und Hautleiden. «Sassafras-Mark wird als Schleimhautschutz besonders bei Entzündungen des Auges und als linderndes Getränk bei katarrhalischen Erkrankungen genommen.»[21] Aus Holz und Rinde wird ein hellgelber Farbstoff hergestellt.

Ein 40 m hoher Laubbaum mit vielen schlanken Ästen, weicher, poröser, orangebrauner Rinde und kleinen, gelblichgrünen Blüten. Rinde und Holz sind aromatisch.

frisches Sassafras-Blatt

EXTRAKTION
Ätherisches Öl durch Dampfdestillation aus den getrockneten Wurzelrinden-Spänen

EIGENSCHAFTEN
Gelbbraune, ölige Flüssigkeit von frischem, süß-würzigem, holzig-kampferähnlichem Geruch. (Durch Alkoholextraktion wird ein safrolfreies Sassafrasöl gewonnen.)

WIRKUNGEN
Anregend, antiviral, blähungswidrig, harntreibend, läuseabtötend, schweißtreibend

HAUPTBESTANDTEILE
Safrol (80–90 Prozent), Pinene, Phellandrene, Asaron, Kampfer, Thujon, Myristicin, Menthon u. a.

AROMATHERAPIE/ HAUSGEBRAUCH
Entfällt. Sollte therapeutisch weder innerlich noch äußerlich angewendet werden.

ANDERE ANWENDUNGEN
Sassafrasöl und -rohmaterial dürfen in Verbindung mit Lebensmitteln nicht mehr verwendet werden; safrolfreier Extrakt wird in begrenztem Umfang als Geschmacksstoff verwendet. Safrol dient als Ausgangsmaterial zur Herstellung des Duftstoffes «Heliotropin».

Sassafras albidum

HERKUNFT
Im östlichen Teil der USA heimisch; das Öl wird hauptsächlich in den USA, Kanada und in Mexiko produziert.

ANDERE ARTEN
Es gibt mehrere weitere Arten, besonders das brasilianische Sassafras (Ocotea pretiosa), *das ebenfalls zur Gewinnung eines ätherischen Öls genutzt wird (sehr giftig).*

Satureja hortensis

Bohnenkraut

Verträglichkeit: Bei Einwirkung über die Haut giftig. Während der Schwangerschaft meiden.

Familie: *Lamiaceae (Labiatae)* **Synonyme:** *Calamintha hortensis,* Pfefferkraut, Kölle, Weinkraut, Sommerbohnenkraut

Traditioneller Gebrauch

Das beliebte Küchengewürz mit pfefferähnlichem Geschmack wurde therapeutisch hauptsächlich als Tee bei verschiedenen Beschwerden gegeben, u. a. bei Verdauungsstörungen (Krämpfe, Übelkeit, Magenverstimmung, Darmparasiten), Menstruationsstörungen und Erkrankungen der Atemwege (Asthma, Katarrh, Halsschmerzen). Äußerlich angewendet, verschaffen die frischen Blätter sofortige Linderung bei Mücken-, Bienen- und Wespenstichen.

EXTRAKTION
Ätherisches Öl durch Dampfdestillation aus dem ganzen, getrockneten Kraut. (Durch Lösungsmittelextraktion wird auch ein Oleoresin hergestellt.)

EIGENSCHAFTEN
Farbloses oder blaßgelbes Öl von frischem, krautigem, würzigem Geruch. Mischt sich gut mit Lavendel, Lavandin, Kiefernnadel, Eichenmoos, Rosmarin und Zitrusölen.

WIRKUNGEN
Adstringierend, anregend, aphrodisisch, bakterizid, blähungswidrig, fäulnishemmend, fungizid, krampflösend, menstruationsfördernd, narbenbildungsfördernd, schleimlösend, wurmabtreibend

HAUPTBESTANDTEILE
Carvacrol, Pinen, Cymen, Camphen, Limonen, Phellandren, Borneol u. a.

Einjährige Pflanze bis 45 cm Höhe mit schlanken, aufrechten, leicht behaarten Stengeln, schmalen Blättern und kleinen, blaßlila Blüten

frischer Bohnenkrautsproß

Satureja hortensis

AROMATHERAPIE/ HAUSGEBRAUCH
Entfällt. Sollte auf der Haut überhaupt nicht angewendet werden.

ANDERE ANWENDUNGEN
Wegen seiner frischen, krautigen Note gelegentlich in der Parfümerie genutzt. Öl und Oleoresin werden als Geschmacksstoff in zahlreichen Nahrungsmitteln, besonders in Fleischprodukten und Konserven, verwendet.

HERKUNFT
Das Bohnenkraut ist in Europa heimisch und auch in Nordamerika eingebürgert. Besonders in Spanien, Frankreich, dem früheren Jugoslawien und in den USA wird es wegen seines ätherischen Öls in großem Stile angebaut.

ANDERE ARTEN
Eng verwandt mit der Thymian-Familie, mit deren Angehörigen es viele Eigenschaften teilt. Es gibt mehrere verschiedene Bohnenkrauttypen, darunter S. thymbra *(in Spanien wachsend), das hauptsächlich Thymol enthält, und das Winterbohnenkraut* (S. montana). *Siehe dort.*

Satureja montana

Winterbohnenkraut

Verträglichkeit: siehe Bohnenkraut

Familie: *Lamiaceae (Labiatae)* **Synonyme:** *Satureja obovata, Calamintha montana*

Traditioneller Gebrauch

Seit der Antike als Küchenkraut weitgehend wie seine sommerliche Verwandte, das Bohnenkraut, genutzt. Das Winterbohnenkraut nahm man als Verdauungsmittel bei Koliken und in Deutschland besonders bei Durchfall. Jüngere Forschungen stellten im Vergleich mit anderen Varietäten von Thymian, Rosmarin und Lavendel «die deutliche Überlegenheit der antimikrobiellen Eigenschaften der Bohnenkrautessenz» fest.

Buschige, mehrjährige Pflanze bis 40 cm Höhe mit an der Basis verholzten Stengeln, schmalen Blättern und blaßpurpurnen Blüten

frischer Sproß

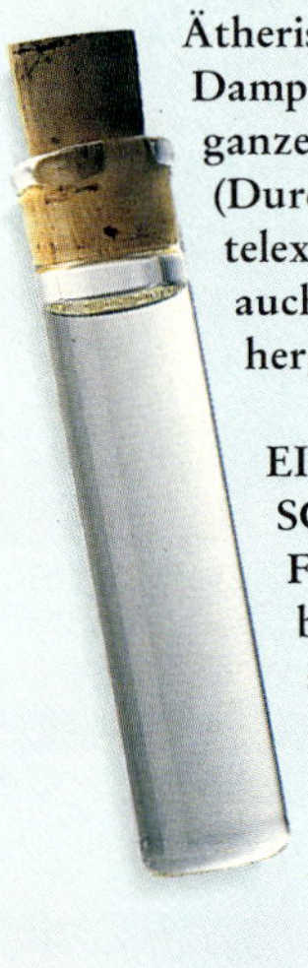

EXTRAKTION
Ätherisches Öl durch Dampfdestillation der ganzen Pflanze. (Durch Lösungsmittelextraktion wird auch ein Oleoresin hergestellt.)

EIGENSCHAFTEN
Farblose oder blaßgelbe Flüssigkeit von scharfem, medizinähnlichem, krautigem Geruch

WIRKUNGEN
Adstringierend, anregend, aphrodisisch, bakterizid, blähungswidrig, fäulnishemmend, fungizid, krampflösend, menstruationsfördernd, narbenbildungsfördernd, schleimlösend, wurmabtreibend

HAUPTBESTANDTEILE
Hauptsächlich Carvacrol, Cymen, Thymol; in geringeren Mengen Pinene, Limonen, Cineol, Borneol, Terpineol

AROMATHERAPIE/ HAUSGEBRAUCH
Nicht auf der Haut anwenden!

ANDERE ANWENDUNGEN
Gelegentlich in der Parfümerie gebraucht. Öl und Oleoresin werden in begrenztem Maße als Geschmacksstoff in Fleisch- und Würzprodukten verarbeitet.

HERKUNFT
Das Winterbohnenkraut stammt aus der Mittelmeerregion und ist heute überall in Europa, Rußland und der Türkei zu finden. Das Öl wird hauptsächlich in Spanien, Marokko und dem früheren Jugoslawien produziert.

Satureja montana

ANDERE ARTEN
Die kriechende Art (S. montana subspicata) *ist ebenfalls ein bekanntes Gartenkraut. Siehe auch Bohnenkraut* (S. hortensis).

Saussurea costus

Costus

Verträglichkeit: Ungiftig, kann jedoch starke allergische Reaktionen hervorrufen.

Familie: *Asteraceae (Compositae)* **Synonyme:** *Saussurea lappa, Aplotaxis lappa, Aplotaxis auriculata*

Traditioneller Gebrauch

Seit Jahrtausenden wurde die Wurzel in Indien und China bei Verdauungsstörungen, Atemwegsbeschwerden, als Anregungsmittel und bei Infektionen einschließlich Typhus und Cholera eingesetzt. Darüber hinaus wird Costus als Räucherwerk gebraucht.

Große, aufrechte, mehrjährige Pflanze bis 2 m Höhe mit dicker Pfahlwurzel und zahlreichen, fast schwarzen Blüten

getrocknete Wurzel

EXTRAKTION
Die getrockneten Wurzeln werden in warmes Wasser eingelegt, dann dampfdestilliert. Das destillierte Wasser wird schließlich einer Lösungsmittelextraktion unterzogen. (In geringen Mengen wird auch Concrète und Absolue hergestellt.)

EIGENSCHAFTEN
Blaßgelbe oder bräunliche, zähe Flüssigkeit von weichem, holzig-modrigem, extrem anhaltendem Geruch. Mischt sich gut mit Patschuli, Opopanax, Ylang-Ylang, orientalischen und blumigen Düften.

WIRKUNGEN
Anregend, antiseptisch, antiviral, bakterizid, blähungswidrig, blutdrucksenkend, fiebersenkend, krampflösend, magenstärkend, schleimlösend, stärkend, verdauungsfördernd

HAUPTBESTANDTEILE
Hauptsächlich sesquiterpene Laktone, darunter Dihydrocostus-Lakton und Costunolid (zusammen bis 50 Prozent), andere Sesquiterpene wie Costole, Caryophyllen und Selinen sowie Costus- und Ölsäure u. a.

AROMATHERAPIE/ HAUSGEBRAUCH
Atemwege: *Asthma, Bronchitis, Krampfhusten*
Verdauungstrakt: *Blähungen, Krämpfe, Magenverstimmung*
Nervensystem: *Schwächezustand, nervöse Spannung und streßbedingte Beschwerden*

ANDERE ANWENDUNGEN
Fixiermittel und Duftstoff in Kosmetika und Parfüms. Geschmacksstoff in der Nahrungsmittelindustrie, besonders für Konfekt, alkoholische und andere Getränke.

HERKUNFT
Costus stammt aus Nordindien, wird in Indien und dem Südwesten Chinas kultiviert. Das Öl wird hauptsächlich in Indien produziert.

Saussurea costus

ANDERE ARTEN
Eng verwandt mit dem Alant (Inula helenium), *dessen Wurzeln ebenfalls zur Gewinnung des ätherischen Öls gebraucht werden.*

Schinus molle

Verträglichkeit: ungiftig, nicht reizend

Familie: *Anacardiaceae* **Synonym:** Peru-Mastix

Traditioneller Gebrauch

In Griechenland und anderen Mittelmeerländern wird aus den Früchten des Baumes ein berauschendes Getränk hergestellt. Die Frucht wird dort auch als Ersatz für Schwarzen Pfeffer verwendet. Als Pfefferöl während des Zweiten Weltkrieges nicht erhältlich war, nahm man statt dessen Schinus-molle-Öl.

EXTRAKTION
Ätherisches Öl durch Dampfdestillation aus den Früchten oder Beeren. (In geringen Mengen wird auch aus den Blättern ein Öl hergestellt.)

EIGENSCHAFTEN
Blaß- oder olivgrüne, ölige Flüssigkeit von warmem, holzig-pfefferähnlichem Duft mit rauchigem Unterton. Mischt sich gut mit Eichenmoos, Gewürznelke, Muskat, Zimt, Schwarzem Pfeffer und Eukalyptus.

WIRKUNGEN
Anregend, antiseptisch, antiviral, bakterizid, blähungswidrig, magenstärkend

HAUPTBESTANDTEILE
Hauptsächlich Phellandren; ferner Caryophyllen, Pinen und Carvacrol

Immergrüner Tropenbaum bis 20 m Höhe mit herabhängenden Ästen, gefiederten Blättern und duftenden, gelben Blüten. Die Beeren oder Früchte schmecken aromatisch-pfefferähnlich.

AROMATHERAPIE/ HAUSGEBRAUCH
Nicht gleichzeitig mit einer homöopathischen Behandlung anwenden.
Hautpflege: *Frostbeulen*
Kreislauf, Muskeln und Gelenke: *Anämie, Arthritis, Muskelschmerzen und -versteifung, Neuralgie, Rheumaschmerzen, schlechte Durchblutung, schwacher Muskeltonus, Verstauchung*
Atemwege: *Katarrh, Schüttelfrost*
Verdauungstrakt: *Appetitverlust, Blähungen, Durchfall, Koliken, Sodbrennen, Übelkeit, Verstopfung*
Immunsystem: *Erkältungen, Grippe, Infektionen, Viren*

ANDERE ANWENDUNGEN
Als Ersatz für Pfefferöl in Parfümerie und Nahrungsmittelindustrie

HERKUNFT
In Südamerika heimisch, wildwachsend in Mexiko, Peru, Guatemala und anderen tropischen Regionen. Mittlerweile auch in Nordamerika und im Mittelmeerraum eingebürgert. Die Früchte zur Herstellung ätherischen Öls werden in Spanien, Guatemala und Mexiko gesammelt.

Schinus molle

ANDERE ARTEN
Eng verwandt mit dem Mastixbaum (Pistacia lentiscus), *siehe dort.*

Spartium junceum

Spanischer Ginster

Familie: *Fabaceae (Leguminosae)* **Synonym:** *Genista juncae*

Verträglichkeit: Das in den Blüten als Hauptbestandteil enthaltene Spartein ist giftig.

Traditioneller Gebrauch

Ruten und Rinde des Ginsters wurden seit alters her zur Herstellung von Fasern verwendet, die zu Schnüren oder einem groben Stoff verarbeitet werden konnten. Die Ruten wurden auch zum Dachdecken, Korbflechten, für Zäune und auch zum Besenbinden genutzt. Der Spanische Ginster hat ähnliche therapeutische Eigenschaften wie der Gemeine Ginster, der im Britischen Pflanzenarzneibuch noch als Heilmittel für Herzwassersucht, Herzmuskelschwäche, Herzjagen und zu starke Menstruationsblutungen genannt ist. Der Spanische Ginster soll jedoch fünf- bis sechsmal wirksamer sein als der Gemeine Ginster, und bereits dieser muß von professionellen Pflanzenheilkundlern wegen der Stärke seiner aktiven Wirkstoffe mit Vorsicht dosiert werden.

Eine dekorative Pflanze, die oft als Zierstrauch bis 3 m Höhe kultiviert wird. Die Blätter sind hellgrün, die großen, duftenden Blüten goldgelb.

Spartium junceum

AROMATHERAPIE/ HAUSGEBRAUCH

Entfällt. Verursacht in großen Dosen Erbrechen, schwächt das Herz, schädigt die Nervenzellen und senkt den Blutdruck; in extremen Fällen führt es zum Tode.

ANDERE ANWENDUNGEN

Verwendung in Seifen, Kosmetika und hochwertigen Parfüms; als Geschmacksstoff in süßen, konservierten Lebensmitteln, alkoholischen und anderen Getränken.

HERKUNFT

In Südeuropa, besonders in Südspanien und -frankreich heimisch; hauptsächlich in Spanien, Frankreich, Italien und den USA (als Gartenstrauch) gepflanzt. Das Absolue wird in Südfrankreich hergestellt.

ANDERE ARTEN

Eng verwandt mit dem Färberginster (Genista tinctoria) *und dem Gemeinen oder Besenginster (*Cytisus scoparius *oder* Spartium scoparium*), der am Frühlingsende und im Frühsommer blüht. Es gibt noch mehrere Ginsterarten, die in Volksbräuchen eine Rolle spielen.*

EXTRAKTION
Das Absolue wird durch Lösungsmittelextraktion aus den getrockneten Blüten gewonnen.

EIGENSCHAFTEN
Dunkelbraune, zähe Flüssigkeit von intensiv süßem, blumigem, heuähnlichem Duft mit krautigem Unterton. Mischt sich gut mit Rose, Nachthyazinthe, Cassie, Mimose, Veilchen, Vetiver und krautig-grasigen Düften.

WIRKUNGEN
Abführend, blutstillend, einschläfernd, gefäßverengend, harntreibend, herzwirksam, menstruationsfördernd

HAUPTBESTANDTEILE
Das Absolue enthält Kaprylsäure, Terpene, aliphathische Substanzen, Terpene, Ester, Skoparin, Spartein, Wachs u. a.

Styrax benzoin

Benzoebaum

Verträglichkeit: Ungiftig, nicht reizend, kann allergische Reaktionen auslösen. Friar's-Balsam wird als mäßig giftig, vermutlich aufgrund gelegentlicher Fälle von Kontaktdermatitis bezeichnet. Er enthält neben Benzoe u. a. Aloe, Styrax und Tolubalsam.

Familie: *Styraceae*

Traditioneller Gebrauch

Seit Urzeiten im Osten als Arznei und Räucherwerk gebraucht, im Westen (hauptsächlich in Form von Friar's-Balsam) bei Atemwegsbeschwerden eingesetzt. Äußerlich bei Schnittverletzungen, Hautrissen und Hautreizungen; innerlich als blähungswidriges Mittel bei Verdauungsstörungen.

Benzoeharz

Bis 20 m hoher, tropischer Baum mit hellgrünen Blättern (Unterseite samtig behaart). Die abgeflachten Steinfrüchte sind rötlichbraun und enthalten eine holzige Nuß.

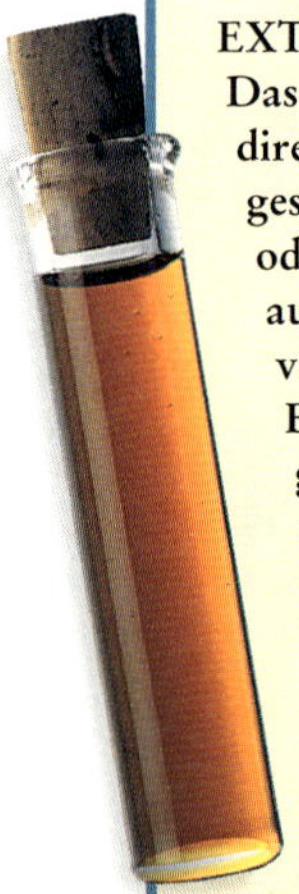

EXTRAKTION

Das rohe Benzoeharz wird direkt von den Bäumen gesammelt. Benzoe-Resinoid oder «Harz-Absolue» wird aus dem Rohstoff mit Hilfe von Lösungsmitteln (z. B. Benzol und Alkohol) gewonnen, die dann entfernt werden. Das handelsübliche Benzoe ist gewöhnlich in Äthylglykol oder einem ähnlichen Lösungsmittel gelöst. In kleinen Mengen wird auch ein «echtes» Absolue hergestellt.

EIGENSCHAFTEN

1. Das Sumatra-Benzoeharz besteht aus graubraunen, spröden Stücken mit rötlichen Streifen und riecht wie Styrax. Es gibt unterschiedliche Qualitäten; «Mandel» gilt als die beste. 2. Siam-Benzoe besteht aus kiesel- oder tränenförmigen, orangebraunen Stücken von süß-balsamischem, vanilleähnlichem Duft, der feiner ist als der des Sumatra-Benzoes. Benzoe-Resinoid wird aus dem Siam- oder Sumatra-Benzoe (oder einer Mischung beider) hergestellt. Die orangebraune, zähe Masse hat einen intensiven, süß-balsamischen Geruch. Mischt sich gut mit Rose, Jasmin, Copaibabalsam, Weihrauch, Myrrhe, Zypresse, Wacholder, Zitrone, Koriander und anderen Gewürzölen.

WIRKUNGEN

Adstringierend, antiseptisch, beruhigend, blähungswidrig, blutstillend, desodorierend, entzündungshemmend, harntreibend, oxidationshemmend, schleimlösend, stärkend, wundheilend

HAUPTBESTANDTEILE

1. Sumatra-Benzoe: hauptsächlich Coniferylzinnamat und Sumaresinolsäure, ferner Benzoesäure, Zimtsäure und Spuren von Styren, Vanillin und Benzaldehyd. 2. Siam-Benzoe: hauptsächlich Coniferylbenzoat (65–75 Prozent), ferner Benzoesäure, Vanillin, Siaresinolsäure und Zinnamylbenzoat.

AROMATHERAPIE/ HAUSGEBRAUCH

Hautpflege: *Entzündungen, Hautreizungen, rissige und aufgesprungene Haut, Schnittverletzungen*
Kreislauf, Muskeln und Gelenke: *Arthritis, Gicht, Rheumatismus, schlechte Durchblutung*
Atemwege: *Asthma, Bronchitis, Husten, Kehlkopfentzündung, Schüttelfrost*
Immunsystem: *Grippe*
Nervensystem: *Nervöse Spannung und streßbedingte Beschwerden*
Wärmt und stärkt Herz und Kreislauf körperlich und im übertragenen Sinne. Die Essenz erzeugt eine Art Euphorie und legt ein «Schutzpolster» zwischen uns und das äußere Geschehen.

ANDERE ANWENDUNGEN

Friar's-Balsam wird in pharmazeutischen Präparaten und in der Zahnheilkunde gebraucht. Resinoid und Absolue werden viel als Fixiermittel und Duftstoffe in Seifen, Kosmetika und Parfüms verwendet. Beide Typen finden sich in vielen Nahrungsmitteln und Getränken.

HERKUNFT

Der Benzoebaum stammt aus den tropischen Ländern Asiens; die beiden wichtigsten Produktionsgebiete sind Sumatra, Java und Malaysia (Sumatra-Benzoe) und Laos, Vietnam, Kambodscha, China und Thailand (Siam-Benzoe).

ANDERE ARTEN

Es gibt viele Varietäten innerhalb der Styrax-Familie, die Benzoe hervorbringen, doch sie werden allgemein als Sumatra-Benzoe (S. paralleloneurus) *oder Siam-Benzoe* (S. tonkinensis) *kategorisiert.*

Syzygium aromaticum

Gewürznelke

Verträglichkeit: Gewürznelkenöl kann Haut und Schleimhaut reizen; Gewürznelkenknospen- und stielöl können Dermatitis hervorrufen. Das Knospenöl ist am wenigsten giftig. Nur in schwacher Verdünnung (weniger als 1 %) gebrauchen.

Familie: *Myrtaceae* **Synonyme:** *Eugenia aromatica, Eugenia caryophyllata, Eugenia caryophyllus*

Traditioneller Gebrauch

Gewürznelken werden überall auf der Welt als Küchengewürz verwendet. Nelkentinktur nimmt man bei Hautinfektionen (Krätze, Fußpilz), bei Verdauungsbeschwerden, zum Einpinseln der Nabelschnur bei Neugeborenen, bei Darmparasiten, zur Linderung der Wehen (in Wein eingelegte Nelken) und bei Zahnschmerzen. Nelkentee dämpft Übelkeit.

In der chinesischen Medizin wird das Nelkenöl bei Durchfall, Eingeweidebrüchen, Mundgeruch und Bronchitis ebenso genommen wie bei den oben genannten Beschwerden und Erkrankungen.

getrocknete Gewürznelken *frisches Blatt*

Schlanker, immergrüner Baum bis 12 m Höhe mit glatter, grauer Rinde. Die großen, hellgrünen Blätter stehen paarweise an kurzen Stielen. Als Gewürznelken werden die getrockneten Blütenknospen gehandelt.

AROMATHERAPIE/ HAUSGEBRAUCH

Hautpflege: *Akne, Fußpilz, Geschwüre, Insektenabwehr (Stechmücken), Quetschung, Schnittverletzungen, Verbrennung, Wunden, Zahnschmerzen*
Kreislauf, Muskeln und Gelenke: *Arthritis, Rheumatismus, Verstauchung*
Atemwege: *Asthma, Bronchitis*
Verdauungstrakt: *Kolik, Übelkeit, Verdauungsstörungen*
Immunsystem: *Erkältungen, Fieber, kleinere Infektionen*

ANDERE ANWENDUNGEN

Bestandteil von zahnheilkundlichen Präparaten und Duftstoff in Zahnpasten, Seifen, Toilettenartikeln, Kosmetika und Parfüms. Reichlich gebraucht als Geschmacksstoff in vielen Nahrungsmitteln, alkoholischen und anderen Getränken. Zusätzlich genutzt zur Herstellung von Druckfarbe, Leim und Lack. Nelkenknospenöl dient ferner als Ausgangsmaterial zur Isolation von Eugenol.

HERKUNFT

Die Gewürznelken sollen aus Indonesien kommen; heute werden sie weltweit kultiviert, besonders auf den Philippinen, den Molukken und Madagaskar. Die wichtigsten Ölproduzenten sind Madagaskar und Indonesien.

ANDERE ARTEN

Der Gewürznelkenbaum wird seit mehr als 2000 Jahren in Plantagen gepflanzt. Die ursprünglichen wilden Bäume auf den Molukken enthalten ein völlig eugenolfreies Öl.

EXTRAKTION

Ätherisches Öl durch Wasserdestillation aus 1. den Knospen, 2. den Blättern und durch Dampfdestillation aus 3. den Stielen. In geringen Mengen werden auch Concrète, Absolue und Oleoresin aus den Knospen gewonnen.

EIGENSCHAFTEN

1. Nelkenknospenöl ist eine blaßgelbe Flüssigkeit mit süß-würzigem Geruch und fruchtig-frischer Obernote; es wird von der Parfümerie bevorzugt. Das Knospenöl mischt sich gut mit Rose, Lavendel, Vanille, Muskatellersalbei, Bergamotte, Lorbeer, Lavandin, Nelkenpfeffer, Ylang-Ylang und Cananga.
2. Nelkenblätteröl ist ein dunkelbraunes Öl mit rauhem, verbrannt-holzigem Geruch.
3. Nelkenstielöl ist eine blaßgelbe Flüssigkeit mit starkem, würzig-holzigem Geruch.

WIRKUNGEN

Anregend, antibiotisch, antihistaminisch, antineuralgisch, antirheumatisch, antiseptisch, antiviral, aphrodisisch, blähungswidrig, erbrechenverhindernd, krampflösend, larventötend, magenstärkend, oxidationshemmend, schleimlösend, wurmabtreibend

HAUPTBESTANDTEILE

1. Knospenöl: 60–90 Prozent Eugenol, Eugenolazetat, Caryophyllen u. a. 2. Blätteröl: 82–88 Prozent Eugenol, wenig oder kein Eugenolazetat, u. a.
3. Stielöl: 90–95 Prozent Eugenol u. a.

Tagetes minuta

Tagetes

Verträglichkeit: Einzelne Dermatitiserkrankungen aufgrund von Tagetes wurden bekannt. Mit Vorsicht und in Maßen zu gebrauchen.

Familie: *Asteraceae (Compositae)* **Synonyme:** *Tagetes glandulifera*, Studentenblume, Samtblume

Traditioneller Gebrauch

In Indien werden die blühenden Sproßspitzen der Tagetes in einen Behälter destilliert, der ein Lösungsmittel (oft Sandelholzöl) enthält; so entsteht «Atar genda», ein beliebtes indisches Duftmittel. In China werden die Blüten der Tagetes bei Keuchhusten, Erkältungen, Koliken, Mumps, entzündeten Augen und Brustentzündung angewandt, in der Regel als Absud.

Stark duftende, einjährige Pflanze mit hellorangen Korbblüten und weichen, grünen, länglichen Blättern

frische Tagetesblüte

EXTRAKTION
1. Ätherisches Öl durch Dampfdestillation aus der frischen, blühenden Pflanze. 2. Absolue (und Concrète) durch Lösungsmittelextraktion aus der frischen, blühenden Pflanze.

EIGENSCHAFTEN
1. Dunkelorange oder gelbe, dünne Flüssigkeit, die sich langsam verfestigt, wenn sie Luft und Licht ausgesetzt ist; bitter-grüner, krautiger Geruch. 2. Orange, olivgrüne oder braune, halbflüssige Masse von intensivem, süßem, fruchtigem Geruch. Mischt sich in sehr kleinen Mengen gut mit Muskatellersalbei, Lavendel, Jasmin, Bergamotte und anderen Zitrusölen.

WIRKUNGEN
Bakterizid, blähungswidrig, fungizid, krampflösend, magenstärkend, menstruationsfördernd, schweißtreibend, wurmabtreibend

HAUPTBESTANDTEILE
Hauptsächlich Tagetone, ferner Ocimen, Myrcen, Linalol, Limonen, Pinene, Carvon, Citral, Camphen, Valeriansäure, Salizylaldehyd u. a.

AROMATHERAPIE/ HAUSGEBRAUCH
Hautpflege: *entzündeter Fußballen, Hornhaut, Pilzinfektionen, Schwielen*

ANDERE ANWENDUNGEN
Bestandteil einiger pharmazeutischer Produkte. Absolue und Öl werden in begrenztem Umfang auch in Parfüms krautigen und blumigen Charakters verwendet. Zur Aromatisierung von Tabak und als Geschmacksstoff in zahlreichen Nahrungsmitteln, alkoholischen und anderen Getränken.

HERKUNFT
Die Tagetes stammt aus Südamerika und Mexiko. Heute findet man sie wildwachsend auch in Afrika, Europa, Asien und Nordamerika. Das Öl wird vor allem in Südafrika, Frankreich, Argentinien und Ägypten, das Absolue in Nigeria und Frankreich produziert.

ANDERE ARTEN
Es gibt mehrere Tagetes-Typen, die ähnliche Eigenschaften besitzen und gleichfalls zur Gewinnung von ätherischem Öl genutzt werden, zum Beispiel die französische T. patula *und die afrikanische* T. erecta.

Tanacetum vulgare

Wurmkraut

Verträglichkeit: Oral toxisch, Abtreibungsmittel

Familie: *Asteraceae (Compositae)* **Synonyme:** *Chrysanthemum vulgare, Chrysanthemum tanacetum,* Gemeiner Rainfarn

Traditioneller Gebrauch

Traditionelles Würzkraut für Eier und Omelettes. Seit langer Zeit wird das Kraut auch arzneilich genutzt. Man gebrauchte es zu Wurmkuren, zur Behandlung von Erkältungen und Fieber, zur Vorbeugung gegen Fehlgeburten und zur Linderung von Verdauungsstörungen und krampfartigen Schmerzen. Äußerlich wurde das destillierte Wasser verwendet, um einen blassen Teint zu erhalten, und die zerdrückten Blätter galten als Heilmittel bei Krätze, Verstauchungen und Rheumatismus. Ebenfalls verwendet bei nervösen Störungen und zur Abwehr von Fliegen und Ungeziefer.Die Blüten sind im Britischen Pflanzenarzneibuch als spezifisches Heilmittel gegen Wurmbefall bei Kindern genannt (äußerlich angewendet).

Wurmkraut-Blatt

Winterhartes Wegrandgewächs bis 1 m Höhe mit glattem Stengel, dunklen, farnähnlichen Blättern und kleinen, runden, leuchtendgelben Blüten. Die ganze Pflanze duftet stark.

EXTRAKTION
Ätherisches Öl durch Dampfdestillation aus der ganzen Pflanze (oberirdische Teile)

EIGENSCHAFTEN
Gelbe, olivgrüne oder orange, mit der Zeit dunkler werdende Flüssigkeit von warmem, scharfwürzigem, krautigem Geruch

WIRKUNGEN
Anregend, blähungswidrig, entzündungshemmend, fiebersenkend, krampflösend, menstruationsfördernd, nervenstärkend, schweißtreibend, stärkend, verdauungsfördernd, wurmabtreibend

HAUPTBESTANDTEILE
Thujon (66–81 Prozent), Kampfer, Borneol u. a.

AROMATHERAPIE/ HAUSGEBRAUCH

Entfällt. Sollte therapeutisch nicht angewendet werden.

ANDERE ANWENDUNGEN

Gelegentlich gebraucht in Parfüms grasig-krautiger Note. Das Öl war früher als Geschmacksstoff in alkoholischen Getränken enthalten.

HERKUNFT

Das Wurmkraut stammt aus Mitteleuropa, ist auch in Nordamerika verbreitet und überall in den gemäßigten Breiten zu finden. Das ätherische Öl wird hauptsächlich in Frankreich, Deutschland, Ungarn, Polen und den USA produziert.

ANDERE ARTEN

Eng verwandt mit der Arzneipflanze Fieberkraut (Tanacetum parthenium), *den Familien der Ringelblumen und der Gänseblümchen.*

Tanacetum vulgare

Thuja occidentalis

Lebensbaum

Verträglichkeit: Oral toxisch, Abtreibungsmittel.

Familie: *Cupressaceae* **Synonyme:** Thuja, Abendländischer Lebensbaum

Traditioneller Gebrauch

In der Antike als Räucherwerk zu rituellen Zwecken benutzt. Ein Absud aus Blättern wurde bei Husten, Fieber, Darmparasiten, Blasenentzündung und Geschlechtskrankheiten verwendet, eine Salbe bei Rheumatismus, Gicht, Warzen, Psoriasis und anderen Leiden.
Die Zweigspitzen werden im Britischen Pflanzenarzneibuch als spezifisches Heilmittel bei Bronchitis mit Herzschwäche sowie bei Warzen genannt.

EXTRAKTION
Ätherisches Öl durch Dampfdestillation aus Zweigspitzen und Rinde

EIGENSCHAFTEN
Farblose bis blaßgelb-grüne Flüssigkeit von scharfem, frischem, kampferähnlichem Geruch

WIRKUNGEN
Adstringierend, anregend (Nerven, Gebärmutter, Herzmuskel), antirheumatisch, durchblutungsfördernd, harntreibend, insektenabwehrend, menstruationsfördernd, schleimlösend, stärkend, wurmabtreibend

HAUPTBESTANDTEILE
Thujon (etwa 60 Prozent), Fenchon, Kampfer, Sabinen, Pinen u. a.

Anmutige, kegelförmige Konifere bis 20 m Höhe mit geschuppten Blättern, wird manchmal in Hecken oder an Zäunen angepflanzt. Der Baum muß mindestens fünfzehn Jahre alt sein, bevor er zur Gewinnung von ätherischem Öl genutzt werden kann.

AROMATHERAPIE/ HAUSGEBRAUCH
Entfällt. Sollte therapeutisch weder innerlich noch äußerlich angewendet werden.

ANDERE ANWENDUNGEN
Bestandteil pharmazeutischer Produkte wie Desinfektionsmittel und -sprays; auch als reizlindernder Stoff in schmerzstillenden Salben und Einreibemitteln. Als Duftstoff in einigen Toilettenartikeln und Parfüms. Geschmacksstoff in den meisten wichtigen Nahrungsmittelkategorien.

HERKUNFT
Der Lebensbaum stammt aus dem Nordosten Nordamerikas und wird in Frankreich kultiviert. Das Öl wird hauptsächlich in Kanada und den USA produziert; ähnliche Öle kommen auch aus dem Osten (siehe unten).

ANDERE ARTEN
Es gibt viele Formen und Zuchtvarietäten dieses Baumes: die Washington-Zeder (T. plicata), *die chinesische oder japanische Zeder* (T. orientalis oder Biota orientalis), *die nordafrikanische* T. articulata, *die das «Sanderach» genannte Harz absondert.*
Der Hiba-Lebensbaum (Thujopsis dolobrata) *wird in Japan zur Herstellung von Hiba-Blätteröl genutzt. Hiba-Holzöl ist laut verfügbaren Quellen ungiftig und nicht reizend (im Unterschied zu den andern Thuja-Ölen) und bietet dank seiner ketonischen Substanzen eine hervorragende Wirkung gegen Pilze und Bakterien. Es wird in Japan viel als industrielles Parfüm gebraucht.*

Thymus capitatus

Spanischer Oregano

Verträglichkeit: Bei Einwirkung über die Haut giftig, reizt Haut und Schleimhäute.

Familie: *Lamiaceae (Labiatae)* **Synonyme:** *Thymus capitans, Coridothymus capitatus, Satureja capitata, Thymbra capitata*

Traditioneller Gebrauch

Angeblich ähneln die Eigenschaften und das Öl des Spanischen Oreganos *(Thymus capitatus)* denen des Thymians *(Thymus vulgaris)*; viele Eigenschaften teilt er auch mit dem Oregano *(Origanum vulgare)*.

Mehrjähriges, kriechend wachsendes Kraut mit holzigem unterem Bereich, kleinen, dunkelgrünen Blättern und rosa oder weißen Blüten in Ähren

junger Sproß des Spanischen Oreganos

AROMATHERAPIE/ HAUSGEBRAUCH
Entfällt. Sollte keinesfalls auf der Haut angewendet werden. Duftstoff in Seifen, Parfüms, besonders in Männerdüften. In begrenztem Maße als Geschmacksstoff, vor allem in Fleischerzeugnissen und Pizzas verwendet.

HERKUNFT
Der Spanische Oregano stammt aus dem Nahen Osten und Kleinasien; in Spanien wächst er wild. Das Öl wird hauptsächlich in Spanien, Israel, Libanon, Syrien und der Türkei produziert.

ANDERE ARTEN
Obwohl dieses Kraut genaugenommen eine Thymianart ist, dient sie als Quelle für den größten Teil des sogenannten Oreganoöls. Weitere verwandte Arten siehe Thymian, Oregano und Majoran.

Thymus capitatus

EXTRAKTION
Ätherisches Öl durch Dampfdestillation aus den getrockneten, blühenden Sproßspitzen

EIGENSCHAFTEN
Dunkel-braunrotes oder purpurnes Öl von starkem, teerähnlichem, krautigem, erfrischendem Geruch

WIRKUNGEN
Siehe Oregano

HAUPTBESTANDTEILE
Carvacrol, Thymol, Cymen, Caryophyllen, Pinen, Limonen, Linalol, Borneol, Myrcen, Thujon, Terpinen

Thymus vulgaris

Thymian

Familie: *Lamiaceae (Labiatae)* **Synonyme:** *Thymus aestivus, Thymus ilerdensis, Thymus webbianus, Thymus valentianus,* Gartenthymian, Römischer oder Welscher Quendel, Immenkraut, Suppenkraut

Traditioneller Gebrauch

Der Thymian ist eine der ältesten Arzneipflanzen zu seinen Hauptanwendungsbereichen gehören Probleme der Atemwege, Verdauungsbeschwerden und Infektionsvorbeugung und -behandlung. Im Britischen Pflanzenarzneibuch ist er als Mittel bei chronischer Magenschleimhautentzündung, Bronchitis, Keuchhusten, Asthma, Kehlkopfentzündung und Mandelentzündung genannt.

frischer Thymian

Mehrjährige, immergrüne Strauchpflanze bis 45 cm Höhe mit holziger Wurzel und vielverzweigtem Stengel, graugrünen, duftenden Blättern und blaßpurpurnen oder weißen Blüten

EXTRAKTION

Ätherisches Öl durch Wasser- oder Dampfdestillation aus den frischen oder teilgetrockneten Blättern und blühenden Sproßspitzen. 1. «Rotes Thymianöl» ist das Rohdestillat. 2. «Weißes Thymianöl» wird durch weiteres Destillieren oder Rektifizieren hergestellt. (In Frankreich wird durch Lösungsmittelextraktion auch ein Absolue für die Parfümindustrie produziert.)

EIGENSCHAFTEN

1. Rote, braune oder orange Flüssigkeit von warmem, würzig-krautigem, kräftigem Geruch. 2. Klare, blaßgelbe Flüssigkeit von süßem, frischem, milderem Duft. Mischt sich gut mit Bergamotte, Zitrone, Rosmarin, Melisse, Lavendel, Lavandin, Majoran, Perubalsam, Kiefer usw.

WIRKUNGEN

Adstringierend, anregend (Immunsystem, Kreislauf), antimikrobiell, antirheumatisch, antiseptisch (Darm, Lungen, Urogenitaltrakt), antitoxisch, aphrodisisch, appetitanregend, bakterizid, balsamisch, blähungswidrig, durchblutungsfördernd, fäulnishemmend, harntreibend, hustenreizlindernd, krampflösend, menstruationsfördernd, narbenbildungsfördernd, nervenstärkend, oxidationshemmend, parasitenabtötend, schweißtreibend, stärkend, wurmabtreibend

HAUPTBESTANDTEILE

Thymol und Carvacrol (bis 60 Prozent), Cymen, Terpinen, Camphen, Borneol, Linalol; je nach Herkunft auch Geraniol, Citral, Thujanol usw. Es gibt viele Chemotypen des Thymianöls: die «Thymol»- und «Carvacrol»-Typen (wärmend und aktiv), den «Thujanol»-Typ (durchdringend und antiviral) und die milderen «Linalol»- und «Citral»-Typen (süßduftend, nicht reizend).

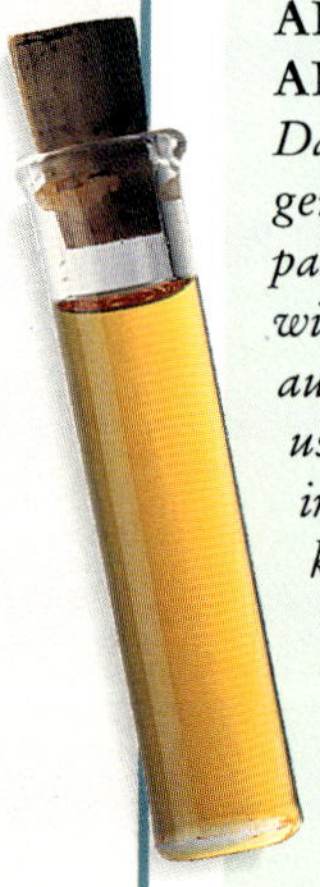

Verträglichkeit: Kontraindiziert in Fällen von Bluthochdruck. Zitronenthymian und «Linalol»-Öle sind im allgemeinen weniger giftig als die anderen Thymianöle, nicht reizend und rufen mit geringerer Wahrscheinlichkeit allergische Reaktionen hervor. Sie sind sicher genug für die Anwendung auf der Haut (auch bei Kindern).

AROMATHERAPIE/ HAUSGEBRAUCH

Mit Maßen und nur in schwacher Verdünnung gebrauchen. Während der Schwangerschaft meiden.

Hautpflege: *Abszesse, Akne, Dermatitis, Ekzeme, fettige Haut, Gaumeninfektionen, Insektenstiche, Krätze, Läuse, Quetschungen, Schnittverletzungen, Verbrennungen*

Kreislauf, Muskeln und Gelenke: *Arthritis, Gicht, Muskelschmerzen, Ödeme, Rheuma, schlechte Durchblutung, Sportverletzungen, Verstauchungen, Zellulitis*

Atemwege: *Asthma, Bronchitis, Halsschmerzen, Husten, Katarrh, Kehlkopfentzündung, Mandelentzündung, Nebenhöhlenentzündung*

Verdauungstrakt: *Blähungen, Durchfall, Verdauungsstörungen*

Urogenitaltrakt: *Blasenentzündung, Harnröhrenentzündung*

Immunsystem: *Erkältungen, Grippe, Infektionskrankheiten, Schüttelfrost*

Nervensystem: *Kopfschmerzen, Schlaflosigkeit, streßbedingte Beschwerden*

ANDERE ANWENDUNGEN

Das Öl wird in Gurgellösungen, Zahnpasten und Hustenpastillen eingesetzt. «Thymol» wird in chirurgischen Wundauflagen, Desinfektionsmitteln usw. verwendet. Als Duftstoff in Seifen und Toilettenartikeln. Reichlich gebraucht von der Nahrungsmittel- und Getränkeindustrie.

HERKUNFT

Der Thymian stammt aus Spanien und dem Mittelmeerraum; heute findet man ihn überall in Kleinasien, Mitteleuropa, USA und China.

Tilia x vulgaris

Linde

Verträglichkeit: Die meisten Produkte sind verfälscht oder synthetisch hergestellt.

Familie: *Tiliaceae* **Synonym:** *Tilia x europaea*

Traditioneller Gebrauch

Lindenblütentee gilt in Europa als allgemein entspannend und wird gerade in Frankreich viel getrunken. Die Blüten gelten auch als Heilmittel bei Magenverstimmung, Erkältung, Herzklopfen, Übelkeit und Hysterie. Lindenblütenhonig wird sehr geschätzt und findet Verwendung in Arzneien und Likören. Laut Culpeper sind die Blüten «ein gutes Kopfmittel und wirken nervenstärkend; hervorragend bei Schlagfluß, Fallsucht, Drehschwindel und Herzklopfen».[22] Im Britischen Pflanzenarzneibuch werden sie als Mittel gegen Migräne, Hysterie, Bluthochdruck wegen Arterienverkalkung und fiebrige Erkältungen genannt.

frisches Lindenblatt

Großer, anmutiger Baum bis 30 m Höhe mit glatter Rinde, ausladenden Ästen und hellgrünen, herzförmigen Blättern. Die Blüten sind gelbweiß und hängen zu dritt bis zu fünft an einem gemeinsamen Blütenstand; sie duften sehr stark.

EXTRAKTION
Concrète und Absolue durch Lösungsmittelextraktion aus den getrockneten Blüten

EIGENSCHAFTEN
Das Concrète ist eine harte, spröde, dunkelgrüne Masse von krautigem, trockenem, heuähnlichem Geruch. Das Absolue ist eine gelbe, halbfeste Masse von krautigem, trockenem, typisch lindenblütigem Geruch.

WIRKUNGEN
Adstringierend, beruhigend, blähungswidrig, harntreibend, hustenstillend, krampflösend, nervenstärkend, schweißtreibend, stärkend

HAUPTBESTANDTEILE
Hauptsächlich Farnesol; das Concrète ist sehr wachsreich.

AROMATHERAPIE/ HAUSGEBRAUCH
Verdauungstrakt: *Krämpfe, Leberschmerzen, Magenverstimmung*
Nervensystem: *Kopfschmerzen, Migräne, Schlaflosigkeit, streßbedingte Beschwerden*

ANDERE ANWENDUNGEN
Gelegentlich in Parfüms

HERKUNFT
Die Linde stammt aus Europa und der Nordhalbkugel. Sie ist in England, Frankreich, Deutschland, den Niederlanden usw. verbreitet.

Tilia x vulgaris

ANDERE ARTEN
Mehrere verwandte Typen wie die Sommerlinde (T. platyphyllos) *und die Winterlinde* (T. cordata).

Trachyspermum copticum

Ajowan

Verträglichkeit: Möglicherweise haut- und schleimhautreizend. Sollte aufgrund des hohen Thymolgehaltes während der Schwangerschaft gemieden werden.

Familie: *Apiaceae (Umbelliferae)* **Synonyme:** *Trachyspermum ammi, Ammi copticum, Carum ajowan, Carum copticum, Ptychotis ajowan*

Traditioneller Gebrauch

Die Samen werden reichlich in Curry-Pulver und als allgemeines Hausmittel bei Darmbeschwerden genommen. Die Tinktur, das ätherische Öl und «Thymol» werden in der indischen Medizin besonders bei Cholera gebraucht. Das manchmal auch als «Oman-Wasser» bezeichnete Öl gilt ebenfalls als Antiseptikum und Verdauungshilfe. Die zerdrückten Samen werden getrocknet und sind Bestandteil aromatischer Pulver und Potpourris. Fast der gesamte Ajowansamen-Export aus Indien, Ägypten, Persien und Afghanistan ging früher nach Deutschland, wo das Öl destilliert und Thymol extrahiert wurde; die jährliche Ausfuhr allein aus Indien betrug etwa 1200 Tonnen. Bei Ausbruch des Krieges fiel der Ajowansamen-Export auf 2 Tonnen pro Monat, was zu einer Knappheit an Thymol, einem exzellenten Antiseptikum, führte.

Ajowan-Samen

Einjährige Pflanze mit graubraunen Samen, die der Petersilie ähnelt. Die Blätter sind hellgrün, und das aufrecht wachsende Kraut erreicht nicht mehr als 50 cm Höhe. Diese indische Kümmelart wird in Indien wegen ihrer medizinischen Eigenschaften viel angebaut.

AROMATHERAPIE/HAUSGEBRAUCH

Nicht zu empfehlen.

ANDERE ANWENDUNGEN

Früher reichlich gebraucht zur Isolation von Thymol, das aber weitgehend durch synthetisches Thymol ersetzt wurde. Thymol spielt in der Parfümerie keine Rolle, doch das nach der Extraktion des kristallinen Thymols aus dem Ajowan verbleibende Öl – etwa die Hälfte der ursprünglichen Ölmenge – wird meist unter der Bezeichnung «Thymen» als billiges Parfüm für die Seifenherstellung und ähnliche Zwecke verkauft. Das Öl wird gelegentlich zur Seifenproduktion gebraucht.

HERKUNFT

Vor allem Indien, Afghanistan, Ägypten, die Westindischen Inseln und Seychellen

EXTRAKTION

Ätherisches Öl durch Dampfdestillation aus den Samen

EIGENSCHAFTEN

Orangegelbe oder rötliche Flüssigkeit von krautig-würzigem, medizinähnlichem Geruch, der an Thymian erinnert.

WIRKUNGEN

Sehr stark antiseptisch und keimtötend, blähungswidrig

HAUPTBESTANDTEILE

Thymol, Pinen, Cymen, Dipenten, Terpinen, Carvacrol u. a. Ajowan enthält 40–55 Prozent Thymol. Die Extraktion von Thymol wird durch Behandlung des Öls mit einer warmen Natriumhydroxidlösung erreicht. Diese Lauge löst das Thymol, und im heißen Wasser steigt das ungelöste Öl (Terpene usw.) an die Oberfläche.

Tsuga canadensis

Hemlocktanne

Verträglichkeit: ungiftig, nicht reizend

Familie: *Pinaceae* **Synonyme:** *Pinus canadensis, Abies canadensis,* Schierlingstanne

Traditioneller Gebrauch

Die Rinde der Hemlocktanne – die Gerbsäuren, Harz und flüchtige Öle enthält – wird im Britischen Pflanzenarzneibuch als Mittel gegen Durchfall, Blasenentzündung, Dickdarmkatarrh, Weißfluß, Gebärmuttervorfall, Rachen-, Mundschleimhaut- und Zahnfleischentzündung genannt. Ein Extrakt aus der Rinde wird auch zum Gerben gebraucht.

Großer, immergrüner Baum bis 50 m Höhe mit schlanken, waagerechten Ästen, fein gezahnten Nadeln und kleinen, braunen Zapfen. Die Rinde gibt ein natürliches Exsudat ab.

EXTRAKTION
Ätherisches Öl durch Dampfdestillation aus den Nadeln und Zweigspitzen

EIGENSCHAFTEN
Farblose oder blaßgelbe Flüssigkeit mit angenehmem, frischbalsamischem, süßfruchtigem Geruch. Mischt sich gut mit Kiefer, Eichenmoos, Zedernholz, Galbanum, Benzoe, Lavendel, Lavandin und Rosmarin.

WIRKUNGEN
Adstringierend, antimikrobiell, antiseptisch, durchblutungsfördernd, harntreibend, hustenreizlindernd, nervenstärkend, schleimlösend, schweißtreibend, stärkend

HAUPTBESTANDTEILE
Hauptsächlich Pinene, Limonen, Bornylazetat, Tricyclen, Phellandren, Myrcen, Thujon, Dipenten, Cadinen u. a. Gewichtsanteile schwanken je nach Herkunft und exakter botanischer Art.

AROMATHERAPIE/ HAUSGEBRAUCH

Kreislauf, Muskeln und Gelenke: *Muskelschmerzen, Rheumatismus, schlechte Durchblutung*
Atemwege: *Asthma, Atemschwäche, Bronchitis, Husten*
Immunsystem: *Erkältungen, Grippe, Infektionen*
Nervensystem: *Angst, streßbedingte Beschwerden. Öffnend und aufbauend, dabei erdend. Hervorragend für Yoga und Meditation.*

ANDERE ANWENDUNGEN

Bestandteil von Einreibemitteln in der Tierheilkunde. Reichlich gebraucht für Raumsprays, Parfüms, Haushaltsreiniger, Seifen, Badezusätze und Toilettenartikel, besonders in den USA.

HERKUNFT

Die Hemlocktanne stammt von der Westküste der USA. Das Öl wird in den USA produziert.

ANDERE ARTEN

Zahlreiche Zuchtformen dieser Art existieren. Oft wird das Öl aus einer Mischung unterschiedlicher Typen produziert. Ähnliche Öle, oft einfach «Tannenöl» genannt, stammen von der Schwarzfichte (Picea nigra *oder* P. mariana)*, der Rottanne* (P. abies) *und der Weißfichte* (P. glauca)*. Das ätherische Öl der Westlichen Hemlocktanne* (Tsuga heterophylla) *hat ganz andere Bestandteile. Die Hemlocktanne ist auch eng verwandt mit der Douglastanne* (Pseudotsuga taxifolia)*, aus der ebenfalls ein ätherisches Öl und ein Balsam gewonnen werden.*

Valeriana fauriei

Baldrian

Verträglichkeit: Ungiftig, nicht reizend, allergische Reaktionen möglich.

Familie: *Valerianaceae* **Synonyme:** *Valeriana officinalis, Valeriana officinalis var. angustifolia, Valeriana officinalis var. latifolia,* Katzenkraut, Augenwurzel, Brachkraut, Rattenwurzel, Marienwurzel, Wendwurzel, Viehkraut

Traditioneller Gebrauch

Dieses Kraut wird seit dem Mittelalter sehr geschätzt und häufig als «Allheilmittel» bezeichnet. Im Westen wurde es bei einer Vielzahl von Beschwerden gebraucht, besonders wenn sie mit nervöser Spannung oder Ruhelosigkeit einhergingen, zum Beispiel Schlaflosigkeit, Migräne, Menstruationsstörungen, Darmkoliken, Rheumatismus und zur Schmerzlinderung. In Europa wird das Öl bei Cholera, Epilepsie und verschiedenen Hautleiden eingesetzt. In China gilt es als Heilmittel für Rückenschmerzen, Erkältungen, Menstruationsprobleme, Quetschungen und Schürfungen.

Mehrjährige Pflanze bis 1,50 m Höhe mit hohlem, aufrechtem Stengel, tief eingeschnittenen, dunkelgrünen Blättern und vielen purpur-weißen Blüten. Die Wurzeln sind kurz, dick und gräulich, weitgehend über der Erde sichtbar und riechen stark.

Baldrianwurzel

EXTRAKTION
1. Ätherisches Öl durch Dampfdestillation aus dem Wurzelstock. 2. Absolue (und Concrète) werden durch Lösungsmittelextraktion aus dem Wurzelstock gewonnen.

EIGENSCHAFTEN
1. Olivgrüne bis braune (mit der Zeit dunkler werdende) Flüssigkeit von warm-holzigem, balsamischem, animalischem Geruch; bei frischen Ölen mit grüner Obernote; 2. Olivbraune, zähe Flüssigkeit mit balsamischem, holzigem, bitter-süßem, starkem Geruch. Mischt sich gut mit Patschuli, Costus, Eichenmoos, Kiefer, Lavendel, Zedernholz, Mandarine, Petitgrain und Rosmarin.

WIRKUNGEN
Bakterizid, beruhigend, blähungswidrig, blutdrucksenkend, das Zentralnervensystem dämpfend, gegen Schuppenbildung wirkend, harntreibend, krampflösend, magenstärkend, regulativ, schlaffördernd, schmerzstillend (mild)

HAUPTBESTANDTEILE
Hauptsächlich Bornylazetat und Isovalerat; ferner Caryophyllen, Pinene, Valeranon, Ionon, Eugenyl-Isovalerat, Borneol, Patschuli-Alkohol, Valerianal u. a.

Valeriana fauriei

AROMATHERAPIE/ HAUSGEBRAUCH
Nervensystem: *Schlaflosigkeit, nervöse Verdauungsstörungen, Migräne, Ruhelosigkeit und Spannungszustände*

ANDERE ANWENDUNGEN
Bestandteil pharmazeutischer Produkte wie Entspannungsmittel und Kräutertees. Öl und Absolue werden als Duftstoffe in Seifen, «Moos»- und «Wald»-Düften verwendet.

HERKUNFT
In Europa und Teilen Asiens zu Hause, in Nordamerika eingebürgert. Baldrian wird wegen seines Öls hauptsächlich in Belgien, Frankreich, den Niederlanden, England, Skandinavien, dem früheren Jugoslawien, Ungarn, China und Rußland angebaut.

ANDERE ARTEN
Es gibt mehr als 150 Baldrian-Arten auf der Welt. Die östlichen Arten unterscheiden sich geringfügig von den westlichen: das Öl der japanischen Pflanze «Kesso-Wurzel» (V. officinalis) *ist holziger; das Öl aus dem indischen Baldrian* (V. wallichii) *ist etwas animalischer. Eng verwandt auch mit der Indischen Narde* (Nardostachys jatamansi). *Siehe dort.*

Vanilla planifolia

Vanille

Verträglichkeit: Ungiftig. Häufig allergische Reaktionen. Meist verfälscht.

Familie: *Orchidaceae* **Synonym:** *Vanilla fragrans*

Traditioneller Gebrauch

Wird die Vanille auf Plantagen angebaut, müssen die Blüten von Hand bestäubt werden – außer in Mexiko, wo die Kolibris dem Menschen diese Arbeit abnehmen.

EXTRAKTION
Ein Resinoid (oft auch Oleoresin genannt) wird durch Lösungsmittelextraktion aus den «gereinigten» Vanilleschoten gewonnen. (Gelegentlich wird durch weiteres Extrahieren aus dem Resinoid ein Absolue hergestellt.)

EIGENSCHAFTEN
Zähe, dunkelbraune Flüssigkeit von reichem, süßem, balsamischem, vanilleähnlichem Geruch. Mischt sich gut mit Sandelholz, Vetiver, Opopanax, Benzoe, Balsamen und Gewürzölen.

WIRKUNGEN
Balsamisch

HAUPTBESTANDTEILE
Vanillin (1,2–2,9 Prozent) sowie mehr als 150 weitere Bestandteile, viele davon nur in Spuren vorhanden: Hydroxybenzaldehyd, Essigsäure, Isobuttersäure, Kapronsäure, Eugenol, Furfural u. a.

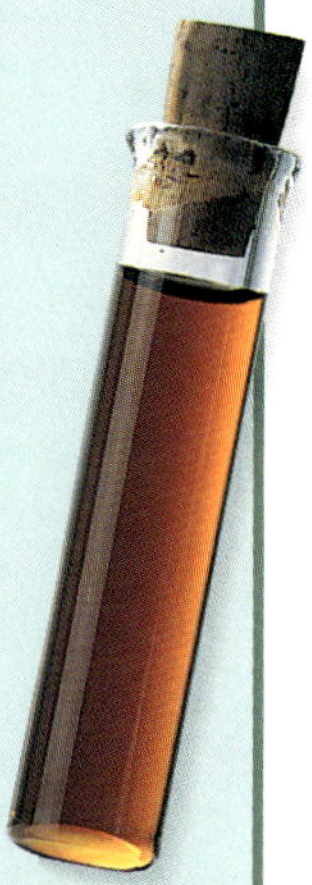

Mehrjährige, kletternde Orchideenart bis 25 m Höhe mit grünen Stengeln und großen, weißen Blüten in Form tiefer, enger Trichter. Die grünen Kapseln oder Früchte sind nach acht bis neun Monaten erntereif und müssen dann «gereinigt» werden. Die 14–22 cm lange Vanilleschote oder -bohne wird fermentiert und getrocknet, um sie zur duftenden, handelsfähigen braunen Vanille zu machen. Dieser Prozeß kann bis zu sechs Monate dauern. Während des Trocknens kann sich das Vanillin in Form weißer Kristalle an der Oberfläche der Schote sammeln.

getrocknete Vanilleschote

AROMATHERAPIE/ HAUSGEBRAUCH
Entfällt.

ANDERE ANWENDUNGEN
In pharmazeutischen Produkten als Geschmacksstoff. Als Duftstoff in Parfüms (besonders orientalischen Typs). Viel verwendet zur Aromatisierung von Tabak und von Nahrungsmitteln, hauptsächlich Speiseeis, Joghurt und Schokolade.

HERKUNFT
Die Vanille stammt aus Mexiko und Mittelamerika; sie wird hauptsächlich in Madagaskar und Mexiko angebaut, auch auf Tahiti, den Komoren, in Ostafrika und Indonesien; die Schoten werden oft in Europa und den USA verarbeitet.

ANDERE ARTEN
Es gibt mehrere verschiedene Vanillearten wie die Tahiti-Vanille (V. tahitensis), *die eine kleinere Schote entwickelt, und der «Vanillons»-Typ* (V. pompona), *der ein Öl minderer Qualität abgibt.*

Vanilla planifolia

Vetiveria zizanioides

Vetiver

Verträglichkeit: ungiftig, nicht reizend

Familie: *Poaceae (Graminaceae)* **Synonyme:** *Andropogon muricatus*

Traditioneller Gebrauch

Die Wurzeln wurden im Osten seit der Antike wegen ihres feinen Duftes verwendet. Die Einheimischen gebrauchen sie zum Schutze der Haustiere vor Ungeziefer und Parasiten, und die Fasern des Grases werden zu Matten verwoben. Vetiver wird in Indien als Schutz vor der Bodenerosion während der Regenzeit angesät.

Hohes, büscheliges, mehrjähriges, duftendes Gras mit geradem Halm, langen, schmalen Blättern und einem umfangreichen, komplexen Geflecht unterirdischer weißer Wurzeln

getrocknetes Vetivergras

frisches Vetivergras

EXTRAKTION
Ätherisches Öl durch Dampfdestillation aus den Wurzeln und Würzelchen, die vorher gewaschen, zerkleinert, getrocknet und in Wasser eingelegt werden. (Durch Lösungsmittelextraktion wird ein Resinoid für die Parfümerie hergestellt.)

EIGENSCHAFTEN
Dunkelbraunes, olivgrünes oder bernsteinfarbenes, zähflüssiges Öl von rauchigem, erdig-holzigem Geruch mit süßem, anhaltendem Unterton. Farbe und Duft können je nach Herkunft schwanken. Angola produziert ein sehr helles Öl von trocken-holzigem Duft. Mischt sich gut mit Sandelholz, Rose, Veilchen, Jasmin, Opopanax, Patschuli, Eichenmoos, Lavendel, Muskatellersalbei, Mimose, Cassie und Ylang-Ylang.

WIRKUNGEN
Anregend (Kreislauf, Produktion roter Blutkörperchen), antiseptisch, beruhigend (Nervensystem), blutreinigend, durchblutungsfördernd, krampflösend, stärkend, wurmabtreibend

HAUPTBESTANDTEILE
Vetiverol, Vitivon, Terpene (zum Beispiel Vetivene) u. a.

AROMATHERAPIE/ HAUSGEBRAUCH
Hautpflege: *Akne, fettige Haut, Schnittverletzungen, Wunden*
Kreislauf, Muskeln und Gelenke: *Arthritis, Muskelschmerzen, Rheumatismus, Steifigkeit, Verstauchungen*
Nervensystem: *Schwächezustand, Niedergeschlagenheit, Schlaflosigkeit, nervöse Spannung. Vetiver wirkt zutiefst entspannend, deshalb wertvoll für Massage und Bäder.*

ANDERE ANWENDUNGEN
Als Fixiermittel und Duftstoff in Seifen, Kosmetika und Parfüms, besonders in orientalischen Düften. Das Öl wird in Lebensmittel- (besonders in Spargel-)Konserven verwendet.

HERKUNFT
Das Vetivergras stammt aus Südindien, Indonesien und Sri Lanka. Es wird auch in Réunion, auf den Philippinen, den Komoren, in Japan, Westafrika und Südamerika kultiviert. Das Öl produzieren hauptsächlich Java, Haiti und Réunion, einiges wird auch in Europa und den USA destilliert.

ANDERE ARTEN
Botanisch verwandt mit dem Zitronengras, der Zitronelle, dem Kubebenpfeffer und dem Flouve-Öl (ebenfalls aus den Wurzeln eines tropischen Grases).

Viola odorata

Veilchen

Verträglichkeit: Ungiftig, nicht reizend, allergische Reaktionen möglich.

Familie: *Violaceae* **Synonyme:** Märzveilchen, Osterveilchen, Duftveilchen

Traditioneller Gebrauch

Blätter und Blüten werden seit langem in der Medizin verwendet, hauptsächlich bei Lungenbeschwerden und Hautleiden. Die Blätter dienten auch der Behandlung von Blasenentzündung und als Mundspülung bei Infektionen von Mund, Rachen und Hals. Das Veilchen soll eine milde schmerzlindernde Wirkung haben, vermutlich aufgrund seines Gehalts an Salizylsäure (dem Aspirinwirkstoff). Die Blüten werden heute noch zur Herstellung eines «Veilchensirups» genutzt, der als Abführ- und Färbemittel dient. Die getrockneten Blätter und Blüten werden im Britischen Pflanzenarzneibuch als spezifisches Heilmittel bei Ekzemen in Verbindung mit rheumatischen Symptomen genannt.

blühendes Veilchen

Kleine, zarte, mehrjährige Pflanze mit dunkelgrünen, herzförmigen Blättern, duftenden, violettblauen Blüten und einem quer wachsenden Wurzelstock

EXTRAKTION
Concrète und Absolue aus 1. den frischen Blättern, 2. den Blüten

EIGENSCHAFTEN
1. Das Blätter-Absolue ist eine intensiv dunkelgrüne, zähe Flüssigkeit von starkem, blattartigem Geruch und feinem, blumigem Unterton. 2. Das Blüten-Absolue ist eine gelblich-grüne, zähe Flüssigkeit von süßem, reichem, blumigem Duft, wie er für die frische Blüte typisch ist. Mischt sich gut mit Nachthyazinthe, Muskatellersalbei, Boronia, Estragon, Kreuzkümmel, Hopfen, Basilikum, Hyazinthe und anderen Blütenölen.

WIRKUNGEN
Abführend, anregend (Kreislauf), antirheumatisch, antiseptisch, einschläfernd, entstauend (Leber), entzündungshemmend, harntreibend, schleimlösend, schmerzlindernd (mild)

HAUPTBESTANDTEILE
Blätter und Blüten enthalten Nonadienal, Parmon, Hexylalkohol, Benzylalkohol, Ionon, Veilchen-Quercitin u. a.

AROMATHERAPIE/ HAUSGEBRAUCH

Hautpflege: *Akne, Besenreisergefäße, Ekzeme, verfeinert die Poren, Wunden*
Kreislauf, Muskeln und Gelenke: *entartetes Bindegewebswachstum, Rheumatismus, schlechte Durchblutung*
Atemwege: *Bronchitis, Katarrh, Mund- und Racheninfektionen*
Nervensystem: *Kopfschmerzen, Schlaflosigkeit, Schwindel, nervöse Erschöpfung*

ANDERE ANWENDUNGEN

Bestandteil von Parfüms der Spitzenklasse; gelegentlich auch als Geschmacksstoff, vor allem in Konfekt.

HERKUNFT

Das Veilchen ist in Europa und Teilen Asiens heimisch; es wächst in Gärten überall auf der Welt. Als Rohstoff für die Parfümindustrie wird es hauptsächlich in Südfrankreich (Region Grasse), daneben auch in Italien und China angebaut.

ANDERE ARTEN

Es gibt über 200 Veilchenarten; die wichtigsten für die Gewinnung ätherischen Öls kultivierten Typen sind die Parma- und die Victoria-Veilchen.

Zingiber officinale

Ingwer

Verträglichkeit: Ungiftig, in hoher Konzentrationen reizend, leicht phototoxisch; allergische Reaktionen möglich.

Familie: *Zingiberaceae*

Traditioneller Gebrauch

Der Ingwer wird besonders im Osten seit Jahrhunderten als Küchengewürz und Hausmittel gebraucht. Frischer Ingwer wird in China bei vielen Beschwerden eingesetzt, zum Beispiel bei Rheumatismus, Bakterienruhr, Zahnschmerzen, Malaria sowie bei Verschleimung und Durchfall. Als Verdauungshilfe ist er besonders im Westen am bekanntesten: Im Britischen Pflanzenarzneibuch wird der Ingwer als spezifisches Heilmittel bei Verdauungsstörungen mit Blähungen genannt. Konservierter, kristallisierter Ingwer ist ein beliebtes Konfekt im Osten wie im Westen.

Aufrechte, mehrjährige Pflanze bis 1 m Höhe mit dickem, wucherndem Wurzelstock von beißendem Geruch. Jedes Jahr wächst ein grüner, schilfrohrähnlicher Stengel mit schmalen, lanzettförmigen Blättern und weißen oder gelben Blüten aus der Wurzel.

gemahlener Ingwer

Scheibe aus dem Wurzelstock

Wurzelstock

EXTRAKTION
Ätherisches Öl durch Dampfdestillation aus der ungeschälten, getrockneten, gemahlenen Wurzel.

EIGENSCHAFTEN
Blaßgelbe, bernsteinfarbene oder grünliche Flüssigkeit von warmem, frischem, holzig-würzigem Duft. Mischt sich gut mit Sandelholz, Vetiver, Patschuli, Weihrauch, Rosenholz, Zedernholz, Koriander, Rose, Limette, Neroli, Orange und anderen Zitrusölen.

WIRKUNGEN
Abführend, anregend, antiseptisch, aphrodisisch, appetitanregend, bakterizid, blähungswidrig, durchblutungsfördernd, fiebersenkend, hustenreizlindernd, krampflösend, magenstärkend, oxidationshemmend, schleimlösend, schmerzlindernd, schweißtreibend, stärkend

HAUPTBESTANDTEILE
Gingerin, Gingenol, Gingeron, Zingiberin, Linalol, Camphen, Phellandren, Citral, Cineol, Borneol u. a.

AROMATHERAPIE/ HAUSGEBRAUCH
Kreislauf, Muskeln und Gelenke: *Arthritis, Muskelschmerzen, Rheumatismus, schlechte Durchblutung, Verstauchungen, Zerrungen*
Atemwege: *Halsschmerzen, Husten, Katarrh, Nebenhöhlenentzündung*
Verdauungstrakt: *Appetitverlust, Blähungen, Durchfall, Reisekrankheit, Koliken, Krämpfe, Übelkeit, Magenverstimmung*
Immunsystem: *Erkältungen, Fieber, Grippe, Schüttelfrost*
Nervensystem: *Schwächezustand, Erschöpfung*

ANDERE ANWENDUNGEN
Das Oleoresin wird in Verdauungs-, blähungswidrigen und abführenden Präparaten eingesetzt, als Duftstoff in Kosmetika und Parfüms. Reichlich verwendet als Geschmacksstoff in vielen Nahrungsmitteln und Getränken.

HERKUNFT
Der Ingwer stammt aus Südasien. Er wird überall in den Tropen kultiviert, besonders in Nigeria, auf den Westindischen Inseln, in China, Jamaika und Japan. Der größte Teil des Öls wird in England, China und Indien destilliert.

ANDERE ARTEN
Je nach Standort mehrere Varietäten, die alle zur Herstellung von Öl genutzt werden. Galangal (Alpinia officinarum), *auch Chinesischer Ingwer genannt, ist mit dem Ingwer verwandt.*

Glossar der Fachbegriffe

Absolue: Hochkonzentrierte, zähflüssige, halbfeste oder feste Duftstubstanz, in der Regel durch Lösungsmittel- (Alkohol-), Extraktion aus dem Concrète gewonnen.
Absud: Anwendungsform in der pflanzlichen Medizin; das arzneiliche Material (gewöhnlich hart oder holzig) wird in Wasser zu einem konzentrierten Extrakt eingekocht.
Adstringierend: (Organisches Gewebe) zusammenziehend.
Alterativ: Korrigiert gestörte Körperfunktionen.
Amenorrhö: Fehlen oder Ausbleiben der monatlichen Regelblutung (Menstruation).
Anämie: Blutarmut, mangelhafte Qualität oder Quantität roter Blutkörperchen
Anaphrodisisch: Dämpft den Geschlechtstrieb.
Antianämisch: Wirkt der Anämie entgegen.
Antiarthritisch: Wirkt der Arthritis entgegen.
Antibiotisch: Vernichtet Bakterien oder verhindert ihre Vermehrung.
Antidepressiv: Lindert Depression/Niedergeschlagenheit.
Antidiarrhoisch: Wirkt gegen Durchfall.
Antihistaminisch: Zur Behandlung allergischer Zustände, wirkt dem Histamineffekt (Kapillarerweiterung und Blutkonzentration) entgegen.
Antimikrobiell: Bekämpft oder zerstört krankhafte Mikroorganismen.
Antineuralgisch: Lindert oder reduziert Nervenschmerzen.
Antirheumatisch: Hilft, Rheumatismus zu verhindern oder zu lindern.
Antiseborrhoisch: Hilft, Talgproduktion zu regulieren.
Antiseptisch: Vernichtet Mikroben oder verhindert ihre Vermehrung.
Antisklerotisch: Hilft, Gewebsverhärtung («Verkalkung») zu verhindern.
Antiskorbutisch: Heilmittel gegen Skorbut
Antitoxisch: Mittel oder Behandlung, die einer Giftwirkung begegnet.
Antiviral: Wirkt der Ausbreitung eines Virus entgegen.
Aphrodisisch: Steigert oder erregt den Geschlechtstrieb.
Aromatherapie: Therapeutische Anwendung ätherischer Öle
Arteriosklerose: Elastizitätsverlust der Gefäßwände aufgrund von Verdickung und Verkalkung des Gewebes.
Arthritis: Gelenksentzündung
Ätherisches Öl: Flüchtige oder aromatische (manchmal zähe) Flüssigkeit, die im allgemeinen die aromatischen Bestandteile einer Pflanze enthält. Gewinnung durch Auspressen oder Destillieren von pflanzlichem Material einer einzigen botanischen Form oder Art.
Aufguß: Anwendungsform in der pflanzlichen Medizin; das pflanzliche Material wird in Wasser getaucht (Tee).

Bakterizid: Vernichtet Bakterien oder verhindert ihre Vermehrung.
Balsam: Harzige, halbfeste oder zähflüssige Masse, die von einer Pflanze abgesondert wird. Merkmale echten Balsams sind ein hoher Benzoesäure-, Zimtsäure- oder Zinnamat-Gehalt.
Bitter: Den Appetit anregender Bestandteil, der durch seine Wirkung auf die Geschmacksknospen die Sekretion von Speichel und Magensaft steigert.
Blasenentzündung: Entzündung der Harnblase, gewöhnlich verbunden mit Schmerzen beim Wasserlassen
Blattachsel: Oberer Winkel zwischen Pflanzenstiel und Blatt
Blutzuckersenkend: Reduziert den Blutzuckerspiegel.

Chemotyp: Die gleiche botanische Art kommt aufgrund unterschiedlicher Wachstumsbedingungen (Klima, Boden, Höhe usw.) in verschiedenen Formen vor.
Cholesterin: Kohlenwasserstoff, der in Nervengewebe, roten Blutkörperchen, tierischem Fett und Gallenflüssigkeit zu finden ist. Überschuß kann zu Gallensteinen führen.
Cholesterinsenkend: Reduziert den Cholesteringehalt des Blutes.
Concrète: Konzentrierte, wachsige, feste oder halbfeste Duftsubstanz, die in der Regel durch (Kohlenwasserstoff-)Lösungsmittelextraktion aus vorher lebendiger Pflanzensubstanz gewonnen wird.

Demulcens: Schützt Schleimhäute und lindert Reizung.
Dermatitis: Entzündung der Haut (viele mögliche Ursachen)
Dolde: Regenschirmähnliche Blütenanordnung; alle Blütenstiele entspringen an einem Punkt.
Dysmenorrhö: Menstruationsstörungen; schmerzhafte und schwierige Regelblutung
Dyspepsie: Verdauungsstörungen, verbunden mit Schmerzen, Blähungen, Sodbrennen und Übelkeit

Einjährig: (Pflanze) durchläuft die gesamte Entwicklung während einer Vegetationszeit von höchstens einem Jahr.

Emphysem: Zustand, in dem die Lungenbläschen erweitert sind oder ungewöhnlich viel Luft in den Geweben von Körperhöhlen festgehalten wird.
Enzyme: Komplexe, von der lebenden Zelle produzierte Eiweiße, die bestimmte biochemische Reaktionen beschleunigen.

Fäulnishemmend: Verhindert oder bekämpft Zerfall und Zersetzung.
Fixiermittel: Substanz, die die Verdampfung der flüchtigeren Bestandteile einer Parfümmischung hemmt.
Flüchtig: Instabil, verdampft leicht, z. B. flüchtiges oder ätherisches Öl.
Fungizid: Verhindert Pilzinfektion.

Galletreibend: Regt Produktion der Galle und ihren Abfluß in den Zwölffingerdarm an.
Gastritis: Entzündung der Magenschleimhaut
Gicht: Erkrankung durch einen Harnsäure-Überschuß im Blut
Gummi: «Echter» Gummi wird in der Parfümindustrie kaum verwendet, da er buchstäblich geruchslos ist. Der Begriff Gummi wird jedoch oft für Harze angewandt, besonders für Terpentine wie beim Australischen Gummibaum. Genaugenommen sind Gummis natürliche oder synthetische wasserlösliche Substanzen wie Gummi arabicum.

Halluzinogen: Bewirkt Sinnestäuschungen (Halluzinationen).
Harz: Naturprodukt oder Zubereitung, fest oder halbfest. Natürliche Harze sind Absonderungen von Bäumen (z. B. Mastix); Zubereitungen sind Oleoresine, deren Anteil ätherischen Öls entzogen wurde.
Hochdruck: Bluthochdruck
Hülsenfrucht: Aus einem Keimblatt entstehende Frucht, die sich auf einer Seite öffnet (z. B. Erbsen).

Insektizid: Insekten abwehrend oder tötend

Kapsel: Trockene Frucht, öffnet sich in der Reife, besteht aus mehr als einem Fruchtblatt.
Katarrh: Schleimhautentzündung, gewöhnlich verbunden mit vermehrter Schleimabsonderung.
Kelch: Äußerer Kranz von Blütenblättern oder Blättern um eine Blüte
Kernholz: Der innere Teil eines Baumstamms
Kolik: Schmerz aufgrund einer unwillkürlichen Kontraktion der Muskulatur der Bauchorgane
Kompresse: Umschlag oder Druckverband, der warm oder kalt am Körper angewendet wird, um Schwellung oder Schmerz zu lindern oder örtlich Druck auszuüben.
Kondylome: Feig- oder Feuchtwarzen im Genitalbereich

Lipoidspaltend: Bewirkt die chemische Aufspaltung von Fetten.
Lymphatisch: Die Lymphe, Lymphknötchen, -drüsen betreffend.

Mehrjährig: (Pflanze) lebt länger als zwei Jahre und blüht im allgemeinen jährlich.
Menorrhagie: Verlängerte oder überreichliche Regelblutung
Metrorrhagie: Zwischenblutung; Blutung außerhalb des normalen Zyklus

Neuralgie: Schmerzen im Ausbreitungsgebiet eines Nervs
Neurasthenie: Nervöse Erschöpfung

Ödem: Schmerzlose, oberflächliche Schwellung durch Flüssigkeitsstauung
Oleogummiresin/Oleoresin: Natürliche, harzige Absonderung von Pflanzen oder mit Hilfe von Lösungsmitteln aus Pflanzensubstanzen hergestellte, flüssige, aromatische Zubereitung. Besteht fast gänzlich aus einer Mischung aus ätherischen Ölen und Harzen.
Östrogen: Weibliches Geschlechtshormon, wird von den Eierstöcken ausgeschüttet.
Oxidationshemmend: Verhindert oder verzögert Oxidation oder Zerfall bei Luftkontakt.

Parasitentötend: Parasiten (z. B. Flöhe, Läuse etc.) abwehrend oder tötend
Pathogen: Krankheit verursachend oder herbeiführend
Pathologisch: Krankheitsbedingt
Pflanzenhormon: Pflanzensubstanz, die ähnlich menschlichen Hormonen bestimmte Vorgänge steuert, auslöst oder bewirkt.
Physiologisch: Natürlicher, biologischer Prozeß des lebenden Organismus
Phytotherapie: Behandlung von Krankheiten mit Hilfe von Pflanzen und pflanzlichen Mitteln
Pomade: Duftsubstanz, die durch Enfleurage gewonnen wird.
Prophylaktisch: (Krankheits-, infektions-)vorbeugend
Prurigo: Chronische Hauterkrankung mit Reizung und Juckreiz

Psoriasis: Schuppenflechte, systematische Erkrankung der Haut mit typischen roten Flecken und silbrig-weißen Abschuppungen
Psychosomatisch: Körperliche Symptome entwickeln sich aufgrund seelischer Zustände.

Regulativ: Hilft, die Körperfunktionen ausgewogen zu regulieren.
Rektifizieren: Wiederholte Destillation ätherischer Öle zur Entfernung von bestimmten Bestandteilen oder Verunreinigungen
Resinoid: Duftsubstanz aus natürlichem Harz wie Balsam, Gummiresin usw., gewonnen durch (Kohlenwasserstoff-)Lösungsmittelextraktion
Rhizom: Wurzelstock, der den Vegetationszyklus überdauert.

Sedativ: Beruhigend
Sklerose: Gewebsverhärtung durch Entzündung
Stimulans: Anregungsmittel
Synergie: Wirkstoffe arbeiten harmonisch zusammen; Koordination in der Tätigkeit von Muskeln, Organen oder Substanzen (z. B. Arzneien)

Tannin: Gerbsäure (adstringierende Wirkung)
Thrombose: Bildung oder Bestehen eines Blutgerinnsels
Tinktur: Pflanzliche Arznei oder Duftsubstanz auf Alkoholbasis
Tonikum: Stärkungsmittel für den Körper, bestimmte Teile oder Organe

Umschlag: Anwendung einer weichen, feuchten Masse (z. B. frische Kräuter) auf der Haut zur Anregung der örtlichen Durchblutung und zur Schmerzlinderung
Urogenitaltrakt: Organe der Harnwege als auch Geschlechtsorgane

Weißfluß: Weißer Ausfluß aus der Scheide
Wurmabtreibend: Tötet und/oder treibt Eingeweidewürmer aus dem Darm ab.

Zellschädigend: Schädigt alle Zellarten.
Zellschützend: Steigert die Abwehrtätigkeit der weißen Blutkörperchen zum Schutze des Körpers vor Infektion.
Zellulitis: Ansammlung von Giftstoffen in Form von Fett im Gewebe
Zirrhose: Degenerative Veränderung eines Organs (bes. der Leber) aufgrund von Giften, Bakterien oder anderen Einwirkungen, verbunden mit Wucherungen von Fasergewebe
Zweijährig: (Pflanze) durchläuft die gesamte Entwicklung während einer Vegetationszeit von zwei Jahren (d. h. keine Blüte im ersten Jahr).

Anmerkungen

Teil I

1. Chetwynd, T.: Dictionary of Symbols, Paladin, 1982

2. Valnet, J.: Aroma-Therapie, München 1986

3. Davis, P.: Aromatherapie von A–Z, München 1990

4. Maury, M.: Die Geheimnisse der Aromatherapie, Aitrang 1990

5. Hoffmann, D.: Das ganzheitliche Kräuterheilbuch aus Findhorn, Basel 1985

6. Steele, J.: International Journal of Aromatherapy, Vol. II, No. 2

Teil III

7. Tisserand, R.: The Essential Oil Safety Data Manual, Association of Tisserand Aromatherapists, 1985

8. Tisserand, R.: a. a. O.

9. Younger, D.: Household Gods, E. W. Allen, 1898

10. Davis, P.: Aromatherapie von A–Z, München 1990

11. Grieve, M.: A Modern Herbal, London 1982

12. Leung, A. Y.: Encyclopedia of Common Natural Ingredients, New York 1980

13. Grieve, M.: a. a. O.

14. Franchomme, P.: Phytoguide I, La Courtête 1985

15. Culpeper, N.: Culpeper's Complete Herbal, London 1952

16. Culpeper, N.: a. a. O.

17. Younger, D.: a. a. O.

18. Leung, A. Y.: a. a. O.

19. Culpeper, N.: a. a. O.

20. Culpeper, N.: a. a. O.

21. Grieve, M.: a. a. O.

22. Culpeper, N.: a. a. O.

Botanische Klassifizierung

In der folgenden Liste sind sämtliche in Teil III ausführlich beschriebenen Pflanzen im Zusammenhang ihrer botanischen Familien aufgeführt.

Agavaceae
Polianthes tuberosa: Nachthyazinthe (Tuberose)

Amaryllidaceae, Amaryllisgewächse
Narcissus poeticus: Narzisse

Anacardiaceae
Pistacia lentiscus: Mastix
Schinus molle: Schinus molle

Annonaceae
Cananga odorata var. genuina: Ylang-Ylang
Cananga odorata var. macrophylla: Cananga

Apiaceae (Umbelliferae), Doldenblütler
Anethum graveolens: Dill
Angelica archangelica: Engelwurz
Anthriscus cerefolium: Kerbel
Apium graveolens: Sellerie
Carum carvi: Kümmel
Coriandrum sativum: Koriander
Cuminum cyminum: Kreuzkümmel
Daucus carota: Karottensamen
Ferula asa-foetida: Stinkasant
Ferula galbaniflua: Galbanum
Foeniculum vulgare: Fenchel
Levisticum officinale: Liebstöckel
Petroselinum sativum: Petersilie
Pimpinella anisum: Anis
Trachyspermum copticum: Ajowan

Araceae, Aronstabgewächse
Acorus calamus var. angustatus: Kalmus

Aristolochiaceae, Osterluzeigewächse
Asarum canadense: Schlangenwurz

Asteraceae (Compositae), Korbblütler
Achillea millefolium: Schafgarbe
Arnica montana: Arnika
Artemisia absinthium: Wermut
Artemisia dracunculus: Estragon
Artemisia vulgaris: Beifuß
Calendula officinalis: Ringelblume
Carphephorus odoratissimus: Rehzunge
Chamaemelum nobile: Römische Kamille
Helichrysum angustifolium: Strohblume
Inula helenium: Alant
Matricaria recutita: Echte Kamille
Ormenis multicaulis: Marokkanische Kamille
Santolina chamaecyparissus: Heiligengarbe
Saussurea costus: Costus
Tagetes minuta: Tagetes
Tanacetum vulgare: Wurmkraut

Betulaceae, Birkengewächse
Betula alba: Weißbirke
Betula lenta: Zuckerbirke
Brassicaceae (Cruciferae), Kreuzblütler
Armoracia rusticana: Meerrettich
Brassica nigra: Senf

Burseraceae, Burserazeen
Boswellia carteri: Weihrauch
Bursera glabrifolia: Linaloe
Canarium luzonicum: Elemi
Commiphora erythraea: Opopanax
Commiphora myrrha: Myrrhe

Cannabaceae, Hanfgewächse
Humulus lupulus: Hopfen

Chenopodiaceae, Gänsefußgewächse
Chenopodium ambrosioides var. anthelminticum: Wurmsamen

Cistaceae, Zistrosengewächse
Cistus ladaniferus: Zistrose

Cupressaceae, Zypressengewächse
Cupressus sempervirens: Zypresse
Juniperus ashei: Texaszeder
Juniperus communis: Wacholder
Juniperus oxycedrus: Stechwacholder
Juniperus sabina: Sadebaum
Juniperus virginiana: Virginia-Zeder
Thuja occidentalis: Abendländischer Lebensbaum

Dipterocarpaceae
Dryobalanops aromatica: Borneol

Ericaceae, Heidekrautgewächse
Gaultheria procumbens: Amerikanisches Wintergrün

Euphorbiaceae, Wolfsmilchgewächse
Croton eleuteria: Cascarilla-Rinde

Fabaceae (Leguminosae), Schmetterlingsblütler
Copaifera officinalis: Copaibabalsam
Dipteryx odorata: Tonka
Melilotus officinalis: Steinklee
Myrocarpus fastigiatus: Cabreuva
Myroxylon balsamum var. balsamum: Tolubalsam
Myroxylon balsamum var. pereirae: Perubalsam

Spartium junceum: Spanischer Ginster

Geraniaceae, Storchschnabelgewächse
Pelargonium graveolens: Geranie

Hamamelidaceae, Hamamelisgewächse
Liquidambar orientalis: Amberbaum

Illiciaceae
Illicium verum: Sternanis

Iridaceae, Schwertliliengewächse
Iris pallida: Schwertlilie

Lamiaceae (Labiatae), Lippenblütler
Calamintha officinalis: Wirbeldost
Hyssopus officinalis: Ysop
Lavandula angustifolia: Echter Lavendel
Lavandula x intermedia: Spik-Lavendel
Melissa officinalis: Melisse
Mentha arvensis: Ackerminze
Mentha piperita: Pfefferminze
Mentha pulegium: Poleiminze
Mentha spicata: Roßminze
Ocimum basilicum: Basilikum, Exotisches Basilikum
Origanum majorana: Majoran
Origanum vulgare: Oregano
Pogostemon cablin: Patschuli
Rosmarinus officinalis: Rosmarin
Salvia lavandulaefolia: Spanischer Salbei
Salvia officinalis: Salbei
Salvia sclarea: Muskatellersalbei
Satureja hortensis: Bohnenkraut
Satureja montana: Winterbohnenkraut
Thymus capitatus: Spanischer Oregano
Thymus vulgaris: Thymian

Lauraceae, Lorbeergewächse
Aniba rosaeodora: Rosenholz
Cinnamomum camphora: Kampfer
Cinnamomum cassia: Zimt-Cassia
Cinnamomum ceylanicum: Zimt
Laurus nobilis: Lorbeerbaum
Litsea cubeba: Litsea
Sassafras albidum: Sassafras

Liliaceae, Liliengewächse
Allium cepa: Zwiebel
Allium sativum: Knoblauch
Hyazinthus orientalis: Hyazinthe

Malvaceae, Malvengewächse
Abelmoschus moschatus: Moschuskörner

Mimosaceae
Acacia dealbata: Silberakazie (Mimose)
Acacia farnesiana: Cassie

Monimiaceae, Monimiengewächse
Peumus boldus: Boldobaum

Myristicaceae, Muskatnußgewächse
Myristica fragrans: Muskatnuß

Myrtaceae, Myrtengewächse
Eucalyptus citriodora: Zitronen-Eukalyptus
Eucalyptus dives: Breitblättriger Pfefferminz-Eukalyptus
Eucalyptus globulus var. globulus: Blaugummi-Eukalyptus
Melaleuca alternifolia: Teebaum
Melaleuca cajeputi: Kajeput
Melaleuca leucadendra: Kajeput
Melaleuca viridiflora: Niaoulibaum
Myrtus communis: Myrte
Pimenta dioica: Nelkenpfeffer
Pimenta racemosa: Westindischer Lorbeer
Syzygium aromaticum: Gewürznelke

Oleaceae, Ölbaumgewächse
Jasminum officinale: Jasmin

Orchidaceae, Orchideengewächse
Vanilla planifolia: Vanille

Pinaceae, Kieferngewächse
Abies alba: Weißtanne
Abies balsamea: Kanadabalsam-Tanne
Cedrus atlantica: Atlaszeder
Pinus mugo var. pumilio: Bergkiefer
Pinus palustris: Sumpfkiefer
Pinus sylvestris: Kiefer
Tsuga canadensis: Hemlocktanne

Piperaceae
Piper cubeba: Kubebenpfeffer
Piper nigrum: Schwarzer Pfeffer

Poaceae (Graminaceae), Süßgräser
Cymbopogon citratus: Zitronengras
Cymbopogon martinii var. martinii: Palmarosa
Cymbopogon nardus: Zitronelle
Vetiveria zizanioides: Vetiver

Rosaceae, Rosengewächse
Prunus dulcis var. amara: Bittermandel
Rosa x centifolia: Hundertblättrige Rose
Rosa x damaszena: Damaszener-Rose

Rubiaceae, Krappgewächse
Gardenia jasminoides: Gardenie

Rutaceae, Rautengewächse
Agothosma betulina: Bucco
Amyris balsamifera: Amyris
Boronia megastigma: Boronia
Citrus aurantifolia: Limette
Citrus aurantium var. amara: Bitterorange, Neroli, Orangenblüte, Petitgrain
Citrus bergamia: Bergamotte
Citrus limonum: Zitrone
Citrus x paradisi: Pampelmuse
Citrus reticulata: Mandarine
Citrus sinsensis: Apfelsine
Pilocarpus jaborandi: Jaborandi
Ruta graveolens: Raute

Santalaceae, Sandelgewächse
Santalum album: Sandelholz

Styraceae, Styraxgewächse
Styrax benzoin: Benzoebaum

Tiliaceae, Lindengewächse
Tilia x vulgaris: Linde

Usneacea
Evernia prunastri: Eichenmoos

Valerianaceae, Baldriangewächse
Nardostachys jatamansi: Indische Narde
Valeriana fauriei: Baldrian

Verbenaceae, Eisenkrautgewächse
Aloysia triphylla: Zitronenverbene

Violaceae, Veilchengewächse
Viola odorata: Veilchen

Zingiberaceae, Ingwergewächse
Alpinia officinarum: Galgant
Curcuma longa: Kurkuma
Elettaria cardamomum: Kardamom
Zingiber officinale: Ingwer

Zygophyllaceae
Bulnesia sarmienti: Guajakholz

Weiterführende Literatur

Aichele, Dietmar: Was blüht denn da? Stuttgart 1980

Andres, Inge: Gesundheit und Wohlbefinden durch Aromen und Düfte, Niedernhausen 1994

Aromatherapie-Decoder. Hg. von Dynamo-House, Freiburg 1994

Asjes, Ellen: Heilende Öle und Essenzen. Aromatherapie leicht gemacht, Braunschweig 1991

Balz, Rodolphe: Ätherische Öle – Heilkräftige Essenzen, Aitrang 1994

Davis, Patricia: Aromatherapie A–Z, München 1990

Davis, Patricia: Aromatherapie und Chakren, München 1993

Devereux, Charla: Aromatherapie. Die heilenden Düfte, München 1994

Diedrichs, Carl-Michael/Simons, Anne: Das Teebaumöl-Praxisbuch. Gesundheit aus dem Herzen der Natur, Bern, München 1996

Drury, Nevill und Susan: Handbuch der heilenden Öle. Aromen und Essenzen. Rezepturen, Anwendungen, Wirkungen, Aitrang 1989

Drury, Susan: Die Geheimnisse des Teebaums. Der sanfte Heiler aus Australien. Aromatherapie mit den Heilkräften der Teebaum-Essenz, Aitrang 1991

Dye, Jane: Aromatherapie für Mutter und Kind, Aarau 1995

Fischer-Rizzi, Susanne: Aroma-Massage. Gesundheit und Wohlbefinden für Körper und Seele, München 1993

Fischer-Rizzi, Susanne: Dufterlebnisse, Sulzberg 1987

Fischer-Rizzi, Susanne: Himmlische Düfte, München 1989

Fischer-Rizzi, Susanne: Poesie der Düfte. Ein Naturparfüm selbst herstellen, München 1989

Gattefossé, René M.: Gattefossés Aromatherapie, Aarau 1994

Godet, Jean-Denis: Bäume und Sträucher, Augsburg 1994

Die große Enzyklopädie der Heilpflanzen, Klagenfurt 1994

Habersbrunner, Ferdinand: Aroma-Drinks. Köstliche aromatisierte Mix-Getränke mit ätherischen Ölen, Sulzberg 1994

Hayman, Ryan: Das große Handbuch der Aromatherapie, München 1993

Heinz, Ulrich Jürgen: Handbuch der modernen Pflanzenheilkunde, Freiburg 1984

Henglein, Martin: Die heilende Kraft der Wohlgerüche und Essenzen, Zürich 1985

Hoffmann, David: Das ganzheitliche Kräuterheilbuch aus Findhorn, Basel 1985

Jackson, Judith: Aromatherapie, München 1993

Jerman, Iris: Aromatherapie für Schulkinder, Sulzberg 1994

Jünemann, Monika, Obermayr, Walburga: Aroma-Kosmetik. Schönheit durch Düfte. Die Anwendung ätherischer Öle für Schönheit, Wohlbefinden und Sinnlichkeit. Mit Rezepten für Bäder, Massagen, Cremes, Duftöle und Parfums, Aitrang 1990

Jünemann, Monika: Verzaubernde Düfte. Die Geheimnisse der Aromatherapie. Duftessenzen zum Aktivieren, Stimulieren und Inspirieren von Körper, Seele und Geist, Aitrang 1988

Karl, Josef: Phytotherapie, München 1993

Keller, Erich: Aromatherapie-Karten, Neuhausen 1994

Keller, Erich: Düfte bewußt erfahren und nutzen. Grundlagen, praktische Anwendungen, Beispiele. Bern, München 1995

Keller, Erich: Duft und Gemüt. Erlebnis Aromatherapie. Wie Düfte auf unsere Gefühle wirken, Münsingen 1991

Keller, Erich: Essenzen der Schönheit. Kosmetik mit ätherischen Ölen, München 1990

Keller, Erich: Das Handbuch der ätherischen Öle. Helfen, Heilen, Pflegen, München 1989

Kettenring, Maria: Die Aromaküche, Sulzberg 1994

Kettenring, Maria: Raum-Düfte. Aktivierende und entspannungsfördernde Düfte für Wohn- und Arbeitsräume, Sulzberg 1991

Kraus, Michael: Ätherische Öle für Körper, Geist und Seele. Von Angelika bis Zypresse, Pfalzpaint 1991

Kraus, Michael: Aromatherapie für jeden Tag, Pfalzpaint 1991

Kraus, Michael: Einführung in die Aromatherapie, Pfalzpaint 1989

Kraus, Michael: Die neue Vollwertküche mit ätherischen Ölen, Pfalzpaint 1989

Kremer, Bruno P.: Duft- und Aromapflanzen, Stuttgart 1988

Kühni-Ramisch, Werner: Sanftes Heilen mit edlen Düften. Ein praktisches Handbuch der Aromatherapie, Heidelberg 1993

Lavabre, Marcel: Mit Düften heilen. Das praktische Handbuch der Aromatherapie, Freiburg 1994

Maury, Marguerite: Die Geheimnisse der Aromatherapie, Aitrang 1990

Meier, Peter: Aromatherapie – das Arbeitsbuch, Basel 1990

Meier, Peter: Das goldene Buch der Aromatherapie, Basel 1991

Olson, Cynthia: Die Teebaumöl-Hausapotheke.

Der ganzheitliche Heiler aus Australien. Ein Handbuch über die praktischen Anwendungsmöglichkeiten der Teebaumöl-Essenz, das in keiner Hausapotheke fehlen sollte, Aitrang 1994

Price, Shirley: Aroma-Therapie. Bei Beschwerden heilen und pflegen mit ätherischen Ölen, München 1992

Price, Shirley: Praktische Aromatherapie. Vitalität und Lebensfreude durch ätherische Öle, Neuhausen 1992

Roidl, Christine: Die Heilkraft der Aromen. In der Schwangerschaft. Geburt. Wochenbett und die Pflege des Neugeborenen, Pfalzpaint 1993

Ryman, Danièle: Handbuch der Aromatherapie, München 1990

Ryman, Danièle: Heilen mit Aroma-Ölen, München 1993

Schönfelder/Fischer: Welche Heilpflanze ist das? Stuttgart 1976

Schutt, Karin: Aromatherapie, Niedernhausen 1990

Stead, Christine: Aromatherapie. Heilen mit ätherischen Ölen. Düsseldorf 1987

Tisserand, Maggie: Die Geheimnisse wohlriechender Essenzen. Bezaubernde Düfte für Schönheit, Sinnlichkeit und Wohlbefinden. Aromatherapie für Frauen. Haldenwang 1985

Tisserand, Maggie/Jünemann, Monika: Zauber und Kraft aus Lavendel. Die Geheimnisse des Lavendelblütenduftes und seine praktische Anwendung für Gesundheit, Schönheit, Sinnlichkeit, Inspiration und Wohlbefinden, Aitrang 1989

Tisserand, Robert: Aroma-Therapie. Heilung durch Duftstoffe, Freiburg 1980

Tisserand, Robert: Das Aromatherapie-Heilbuch. Wie Düfte heilen. Die Grundlagen der Aromatherapie mit praktischen Anwendungsbeispielen und Rezepten. Aitrang 1990

Valnet, Jean: Aroma-Therapie, München 1986

Waniorek, Axel und Linda: Aromatherapie. Kraft und Wohlbefinden aus ätherischen Ölen, Landsberg 1994

Werner, Monika: Ätherische Öle, München 1993

Winter, Marion/Kraus, Michael: Praktische Aromakosmetik, Pfalzpaint 1993

Winter, Marion/Kraus, Michael: Kinderaromatherapie. Heilen und pflegen mit ätherischen Ölen. Für Säuglinge, Kleinkinder und Schulkinder, Pfalzpaint 1994

Bildnachweis

A–Z BOTANICAL COLLECTION: 96, 123, 147, 196, 217; G. Archer: 120, 159; Ron Bass: 216; Andrea Bologh: 103; Anthony Cooper: 102; Michael Jones: 90, 98; Geoff Kidd: 210; Iris Lane: 229; G. A. Matthews: 168; Els M. Megson: 205; Mrs. W. Monks: 95, 215; Moira Newman: 172; Maurice Nimmo. 80 (unten rechts); Sylvia O'Toole: 139; Dan Sams: 86 (unten rechts), 138, 174, 176; Bjorn Svenson: 84 (oben rechts), 203; Sam Ke Tran: 131 (oben rechts); Irene Windridge: 118; Nick Wiseman: 97.

THE BRIDGEMAN ART LIBRARY: British Library: 18 (Mitte); Galleria dell'Accademia, Florenz: 23; Philips Auctioneers: 38; Musée d'Orsay, Paris: 40.

BRUGE COLEMAN LTD/CLIVE HICKS: 18 (unten).

C. W. DANIEL PUBLISHERS: 22 (links und Mitte).

DERBY MUSEUM AND ART GALLERY: 19 (rechts).

EDITIONS MALONE, PARIS: 22 (unten).

E. T. ARCHIVE/Aleppo Museum, Syrien: 14; British Museum: 15; Uffizien, Florenz: 16 (oben links); Bibliothèca Etense Moderna: 20; Bibliotheque Nationale, Paris: 2.

HARRY SMITH HORTICULTURAL PHOTOS: 70 (unten rechts), 71 (unten rechts), 73 (unten rechts), 89, 91, 92, 94, 107, 110, 114, 116, 127, 135, 146, 149, 158, 161, 165, 167, 180, 182, 192, 197, 206, 218, 219, 220, 225, 227, 232, 233; Eric Crichton: 221; Smith/Polunin: 74 (unten rechts), 78 (unten rechts), 88, 90, 124, 143, 150.

IMAGES COLOUR LIBRARY: 19 (unten).

S. & O. MATTHEWS: 48 (links), 83.

OXFORD SCIENTIFIC FILMS/Jack Dermio: 198; Deni Brown: 105, 170, 204; Patti Murray: 134.

PHOTOS HORTICULTURAL: 36 (Mitte).

SCIENCE PHOTO LIBRARY/Jean Loup Charmet: 21 (unten links); Damien Lovegrove: 34.

BESONDEREN DANK AN:

Darren Webster und den Royal Botanic Gardens, Kew, London; Clayhill Nurseries, Sussex; Martin Cooper im Country Gardens, Sussex; Countryside Companions, Lincolnshire; Culpeper Ltd, Sussex; Neals Yard Remedies, Sussex; Dave Masters im Nymans Gardens, Sussex; Mazin Al-Khafaji in The Skin Clinic, Sussex; Suffolk Herbs, Essex; auch an Sarah Mellish und David Squire.

Register

Der Haupteintrag jeder Pflanze in Teil III ist durch Fettdruck hervorgehoben.